有限责任公司股权转让限制问题研究

杨信 著

中国社会科学出版社

图书在版编目（CIP）数据

有限责任公司股权转让限制问题研究／杨信著 .—北京：中国社会科学出版社，2017.12

ISBN 978 – 7 – 5203 – 1281 – 3

Ⅰ.①有… Ⅱ.①杨… Ⅲ.①股份有限公司—股权转让—公司法—研究—中国 Ⅳ.①D922.291.914

中国版本图书馆 CIP 数据核字（2017）第 261264 号

出 版 人	赵剑英
责任编辑	孔继萍
责任校对	冯英爽
责任印制	李寡寡

出　　版	中国社会科学出版社
社　　址	北京鼓楼西大街甲 158 号
邮　　编	100720
网　　址	http://www.csspw.cn
发 行 部	010 – 84083685
门 市 部	010 – 84029450
经　　销	新华书店及其他书店

印　　刷	北京君升印刷有限公司
装　　订	廊坊市广阳区广增装订厂
版　　次	2017 年 12 月第 1 版
印　　次	2017 年 12 月第 1 次印刷

开　　本	710×1000　1/16
印　　张	20.75
插　　页	2
字　　数	351 千字
定　　价	85.00 元

凡购买中国社会科学出版社图书，如有质量问题请与本社营销中心联系调换
电话：010 – 84083683
版权所有　侵权必究

中文摘要

对股权转让进行限制是国内外公司立法共同体现出的一种旨趣，有限责任公司则因其人合性抑或封闭性将这种旨趣演绎得淋漓尽致。然而，当学者们开始质疑并试图完善公司法关于有限责任公司股权转让限制规定，当司法实务中出现愈来愈多的有限责任公司股权转让限制纠纷且类似案件出现不同裁判，我们就应该要对有限责任公司股权转让限制问题进行一种深刻的反思抑或重构。对有限责任公司股权转让进行限制是否有合理的缘由？在设置限制的过程中应该秉持一种什么样的价值取向？除了法律规定之外有无其他形式能够容纳股权转让限制内容？有限责任公司股权转让限制又该如何以全貌示人？遵循着前述逻辑思维，本书形成了绪论加正文六章的总体结构。

绪论介绍研究背景和研究意义、国内外研究现状、研究思路以及研究方法。基于法律规定不完善、学界争议激烈和实务中纠纷频发的研究背景以及针对学理、立法、司法层面的研究意义是对该文章具有可写性的确认。国内外研究现状则全方位展示目前国内外学者就有限责任公司股权转让限制所进行的不同层面、不同视角的探讨，通过分析国内学者就有限责任公司股权转让限制的理论根基、公司章程限制股权转让条款的效力、同意规则、优先购买规则等问题进行的讨论能加深对相关问题的理解。通过分析国外学者就股份转让限制之理论或政策基础、股份转让限制的原因抑或目的、具体的股份转让限制规则、股份转让限制规则的效力、股份转让限制规则的适用以及起草股份转让限制规则应注意的事项等问题展开的讨论则使得该研究具有国际化视野的同时，为完善我国法律规定奠定重要基础。研究思路是对全书内容的总体安排，如同事先确定的行进路线，研究思路较为清晰地展示着全书从起点到终点的运行逻辑。具体来说，从理论基础、价值意蕴到具体规则再到体系化建构，本书遵循的是一种从打地基到盖屋顶的"建房式"研究思路。研究方法对全书提供方法支撑，没有特定的研究方法，那么研究结论的可靠性就值得怀疑。文献分析法、规范分析法、实证分析法、价值分析法、比较分析法以及历史分析法为全书的每一部分提供着对应的方法支持。

第一章探讨有限责任公司股权转让限制的理论基础。本章分为两节。第一节从法哲学的角度分析有限责任公司股权转让限制的理论基础。有权利的地方就一定会有权利的边界，权利受限制具有必然性，让权利在漫无边际的时空荒野里找不到前行的方向，更容易形成权利之间的冲突，所以限制权利是为了权利更好地获得实现。第二节基于公司法理论探索有限责任公司股权转让限制的理论基础。第一个理论是有限责任公司的人合性，人合性描述的是有限责任公司股东之间互相熟悉、彼此信任的一种关系。因为要维持抑或重建这种熟悉和信任，有限责任公司股东对股东彼此之间关系的调整享有决定权。第二个理论是有限责任公司股权的身份附随性。所谓有限责任公司股权的身份附随性强调的是股权的享有者必须拥有股东资格，具备股东身份才能享有股权。而有限责任公司股东身份的取得离不开出资以及特定主体合意的形成，正是特定主体合意的形成决定新股东的加入需要得到公司以及其他股东的认可和接受，同意权和优先购买权即是这种认可和接受的权利承载。第三个理论是公司法律地位的独立性。公司拥有独立的名称、独立的意思表示、独立的法人财产并能够独立承担责任。公司的独立地位决定公司拥有属于自己的独立利益，这种利益不应该为股东利益所掩盖，所以，公司独立法律地位决定在有限责任公司股权转让问题上应该赋予公司话语权，也即公司应该享有同意权以及优先购买权。

第二章解读有限责任公司股权转让限制的价值意蕴。本章分为两节。第一节论述第一重价值意蕴——自由。有限责任公司股权转让限制看似是对自由的限制，但其实是对自由的一种肯背，或者说是对自由的确认与保障。有自由必然有限制，有自由才有限制，所以有限责任公司股权转让限制绝不是否认股东的股权转让自由，而是以确认与保障的方式体现其对自由价值的态度。允许公司章程、股东协议或者公司细则对股权转让限制另行规定，更是对自由价值的一种贯彻，所以有限责任公司股权转让限制其实是为股东实现股权转让自由权所设定的一种程序。第二节论述第二重价值意蕴——利益平衡。权利行使本身并不一定意味着某种经济利益的实现，但是有限责任公司股权转让限制涉及包括转让股东、其他股东、受让方以及公司在内的多方利益关系，主体之利益冲突是我们必须要正视的问题。转让股东、其他股东、受让方以及公司在股权转让中本已享有的权利和履行的义务是对利益平衡价值的一种体现，前述相关主体在股权转让中应该享有的权利和义务也应朝着利益平衡的方向进行设置，这是我们在完善或者建构法律规定时不可忽视的一种价值指引。

第三章分析有限责任公司股权转让限制法定具体规则之同意权和优先购买权。本章分为两节。第一节分析同意权。尽管有学者基于同意规则不构成股权对外转让的实质障碍而主张废除同意权，但是同意权有其存在的深厚理论基础，且同意权所暗含的对于公平的深度追求非单独的优先购买权所能表达，故同意权应该保留。转让股东可以凭借口头抑或书面的方式将股权转让相关事项一次或分两次告知公司和其他股东，公司从收到告知之日起30日内以董事会决议表明自己的态度，其他股东则应自接到通知之日起30日内以过半数之人头决来显示自己的态度，公司同意加上其他股东过半数同意才意味着股权可以对外转让。同意权的行使与否对于股权转让协议的效力没有影响，但公司的同意及其他股东的过半数同意是股权转让生效的必要条件。同意权既可适用于股权对外转让也可适用于股权内部转让，但法律规定不宜强制安排同意权的适用范围，公司章程、股东协议抑或公司细则可以对同意权适用范围作出设置。第二节分析优先购买权。优先购买权有诱导转让股东违约之嫌，但交易双方应该能遇见这种风险且转让股东可以巧用法律规定化解违约可能给自己带来的重创，故优先购买权不可取代。优先购买权在民事权利体系中应该定位为请求权才能更好地实现股权转让限制之利益平衡价值，但其在商事权利体系中成就优先购买权就是优先购买权而非其他的角色定位。公司以及除转让股东之外的剩余股东均享有优先购买权，只是公司行使该项权利必须以公司有盈余为前提条件，且通常情况下，公司行使优先购买权劣后于其他股东行使优先购买权，除非公司有充分理由相信其他股东行使优先购买权会造成公司股权结构的严重失衡进而危及公司利益，公司通过优先购买权的行使只能暂时持有股权，应该在找到合适对象后立即将股权转让出去。行使优先购权应受到时间制约，而且权利主体作出会否行使优先购买权的意思表示和与转让股东签订股权转让协议的时间期限应该分别规定。优先购买权的行使当以同等条件为宜，只是司法机关在认定同等条件是否形成时应综合考虑转让标的、转让标的的对价、转让价格、支付方式、支付期限等因素以及各相关主体之利益的实现。优先购买权不可部分行使，优先购买权主体受让部分股权并非基于其优先购买权而是与转让股东之间通过一般的股权转让协议实现了股权部分受让。同意权人之同意与优先购买权主体整体不行使优先购买权共同构成受让人成为公司股东的完整合意。所以如果优先购买权利人对同意权人同意转让的股权放弃优先购买权，且股权转让协议生效，则股权转让生效；如果优先购买权主体并未放弃对经过同意权人同意转让的股权行使优先购买权，即使股权转让合同有效，然而股权转让并不会生效。优先购买权还可适用于股权赠与场合，但是就股权内部转让而言，除非基于公司整体利益考虑，公司及公司内部任何其他股东不得主张行使优先购买权。

　　第四章分析有限责任公司章程限制股权转让的边界。本章分为三节。第一节是公司章程限制股权转让实务的多样化呈现。尽管司法实务中对公司章程强制股权转让、禁止股权转让以及就股权转让程序另行规定之效力争议较大，针对这些问题的裁判结果也存在反复，但是总体来说，司法机关对于公司章程限制股权转让规定的态度逐渐由排斥向容忍进行转变。第二节是公司章程限制股权转让理论的多元化展示。学界观点呈现出具体和抽象两种不同的思维模式，具体思维模式下，股权处分权与股权转让程序区分论、股权转让自由与限制均衡论、积极自由和消极自由区分论、公司章程和《公司法》比较论、股权内外转让区分论、具体内容具体分析论、交易相对方知悉论等观点从不同的微观角度展示了公司章程限制股权转让条款的生效要件。抽象思维模式之下，股东利益主导论、合理性判断论、法律法规强制性规定或者公共政策论以及综合判断论等观点试图为公司章程限制股权转让的边界寻找到一项放之四海皆受用的标准。第三节是公司章程限制股权转让边界的确定。坚持一般原则、固守底线标准并坚持具体问题具体分析是判断公司章程设限股权转让条款效力的应有态度，所以本节将从抽象标准与具体问题之展开两个角度为公司章程限制股权转让确定边界。就抽象标准而言，合法性与合理性从理论涵盖性来看最具有说服力。合法性是从静态角度判断公司章程限制股权转让条款的效力，是司法实务界观念在公司章程限制股权转让条款效力判断标准上的一种反映。合理性是从动态角度反思公司章程设限股权转让条款的法律效力，是美国法院长期司法经验的一种总结，具有可靠的借鉴性。而要判断公司章程限制股权转让条款是否具有合理性，则要看特定条款对于自由以及利益平衡价值的眷顾，顾及主体的自由以及利益平衡的实现则公司章程设限股权转让条款合理，反之合理性缺失。合法且合理的公司章程设限股权转让条款必定会被作出有效判断，既不合法也不合理的公司章程设限股权转让条款必定会被作出无效判断，但是合法但不合理以及合理但不合法的公司章程设限股权转让条款之效力往往就会出现亦有效亦无效的判断。在司法界，合法但不合理的公司章程设限股权转让条款通常会被认定有效，而合理但不合法的公司章程设限股权转让条款通常会被认定无效，这是由司法界坚守法律的传统所决定的，但也不排除在特殊情况下，司法界会因为对现实的积极回应而对法律规定作出能动的解释和适用。从学理的角度来看，合法但不合理的公司章程设限股权转让规定之效力却通常会被否定，合理但不合法的公司章程设限股权转让规定却常常被认为是有效的，这是由学术的批判性及其前瞻性所决定的。就具体问题而言，公司章程可以就公司法规定的程序提出更高或者更低的要求、可以就公司法规定的内容做出具体规定、可以排除公司法已有规定之内容、可以创设公司法未规定之内容，但无论如何，内容不明确的限制规定、没有附上期限的绝对禁止条款以及概括式的强制股权转让条款都应该被认定为无效条款。

  第五章分析有限责任公司股权转让限制规则的另类载体——股东协议和公司细则。本章分为两节。第一节是股东协议限制股权转让。股东协议是股东之间所签订的一种合同，相比于公司章程而言，股东协议具有免受属性困扰、修改简单以及更具有可履行性的优势，但也存在容易忽视公司利益以及对人效力有限的弊端，所以股东协议尽管可以作为股权转让限制规则的载体，但是如其弱点不被克服则难以对股权转让形成有效的限制。一旦将股权转让限制规则写进股东协议，该限制规则一方面要经受住《合同法》的考验，另一方面要接受合理性与合法性标准的审查。并且股东协议只能约束到签约股东。签约股东享有自己的合同权利之时不可阻碍未签约股东享有自己的法定权利。签约股东违反股东协议则应该承担相应的违约责任。第二节是公司细则限制股权转让。由于缺乏明确的法律指引，我国公司实务中经常出现以细则或者不以细则命名的各种公司文件，所以法律规定有必要对公司细则进行规定以回应现实需要。而且法律应该明确公司细则作为公司章程细则的法律地位，所以，承载股权转让限制规则的公司细则同样要经受合法性与合理性之审查。作为公司章程细则之公司细则与公司章程具有同样的法律效力。但就目前来看，存在名为公司细则但其实可能是股东协议的情形，此时的公司细则只能在签约股东之间产生相应的法律约束力。

第六章探讨有限责任公司股权转让限制之体系化建构。本章分为两节。第一节分析现行法律规定的理念偏差和制度缺陷。公司独立地位未获凸显、股权财产权属性被强化而身份附随性被弱化、股东自治不被重视是法律规定之理念偏差所在。制度缺陷则体现为规定的遗漏和规定的模糊两种情形，在有限责任公司股权转让限制问题上未赋予公司话语权、没有明确有限责任公司股权之身份附随性、没有允许股东就有限责任公司股权转让限制另行约定、缺乏公司细则相关规定是法律规定的漏洞所在，同意规则与优先购买规则的适用范围、具体适用问题以及适用的法律效果均存在模糊的规定。第二节分析有限责任公司股权转让限制体系化建构的总体思路和具体框架。有限责任公司股权转让限制体系建构的总体思路是制定法与判例法相结合并以司法解释深化对法律规定之理解。而具体建构中，公司法律规定是有限责任公司股权转让限制体系的支点，司法解释和判例法则是该体系的重要组成。其中公司法律规定在发挥其支点作用时必须以修正案完善现行法律规定，确定公司利益、明确有限责任公司股权的身份附随性、赋予股东自治权限等理念以及因前述理念引发的具体条文之修订应该包含于公司法将来的修正案中。针对拟转让股权之购买权的行使期限以及优先购买权的行使期限与行使条件应该被纳入抽象性司法解释中。公司细则限制股权转让问题则宜交由判例法解决。

Abstract

Share transfer restriction is a purport embodiedin the corporation law at home and abroad, and the limited liability company (LLC is short for limited liability company) carries out the preceding objective completely because of its human joining or closure. However, when the scholars begin to question and attempt to improve the regulations relevant to LLC share transfer restrictions in the corporation law, and more and more relevant cases occur with analogous details getting different judgment in juridical practice, we should rethink profoundly or reconstruct LLC share transfer restrictions. Whether restrictions have reasonable ground, what value we should follow when setting rules, whether other files can contain rules in addition to articles of law, how restrictions show themselves as a whole. Following the preceding logical thinking, the paper forming the overall structure consisting introduction and six chapters in text.

The introduction includes background or significance、situation 、thinking and methods. The background basing on incomplete rules、drastic argument and frequent cases and the significance relating to academic theory、legislation and justice affirm the feasibility of the paper. The situation show comprehensively the scholars' viewpoints on LLC share transfer restrictions from different angle and level at home and abroad. Analyzing the domestic scholars' discussions on theoretical basis of restrictions, the legal effect of the clause about restrictions in the article, approval rules and preemption rules can deepen our understanding of corresponding questions. Analyzing the foreign scholars' discussions on the basis of theory and policy of restrictions, purpose or reason of restrictions, specific rules of restrictions, legal effect of restrictions, application of restrictions and notice while drawing restrictions provide the international vision for the study and important basis for perfecting the legislation. The thinking shows clearly the track of the paper as if the route set in advance as overall arrangement of the paper. Specifically, from theory basis, value to specific rules to systematic construction, the paper follows the thinking analogous to building a house, laying the foundation firstly and then roofing the house. The method provide the support for the paper. Reliability of study conclusion may be open to doubt without the specific methods. Document analysis、normative analysis, empirical method, value analysis, comparative analysis and historical method provide support for each chapter.

Chapter one studies the theoretical basis of LLC share transfer restrictions, which includes two sections. The first section discusses the theoretical basis from an angle of legal philosophy. Where there is a right there is a right boundary. The right is destined to be restricted. Conflict of rights will occur if the right cannot find the road in the infinite time and space. Therefore, the restricted rights will be realized better. The second section discusses the theoretical basis from an angle of corporation law. The first theory is human joining of LLC, which means a relation of trust and acquaintance between shareholders. The shareholders should have the right to determine adjusting such relation to keep or rebuild the trust and acquaintance. The second theory is the status feature of equity, which means sharing equity must depend on owning the identity of the shareholder. Only the shareholder can own equity. The conditions of becoming shareholder include investment and particular consensus. It is the consensus that determines qualification as a new shareholder is based on agreement and acceptance of the company and the other shareholders, which embodies consent right and preemptive right. The third theory is independent legal status of a company. A company owns independent name, declaration of intention, property and bears the reliability independently. The independent status determines a company owns independent interest, which should not be covered by interest of the shareholders. So a company should own such right of speech as consent right and preemptive on the question of share transfer.

Chapter two studies the value of LLC share transfer restrictions, which includes two sections. The first section discusses the first value—freedom. Restrictions seem to limit freedom, but it approves or confirms and guarantee freedom substantially. Where there is freedom there is limitation. There is limitation when there is freedom. Therefore restrictions do not deny shareholders' freedom of share transfer, but show the attitude towards freedom in the way of confirmation and guarantee. It pursuits freedom value to permit article, shareholders agreement or bylaw to include restrictions. So restrictions are substantially a procedure of share transfer. The second section discusses the second value—balance of interest. Exercising rights do not mean necessarily realizing an economic interest. We must face the problem that restrictions is relevant to interest conflicting among transferor, other shareholders, transferee and the company. The right and duty of each embody value of interest balance. The right and duty they should own and bare should be set towards value of interest balance, which is a considerable value when perfecting and construct regulations.

Chapter three studies the consent right and the preemptive right, which includes two sections. The first section discusses consent right. Although some scholars claim consent right should be abolished because of its immaterial effect on share transfer, consent right should be kept because it bases on profound ground and includes value of fairness preemptive right cannot masked. Transferor should notify the company and other shareholders of matters in writing or words once or twice. The company should express its attitude through board resolution in 30 days and the shareholders should express their attitudes through the majority of the shareholders. The company's consent and the majority shareholders' consent mean share can be transfered outward. Consent right does not matter with the agreement of share transfer, but the specific principals' consent is a requirement of share transfer. Consent right can be applicable to internal and external transfer, which should not imposed. The article, the shareholders' agreement and the bylaw can arrange it. The second section discusses preemptive right. Preemptive right with defect of inducting breaching of a contract cannot replaced because of predictability and resolution of the risk.

Preemptive right is a claim in civil rights to realize interest balance and is itself in commercial rights. Both the company and other shareholders own preemptive right, but the company exercise its right depending on surplus. Other shareholders usually exercise their rights with precedence over the company, only if the company believe fully its interest would be endangered because of unbalanced share structure due to shareholders' preemptive right. Preemptive right exist in a limit period including both spells of expressing idea and signing the agreement. Preemptive right is exercised basing on equivalent conditions, which is affirmed by judicial organ according to such comprehensive factors as object, consideration, price, payment method, payment period and interest. Preemptive right cannot exercised partly. The right holders obtain partial share through ordinary contract. Consent and giving up preemptive right form a complete consensus attaining identity of shareholders . Share transfer take effect when preemptive right is given up with the valid contract. Share transfer does not take effect when preemptive right is not given up with the valid contract. Preemptive right can be applicable to share gift but not internal transfer only if considering the company's interest wholly.

Chapter four studies the legal effect of the article including restrictions, which includes three sections. The first section discusses various restrictions in the judicial practice. The legal effect of restrictions such as forcing transfer、prohibit transfer and set additional procedure is full of dispute and the relevant judgment is unstable, but judicial organs have an attitude of tolerance descended from rejection towards restrictions in the articles generally. The second section discusses various theory about restrictions in the articles. Concrete and abstract thinking mode exist in the scholars' view. Such concrete views as distinguishing disposition from procedure, balance of freedom and restriction, separating positive liberty from negative one, comparing the article with corporation law, separating internal transfer from external transfer, concrete analysis of the specific question, the dealing party's conscious explain the requirement of validity of restrictions in the articles from micro aspects. Such abstract views as the leading position of shareholder interest, reasonableness, mandatory provisions or public policy, synthetic judgment attempt to find a universal standard. The third section discusses the legal effect of restrictions in the articles. We should judge the legal effect of restrictions in the articles basing on general principles and concrete analysis, so the section discusses the legal effect of restrictions from macro and micro aspects. Abstractly, legality and reasonableness are the most convincing in theory. Legality, which reflects the attitude in the judicial practice, explains the legal effect of restrictions in the articles statically. Reasonableness, which comes from judicial experience in America and is a reliable reference, explains the legal effect or restrictions in the articles dynamically. Whether the restrictions are reasonable or not depends on value of freedom and interest balance of specific clauses, which are reasonable with consideration to freedom and interest balance and are unreasonable conversely. Legal and reasonable restrictions are effective. Neither legal nor reasonable ones are invalid. Legal and unreasonable or illegal and reasonable ones are usually valid or invalid. Legal and unreasonable ones are frequently valid and illegal and reasonable ones are often invalid in the judicial circle, which depends on tradition of abiding by the law, but judicial circle interpret and apply law actively to respond to reality under special conditions. Legal and unreasonable ones are frequently invalid and illegal and reasonable ones are often valid theoretically, which depends on critical and prospective academic. Specifically, the articles can include higher or lower requirement of procedure comparing with Corporation Law, solidify or remove regulations in Corporation Law, set up different items from Corporation Law, but ambiguous restrictions, no assignment without period and abstract forcible assignment are invalid.

Chapter five studies other carrier of restrictions—the shareholders agreement and the bylaw, which includes two sections. The first section discusses the shareholders agreement. The shareholders agreement is a contract among shareholders with enforceability, which is free from nature and is amended simply comparing the article. But if the defect that the agreement ignores corporate interest and has limit personal act cannot be overcome, the agreement may not play a helpful role as a carrier. Legal effect of restrictions in the agreement depends on Contract Law, legality and reasonableness. The agreement only restrict the contractors, who should not impede others' interest when exercising their rights. The contractors should assume responsibility of breach. The second section discusses bylaw. It is necessary to stipulate bylaw to response to reality because of various corporate documents named after bylaw or not without clear legal guide. It is specified the bylaw belongs to the article, so the bylaw must bear the brunt of legality and reasonableness. Currently the bylaw is the shareholders agreement virtually, which is valid among contractors.

Chapter six studies systematic construction of LLC share transfer restrictions, which includes two sections. The first section discusses idea deviation and system defects in the current law. The independence of the corporation is not highlighted. The property attribute of equity is strengthened and the identity attribute is weakened. Shareholder autonomy is not thought highly of. Those are part of idea deviation. The system defects include blank and ambiguity. Specifically, the corporation is not given a louder voice. The identity attribute of equity is not set. The shareholders are not authorized to sign a contract including restrictions. The regulation about the bylaw is missing. The rules about scope of application、concrete application and legal effect of consent right and preemptive right are ambiguous. The second section discusses general idea and concrete system. It is a general idea to combine the statute and case law with judicial interpretation embodying the rules. Specifically, Corporation Law is the fulcrum of hierarchy with the case law and judicial interpretation as important components. Corporation Law needs to be perfected through the amendment that includes confirming corporate interest, clearing the identity attribute of equity, providing shareholders with autonomy and concrete provisions amendment basing on the forgoing issue. Abstract judicial interpretation should confirm the period and conditions of preemptive right. The question about restrictions includes in the bylaw should be resolved by the case law.

Keywords: Limited Liability Company; Restrictions on Share Transfer; Consent Right; Preemptive Right; Articles of Association

目 录

绪 论 …………………………………………………………（1）
  一　研究背景和研究意义 ………………………………（1）
  二　研究现状述评 ………………………………………（5）
  三　研究思路与研究方法 ………………………………（24）

第一章　有限责任公司股权转让限制之理论基础 ……………（32）
  第一节　有限责任公司股权转让限制的法哲学基础 ………（32）
    一　权利概念表征权利的界限 ………………………（32）
    二　权利受限制的缘由——权利的相对性 …………（35）
  第二节　有限责任公司股权转让限制的公司法学理论基础 ……（43）
    一　有限责任公司的人合性决定其股权转让受限制 ……（44）
    二　有限责任公司股权的身份附随性决定其股权
        转让受限制 ……………………………………………（53）
    三　有限责任公司之独立法律地位决定其股权转让受限制 ……（70）

**第二章　自由与利益平衡：有限责任公司股权转让限制之
        价值意蕴** …………………………………………………（80）
  第一节　自由：确认主体行为的边界 ……………………（80）
    一　自由价值引领下有限责任公司股权转让限制具体
        规则之设置 ……………………………………………（81）
    二　自由价值引领下有限责任公司股权转让限制
        模式之选择 ……………………………………………（85）
  第二节　利益平衡：相关者在股权转让中的利益诉求 ……（91）
    一　转让股东的权利与义务 ……………………………（92）

二　其他股东的权利与义务 …………………………………（100）
　　三　受让方的权利与义务 ……………………………………（104）
　　四　公司的权利与义务 ………………………………………（107）

第三章　同意权与优先购买权：有限责任公司股权转让之
　　　　法定限制 ………………………………………………（117）
　第一节　同意权 …………………………………………………（117）
　　一　同意权的存与废 …………………………………………（117）
　　二　同意权的行使 ……………………………………………（122）
　　三　同意权的法律效力 ………………………………………（135）
　　四　同意权的适用范围 ………………………………………（151）
　第二节　优先购买权 ……………………………………………（154）
　　一　优先购买权之存与废 ……………………………………（154）
　　二　优先购买权的性质 ………………………………………（158）
　　三　优先购买权的行使 ………………………………………（162）
　　四　优先购买权的法律效力 …………………………………（183）
　　五　优先购买权的适用范围 …………………………………（187）

第四章　有限责任公司章程限制股权转让的边界 ……………（191）
　第一节　公司章程限制股权转让实务的多样化呈现 …………（192）
　　一　公司章程强制股权转让的效力 …………………………（192）
　　二　公司章程禁止股权转让的效力 …………………………（195）
　　三　公司章程另行规定股权对外转让程序的效力 …………（195）
　第二节　公司章程限制股权转让边界理论之多元化展示 ……（199）
　　一　具体思维模式 ……………………………………………（199）
　　二　抽象思维模式 ……………………………………………（206）
　第三节　公司章程限制股权转让边界的确定 …………………（208）
　　一　抽象标准之确定 …………………………………………（208）
　　二　具体问题之展开 …………………………………………（216）
　　三　违反公司章程股权转让限制条款的法律后果 …………（225）

第五章 股东协议与公司细则：有限责任公司股权转让限制的另类载体 (227)

第一节 股东协议限制股权转让 (227)
一 股东协议的性质：公司自治规则抑或合同 (228)
二 股东协议限制股权转让之利弊分析——与公司章程比较 (230)
三 股东协议约定股权转让限制的内容 (235)
四 股东协议限制股权转让条款的效力 (236)

第二节 公司细则限制股权转让 (238)
一 公司细则的含义及其在我国的表现形式 (239)
二 限制股权转让之公司细则的法律地位 (242)
三 公司细则限制股权转让条款的效力 (244)

第六章 我国有限责任公司股权转让限制之体系化建构 (248)

第一节 有限责任公司股权转让限制立法之理念偏差与制度缺陷 (248)
一 有限责任公司股权转让限制立法之理念偏差 (248)
二 有限责任公司股权转让限制立法的制度缺陷 (254)

第二节 有限责任公司股权转让限制体系化建构的总体思路与具体框架 (263)
一 有限责任公司股权转让限制体系化建构的总体思路 (263)
二 有限责任公司股权转让限制体系化建构的具体框架 (276)

结 语 (290)

参考文献 (293)

绪　　论

一　研究背景和研究意义

（一）研究背景

1892年有限责任公司由德国首创问世，这一被认为是"浓缩了人类经济活动自然演进对企业组织形式的选择历程"[①]的企业组织形式自诞生伊始便携带其特有的人合性抑或封闭性屹立于市场活动之中，法律规定以限制有限责任公司股权转让的方式对这种封闭性特征作出回应。[②] 德国、法国、日本、意大利、巴西、英国、美国、韩国等国家以及我国的台湾地区纷纷在公司法律规定中就有限责任公司股权转让作出限制性规定。[③] 1993年，新中国成立后的第一部《公司法》颁布，该法第35条明确规定了有限责任公司股权内部转让和外部转让的基本规则。[④] 这一基本规则被认为是立法对有限责任公司股权转让作出的一种限制性规定。这种限制性

[①] 参见王建文《有限责任公司股权转让限制的自治边界及司法适用》，《社会科学家》2014年第1期，第87页。

[②] 本书所称股权转让主要指有限责任公司股权之一般转让。股份的强制执行、异议股东股份回购以及股权继承不在本书研究之列。

[③] 参见赵旭东主编《境外公司法专题概览》，人民法院出版社2005年版，第449—458页。

[④] 1993年《公司法》第35条规定："股东之间可以相互转让其全部出资或者部分出资。股东向股东以外的人转让其出资时，必须经全体股东过半数同意；不同意转让的股东应当购买该转让的出资，如果不购买该转让的出资，视为同意转让。经股东同意转让的出资，在同等条件下，其他股东对该出资有优先购买权。"

规定在 2005 年随着公司法第三次修正一并获得修改。[①] 2013 年《公司法》最新一次修正时，曾经的 72 条变成今天的 71 条，内容未作任何改变。2003 年《最高人民法院关于适用〈中华人民共和国婚姻法〉若干问题的解释（二）》在其第 16 条针对夫妻财产分割时对《公司法》有关股权转让限制规则进行了演绎。[②] 2003 年《最高人民法院关于审理公司纠纷案件若干问题的规定（一）（征求意见稿）》尽管未能正式生效，不能作为司法裁判的准绳，但是其第 22—27 条就公司章程限制股权转让的效力问题、同意规则与优先购买规则的实施问题以及指定受让问题所进行的明确规定无疑为有限责任公司股权转让限制问题的探讨提供了一种思路。

立法层面力图厘清有限责任公司股权转让限制相关问题，但依然留下诸多疑问。法律虽然明确规定同意权和优先购买权，但是这两项权利的行使主体、行使时间、行使方式、效力以及适应范围等具体问题，法律规定没有也没能给予具体规定。另外，我国《公司法》明确规定公司章程可以就有限责任公司股权转让另行规定，但是公司章程另行规定是天马行空抑或应有边界限定，如果有边界限定则该边界如何确定，现行《公司法》规定显然没有对上述问题进行细化说明。法定具体规则

---

① 我国 2005 年《公司法》第 72 条规定："有限责任公司的股东之间可以相互转让其全部或者部分股权。股东向股东以外的人转让股权，应当经其他股东过半数同意。股东应就其股权转让事项书面通知其他股东征求同意，其他股东自接到书面通知之日起满三十日未答复的，视为同意转让。其他股东半数以上不同意转让的，不同意的股东应当购买该转让的股权；不购买的，视为同意转让。经股东同意转让的股权，在同等条件下，其他股东有优先购买权。两个以上股东主张行使优先购买权的，协商确定各自的购买比例；协商不成的，按照转让时各自的出资比例行使优先购买权。公司章程对股权转让另有规定的，从其规定。"

② 《最高人民法院关于适用〈中华人民共和国婚姻法〉若干问题的解释（二）》第 16 条规定："人民法院审理离婚案件，涉及分割夫妻共同财产中以一方名义在有限责任公司的出资额，另一方不是该公司股东的，按以下情形分别处理：（一）夫妻双方协商一致将出资额部分或者全部转让给该股东的配偶，过半数股东同意、其他股东明确表示放弃优先购买权的，该股东的配偶可以成为该公司股东；（二）夫妻双方就出资额转让份额和转让价格等事项协商一致后，过半数股东不同意转让，但愿意以同等价格购买该出资额的，人民法院可以对转让出资所得财产进行分割。过半数股东不同意转让，也不愿意以同等价格购买该出资额的，视为同意转让，该股东的配偶可以成为该公司股东。用于证明前款规定的过半数股东同意的证据，可以是股东会决议，也可以是当事人通过其他合法途径取得的股东的书面声明材料。"

之适用也好，有限责任公司章程限制股权转让之边界也罢，学界对上述问题充满争议。

学界争议反映在司法实务之中即表现为大量相关案例的出现。北京市高级人民法院民二庭《关于公司类纠纷案件的调查报告——公司纠纷案件审理的动向及思考》显示有限责任公司股权转让纠纷已经逐渐成为商事裁判中数量激增的案件之一。[①] 中国裁判文书网针对2014年1月1日到2015年1月1日全国范围内的股权转让纠纷案件进行统计总计7204件，这些纠纷中绝大多数为有限责任公司股权转让纠纷案件。[②] 而这些有限责任公司股权转让纠纷基本会涉及股权转让限制规则的司法适用问题。所以，厘清有限责任公司股权转让限制问题的头绪，勾勒出该问题的总体轮廓并能使具体问题明确化成为司法机关急切期待出现的结果。

立法规定在努力实现其良法之治，无奈理性的设置背后总挡不住现实的复杂多变以及法律语言模糊之天生缺陷，以致陷入规定不明确、不利于操作的诟病中。学界从不同侧面就有限责任公司股权转让限制问题展开讨论，但并没有人能够就有限责任公司股权转让限制问题进行系统化的深入分析并对其进行体系化的建构。司法实务界期待在处理有限责任公司股权转让限制问题时有较为明确的法律指引，从而实现相似案件相同处理的公正裁判目标。在上述三维立体式背景之下，本选题得以确立。

（二）研究意义

本书的研究以理论争鸣为切入点，以立法规定解析为研究的经线，以司法实证为研究的折射镜，所以总体而言本书的研究将会对学理、立法以及司法三个层面产生一定影响，这也正是本书研究意义所在。

1. 学理层面

尽管学界关于有限责任公司股权转让限制的系统探讨较少，但在目

---

① 参见贾明军、韩璐主编《法院审理股权转让案件观点集成》，中国法制出版社2012年版，第1页。

② 中国裁判文书网（http：//www.court.gov.cn/extension/simpleSearch.htm? keyword = %E8%82%A1%E6%9D%83%BD%AC%E8%AE%A9%E7%BA%A0%E7%BA%B7&caseCode = &beginDate = 2014 - 01 - 01&endDate = 2015 - 01 - 01&adv = 1&orderby = &order = &page = 3），访问时间：2015年3月25日。

前有限责任公司股权转让限制之具体问题的探讨中，理论争鸣保持激烈态势。关于具体规则的存废、具体规则的操作、具体规则的法律效力、公司章程限制股权转让的边界等，学者们的探讨视界几乎覆盖《公司法》第71条第4款规定所涉及的所有主要问题。但是由于视角差异以及个人偏好，学界在有限责任公司股权转让限制问题研究上远未达成共识，这是必须正视的现实。而且由于缺乏一种更深层次的理论基础之考察和对该问题缺乏一种体系化的思考，尽管学者们就具体问题的理解和修正提出一定的见解和建议，但是这些见解抑或建议往往因为缺乏一种更为广泛的理论适应性而变得不尽合理。学界争鸣是本书开展研究的缘由所在，也是本书研究的切入点。本书在就有限责任公司股权转让限制问题进行充分分析的基础之上试图展开系统化的建构，以期拨开理论迷雾，揭橥理论的真实。

2. 立法层面

法学理论研究无论阐释一种理念、解析一种规则、分析一种现象抑或解决一个问题，都应借助立法技术渗透进、演变为立法条文。如此，学理研究才会从神坛走向世俗，展示其生命力。所以本书研究始终将立法规定作为贯穿全文的经线，条文解析试图探寻立法的真意，条文阐释希望法律规定能灵活适用于社会生活，条文比较企盼立法实现取长补短，条文创设以期达至法律条文之完善。具体来说，本书将围绕《公司法》第71条规定所涉及的具体问题展开分析，并将《公司法》《合同法》以及其他相关法律规范作为分析问题、解决问题的法律背景与条文依据，最终围绕有限责任公司股权转让限制问题提出针对立法层面的完善建议，以实现有限责任公司股权转让限制的体系化建构。

3. 司法层面

法律规定逐渐走向完善是司法日趋实现进步的前提和基础。但司法领域对法律规定反映的态度从来都不应该遭到漠视。只有结合实际，我们才能真切感知法律规定的缺憾所在，只有审视法律实践，我们才知道法律规定将来走向完善的方向。在两大法系激烈碰撞、相互融合的今天，通过司法判例创设有限责任公司股权转让限制规则并非天方夜谭。所以，本书将围绕现实中有限责任公司股权转让限制纠纷展开具体分析。一方面希望这种分析能为理论运用以及制度建构提供坚实的现实支撑，加强法律条文的现实回应性。另一方面，希望司法审判发挥其应有的能动性，可就立法规定的模糊之处进行应用性的司法解释，并针对立法规定的空白之处发挥填补漏洞的功能。所以本书对于法律规定之司法适用来说无疑具有进步作用，尤其对于司法更好地发挥其弥补立法规定缺憾之功能意义重大。

二　研究现状述评

（一）国内研究现状述评

在我国，学者们对有限责任公司股权转让限制的探讨主要集中在以下四个方面：第一，有限责任公司股权转让限制规则的理论基础，绝大多数学者本着有限责任公司人合性作为有限责任公司股权转让限制规则之理论基础乃众所周知的既定事实，在其论著中一笔带过，鲜有学者以专章进行论述。第二，公司章程限制股权转让的边界问题，这是目前有关学者探讨有限责任公司股权转让限制规则时最为集中的话题。公司章程作为公司的自治规则抑或股东间的一种合约，其可以规定股权转让的限制规则，然而这种规定是否应有其限度或者边界，正是公司章程关于股权转让限制的边界关系着公司章程有关股权转让限制规则的效力。第三，针对同意规则进行专门探讨，其中以同意权的存废、行使、效力以及适用范围讨论居多。第四，针对优先购买规则进行专门讨论，尤其以优先购买权的性质、优先购买权的行使以及优先购买权的效力讨论居多。

1. 有限责任公司股权转让限制的理论基础

根据学者们的分析总结，有限责任公司股权转让限制的理论基础主要在于有限责任公司的人合性、相关者利益的保护抑或有限责任公司资合兼人合属性的平衡。[①] 其中，有限责任公司人合性受到热烈关注。绝大部分学者以有限责任公司的人合性为有限责任公司股权转让限制的理论基础表

---

① 参见侯东德《封闭公司股权转让的契约解释》，《西南民族大学学报》（人文社科版）2009年第8期，第162页；宋良刚《有限责任公司股权转让限制制度的完善》，《人民司法》2005年第4期，第16—17页；甘培忠、吴涛《有限责任公司股权转让探析——兼论我国〈公司法〉相关制度之完善》，《南京大学学报》（哲学·人文科学·社会科学版）2005年第1期，第33页。

明人合性与有限责任公司关系之同音共律，但学者们论及有限责任公司股权转让限制的理论基础乃公司人合性之一笔带过的做法却反映出学者们对有限责任公司股权转让限制之理论基础的一种漠视。当有限责任公司股权转让限制与权利自由观狭路相逢时，理论基础的威力迫切需要得到彰显。缺失坚实理论基础之具体规则的设置如同空中楼阁，随时会有坍塌的危险。

2. 有限责任公司章程限制股权转让的边界

2005年，我国《公司法》在完成其自诞生以来的第三次修正时，以顺应公司自治潮流的名义在第72条（如今的第71条）明确规定有限责任公司章程可以对股权转让问题另行规定。正是有关公司章程的"另行规定"条款引发了学者们针对有限责任公司股权转让限制热烈且集中的探讨，而拥有不同视角的学者们也对公司章程限制股权转让之边界问题作出了不同解答。笔者总结出一定程度上存在交集的下列不同主张：（1）股权处分权和股权转让程序两分论，此种观点认为股权转让的内容可细分为股权转让的处分权和股权转让的程序，公司章程通常可以无所顾忌地就股权转让程序作出限制性规定，但是股东股权处分权之限制与剥夺则必须通过法定程序或者基于当事人意思自治。[①]（2）股权转让自由与限制之均衡论，即主张公司章程的自治边界因为合资公司股权转让自由的本质属性不可无限扩张，而应该受到一定限制，股权转让自由与股权转让限制实乃一种博弈，公司章程限制股权转让应该实现自由与限制的均衡。[②]（3）股权转让之积极自由与消极自由论，也即公司章程只能限制股权转让之积极自由而不能对消极自由设限，也就是说公司章程不能强制股东必须转让自己的股权。[③]（4）股东利益主导论，公司章程或者股东协议限制股权转让自由之效力取决于这些规定或者约定是否

---

① 参见钱玉林《公司法实施问题研究》，法律出版社2014年版，第179—180页；钱玉林《公司章程对股权转让限制的效力》，《法学》2012年第10期，第103页。

② 参见王建文《有限责任公司股权转让限制的自治边界及司法适用》，《社会科学家》2014年第1期，第88—91页；段威《有限责任公司股权转让时"其他股东同意权"制度研究》，《法律科学》（西北政法大学学报）2013年第3期，第119页。

③ 参见胡忠惠《强制股东转让股权效力探析》，《经济问题探索》2008年第5期，第161—162页。

有损股东利益。①（5）章程与《公司法》比较论，此种主张认为公司章程限制股权转让应该严于《公司法》设定的条件，原因在于《公司法》限制股权转让的规定是一种最低要求；②也有学者基于同样视角认为公司章程为股权转让设定更加宽松的条件方才有效。③（6）股权转让分类论，这种观点认为，股权转让包含积极转让和消极转让，公司章程只可设限股权积极转让，不能设限股权消极转让也即不可强迫股东转让股权。④这一观点与前述积极自由与消极自由论较为类似。此外，股权转让还可分为内部转让和外部转让，公司章程设限股权内部流转时以宽松为主旨，而设限股权对外流转时以严格为方向。⑤（7）具体内容具体分析论，此种视角下，学者们围绕公司章程强制股权转让、禁止股权转让、否定优先购买权等一系列问题进行探讨，提出强制股权转让的章程规定只能约束赞成该条款的股东，⑥剥夺股东股权转让权以及否定股东优先购买权的章程规定无效。⑦（8）合理性判断标准，即建议移植美国司法实务中所创建的"合理性"标准来确定公司章程限制股权转让的效力，如果公司章程限制股权转让合理则有效，反之则无效。⑧（9）综合判断标准，即根据公司章程

---

① 参见赵莉《公司章程限制股权转让的合理性审查》，《法学杂志》2012年第9期，第99—102页；陈敦《论股东优先购买权的行使》，《法律适用》2007年第8期，第45页。

② 参见古锡麟、李洪堂《股权转让若干审判实务问题》，《法律适用》2007年第3期，第49页；郭召军《股权转让的条件和效力》，《法律适用》2005年第6期，第81页；赵万一、吴民许《论有限责任公司出资转让的条件》，《法学论坛》2004年第5期，第39页。

③ 参见王艳丽《对有限责任公司股权转让制度的再认识——兼评我国新〈公司法〉相关规定之进步与不足》，《法学》2006年第11期，第19页。

④ 参见范黎红《公司章程"侵权条款"的司法认定及救济——以"强制离职股东转让股权"之章程条款为例》，《法律适用》2009年第1期，第61页。

⑤ 参见奚庆、王艳丽《论公司章程对有限责任公司股权转让限制性规定的效力》，《南京社会科学》2009年第12期，第152—154页；胡晓静《公司法专题研究：文本·判例·问题》，华中科技大学出版社2013年版，第171页；周友苏《新公司法论》，法律出版社2006年版，第286页；赵旭东主编《新公司法案例解读》，人民法院出版社2005年版，第155页。

⑥ 参见闫志旻、李学泉《有限责任公司章程中强制转让条款的效力分析》，《人民司法·应用》2009年第21期，第81—83页；雷桂森《公司章程越权条款研究——以强制股东转让股权条款为样本》，《人民司法·应用》2012年第1期，第93—95页。

⑦ 参见王保树主编《商法》，北京大学出版社2011年版，第155页。

⑧ 参见陈彦晶、董惠江《论有限责任公司中股权转让的效力》，《黑龙江社会科学》2011年第4期，第151页；吴伟央、郑谷晨《有限责任公司股权转让的章程限制及其边界分析》，《理论月刊》2010年第9期，第103—104页。

的性质、股权的属性以及有限责任公司的特性来确定公司章程限制股权转让的效力。[①]（10）法律、行政法规强制规定或者公共政策论，该种观点以公司章程限制股权转让是否违反法律、行政法规的强制规定或违反公共政策来确定公司章程股权转让限制性规定的效力，不违反就有效，违反则无效。[②]

综上所述，学者们已经就凭借公司章程限制有限责任公司股权转让之可行性达成共识，只是关于公司章程限制股权转让之边界问题莫衷一是，远未形成通说。笔者以为，公司章程针对有限责任公司股权转让之限制性条款的复杂多样性注定公司章程相应条款效力判断困难重重，没有"一刀切"的标准，但是我们依然应该可以在纷繁复杂的现实中摸索出一条主线，指引着我们接近科学判断有限责任公司章程设限股权转让条款效力之理想。

3. 同意规则

（1）同意权存废之争

一种观点认为同意权无法独立于优先购买权之外而存在，进而认为同意权终将被废除。[③] 另一种观点认为"同意条款"与公司人合性密切相关，它会影响股东之间利益平衡的实现，所以应该保留。[④]

（2）同意权的行使

关于通知的对象存在股东通知模式以及公司通知模式之争。[⑤] 关于通

[①] 参见宁金成《有限责任公司设限股权转让效力研究》，《暨南学报》（哲学社会科学版）2012年第12期，第14—17页。

[②] 参见李建伟《公司法学（第三版）》，中国人民大学出版社2014年版，第243页。

[③] 参见叶林、辛汀芷《关于股权优先购买权的案例评述——北京新奥特集团等诉华融公司股权转让合同纠纷案》，http://service.law-star.com/cacnew/200707/40011507.htm，访问时间：2015年3月17日；王子正《有限责任公司出资转让若干法律问题探析》，《当代法学》2002年第6期，第69页；叶金强：《有限责任公司股权转让初探——兼论〈公司法〉第35条之修正》，《河北法学》2005年第6期，第31页；段威《有限责任公司股权转让时"其他股东同意权"制度研究》，《法律科学（西北政法大学学报）》2013年第3期，第115页；徐琼《论有限责任公司股东的同意权与优先购买权》，《河北法学》2004年第10期，第66—68页。

[④] 参见王东光《股东退出法律制度研究》，北京大学出版社2010年版，第71—72页。

[⑤] 参见刘俊海《论有限责任公司股权转让合同的效力》，《法学家》2007年第6期，第77页；叶林《公司在股权转让中的法律地位》，《当代法学》2013年第2期，第74页；段威《有限责任公司股权转让时"其他股东同意权"制度研究》，《法律科学（西北政法大学学报）》2013年第3期，第116页；朱建军《我国有限责任公司股权转让法定规则的立法技术分析》，《政治与法律》2014年第7期，第93页。

知方式存在书面与非书面之争。① 关于通知的内容则出现只包括股东拟对外转让股权之简单事实，或者拟转让股权的价格，抑或和转让相关的所有事项等不同观点。② 关于同意权行使的投票标准存在人头决以及资本决之争。③ 关于同意权行使的比例标准则出现三种不同观点，一种观点认可目前《公司法》的规定，另一种观点坚持人数决的前提下建议删除人数比例之规定，还有一种观点建立在资本决基础之上并且提出资本决的比例是四分之三。④

(3) 同意权的效力

同意权之效力探讨的问题是，过半数的公司其他股东不同意股权对外转让时，股东与非股东的第三人之间所签订的股权转让协议以及所进行的股权转让之效力如何。有学者着眼于转让股东与公司剩余股东之间的关系探讨该问题，认为公司剩余股东不同意股权对外转让即表示其在行使优先购买权，并进而认为不同意的表示足以在公司剩余股东和转让股东彼此之

---

① 参见叶林《公司在股权转让中的法律地位》，《当代法学》2013年第2期，第74页；刘俊海《论有限责任公司股权转让合同的效力》，《法学家》2007年第6期，第77页；朱建军《我国有限责任公司股权转让法定规则的立法技术分析》，《政治与法律》2014年第7期，第90页；段威《有限责任公司股权转让时"其他股东同意权"制度研究》，《法律科学（西北政法大学学报）》2013年第3期，第116页。

② 参见叶林《公司在股权转让中的法律地位》，《当代法学》2013年第2期，第74页；段威《有限责任公司股权转让时"其他股东同意权"制度研究》，《法律科学（西北政法大学学报）》2013年第3期，第116页；柏高原、宋芳《我国有限责任公司股权对外转让制度的反思与重构》，《天津法学》2012年第1期，第80页；陈敦《论股东优先购买权的行使》，《法律适用》2007年第8期，第46页。

③ 参见黄月华《有限责任公司股权转让制度之重构》，《西南政法大学学报》2005年第1期，第50页；[德] 托马斯·莱塞尔、吕迪格·法伊尔《德国资合公司法》，高旭军等译，法律出版社2005年版，第477页；甘培忠、吴涛《有限责任公司股权转让探析——兼论我国〈公司法〉相关制度之完善》，《南京大学学报》（哲学·人文科学·社会科学版）2005年第1期，第37页；段威《有限责任公司股权转让时"其他股东同意权"制度研究》，《法律科学（西北政法大学学报）》2013年第3期，第116页；朱建军《我国有限责任公司股权转让法定规则的立法技术分析》，《政治与法律》2014年第7期，第93页。

④ 参见段威《有限责任公司股权转让时"其他股东同意权"制度研究》，《法律科学（西北政法大学学报）》2013年第3期，第116页；黄月华《有限责任公司股权转让制度之重构》，《西南政法大学学报》2005年第1期，第49页；王亚明《有限责任公司股权转让研究》，《长江论坛》2006年第1期，第38页。

间造就内容明确的股权转让关系,也即剩余股东与转让股东之间达成相应的股权转让协议。① 绝大部分学者则着眼于转让股东与非股东的第三人之间的转让协议之效力探讨该问题,并形成下列不同学说:①有效说;② ②可撤销说;③ ③效力待定说;④ ④法定生效要件说。⑤

(4) 同意权的适用范围

就同意权的适用范围而言,学者们最为关注的问题是同意权是否可以适用于股权内部转让场合。针对该问题学者们形成三种不同主张:否定论、⑥ 肯定论、⑦ 折中论 。⑧

4. 优先购买规则

(1) 优先购买权的性质

优先购买权的性质涉及多方主体之间的利益关系架构,故理所当然成

---

① 参见叶林、辛汀芷《关于股权优先购买权的案例评述——北京新奥特集团等诉华融公司股权转让合同纠纷案》,法律信息网(http://service.law-star.com/cacnew/200707/40011507.htm),访问时间:2015年3月17日。

② 参见肖龙、孙小平、王忠《从个案谈有限责任公司股权转让的若干问题》,《法律适用》2003年第9期,第56页;朱建军《我国有限责任公司股权转让法定规则的立法技术分析》,《政治与法律》2014年第7期,第90页;樊涛《刍论有限责任公司股权对外转让合同的效力》,《理论导刊》2011年第5期,第101页。

③ 参见刘俊海《论有限责任公司股权转让合同的效力》,《法学家》2007年第6期,第78页;冉崇高、陈璐《侵犯股东同意权及优先购买权的股权转让协议的效力》,《人民司法》2011年第14期,第79页。

④ 参见赵万一、吴民许《论有限责任公司出资转让的条件》,《法学论坛》2004年第5期,第41页;万玲《未经全体股东过半数同意的股权转让行为效力辨析》,《法律适用》2004年第5期,第80页;汪涛《论公司法中股权转让限制对股权转让协议效力的影响》,《产业与科技论坛》2006年第6期,第60页;杨瑞峰《股权转让合同的生效与股权变动》,《法律适用》2007年第10期,第95页;刘阅春《出资转让的成立与生效》,《法学》2004年第3期,第95—97页。

⑤ 参见宋良刚《有限责任公司股权转让限制制度的完善》,《人民司法》2005年第4期,第21页。

⑥ 参见周友苏《公司法通论》,四川人民出版社2002年版,第300、516、668页;[法]伊夫·居荣《法国商法》(第1卷),罗结珍、赵海峰译,法律出版社2004年版,第557页;王泰铨《公司法新论》,台北三民书局1998年版,第208—209页。

⑦ 参见许中缘《浅析有限责任公司股东出资转让的规定》,《山东法学》1999年第1期,第8页;段威:《有限责任公司股权转让时"其他股东同意权"制度研究》,《法律科学(西北政法大学学报)》2013年第3期,第115页。

⑧ 参见甘培忠、吴涛《有限责任公司股权转让探析——兼论我国〈公司法〉相关制度之完善》,《南京大学学报》(哲学·人文科学·社会科学版)2005年第1期,第35页。

为目前有关优先购买规则的焦点话题之一。学者们基于民事权利性质之区分并夹杂着各自不同的利益倾向,就优先购买权性质问题形成三大主张:形成权说、[1] 请求权说[2]以及多重属性说。[3]

(2) 优先购买权的行使

关于行使主体,学界存在转让股东之外的其他所有股东和不同意股权对外转让的股东两种主张。[4] 关于行使期限,学者们几乎一致认为优先购买权必须在规定的期限内行使,但就具体期限的长短以及期限的起算时点存在分歧。[5]

优先购买权的行使条件之争议集中在法定"同等条件"的理解上,学者们形成如下主张:①主要条件及附加条件论,即"同等条件"包括

---

[1] 参见叶林、辛汀芷《关于股权优先购买权的案例评述——北京新奥特集团等诉华融公司股权转让合同纠纷案》,法律信息网,访问时间:2015年3月17日;赵旭东《股东优先购买权的性质和效力》,《当代法学》2013年第5期,第20页;柏高原、宋芳《我国有限责任公司股权对外转让制度的反思与重构》,《天津法学》2012年第1期,第80—81页;赵兰明《股东优先购买权的适用与保护》,《理论学刊》2003年第2期,第108页;陈敦《论股东优先购买权的行使》,《法律适用》2007年第8期,第47页。

[2] 参见刘俊海《论有限责任公司股权转让合同的效力》,《法学家》2007年第6期,第77—78页;蒋大兴《股东优先购买权行使中被忽略的价格形成机制》,《法学》2012年第6期,第67—77页;杜军《公司法第七十二条蕴含的商业逻辑及其展开》,《人民司法·应用》2013年第11期,第98—99页;于华江《有限责任公司股东优先购买权问题研究》,《政法论坛(中国政法大学学报)》2003年第4期,第151页。

[3] 参见胡大武、张莹《我国有限责任公司股东优先购买权研究——兼论我国公司法的完善》,《学术论坛》2007年第5期,第150页;李建伟《公司法学(第三版)》,中国人民大学出版社2014年版,第243页;夏志泽《先买权新论——从先买权的性质和行使谈我国先买权立法的完善》,《当代法学》2007年第2期,第125页。

[4] 参见朱建军《我国有限责任公司股权转让法定规则的立法技术分析》,《政治与法律》2014年第7期,第88—89页;胡大武、张莹《我国有限责任公司股东优先购买权研究——兼论我国公司法的完善》,《学术论坛》2007年第5期,第148页;江平、李国光主编《最新公司法理解与适用》,人民法院出版社2006年版,第230页;钱卫清《公司诉讼——公司司法救济方式新论》,人民法院出版社2004年版,第179页。

[5] 参见魏玮《论现有股东优先购买权诉讼模式的局限及其完善——以〈公司法〉第72条第3款的制度目的为视角》,《法律适用》2012年第4期,第57页;赵青《论有限责任公司股东的优先购买权》,《人民司法·应用》2008年第21期,第88页;周海博《有限责任公司股东优先购买权制度重构》,《东岳论丛》2010年第6期,第147页;雷新勇《有限责任公司股权转让疑难问题探析》,《法律适用》2013年第5期,第29页;胡晓静《公司法专题研究:文本·判例·问题》,华中科技大学出版社2013年版,第174—175页;夏泽志《先买权新论——从先买权的性质和行使谈我国先买权立法的完善》,《当代法学》2007年第2期,第129—130页。

股权转让价格、支付条件及其他附加条件;① ②支付期限与交易目的论，即代表信任的支付期限不能包含在同等条件之下，且股权转让基于经营战略目的之时，应该以发散思维审视同等条件;② ③同等条件区别形成论，即基于转让条件的不同提出者对相关主体的最终交易条件进行认定，或者关系主体存在争议时可以通过协商、估价甚或拍卖方式确定转让价格;③ ④同等条件层级论，该种观点认为价款、价款支付方式、付款期限以及全部或者部分转让等转让条件的同等程度应该区别对待;④ ⑤同等条件变化论，该种主张强调股权转让条件并非固定不变，公司剩余股东可以与受让人针对拟转让股权进行竞价，从而在兼顾其他股东优先购买权的前提下实现转让股东的利益最大化;⑤ ⑥同等条件比较论，即将其他股东的购买条件与第三人的购买条件进行比较从而确定最终的购买权主体以及购买条件，此种思路指引下分别形成"绝对同等说""相对同等说"以及"折中说"三种不同的观点。⑥

关于优先购买权能否部分行使的问题，学者们基本可以分成三派：赞

---

① 参见王保树主编《商法》，北京大学出版社2011年版，第153页；雷兴虎主编《公司法学》，北京大学出版社2006年版，第167—168页；刘俊海《论有限责任公司股权转让合同的效力》，《法学家》2007年第6期，第77页。

② 参见杜军《公司法第七十二条蕴含的商业逻辑及其展开》，《人民司法·应用》2013年第11期，第97—98页。

③ 参见赵旭东主编《公司法学》，高等教育出版社2006年版，第303页；陈敦《论股东优先购买权的行使》，《法律适用》2007年第8期，第47页；苏志甫《有限责任公司股权转让的法律适用——兼评新旧公司法之相关规定》，《人民司法》2006年第6期，第63页；赵青《论有限责任公司股东的优先购买权》，《人民司法·应用》2008年第21期，第88页。

④ 参见胡大武、张莹《我国有限责任公司股东优先购买权研究——兼论我国公司法的完善》，《学术论坛》2007年第5期，第153页；古锡麟、李洪堂《股权转让若干审判实务问题》，《法律适用》2007年第3期，第51页。

⑤ 参见胡晓静《公司法专题研究：文本·判例·问题》，华中科技大学出版社2013年版，第173页；蒋大兴《股东优先购买权行使中被忽略的价格形成机制》，《法学》2012年第6期，第74—77页。

⑥ 参见宋良刚《股权转让优先权制度分析》，《中国工商管理研究》2005年第5期，第52—54页；上海市高级人民法院2008年颁布的《关于审理涉及有限责任公司股东优先购买权案件若干问题的意见》第3条规定："其他股东主张优先购买权的同等条件，是指让股东与股东以外的第三人之间合同确定的主要转让条件"；周海博《有限责任公司股东优先购买权制度重构》，《东岳论丛》2010年第6期，第148页。

成派、① 反对派②和折中派。③ 关于优先购买权的适用范围主要存在能否无偿适用与内部适用两大争议。④

（3）优先购买权的效力

优先购买权的效力即公司剩余股东并未行使且没有放弃优先购买权时对转让股东与公司外部第三人之间签订的股权转让协议的效力以及其所进行的股权转让之效力所产生的影响。学者们就这个问题形成下列不同学说：①无效说；⑤ ②有效说；⑥ ③可撤销说；⑦ ④附停止条件说；⑧

---

① 参见赵旭东主编《公司法学》，高等教育出版社2006年版，第302页；周友苏《新公司法论》，法律出版社2006年版，第289页。

② 参见杜军《公司法第七十二条蕴含的商业逻辑及其展开》，《人民司法·应用》2013年第11期，第97页；刘俊海《论有限责任公司股权转让合同的效力》，《法学家》2007年第6期，第78—79页；蔡峰华《股东部分行使优先购买权问题探究——兼论有限责任公司股权转让限制的立法价值取向》，《北京市政法管理干部学院学报》2003年第1期，第24页。

③ 参见古锡麟、李洪堂《股权转让若干审判实务问题》，《法律适用》2007年第3期，第52页；廖宏，黄文亮《有限责任公司股权转让法律问题研究》，《南昌大学学报》（人文社会科学版）2010年第41卷专辑，第19页；胡晓静《公司法专题研究：文本·判例·问题》，华中科技大学出版社2013年版，第175页；时建中主编《公司法原理精解、案例与运用》（第二版），中国法制出版社2012年版，第226页。

④ 参见刘俊海《论有限责任公司股权转让合同的效力》，《法学家》2007年第6期，第78页；徐琼《论有限责任公司股东的同意权与优先购买权》，《河北法学》2004年第10期，第69页；郭丽红、纪金标《论有限责任公司股权的无偿转让》，《天平洋学报》2008年第6期，第69页；赵兰明《股东优先购买权的适用与保护》，《理论学刊》2003年第2期，第109页；赵万一、吴民许《论有限责任公司出资转让的条件》，《法学论坛》2004年第5期，第37—38页。

⑤ 参见赵艳秋、王乃晶《特殊情况下有限责任公司股权转让合同的效力》，《学术交流》2010年第4期，第59页；冉崇高、陈璐《侵犯股东同意权及优先购买权的股权转让协议的效力》，《人民司法》2011年第14期，第78页。

⑥ 参见朱建军《我国有限责任公司股权转让法定规则的立法技术分析》，《政治与法律》2014年第7期，第90页；奚晓明、潘福仁主编《股权转让纠纷》，法律出版社2007年版，第100页；张钧、吴钦松《论未经其他股东放弃优先购买权的股权转让合同之效力》，《河北法学》2008年第11期，第189页；赵旭东《股东优先购买权的性质和效力》，《当代法学》2013年第5期，第23页；贾明军、韩璐主编《法院审理股权转让案件观点集成》，中国法制出版社2012年版，第204页。

⑦ 参见刘俊海《论有限责任公司股权转让合同的效力》，《法学家》2007年第6期，第78页；冉崇高、陈璐《侵犯股东同意权及优先购买权的股权转让协议的效力》，《人民司法》2011年第14期，第79页；贾明军、韩璐主编《法院审理股权转让案件观点集成》，中国法制出版社2012年版，第204页。

⑧ 参见苏志甫《有限责任公司股权转让的法律适用——兼评新旧公司法之相关规定》，《人民司法》2006年第6期，第64页；丁巧仁主编《公司法案例判解研究》，人民法院出版社2003年版，第135页；蔡元庆《股权二分论下的有限责任公司股权转让》，《北方法学》2014年第1期，第53—54页。

⑤效力待定说。①

（二）国外研究现状述评

尽管存在立法差异，但是在国外尤其是美国也有很多学者研究封闭公司抑或私人公司的股份转让限制问题，并且这些学者的研究几乎都集中于下列问题：第一，股份转让限制之理论以及政策基础；第二，股份转让限制的目的或原因；第三，股份转让限制之具体规则；第四，股份转让限制规则的效力；第五，股份转让限制规则的适用范围；第六，股份转让限制条款起草的具体建议。

1. 股份转让限制之理论以及政策基础分析

尽管是判例法国家，但美国学者在论述股份转让限制时也比较注重相应的理论以及政策基础。美国传统观念上，股份被界定为股东的私有财产，股份应该自由转让，法院认为这是一项永不消失的法律政策。② 限制股份自由转让即是走向经济自由和政治民主的对立面，股份转让限制是对贸易的侵犯性限制，阻碍了资本的正常流动，③ 所以在美国，早期的法院判例基本都会认定股权转让限制无效。④ 因现实需要，股份转让限制发展到比较普遍适用的阶段时，鉴于上述公共政策的存续，有的法院依然对股份转让限制条款作限缩解释。⑤ 但也有法院虽承认现存政策，同时坚持即使没有法律支持，合理的股份转让限制也应该被允许。⑥

---

① 参见赵万一、吴民许《论有限责任公司出资转让的条件》，《法学论坛》2004年第5期，第40—41页；贾明军、韩璐主编《法院审理股权转让案件观点集成》，中国法制出版社2012年版，第203页。

② See Duties of Controlling Shareholders in Transferring Their shares, *Harvard Law Review*, Vol. 54, No. 4 (Feb., 1941), p. 648.

③ See Edwin J. Bradley, Stock Transfer Restrictions and Buy-Sell Agreement, Close Corporation, No. 2 (1969), p. 142.

④ See F. Hodge O'Neal, Restrictions on Transfer of Stock in Closely Held Corporations: Planning and Drafting, Harvard Law Review, Vol. 65, No. 5 (Mar., 1952), p. 777.

⑤ See Restrictions upon the Transferability of Sharers of Stock, Harvard Law Review, Vol. 42, No. 4 (Feb., 1929), p. 557; William Rands, Closely Held Corporations: Restrictions on Stock Transfers, Commercial Law Journal, (Dec., 1979), p. 465; Thomas J. Andre, Restrictions on the Transfer of Shares: A Search for a Public Policy, Tulane Law Review, (Apr., 1979), p. 2; Carrie A. Plant, The Right of First Refusal in Involuntary Sales and Transfers by Operation of Law, Bayor Law Review, (Fall, 1996), p. 3.

⑥ See William H. Painter, Stock Transfer Restrictions: Continuing Uncertainties and a Legislative Proposal, Villanova Law Review, Vol. 6, Iss. 1, Art. 2 (1960), p. 53.

在美国，认为公司股份乃私人财产进而以此观念评价股份转让限制效力的趋势逐渐被合理的股份转让限制乃有效的观念所调和。[①] 有学者指出公司是一种人的混合，成员的改变会造成公司事务管理或者利润分配上的问题，为避免这些问题的发生，股东们对股份发行和转让进行了限制。[②] 股份是公司构成的创造物，尤其是一种合同上的选择。[③] 随着股份转让限制适用范围的愈加广泛，关于"公司股份不仅仅是一种财产，它也创造了一种技术角度可类比于合作伙伴的个人关系"的观点也成为学者们论述股份转让限制的起点。[④]

2. 股份转让限制的目的或原因

行为总有其一定的目的或原因，不同公司设置彼此相异的股份转让限制规则总是为满足其一定的现实需要，而且对行为目的或者原因的分析在一定程度上可以拓展行为或者规则研究的深度。在这呈现出多样性的行为目的或原因中，有学者认为使公司结构以及管理免受伤害从而保护公司股份预期购买者的利益、保留股东选择合作伙伴的权利以及保护公司合作关系者所拥有的利益而非公司的利益是其中的主要目的。[⑤] 有学者则从阻止外来人进入公司的角度对封闭公司设限股份转让的目的进行了深入的分析，不正直或欠缺商业判断能力的外来人、意在获得公司投票权以及刺探公司账簿和记录的竞争者、承担特别任务的股东的股份受让方、只对投资

[①] See Edwin J. Bradley, Stock Transfer Restrictions and Buy-Sell Agreement, Close Corporation, No. 2 (1969), p. 143.

[②] See William Rands, Closely Held Corporations: Restrictions on Stock Transfers, Commercial Law Journal, (Dec., 1979), p. 461.

[③] See Gower, Some Contrasts Between British and American Corporation Law, Harvard Law Review, (1956), pp. 1369 – 1377; Dennis J. Barron, Arrangements-Validity and Enforcement of Restrictions on Share Transfer and Buy-Out Various Types of Restriction in Ohio, University of Cincinnati Law Review, Vol. 31 (1962), p. 266.

[④] See Edwin J. Bradley, Stock Transfer Restrictions and Buy-Sell Agreement, Close Corporation, No. 2 (1969), p. 145; William H. Painter, Stock Transfer Restrictions: Continuing Uncertainties and a Legislative Proposal, Villanova Law Review, Vol. 6, Iss. 1, Art. 2 (1960), p. 3; Dennis P. Coater, Share Transfer and Transmission Restrictions in the Close Corporation, U. B. C. Law Review, Vol. 3, No. 3 (1969), p. 100.

[⑤] See Restrictions upon the Transferability of Sharers of Stock, Harvard Law Review, Vol. 42, No. 4 (Feb., 1929), p. 556.

感兴趣的股份购买者等均是被阻止进入公司的对象。① 有学者则针对不同股份转让限制规则所涉及的不同目的进行了分析总结：（1）保留选择商业伙伴的权利；（2）基于股份被剥夺而针对股东投资进行补偿；（3）基于封闭公司的利益与法令要求保持一致。② 有学者认为股份限制往往基于以下目的：一是避免股份被锁定于死亡股东的继承人而导致不适当的投资；二是将股份限制于一个人人都擅长公司事务并对公司事务有热情的小群体中。③ 有学者则是基于封闭公司的特殊性认可股份转让限制，而这些区别于公众公司的特点包含：（1）股东人数少；（2）股东通常居住于同一地区且相互了解相互熟悉；（3）全部或者绝大多数股东积极参与公司经营，通常担任公司董事或官员或者是公司管理机构的关键角色；（4）公司股份没有公开交易的市场。所以封闭公司股东对于合作伙伴的选择尤为谨慎，他们担心不理想不熟悉的股东打破公司现存之和谐及管理结构，且外来人员的诚实与正直、竞争者通过购买股份想消灭竞争的意图都是现有股东怀疑和担心的地方。④ 有学者则认为设置封闭公司股份转让限制的主要目的在于维持现有股东基于持股群体同一性而形成的对公司的控制、保持公司当前控制模式以及助推公司财产计划。⑤

在加拿大，有学者总结股份转让限制的主要目的在于：（1）阻止不理想的商业合作伙伴入侵；（2）保持股东的比较利益；（3）解决公司僵局；（4）与加拿大大不列颠哥伦比亚省公司法案以及加拿大公司法案的条款保持一致；（5）预见并阻止不必要的冲突；（6）保持经营的继续；（7）给股份提供一个可以接受的市场。⑥

---

① See F. Hodge O'Neal, Restrictions on Transfer of Stock in Closely Held Corporations: Planning and Drafting, Harvard Law Review, Vol. 65, No. 5 (Mar., 1952), pp. 773 – 774.

② See William Rands, Closely Held Corporations: Restrictions on Stock Transfers, Commercial Law Journal, (Dec., 1979), pp. 462 – 463.

③ See William A. Gregory, Stock Transfer Restriction in Close Corporations, Southern Illinois University Law Journal, (1978), p. 477.

④ See Carrie A. Plant, The Right of First Refusal in Involantary Sales and Transfers by Operation of Law, Baylor Law Review, Vol. 48, (1996), p. 1208.

⑤ See Thomas J. Andre, Restrictions on the Transfer of Shares: A Search for a Public Policy, Tulane Law Review, (Apr., 1979), p. 1.

⑥ See Dennis P. Coater, Share Transfer and Transmission Restrictions in the Close Corporation, U. B. C. Law Review, Vol. 3, No. 3 (1969), p. 98.

3. 股份转让限制的具体规则

因为没有制定法就股权转让限制具体规则作出统一规定，所以在美国，封闭公司或者私人公司基于各种考虑所设置的股权转让限制规则呈现出多种多样的态势。

有公司章程规定其他公司股东就拟转让股份享有收买权，而且当转让股东漠视其他股东的收买权时该公司董事会可以针对转让股东与第三方已经进行的股权转让拒绝登记，同时列明董事会拥有该项权力的理由。[1]

有的公司股份转让必须获得公司董事会抑或股东的认可，然而此时董事会抑或股东在行使其权利时应该与公司利益保持一致。[2]

同意限制、第一拒绝权、一个时间段内股份转让的禁止、针对竞争者的永久限制或者针对特定主体大量持股的永久限制散见于美国各州的公司股份转让限制条款中。[3]

有学者指出股份转让限制往往采取以下形式：（1）绝对禁止股份转让；（2）禁止股份转让给指定的个人或者阶层；（3）第一拒绝权或者第一选择权。[4]

有学者指出股权转让限制通常以如下形式呈现：（1）第一拒绝权；（2）限制将股份转让给非股东；（3）针对股东死亡时的股份转让条款。[5]

第一选择权、同意限制以及买卖协议被认为是美国司法实务中三种基本的限制类型。第一选择权意在给予公司以及公司股东购买拟转让给公司外部人的股份；同意限制要求转让股东得将转让意思告知公司董事会抑或剩余股东并获得上述主体的同意；买卖协议则是因特定事情的发生而使相关主体拥有一定的权利。[6]

---

[1] See B. G. Pettet, Share Transfer and Pre-Emption Provisions, The Modern Law Review, Vol. 48, No. 2 (1985), p. 221.

[2] See Restrictions upon the Transferability of Sharers of Stock, Harvard Law Review, Vol. 42, No. 4 (Feb., 1929), p. 559.

[3] See Edwin J. Bradley, Stock Transfer Restrictions and Buy-Sell Agreement, Close Corporation, No. 2 (1969), p. 140.

[4] See William H. Painter, Stock Transfer Restrictions: Continuing Uncertainties and a Legislative Proposal, Villanova Law Review, Vol. 6, Iss. 1, Art. 2 (1960), p. 48.

[5] See Jesse A. Finkelstein, Stock Transfer Restrictions upon Alien Ownership Under Section 202 of the Delaware General Corporation Law, The Business Lawyer, Vol. 38, (Feb., 1983), p. 573.

[6] See William Rands, Closely Held Corporations: Restrictions on Stock Transfers (Dec., 1979), p. 461; William A. Gregory, Stock Transfer Restriction in Close Corporations, Southern Illinois University Law Journal (1978), p. 477.

有学者则针对美国司法实务中经常使用的限制规则进行了归纳，这些规则包括：(1) 绝对禁止股份转让；(2) 同意限制，即需要来自股东、董事会或者前述人群中约定比例的人同意；(3) 第一选择规定，即授予公司、高级职员、董事或其他股东对拟转让的股份拥有优先购买权，有时也被称为第一拒绝权；(4) 授权公司、高级职员、董事或其他股东在发生诸如股东死亡、失去行为能力、在竞争关系中获利或退出公司等规定事件中以选择权；(5) 限制股份转让给现存股东的家人、公司顾客或职工等特定人群，禁止股份转让给商业竞争者等；(6) 买卖安排，即让公司或其他股东以约定价格或者通过公式确定的价值受让死亡股东或失去行为能力股东的股份；(7) 授权已故股东的法定代理人购买生存持股人股份的选择。[1]

有学者认为应该给股权转让限制附加时间限制，从而表达出对转让股东股权转让意思的充分尊重，同样基于该原理，应该允许股东签订限制股权转让的协议并约束签约股东。[2]

有学者论及股份转让限制之优先购买权的优先性，并主张这种优先性可以通过两种渠道体现：一是其他股东优先购买权在司法审判中应该优于第三方衡平法权益获得保护；二是董事会有2个月的时间期限对忽视其他股东优先购买权的股权转让做出是否进行登记的自由裁量。[3]

在美国马里兰州，转让股东如果30日内没有收到同意表示则可以有权解散公司，除非其他股东购买拟转让的股份。[4]

在美国俄亥俄州，因为同意限制法律地位的不确定性，所以基于合法性和强制性考虑，第一选择权和买卖协议应该是最安全的限制规则。[5]

在土耳其，新的《土耳其商法典》明确了有限责任公司股份转让限

---

[1] See F. Hodge O'Neal, Restrictions on Transfer of Stock in Closely Held Corporations: Planning and Drafting, Harvard Law Review, Vol. 65, No. 5 (Mar., 1952), p. 776.

[2] See William H. Painter, Stock Transfer Restrictions: Continuing Uncertainties and a Legislative Proposal, Villanova Law Review, Vol. 6, Iss. 1, Art. 2 (1960), p. 49.

[3] See B. G. Pettet, Share Transfer and Pre-Emption Provisions, The Modern Law Review, Vol. 48, No. 2 (1985), pp. 220 – 224.

[4] See Edwin J. Bradley, Stock Transfer Restrictions and Buy-Sell Agreement, Close Corporation, No. 2 (1969), p. 151.

[5] See Dennis J. Barron, Arrangements-Validity and Enforcement of Restrictions on Share Transfer and Buy-Out Various Types of Restriction in Ohio, University of Cincinnati Law Review, Vol. 31 (1962), pp. 269, 283.

制规定，当股份被转让给公司、大股东或者第三方时，公司董事会可以拒绝对前述股份转让进行登记；而针对股份转让的其他情形，董事会在阐明行为之原因时，可以基于公司章程条款拒绝登记股份转让，股份转让限制是股东协议的特别组成内容，它给投资者提供了促进和容纳每种交易的不同特性的可能。[①]

4. 股份转让限制规则的效力

股份转让限制规则的效力是包括美国学者在内的国外学者们探讨最多的问题之一，然而也正如一位学者所言，股份转让限制规则条款本身既非有效也非无效，于任何时候都可以实施的股份转让限制在特定情形下具有强制力，而在其他情形下可能是无效的，所以股份转让限制条款的法律效力理应立足具体问题作出具体分析。[②]

言及股份转让限制规则效力的具体分析，学者们往往从两个层面来进行，一为内容层面，二为形式层面。

就内容层面而言，合理性几乎成为判断封闭公司抑或私人公司股份转让限制效力的唯一标准，然而就合理性的具体判断来说，学者们就不同案例进行分析进而呈现出的却是不同的理念。其中，权利人行使权利的出发点在一定程度上决定着赋予特定主体相应权利的股份转让限制规则的效力，也即，如果出发点是个人利益而非真诚善意地基于公司利益，则权利主体作出的限制行为就是无效的。[③] 有学者认为合理的股份转让限制应该符合法律的要求以及不违背公共政策。[④] 有学者指出，当股份转让限制无视转让自由之公共政策时，该限制的合理性取决于限制是否必需。[⑤] 有学

[①] See Dilek Nazìkoglu, Re-Buttle of Articles of Association and Shareholders Agreement and Share Transfer Restrictions under the New Turkish Commercial Code, Legal News Bulletin Turkey, No. 1 (2012), p. 27.

[②] See William H. Painter, Stock Transfer Restrictions: Continuing Uncertainties and a Legislative Proposal, Villanova Law Review, Vol. 6, Iss. 1, Art. 2 (1960), p. 62.

[③] See B. G. Pettet, Share Transfer and Pre-Emption Provisions, The Modern Law Review, Vol. 48, No. 2 (1985), pp. 223 – 224.

[④] See Bernard F. Cataldo, Stock Transfer Restriction and the Closed Corporation, Virbinia Law Review, Vol. 37, No. 2 (Feb., 1951), p. 232.

[⑤] See Michael A. Macchiaroli, Corporations-Stock Restriction-Agreement among Members of Close family Corporation to Restrict Sale of Stock Is Not Valid Merely Because of Divergence between Option Price and Actual Value of Stock, Villanova Law Review, Vol. 9, Iss. 2, Art. 13 (1964), p. 335.

者认为股份转让限制的合理即意味着基于法律和目的的合理性。① 有学者则指出,法院在决定股份转让限制是否合理时往往会考虑下列因素:公司规模、对转让权的限制程度、限制生效的时限、用于决定与限制有关的股份的转让价格或行使第一选择权的价格的方法、助推公司实现目标的可能性、恶意股东将严重损害公司利益的可能性、制约增加公司总体最好利润的可能。② 有学者认为限制条款的合理性与否取决于以下因素:(1) 限制是否为所有当事人知道且自愿表示同意;(2) 限制性规定在将来可能引发的争议能否为当事人所预见;(3) 当相关主体无法预见将来所可能引发的争议时,则他们是否有信心或者理由作出限制性规定将提供什么的判断;(4) 在上述情形下,一个理性的人可能认同、领悟、期盼什么。③ 也有学者指出,股份转让的限制不仅仅在于其合理性,也在于其合法性,适当的通知法令以及受让人对限制内容的知悉共同促成股份转让限制的效力。④

一些学者还针对具体股份转让限制规则的效力进行了探讨。有学者指出,19 世纪末针对股份转让实施的绝对限制往往无法得到法院的支持,⑤ 同意限制即在早期法院案例中往往被认为是一种绝对限制而被宣布无效,然而现代法院通常未深入考察限制的合理性或者目的便支持第一选择权以及买卖协议,另外限制转让所形成的价格与股份的实际价格之间差距再大也不能单独成为某项限制规则无效的理由。⑥ 而有学者却指出,一般而言,针对股份转让施行的各种各样的绝对禁止是无效的,以公司董事会或者其他机构代表公司进行同意以及要求一定比例的公司股东同意的股份转

---

① See Thomas J. Andre, Restrictions on the Transfer of Shares: A Search for a Public Policy, Tulane Law Review, (Apr., 1979), p. 2.

② See F. Hodge O'Neal, Restrictions on Transfer of Stock in Closely Held Corporations: Planning and Drafting, Harvard Law Review, Vol. 65, No. 5 (Mar., 1952), p. 778.

③ See Robert C. Clark, Corporate Law. Boston, Little Brown and Company (1986), p. 764.

④ See Dennis J. Barron, Arrangements-Validity and Enforcement of Restrictions on Share Transfer and Buy-Out Various Types of Restriction in Ohio, University of Cincinnati Law Review, Vol. 31 (1962), p. 276.

⑤ See Bernard F. Cataldo, Stock Transfer Restriction and the Closed Corporation, Virbinia Law Review, Vol. 37, No. 2 (Feb., 1951), pp. 232–233.

⑥ See William Rands, Closely Held Corporations: Restrictions on Stock Transfers, (Dec., 1979), pp. 463–465; William H. Painter, Stock Transfer Restrictions: Continuing Uncertainties and a Legislative Proposal, Villanova Law Review, Vol. 6, Iss. 1, Art. 2 (1960), p. 61.

让限制是无法执行的，禁止股份转让给竞争者或者特定群体的限制措施也是无效的。[1]

股份转让限制效力之形式层面主要涉及两方面的问题，一是该限制是否明示，二是限制规则的载体。所谓股份转让限制是否明示即指主要股份转让限制必须明确设定或者在相关证书上清晰展示，因为法院会严格解释限制规定，[2] 但在纽约以及新泽西等地区相反的观点得到拥护。[3] 而提及股份转让限制规则之载体，公司法律规定、公司章程、公司细则、书面而非口头的股东协议以及股东与公司之间的协议、先公司合同均是股份转让限制规则的合法载体。[4] 缺乏法律法规或者公司章程授权的细则不足以创建有效的股份转让限制，比如，第一选择权仅仅包含于细则规定而非包含于公司章程，则第一拒绝权之类的限制也是无效的。[5] 当然如果细则所涉

---

[1] See William H. Painter, Stock Transfer Restrictions: Continuing Uncertainties and a Legislative Proposal, Villanova Law Review, Vol. 6, Iss. 1, Art. 2 (1960), p. 55; Dennis J. Barron, Arrangements-Validity and Enforcement of Restrictions on Share Transfer and Buy-Out Various Types of Restriction in Ohio, University of Cincinnati Law Review, Vol. 31 (1962), p. 267; Michael A. Macchiaroli, Corporations-Stock Restriction-Agreement among Members of Close family Corporation to Restrict Sale of Stock Is Not Valid Merely because of Divergence between Option Price and Actual Value of Stock, Villanova Law Review, Vol. 9, Iss. 2, Art. 13 (1964), p. 335.

[2] See Restrictions upon the Transferability of Sharers of Stock, Harvard Law Review, Vol. 42, No. 4 (Feb., 1929), p. 557; F. Hodge O'Neal, Restrictions on Transfer of Stock in Closely Held Corporations: Planning and Drafting, Harvard Law Review, Vol. 65, No. 5 (Mar., 1952), p. 789; William A. Gregory, Stock Transfer Restriction in Close Corporations, Southern Illinois University Law Journal (1978), p. 482.

[3] See Dennis J. Barron, Arrangements-Validity and Enforcement of Restrictions on Share Transfer and Buy-Out Various Types of Restriction in Ohio, University of Cincinnati Law Review, Vol. 31 (1962), pp. 277 - 278.

[4] See Jesse A. Finkelstein, Stock Transfer Restrictions Upon Alien Ownership Under Section 202 of the Delaware General Corporation Law, The Business Lawyer, Vol. 38 (Feb., 1983), p. 574; Carrie A. Plant, The Right of First Refusal in Involuntary Sales and Transfers By Operation of Law, Baylor Law Review, Vol. 48 (1996), p. 1199; Edwin J. Bradley, Stock Transfer Restrictions and Buy-Sell Agreement, Close Corporation, No. 2 (1969), p. 150; Dennis P. Coater, Share Transfer and Transmission Restrictions in the Close Corporation, U. B. C. Law Review, Vol. 3, No. 3 (1969), p. 113; Michael A. Macchiaroli, Corporations-Stock Restriction-Agreement among Members of Close Family Corporation to Restrict Sale of Stock Is Not Valid Merely Because of Divergence between Option Price and Actual Value of Stock, Villanova Law Review, Vol. 9, Iss. 2, Art. 13 (1964), p. 334.

[5] See William H. Painter, Stock Transfer Restrictions: Continuing Uncertainties and a Legislative Proposal, Villanova Law Review, Vol. 6, Iss. 1, Art. 2 (1960), p. 56.

内容本身是合理的，则该项限制将会在同意的股东之间产生合同效力。① 公司章程设限股份转让是公司与生俱来所拥有的依附于其股份的一种资格，但实务中往往没有进行通知而会把繁重负担施加给善意购买者。② 所以应该将实施股份转让限制的商业必要性之考虑留给立法机关，并根据必要性制定出相应的法条以奠定实施股份转让限制之司法基础。③ 也有学者认为，尽管没有法律规定，公司可以要求转让股东将其股份转让给公司或者其他股东的选择权应该获得支持。④

5. 股份转让限制规则的适用空间

股份转让限制规则的适用空间也是国外学者所重点关注的问题之一。在国外，学者们通常认为股份转让类型以及适用的主体等内容是阐释股份转让限制规则适用空间不可回避的两个视角。股份转让可以分为自愿转让和非自愿转让，有学者认为只能针对自愿转让进行限制而不能攻击非自愿转让，⑤ 除非限制内容明确指向非自愿转让，⑥ 也即，股东将股份转让给自己家庭成员的销售或者安排不应该受第一选择权的限制，而受让者的继续性转让却应该受限。⑦ 也有学者认为股份转让限制应该可以适用于各种类型的股份转让，包括销售、赠与、抵押等自愿及非自愿的股权转让。⑧

---

① See Bernard F. Cataldo, Stock Transfer Restriction and the Closed Corporation, Virbinia Law Review, Vol. 37, No. 2 (Feb., 1951), p. 236.

② See Restrictions upon the Transferability of Sharers of Stock, Harvard Law Review, Vol. 42, No. 4 (Feb., 1929), p. 558; Dennis P. Coater, Share Transfer and Transmission Restrictions in the Close Corporation, U. B. C. Law Review, Vol. 3, No. 3 (1969), p. 115.

③ See Restrictions upon the Transferability of Sharers of Stock, Harvard Law Review, Vol. 42, No. 4 (Feb., 1929), p. 556.

④ See E. Blythe Stason, Jr, Corporations: Shares of Stock: Reasonableness of Restriction on Transfer of Shares, Michigan Law Review, Vol. 48, No. 1 (Nov., 1949), pp. 124 – 125.

⑤ See Restrictions upon the Transferability of Sharers of Stock, Harvard Law Review, Vol. 42, No. 4 (Feb., 1929), p. 559; Edwin J. Bradley, Stock Transfer Restrictions and Buy-Sell Agreement, Close Corporation, No. 2 (1969), p. 172; Dennis P. Coater, Share Transfer and Transmission Restrictions in the Close Corporation, U. B. C. Law Review, Vol. 3, No. 3 (1969), p. 106.

⑥ See William Rands, Closely Held Corporations: Restrictions on Stock Transfers, (Dec., 1979), p. 469; Carrie A. Plant, The Right of First Refusal in Involantary Sales and Transfers By Operation of Law, Baylor Law Review, Vol. 48 (1996), p. 1201.

⑦ See F. Hodge O'Neal, Restrictions on Transfer of Stock in Closely Held Corporations: Planning and Drafting, Harvard Law Review, Vol. 65, No. 5 (Mar., 1952), p. 791.

⑧ See William A. Gregory, Stock Transfer Restriction in Close Corporations, Southern Illinois University Law Journal (1978), p. 493.

股份转让还可分为内部转让及外部转让，有学者主张，针对股份转让设定的限制规则通常只能适用于股份对外转让而不能适用于股份内部转让。[①] 公司章程条款尽管可以约束公司的发起人股东、现在的股东、公司潜在的股东以及公司的分支机构，而针对股权转让限制进行规定或约定的公司章程抑或股东协议只能约束到参与章程或合同形成的股东，无论如何，一般情况下，公司章程和股东协议包含的股权转让限制规则不能制约公司以及第三方。[②] 也有学者主张，包含限制条款的公司章程应该可以约束公司全体股东，而股东协议有关限制条款却只能在同意其规定的股东之间生效，新加入公司的股东不受协议约束且不能获得由协议所创设的有益于他们自己的选择权或其他权利。[③] 但是在购买股份后被改变或者被施加的股份限制能否约束先前的股东则在美国法院裁判中出现分歧，有的法院认为该股东不受限制，[④] 有的法院却主张股东购买股份应该服从公司改变与其合同的权力以保持法令的权威，[⑤] 而且相比于限制条款服务的公司合法利益而言，受让人的利益不太重要。[⑥]

6. 股份转让限制规则起草应该注意的问题

在美国，由于没有股份转让限制规则的具体法律规定，所以每个公司具体的股份转让限制条款往往是由律师进行起草，作为起草者的律师则必须谨慎，其需要彻底研究有关股份转让限制合法性的法律规定，还必须熟悉当地使用过的传统限制性规定，尽管当地实践所存在的不可信指引而决定起草者不应该盲从，但是拟施加的限制与以往当地使用过的限制措施显

[①] See Restrictions upon the Transferability of Sharers of Stock, Harvard Law Review, Vol. 42, No. 4 (Feb., 1929), p. 559.

[②] See Dilek NAZİKOGLU. Re-Buttle of Articles of Association and Shareholders Agreement and Share Transfer Restrictions under the New Turkish Commercial Code, Legal News Bulletin Turkey, No. 1 (2012), pp. 26 – 27.

[③] See F. Hodge O'Neal, Restrictions on Transfer of Stock in Closely Held Corporations: Planning and Drafting, Harvard Law Review, Vol. 65, No. 5 (Mar., 1952), p. 788.

[④] See Jesse A. Finkelstein, Stock Transfer Restrictions Upon Alien Ownership Under Section 202 of the Delaware General Corporation Law, The Business Lawyer, Vol. 38 (Feb., 1983), p. 578; Carrie A. Plant, The Right of First refusal in Involantary sales and Transfera by Operation of Law, Baylor Law Review, Vol. 48 (1996), p. 1211.

[⑤] See William Rands, Closely Held Corporations: Restrictions on Stock Transfers, Commercial Law Journal (Dec., 1979), p. 469.

[⑥] See Edwin J. Bradley, Stock Transfer Restrictions and Buy-Sell Agreement, Close Corporation, No. 2 (1969), p. 163.

著不同时，起草者必须充分注意这种情况。起草者还必须分析每一种限制在实现预期目的时所发挥的作用，必须考虑具体的股份转让限制规则的承载形式以及考虑股份转让限制所产生的税收后果。[1] 而且无论股东的观点如何，起草股份转让限制时应确保内容的明确性[2]，并且起草者应该在买卖协议与第一选择权中作出选择。[3] 哪些股份与限制条款有关，谁享有拒绝权，公司或者股东行使权利的期限，权利人是否应该购买所有的拟转让股份，购买价格如何确定，购买款项何时支付，股东或者公司应该遵循什么样的程序，股份转让限制的起草者应该对上述问题作出明确陈述。[4] 还有些学者就股份转让限制具体条款的设置为起草者们提供了样本借鉴。[5]

三 研究思路与研究方法

（一）研究思路

本书以有限责任公司股权转让限制为研究对象，以理论争鸣为问题探讨的中心，以《公司法》第71条之规定为论证的基本线索，以司法适用为研究的落脚点，在理念、法条与案例三者的张力中，对有限责任公司股权转让限制展开研究，以实现对有限责任公司股权转让限制理论理解的新高度，进而实现法律条文的完善，助推司法实务的发展，最终建构有限责任公司股权转让之限制体系。为实现上述研究目的，本书先分析股权转让限制的理论基础，证成股权转让限制存在的合理性，接着为股权转让限制之解析与完善确定基本的价值取向，在分析完规则得以建立的理论和将来据以完善的理念方向之后，以股权转让限制规则的载体为线索具体分析股权转让限制在我国的立法展开以及司法实践，最后水到渠成实现有限责

---

[1] See F. Hodge O'Neal, Restrictions on Transfer of Stock in Closely Held Corporations: Planning and Drafting, Harvard Law Review, Vol. 65, No. 5 (Mar., 1952), p. 775.

[2] See Bernard F. Cataldo, Stock Transfer Restriction and the Closed Corporation, Virbinia Law Review, Vol. 37, No. 2 (Feb., 1951), p. 233.

[3] See William A. Gregory, Stock Transfer Restriction in Close Corporations. Southern Illinois University Law Journal (1978), pp. 481, 485.

[4] See Carrie A. Plant, The Right of First refusal in Involuntary sales and Transfera by Operation of Law, Baylor Law Review, Vol. 48 (1996), p. 1210.

[5] See William H. Painter, Stock Transfer Restrictions: Continuing Uncertainties and a Legislative Proposal, Villanova Law Review, Vol. 6, Iss. 1, Art. 2 (1960), p. 67.

公司股权转让限制体系之建构。

总体来说，本书正文包含六章。

分析有限责任公司股权转让限制的理论根基。本章分为两节。第一节以法哲学的视野切入有限责任公司股权转让限制的理论基础。有权利的地方就一定会有权利的边界，没有绝对的自由与权利，权利受限制具有必然性，让权利在漫无边际的时间荒野里找不到前行的方向，会更容易形成权利彼此之间的冲突，所以限制权利的实质是为了权利更好地获得实现。第二节基于公司法理论寻觅有限责任公司股权转让限制的理论基础。第一个理论是有限责任公司的人合性。但凡言及有限责任公司就会涉及其人合性，然而何为人合性，在目前的一些通用教材以及有关论著中对有限责任公司的人合性基本没有形成一个明确的统一界定。人合性是有限责任公司与生俱来的与其法人人格密切相关的天然属性抑或是一种人为的创设，当前有些国家公司立法在有限责任公司人合性问题上貌似出现松动时，[1] 我们是否还需要对有限责任公司人合性进行固守，抑或我们是否需要以一种全新的视角解读有限责任公司的人合性，给予有限责任公司人合性以特定的新的含义，使人合性担当有限责任公司股权转让限制的理论基础根深蒂固。第二个理论是有限责任公司股权的身份附随性。在我国，股权属性是公司法学领域经久不衰的焦点话题，所有权说、[2] 债权说、[3] 社员权说、[4] 综合权利说、[5] 股东地位说、[6] 独立

---

[1] 《日本有限责任公司法》第8条第1款规定："股东的人数不得超过50人。但在有特别事由的情形下，得到法院批准时，不在此限。"参见赵旭东主编《境外公司法专题概览》，人民法院出版社2005年版，第68页。

[2] 参见王利明《论股份制企业所有权的二重结构——与郭锋同志商榷》，《中国法学》1989年第1期，第51—52页。

[3] 参见郭锋《股份制企业所有权问题的探讨》，《中国法学》1988年第3期，第4—9页。

[4] 参见梁慧星《论企业法人与企业法人所有权》，《法学研究》1981年第1期，第27页；叶林著《中国公司法》，中国审计出版社1997年版，第175页。

[5] 参见段庆华《社会主体股权浅析》，《现代法学》1988年第4期，第20—23页；石少侠《股权问题研析》，《吉林大学社会科学学报》1994年第4期，第21—23页；柳经纬《股权辨析》，《福建法学》1995年第1期，第89页。

[6] 参见［日］松田二郎《株式会社法的理论》，岩波书店出版，第26页，转引自雷兴虎、冯果《论股东的股权与公司的法人财产权》，《法学评论》1997年第2期，第78—82页。

权利说、[1] 公司法人所有权的有机组成部分等一系列不同的学说均对前述话题进行过演绎,[2] 学者们基于各自偏好甚或不同目的试图从不同视角对股权属性进行确定性的阐释,其中独立民事权利说获得更多学者认同。前述学说有分歧,也有默契,它们均试图在传统民事权利框架之内为股权找到栖身之所。或许论证股权的属性并非本书达至目的之必经之路,本书试图澄清的是股权基于与股东资格唇亡齿寒的密切关系决定股权转让必然受限,也即股权一定附随于某种身份,只有股东才能拥有股权,拥有股权的必定是股东。宣称股权身份附随性无意于股权性质话语体系下展开对股权的解读,而是从权利主体角度解读权利本身的一种特征,以期为有限责任公司股权转让受限制提供公司法学理论基础。但正如马俊驹先生曾经说的一句话一样,"把一只鹿放到羊圈里并不能改变其作为鹿的外表与本质"。[3] 当我们绞尽脑汁的为股权在民法体系中寻找栖息之地最终也只能将其作为独立民事权利看待时,为什么我们不直接认为股权就是一种商事权利呢?作为商事权利的股权在权利特征上无限接近特定民事权利的特征,但只是接近,并不等同,亦如民法主体制度、所有权制度、债权制度为商事主体资格的确定以及商事交易的进行提供一种基础规定,[4] 很多商法制度是民事制度在商法领域的一种延伸,而非民法制度本身。建立商事权利体系进而推动商事总则的创建既是商法学科自身获得发展的契机,更有利于商法学者对其的研析。第三个理论是公司法律地位的独立性,公司有属于自己的名称,公司能独立地进行意思表示,公司拥有独立的法人财产,公司能够独立地承担责任。作为现代企业组织形式,公司的独立性几乎是众所周知和举世公认的,然而,有限责任公司的股权转让却容易置公司利益于不利的地位,甚至使公司要么沦为彻底营利的工具,要么沦为某些大股东的傀儡,无

---

[1] 参见江平、孔祥俊《论股权》,《中国法学》1994年第1期,第74—76页;雷兴虎、冯果《论股东的股权与公司的法人财产权》,《法学评论》1997年第2期,第78页;王平《也论股权》,《法学评论》2000年第4期,第74—76页;钱明星《论公司财产与公司财产权所有权、股东股权》,《中国人民大学学报》1998年第2期,第58—59页。

[2] 参见漆多俊《论股权》,《现代法学》1994年第4期,第9页。

[3] 参见马俊驹前辈2006年4月6日在西南政法大学所作《关于人格权基础理论问题的探讨》的讲座,转引自胡大武、张莹《我国有限责任公司股东优先购买权研究——兼论我国公司法的完善》,《学术论坛》2007年第5期,第150页。

[4] 参见覃有土主编《商法学》(第三版),高等教育出版社2012年版,第25—26页。

论发生前述哪种状况，公司健康发展的理想目标将变成海市蜃楼，为公司经营发展提供舞台的市场经济秩序本身将遭受重创。所以，公司以独立法人的名义对公司股权转让问题应该拥有一定的话语权。

第二章探讨有限责任公司股权转让限制的价值意蕴。本章分为两节。第一节论述第一重价值意蕴——自由，有限责任公司股权转让限制看似是对自由的限制，但其实是对自由的一种首肯，或者说是对自由的确认与保障。有自由必然有限制，有自由才有限制，所以有限责任公司股权转让限制绝不是否认股东的股权转让自由，而是以确认与保障的方式体现其对自由价值的态度，允许公司章程、公司细则或者股东协议对股权转让限制另行规定，更是对自由价值的一种贯彻，所以有限责任公司股权转让限制其实是为股东实现股权转让自由权所设定的一种程序。但无论如何，赋予某些主体一定自由时必然引发对另一些相关主体之自由的限制，所以股权转让限制也是转让股东、其他股东、受让人之间以及公司之间自由与不自由的一种博弈。第二节论述第二重价值意蕴——利益平衡，权利行使本身并不一定意味着某种经济利益的实现，但是有限责任公司股权转让限制关涉包含公司、转让股东、剩余股东以及受让方在内的多方利益关系主体之利益冲突是我们必须要正视的问题。现有法律规定是否在众多利益关系主体之间实现了一种平衡，这是我们解读现有法律规定以期揭示的法律价值意蕴；如何实现股东、公司、公司外部第三人之间的利益平衡，这是我们将来完善或者建构法律规定时不可忽视的一种价值指引。有限责任公司股权转让限制对上述自由与利益平衡价值虽均有体现，但是因为受法律制度整体性影响以及相关主体选择的不同，上述价值最终的实现程度存在差异。但无论如何，价值意蕴是法律的一种内在品质，是法律对社会现象的一种态度。尊重相关主体意思自治，是人之所以为人的存在方式的客观要求，与企业之精髓及灵魂相适应；追求利益关系主体之间的利益平衡则是对正义的一种崇尚，是公司法律规则本身必然坚持的一种追求。

第三章分析有限责任公司股权转让法定具体规则之同意权和优先购买权。本章将结合《公司法》第71条第2、3款有关股权转让的具体规定分两节展开探讨。第一节是同意权，具体内容包括同意权的存与废、同意权的行使、同意权的法律效力以及同意权的适用范围。其中同意权的存与废将针对目前有关同意权存废论展开分析，从同意权存在的意义以及废除的缺憾两个方面论证同意权存在的合理性。同意权的行使将从程序角度探讨同意权的具体实现程序，包括行使主体以及行使期限的确定。同意权的法律效力则从实体角度探讨是否行使同意权对股权转让协议以及股权转让的法律影响。同意权的适用范围主要探讨其能否适用于股权内部转让场合。第二节是优先购买权，具体内容包括优先购买权存废问题、优先购买权的性质、行使、法律效力以及优先购买权的适用范围。其中优先购买权之存废包含的内容是将优先购买权与同意权做比较的基础上分析优先购买权的意义所在。优先购买权的性质涉及理论和实践两个层面的探讨。优先购买权的行使涉及优先购买权行使的主体、行使的条件、行使的期限以及能否部分行使问题。优先购买权的法律效力则主要论述是否行使优先购买权对股权转让协议以及股权转让的法律影响。优先购买权的适用范围主要探讨优先购买权能否适用于股权内部转让场合以及股权赠与场合。

第四章分析有限责任公司章程限制股权转让的边界。本章将结合《公司法》第71条第4款规定探讨公司章程在有限责任公司股权转让限制规则设定中的法律地位，为公司章程限制股权转让划定权限边界。本章包含三节内容。第一节分析公司章程限制股权转让实务之多样化，这个层面的内容主要是结合司法实务中公司章程限制股权转让的具体规定展开分析，就这些规定对司法裁决提出的挑战梳理司法机关对限制股权转让之公司章程条款的效力判断所存在的特点以及趋势。第二节是公司章程限制股权转让理论的多元化展示，这个层面的内容主要是对目前有关公司章程限制股权转让之边界的相关观点进行详细梳理，莫衷一是的主张尽显公司章程限制股权转让之理论层面的巨大分歧，但笔者期望在观点之比较分析中寻找到共同之处。第三节确定公司章程限制股权转让的边界，这个层面的内容将从抽象标准与具体问题之展开两个角度进行公司章程限制股权转让之边界的确定。

第五章将针对现实中有限责任公司股权转让限制规则的其他载体探讨股东协议和公司细则在股权转让限制中的法律定位。本章包含两节内容。第一节是股东协议限制股权转让，主要分析股东协议的定性、股东协议限制股权转让之利弊探讨、股东协议限制股权转让的具体内容及其效力，以期为股东协议限制股权转让寻找正当性基础，并进而为现实中参差不齐的股东协议限制股权转让问题提供理论上的指导。第二节是公司细则限制股权转让，尽管我国《公司法》没有明确规定公司细则设限股权转让问题，但是在实务中也有公司通过颁行专门的股权转让管理办法来限制股权转让,既非公司章程也非公司股东协议的股权转让管理办法应该如何定性,其对股权转让所设定的限制效力又该如何认定乃本节探讨的重点问题。所以本节的具体内容包括公司细则的含义及其在我国公司实务中的表现形式、公司细则的法律地位以及公司细则限制股权转让条款的效力。

第六章将在前五章论述的基础上试图对有限责任公司股权转让限制进行体系化建构。本章具体分为两节。第一节就现行法律规定的理念偏差和制度缺陷作分析。进行体系化建构的前提是洞察现行法律规定的缺憾所在,只有对症下药才能药到病除。理念层面的抑或具体制度层面的缺陷都应该获得正视,而这些缺憾都将为体系建构指明方向。第二节分析有限责任公司股权转让限制体系化建构的实施,本节包含两个层面的内容,总体思路和具体建构。针对制定法的缺陷和司法解释以及判例法弥补制定法缺陷的功能,提出有限责任公司股权转让限制法律体系建构的总体思路是制定法与判例法相结合并以司法解释深化对法律规定之理解。而具体建构中,制定法是有限责任公司股权转让限制体系的支点,司法解释和判例法则是该体系的重要组成。其中制定法在发挥其支点作用时必须以修正案完善现行法律规定,针对存在偏差的理念以及因前述理念引发的具体条文之修订应该包含于公司将来的修正案中。而众多存在貌似不明确的法律规则应该被纳入抽象性司法解释中,被现行法律规定遗漏的制度则宜交由判例法解决。

(二) 研究方法

1. 文献分析法

文献是本书展开论述的重要基础,文献分析也是本书采用的主要研究方法。通过搜集、整理、分析关于有限责任公司股权转让限制的文献,进而对股权转让限制形成较为全面与客观的认识,并通过对文献的初步整理来识别该论题的焦点问题所在,从而确定自己的研究方向。反复研读文献并进行相应的逻辑推理从而形成自己的论证思路,所以相关文献中所呈现出的观点以及资料是本书展开分析论证的有力支撑。作为一种基础研究方法,文献分析法贯穿全书,它为发现问题提供契机,为解决问题提供依据与指明方向。

2. 规范分析法

法律问题探讨尤其是应用型法律问题的探讨从来都不应是纯粹的理论探讨,其往往离不开规范分析。现有法律规范是本书展开论述的逻辑起点，对现行法律规范进行体系化的整合抑或完善也是本书展开论述的归宿，所以规范分析法同样贯穿全书。从理论基础到价值意蕴，从法定具体规则到公司章程另行规定之效力分析，无不显现着法律规范的影子。股东协议以及公司细则问题也是基于现行法律规定之空缺以及特定法律规范之间的关联展开论述。没有现行法律规范作为论证的出发点，则没有有限责任公司股权转让限制制度之体系化建构。作为本书研究起点的立法规范不仅仅包括现行的公司法律规定，还包括与之相关的其他法律规范，比如《民法通则》《合同法》等相关规定，以及我国以往有关有限责任公司股权转让限制的法律规定，审视立法进步之时厘清现行立法规定的不足，从而使论述有的放矢，使理论论证能在一定程度上有利于填补立法空白。每每涉及问题的分析与解决时，本书往往以现行立法为提出观点的一种基础甚或依据，从而使理论研究与法律规定紧密相连。

3. 实证分析法

司法实务界对于法律规则的态度不容忽视，在司法实务中，纸上静止的条文一跃而成为现实中处理纠纷的准绳，这是我们不应漠视司法态度的原因。理论分析无论如何都要在实践中进行检验，而对于法律规定来说，最好的检验方式便是于司法实务中获得适用，并促进司法正义的实现。不能适用于司法实务或者适用的结果将引发不公正的出现，则逻辑再严密的立法条文要么沦为一纸空文，要么给整个法治进程带来消极影响。所以本书在探讨理论基础、价值意蕴、具体规则，尤其是分析公司章程限制股权转让的边界以及针对立法缺陷提出完善建议时，非常注重结合一些典型案例展开具体分析。实务中有关股权转让案例的处理往往折射出股权转让限制立法之不足，这为我们完善立法指明方向。唯立法完善方司法进步。

4. 价值分析法

每一项具体法律规则的安排与设置都有其自身的价值考虑，价值就是贯穿法律规范始终的红线，价值是法律规定的一种精神所在。价值直接影响到具体规则的存废、完善与建构，其可以将内容看似不同，实质精神却取向相同的法律规范统领为一个体系化的有机整体，并以这种获得强化的价值作为我们分析解决问题的引领，具体规则也便彰显其强大的价值导向功能。尽管法律价值之内容丰富多彩，纯粹体现为某项价值的法律规范几乎不存在，但是在众多价值指引中，总有扮演关键角色之主要价值跃入我们眼帘，成为该法律规范所彰显的最重要的精神引领我们朝着法治的方向前行。本书第二章将专门展开有限责任公司股权转让限制之价值底蕴的探讨，而其他章节无不回应着本章的价值分析。

5. 比较分析法

有比较才会有甄别，有比较才会有借鉴，有借鉴才会有进步。此处的比较不仅仅涉及法律规定的比较，诸如不同国家立法规定的比较，同一国家不同地区的法律规定之比较，同一地区不同时段的法律规定之比较，以及针对同一问题之不同观点进行比较，还包括同一地区就类似案例做出的不同裁判进行比较。就具体规则的完善抑或建构而言，对立法规定所进行的横向以及纵向比较分析，在比较中找出我国立法的优缺点，一方面可以取长补短，另一方面可以使我国法律制度尽量与国际做法接轨。而对不同裁判进行比较，探寻差异背后的原因所在，有助于我们看清法律规定的模糊之处、缺陷所在以及司法审判的趋势，这将非常有助于我们确立科学的学术观点，完善法律规定，推动司法进步。现实中相应纠纷频繁，但就该特定的法律规则却没有相互争议的观点，说明该问题已成"定论"，也失去了其探讨的意义。有百家争鸣的观点，却没有比较分析这些观点的勇气和毅力，则对该问题的论述必然有失偏颇。所以谋求理论探讨之成熟，唯有对相关观点进行详细比较分析。

6. 历史分析法

理论分析需要视野，制度完善需要积淀。唯有历史分析法能窥见特定制度抑或规则的起承转合。每一项制度都有其或慢或快的发展演变过程，每一项理论也绝非凭空产生，以时间为线索，在历史视野中审视制度与理论的发展变迁，还原制度与理论发展或演变的历史轨迹，才能对制度或者理论有深刻的认识，进而做出更准确的解读，唯有在时间长河里寻觅出事务发展的规律，才能合理提出制度在将来的发展方向，并能对相关理论在将来的定位作出具有前瞻性的预见。历史分析法也便如约进入本书的分析方法之中。理论基础部分、具体规则部分以及体系建构部分分明可见历史分析的痕迹。

第 一 章

有限责任公司股权转让限制之理论基础

第一节 有限责任公司股权转让限制的法哲学基础

股权是股东所拥有的以公司为义务主体的一系列权利的总称,转让权是股东对自己股权的一种处分,股权转让权是股权应有之义,而且资本的流动性也决定着股权的可转让性。然而股权转让并非不受时空限制,并非可以任由股东随心所欲,股权转让有其运行的边界,有股权转让就必然有股权转让之限制的存在。从一种比较务实的角度而言,法律或合意为股权转让设定限制,其实是从技术层面为股东转让权利确定活动方式及界限。但是这种务实的观点并不能为法律或者合意限制股权转让提供一种较为可靠的理论根基。所以,公司法、公司章程、股东协议甚或公司细则设定股权转让限制的理论基础何在,是我们对具体规则展开分析之前必须加以解答的问题。

笔者以为,从法哲学视野来审视,股权转让受限的理论基础可以从权利受限这一问题入手,如果权利本身是受限制的,则股权转让受限制就是理所当然的。所以,股权转让为什么受限制的问题在此转变为权利是否受限制以及权利为什么受限制的问题。

一 权利概念表征权利的界限

费因伯格认为对权利进行正式的界定是没有可能的,权利原本就是一个简洁的、无法定义、无法分析的原初术语,[1] 然而"定义是种冒险,

---

[1] See Joel FeinBerg, The Nature and Values of Rights, Journal of Value Inquiry, 4 (1970), pp. 243 – 244. 转引自夏勇《权利哲学的基本问题》,《法学研究》2004 年第 3 期,第 3 页。

描述却可以提供帮助"①。自"权利"一语为罗马人在其私法中率先使用,②中外学者便陆陆续续凭借逻辑思维以抽象语言对"权利"进行界定。③其中在我国影响最为深远的界定莫过于"自由说""资格说""利益说""选择说""可能说""规范说""主张说""法力说""正当事务说"等学说。④学者们关于权利的定义可谓各执一词、众说纷纭,但在这丰富多彩的学说背后所反映出的一种共性是我们探讨股权转让受限时不可忽视的,那就是每一种学说其实都是在为权利的享有划定其合理的边界或者说限定权利实现的必需要素。当学者们界定"权利是什么"时,也就意味着他们同时在界定"权利限制是什么"。⑤

"自由说"主张权利即自由,每项权利就是受到限制但同时获得法律保护的自由,法律允许的意志自由和行动自由即是真正的权利。"自由说"在揭示权利的自由价值本质时承认这种自由受到限制,并强调"法律允许"是自由成为权利的前提条件,言外之意,法律在为权利作出规定时其实就是为自由的实现划定了边界,权利虽然是一种自由,但并不是一种绝对的自由,亦如没有绝对的自由,也不存在绝对的权利。

"资格说"强调主体在行使权利时的资格要求,并非所有人都有享受权利的资格,只有具备相应资格条件的主体才能对某事或某物享有权利,不具备相应的资格条件则主体就不能对某事或某物享有权利,可见"资格说"坚持有无权利的前提是相关主体是否获取相应的资格条件。某种特定的资格条件也便成为"资格说"主张下享有权利之主体的限定条件。

"利益说"将权利总结为法律所承认和保障的利益,该学说将隶属于

---

① 参见〔美〕本杰明·N.卡多佐《法律的成长》,董炯译,中国法制出版社2002年版,第16页。
② 参见范进学《权利概念论》,《中国法学》2003年第2期,第18页。
③ 有学者认为,罗马人虽然使用"权利"术语,但罗马时代的权利并非我们今天所说的具有一般占有共享性的权利,而是一种建立在身份基础上的特权,现代权利观念的形成有赖于一批批自然法学者和契约论者的贡献。参见张康之、张乾友《探寻权利观念发生的历史轨迹》,《教学与研究》2009年第10期,第83—89页。
④ 参见张义显主编《法理学》,高等教育出版社、北京大学出版社1999年版,第85—86页;范进学《权利概念论》,《中国法学》2003年第2期,第20页。
⑤ 参见丁文《权利限制论之疏解》,《法商研究》2007年第2期,第140页。

法学与经济学范畴的术语权利和利益总结为手段和目的之关系,揭示权利义务分配关系乃利益关系平衡之实质,然而就利益而言有正当利益与不正当利益之区分,法律不可能承认和保障包括不正当利益在内的所有利益,否则,法将失去其良法之规格而披上恶法之外衣。利益的正当性也便构成"利益说"主张下对权利的限定。

"选择说"认为权利主体的选择优于义务主体的选择,所以该权利主体自然拥有某种权利。"选择说"承认权利主体的选择自由,然而正如有位学者所指出的那样,权利并非选择,权利恰恰是选择的根据,无论主体如何选择都应该在法律所规定的权利范围内进行选择,并且有些权利注定是不能被选择的。[1]"选择说"主张下对权利的限定跃然纸上。

"可能说"将权利理解为三种可能性的并存,第一种是权利主体作出某种行为的可能性,第二种是请求他人做出特定行为的可能性,第三种是要求国家强制力给予帮助的可能性。此时的权利能否获得实现,除权利主体自身行为之外还需仰仗他人的行为与国家强制力的协助,反言之,没有他人的行为以及国家强制力的协助,仅仅依赖权利主体自身行为,其权利无法获得实现。这本身即说明权利不是绝对的而是相对的。

"规范说"将权利解释为法律所允许和保障的能够作出一定行为的尺度。该学说主导下,义务被刻画成法律为满足权利主体的要求而责令义务主体作出相应行为的尺度。不论上述尺度论者如何具体刻画行为的尺度,然而将权利与义务看作一种行为之尺度的观点却实实在在、栩栩如生地佐证了权利边界的存在。

"主张说"将权利描述成具有正当性、合法性且可强制执行性的要求,即权利主体可以对义务主体提出进行或不作为某种行为的主张。"主张说"主导下的主张必须正当、合法且具有可强制执行性,这本身就是对权利行使的一种限定,同时这种主张往往需要义务主体以作为或不作为进行回应则直接阐释出权利的相对性。

"法力说"强调权利是法律赋予权利主体的一种力量,凭借这种力量,权利主体方可享有、自由行使或实现其权利。且不论"法力说"隐含的权利源于国家以及法律的危险元素,[2]但就权利的享有、行使和实现

---

[1] 参见范进学《权利概念论》,《中国法学》2003年第2期,第18页。
[2] 同上。

非权利主体一人决定而言，就可知悉"法力说"主导下权利限定的必要性。

"正当事务说"强调权利的正当属性，权利出现伊始即用来指称正当事务。只有正当的自由、利益、主张、选择才能获得国家或法律的承认和支持，主体的行为才是可能的，而获得国家或法律承认的资格也才是正当资格。权利的正当性源于社会契约的出现。"正当事务说"主导下的权利概念用正当对权利进行限定，强调只有正当的事务才能纳入权利的范畴，反之不正当的事务则被权利所排斥。而且正当性的权利对应的是具有应当属性的义务，即正当性的权利的实现还有赖于应当性的义务的履行。可见权利并非绝对的，并非所有的利益、自由、主张或选择都能纳入国家法律获得保护，也非所有请求他人所为的行为都具有可能性且都能取得国家的保障，且有的资格如因赌博成就的债权人资格因其非正当性也无法获得国家承认和保护。①

二 权利受限制的缘由——权利的相对性

根据权利哲学理论，权利之所以受到限制是因为任何权利都不是绝对的权利。任何权利都不是绝对的，即任何权利都是相对的，也正是权利的相对性决定了权利的享有必然受到这样或那样的限制。以所有权为例，所有权被认为是绝对权或者对世权，假设某块土地为集体所有，但是国家如果要在土地上建设公路、铁路、公共游乐场所或者军事设施等，这块土地将会被征用，此时的土地所有权主体不得以自己的所有权人身份进行对抗。②

目前我国研究权利相对性的学者甚少，也没有哪篇论著就权利相对性的含义进行明确界定，但是言及何谓权利的相对性，则必然涉及如下因素：（1）权利相对性是权利的基本特征与本质属性；（2）权利的相对性是对权利绝对性的否认；（3）权利源于社会需求并受制于特定的

---

① 参见范进学《权利概念论》，《中国法学》2003年第2期，第20—21页。
② 绝对权或对世权并非意味着权利具有绝对性特征，绝对权或者对世权强调的是义务主体的不特定性，除权利主体之外的一切其他人都是绝对权或者对世权的义务人，并且负有不能非法干涉绝对权人行使绝对权的义务。而权利的绝对性强调的是行使权利可以无拘无束、为所欲为，不受任何限制。就权利相对属性而言，绝对权或者对世权也以相对性为其基本特征，也即绝对权或者对世权的行使通常也受到一定限制。

物质生活条件;(4)权利与义务相互对应、相互依存、相互转化;(5)权利相对性确认权利有其限度,权利的行使必然在划定的范围内展开,超越权利界限将会造成权利的滥用,引发权利冲突,而这并非法律配置权利的初衷。① 结合上述权利相对性之基本内容,笔者将从权利的社会性以及权利的存在状态这两个层面展开对权利相对性的分析。

(一)权利社会性证成权利的相对性

作为法哲学的核心概念,康德在界定权利时阐明了权利的三层含义:权利涉及人与人彼此的外在和实践的关系;权利表示某个主体的自由行为与其他主体自由行为的关系;自由行为不考虑行为的内容和目的。② 费希特则提出权利和正义的一般规则即是"限制你的自由,使之符合那些与你接触的人的自由"③。个人权利看似纯粹自利的权利但其实也不过是社会中的一种特权,这决定权利的使用必然带有社会目的,权利创制的精神也便在此体现。④ 德国法学家叶林主张,行使所有权的目的不应仅仅停留在服务于个人利益,而且要有助于社会利益。⑤ 法国社会连带法学家狄骥认为,假如我们承认这种可能性,进入社会之前的人是孤立且被隔离的人,则那个人主观上不可能产生权利观念,事实上他也不可能自出生就拥有权利。进入社会时他无法将他自己没有也不可能拥有的权利带进社会,只有进入社会与他人发生各种各样的社会关系,他才拥有相应的权利,人正是基于其社会成员的身份才会拥有权利。⑥ 上述经典表述从不同角度阐释了权利的社会性特征。

---

① 参见黄俊辉《论相对性是权利的基本特征》,《社科纵横》2008年第10期,第142页;刘作翔《权利相对性理论及其争论——以法国若斯兰的"权利滥用"理论为引据》,《清华法学》2013年第6期,第111页。

② 参见[德]康德著《法的形而上学原理》,沈叔平译,商务印书馆1997年版,第39—40页;转引自何勤华主编《西方法律思想史》,复旦大学出版社2007年版,第110页。

③ 参见赵敦华著《西方哲学简史》,北京大学出版社2001年版,第289页;转引自何勤华主编《西方法律思想史》,复旦大学出版社2007年版,第119页。

④ 参见[法]路易若斯兰著《权利相对论》,王伯琦译,中国法制出版社2006年版,"引论"第6页;转引自刘作翔《权利相对性理论及其争论——以法国若斯兰的"权利滥用"理论为引据》,《清华法学》2013年第6期,第113页。

⑤ 参见黄俊辉《论相对性是权利的基本特征》,《社科纵横》2008年第10期,第143页。

⑥ 参见[法]莱昂·狄骥《公法的变迁,法律与国家》,郑戈、冷静译,辽海出版社、春风文艺出版社1999年版,第245页。

权利产生并存在于社会,社会是权利的依托,没有人类社会就没有权利生存的土壤。太古时代,当人类始祖盘古拔下自己的一颗牙齿化作神斧劈开鸡蛋形状的巨星成就天与地的距离之时,孑然一身的盘古不需要权利的庇佑,其劈开的天与地也无法提供权利孕育的养分。当丹尼尔·笛福笔下的鲁滨孙在沉船后一个人漂流到无人生存的小岛上准备开始生活下去时,沉船留下的所有物品包括船的桅杆、船上的衣服、食物以及工具都是属于他的,同时也不是属于他的,因为孤独的鲁滨孙在荒无人烟的小岛上不会有你的或我的之归属概念,他没有权利,不可能有权利,也不需要权利。社会是权利生存的温床,而且特定的法律权利总是受制于特定的社会物质生活条件,物质生活条件不同则对权利制度的安排不同。17—18世纪,古典自然法学派倡导"天赋人权"。启蒙思想家的眼中,人在进入人类社会之前的自然状态中尚无物之归属观念,也无善恶念想,只有先于理性的自然情感——"自爱"和"怜悯",而自然法的一切规则正是产生于这两项基本原理的协调与配合中。① 所以自然权利渊源于我们生命的本质,是人之所以为人的权利。② 古典自然法学派的"天赋人权"理论强调人人生而自由平等,相对于奴隶社会而言无疑提高了"人"的地位。然而,"天赋人权"并非意味着在资产阶级社会里的所有人都可以因为"天赋"而拥有"人权","天赋人权"的核心思想——私有财产神圣不可侵犯也只是用来保护资产阶级的所有权,处于被剥削地位的广大劳动者不可能拥有生产资料,其在"天赋人权"观的庇佑下只是能更加自由地出卖自己的劳动力并任由资本家们对其平等地进行剥削。如果说"天赋人权"强调权利源于人之所以为人的本质是一种关于平等的理想的话,它可以让人热血沸腾,对未来有无限美好的憧憬。然而当这种理想在现实社会进行推演时演出的却是与平等正好相反的结果,则我们不得不冷静审视"天赋人权"理论。一方面,权利的根源在于抽象的、千篇一律的人性;而另一方面,人必然是社会的人,人总是被打上深深的历史烙印,并且人存在阶级与阶层之分,不同社会人的法律地位是不同的,不同历史阶段的人享有的权利是有差异的,阶级不同、阶层不同的人的利益甚至是截然对立的。理想与现实的对立在"天赋人权"理论中变得不可调和,这便是

---

① 参见[法]卢梭《论人类不平等的起源和基础》,李常山译,商务印书馆1962年版,第67页,转引自何勤华主编《西方法律思想史》,复旦大学出版社2007年版,第97页。
② 参见何勤华主编《西方法律思想史》,复旦大学出版社2007年版,第101页。

"天赋人权"观的理论缺陷所在。马克思在深入了解社会经济、政治、生活之后揭示权利想象根源于一定的物质生活条件。① 在马克思看来，在特定的社会条件的作用下，社会主体总会形成特定的社会需求，这种社会需求的法律表现形式即为权利。所以权利要求并非凭空设想的，而是以现实中一定的财产占有关系为立足之地。占有是一种事实并非权利本身，当占有这种社会需求上升到立法层面，则占有的财产具有了法权的形式。② 权利的享有者——人的社会性则是对权利社会性的另一种佐证。人是一种社会的存在而非一种孤立的存在。人在其短暂而又漫长的一生中会与许多人产生这样或那样的社会关系，借助社会人才成其为人。没有父母的生养，就没有人的出现与成长；没有同伴或者他人，则无法获得社会经验并不能参加社会活动；人只有在社会中自我才得以体现和实现。③ 马克思认为人的本性既与其肉体有关也奠基于其社会性，④ 所有社会关系构成人的本质。⑤ 不同社会关系造就具有不同精神面貌的人们，所以不同主体体现出各自具体的不同的特殊的本质。⑥

所以权利的基本属性是其所具有的社会性，而权利的社会性展现的其实就是权利的相对性。⑦

(二) 权利的存在状态彰显权利的相对性

马克思说："没有无义务的权利，也没有无权利的义务。"⑧ 设置权利往往伴随着相应义务的配置，而且义务往往是实现权利目标的保证，义务成为权利实现的手段与条件，只有权利而没有与之对应的义务则权利往往

---

① 参见尹奎杰《马克思权利观的两次转变及其理论意义》，《重庆工学院学报》(社会科学版) 2009 年第 7 期，第 11 页。

② 参见《马克思恩格斯全集》(第 1 卷)，人民出版社 1956 年版，第 282 页。

③ 参见胡玉鸿《个人社会性的理性分析》，《法制与社会发展》2008 年第 1 期，第 73 页。

④ 参见《马克思恩格斯全集》(第 1 卷)，人民出版社 1956 年版，第 270 页。

⑤ 参见《马克思恩格斯选集》(第 1 卷)，人民出版社 1972 年版，第 18 页。

⑥ 参见余常德《关于人的本质的几个问题》，《西南师范大学学报》(哲学社会科学版) 1998 年第 1 期，第 8 页。

⑦ 参见黄俊辉《论权利的社会性本质》，《资治文摘》(管理版) 2009 年第 3 期，第 196 页。

⑧ 参见《马克思恩格斯选集》(第 2 卷)，人民出版社 1972 年版，第 137 页。

沦为一纸空文。① 义务的设定总是与特定权利相对应，只有义务而没有与之对应的权利，义务缺乏履行的动力和方向，则义务的存在毫无意义。权利主体权利的实现往往要么依赖于义务主体义务的履行，要么依赖于权利主体自己履行义务。义务所要确保的也许是他人的权利，也许是为义务人自己服务。无论权利义务因主体的不同而形成分离的形式抑或因为主体的重合而形成相合的形式，权利义务总是形影不离、密不可分的。有权利便通常有保证权利实现的义务，有义务便总是有作为义务目标的权利。权利是义务的存在条件，义务是权利的存在条件，二者有其一则必有其二，缺其一便无其二。权利义务相互依存的关系如同家庭关系中的父母与子女的关系，称其为父母，则意味着一定有属于父母的子女存在，言其为子女，则意味着一定有属于子女的父母，丁克家庭中无论如何不会衍生出父母与子女的关系。在特定条件下权利义务还可以相互转化，权利主体需要承担相应的义务，义务主体应该享有相应的权利。一定视角之下，某人是权利主体，换个视角则先前的权利主体变成义务主体。这亦如父母与子女的关系，父母在作为父母的同时他们也是子女，子女在作为子女时他们可能也会是父母。这也正是张文显先生在描述权利义务关系时所言，权利义务本就是于彼此对应、彼此依存、彼此转化中形成对立统一之辩证关系。②

权利义务除了存在上述结构上的对立统一关联性，其在数量上也反映出一定的等值关联性。就社会整体而言，权利总量与义务总量相等，就个体而言，一个人所享有的权利应该与其承担的义务相当，只有社会权利义务总量相等且个体权利义务总量相等时，才意味着社会对权利义务所进行的分配是对公平的实现，只有社会权利义务总量相等而不存在个体权利义务总量相等，

---

① 学者韦绍英认为，法定的权利并不总是与法定义务相对应，并非一定的义务必然对应一定的权利，一定的权利必然对应一定的义务，如赠与法律关系中，赠与人与被赠与人之间就不存在对应的权利义务关系。赠与是赠与人的权利，但被赠与人并未因此需要履行受赠与的义务，而且赠与关系即使成立，也不表明赠与人因此要承担相应的赠与义务。笔者以为这个观点值得商榷，赠与合同的确属于单务合同，受赠人不需承担相应的义务，但是赠与人要受赠与合同的约束，按照赠与合同履行交付赠与标的物，承担瑕疵担保以及维护财产安全的义务。所以如果认为受赠人只享有权利而不承担义务，则其获得相关财产利益之权利的实现同样依赖于赠与人赠与义务的履行，从这个角度讲法定的权利总是与法定的义务相对应。韦绍英并未就一定的义务并非必然对应一定的权利展开分析。所以笔者坚持权利义务的相互对应关系。参见韦绍英《"权利义务一致性"评析》，《法学评论》1988年第5期，第10—11页；唐明《试论赠与合同的立法及司法实践》，《中国法学》1999年第5期，第68页。

② 参见张文显主编《法理学》，高等教育出版社、北京大学出版社1999年版，第88页。

则剥削之罪恶为社会所容忍。试想特定主体只享有权利而不承担义务或者只承担很少的义务，则必然会有其他主体只承担义务而不享有权利或者享有很少的权利，如此则辛勤付出的人愈加贫困，坐享其成的人愈加富有，社会总量均等的权利义务在个体中的如此分配将会造成社会不公正的产生。所以从数量上来看，无论是社会总量还是个体总量，权利与义务都是均等的。这种量的均等关系也是据以判断社会公正的基本标准。[①]

权利义务乃法律规范人的行为、调整社会关系的机制，一切法的部门都以确定主体在社会生活和社会关系中的权利与义务为己任，诸如立法、执法、守法、司法、法制监督的整个法的运行和操作过程都以权利义务为主线，所以一定程度上可以说，法的目的即在设定权利义务，权利配置与义务设定均服务于立法目的，这便是权利义务共同价值所在。权利义务的功能也是互补的，权利意味着要求、自由、利益、可能与选择，当社会热切追求创新时，权利的功能备受推崇；义务承载着被动、强制、付出的内容，当社会着重强调安全、稳定与秩序时，则义务功能被大力提倡。

总体而言，权利义务是对立且统一的，不同主体的权利又是彼此制约的，就权利主体而言，其权利享有与实现往往依赖于相应义务的履行，同时其权利行使又必然受到其他主体相关权利制约，所以无论如何权利的享有都不是无限制的，而是有一定的限度，行使权利不能超越这个界限，否则会引发权利冲突。就义务主体而言，其义务的履行往往推动着相应权利的实现，但是应当作为或者不作为的义务总是有一定的界限，义务主体不可能无限制地承担义务，否则义务主体存在被压制的危险。

权利与义务的对立统一固然是对权利存在状态的一种演绎，权利与权利的并存同样是对权利存在状态的说明。何谓权利与权利并存？笔者意欲通过以下两种情形进行阐释：第一，不同的主体拥有相同的权利，此种情形下某个主体在行使自己权利时会与另外主体行使相同权利发生冲突；第二，不同的主体拥有不同但会相抵触的权利，此种情形下当某主体行使自己的权利时会涉及侵害其他主体的相关权利。不同的主体拥有相同的权利，譬如人人享有生命权、姓名权、健康权等人身权利，这是现代民主社会里对主体利益的一种平等保护，它体现的是对权利的一般而又普遍的占有，特定权利可以由不同的主体于同一时空下共享。确认某人某种权利存

---

① 参见张文显主编《法理学》，高等教育出版社、北京大学出版社1999年版，第88页。

在则意味着其他所有人在相同情形下可以享有相同的权利，反之，承认某个人某种权利存在却否认其他所有人在相同情形下享有相同权利则是对某个特定主体特权的确认。① 既然是特权，就意味着某类特殊主体的利益正获得特殊保障，在众多主体之中，特殊主体毕竟仅占少数，所以特权时代因相同权利引发的权利彼此之间的较量，显然没有民主社会权利时代权利相互之间暗藏的冲突激烈。以《物权法》相邻关系为例，近年来，随着我国逐渐加快城市化建设进程，一方面地皮愈来愈金贵，城镇房屋建设于是从地面争夺转向空中战略，房子愈来愈高，另一方面房子密度又愈来愈大，采光、通风纠纷经常发生就不足为奇。在北京就曾发生过向建筑商讨要采光权的案例，建筑商为让自己建设的房屋卖个好价钱而努力去保障将来业主的采光权，然而，大厦周围的居民却因此无法享有自己的采光权，如何保障自己享有采光权又不至于使他人采光权受到损害显然是当前很多房屋建筑商或者屋主必须加以考虑的问题。因为权利不是为某人所特有，所以主体在行使权利时一定要克制，要考虑其他主体类似权利的享有问题，否则，权利冲突一触即发。相同或者类似权利容易造成权利主体彼此之间的剑拔弩张，不同主体在行使不同权利时同样容易产生激烈纠纷。以肖像权与著作权为例，肖像权是我国《民法通则》《侵权责任法》等明文规定的重要人格权，著作权同样是由我国《民法通则》《著作权法》明文规定的重要知识产权，这两类权利看似各不相干，但是现实中关于肖像权与著作权的冲突却是时有发生，较为典型的案例是缪燕诉徐芒耀以及辽宁美术出版社一案。②

---

① 参见张康之、张乾友《探寻权利观念发生的历史踪迹》，《教学与研究》2009年第10期，第83页。

② 原告缪燕1995—1996年被原浙江美术学院现中国美术学院聘用为合同制模特，双方为此还签订了协议，约定原告的职责是配合教师完成课堂教学任务，原告在此基础上可以获得相应报酬。1996年美院教师徐芒耀为完成教学任务，在课堂上给学生进行教学示范时以原告缪燕为模特完成了《双女人体》画一幅。后来应辽宁美术出版社征稿请求，徐芒耀将自己先前完成的《双女人体》向辽宁美术出版社投稿，该画于是被收录在辽宁美术出版社2000年出版的《一代画风》一书中，徐芒耀也因此获得相应稿酬。原告缪燕得知此事后将徐芒耀以及辽宁美术出版社以侵害自己肖像权为由告上法院。一审法院认为徐芒耀对根据缪燕人体所作之画《双女人体》拥有著作权，但原告并未与美术学院及徐芒耀之间就画作的使用进行另外约定，所以徐芒耀在将画作发表时应征得原告缪燕的同意。现在徐芒耀未经原告缪燕同意而擅自将画作进行发表构成对缪燕肖像权的侵害。一审判决后，徐芒耀不服，遂提出上诉，二审法院认为肖像权是公民的专有民事权利，不能以默示方式进行该权利的放弃。二审法院驳回上诉，维持原判。参见张红《肖像权保护中的利益平衡》，《中国法学》2014年第1期，第273—274页；司法库http://sifaku.com/falvanjian/6/zaz5bc9edaa5.html，访问时间：2015年4月2日。

可见，权利从来就不是形单影只、孑然一身的，权利要与义务相伴相随，基于主体复数或权利复数，权利与权利往往结伴而行。孟德斯鸠主张，权力应该有界限，只有以权力约束权力才能防止权力滥用。① 尽管孟德斯鸠的至理名言中提及的是权力，笔者认为其中蕴含的真理也可适用于权利。没有界限，有权人行使权利就会肆无忌惮，不知道停止，要防范权利滥用，就应该以权利约束权利。这就是说，权利主体行使权利有其自己的权利边界，权利主体一定要在划定的范围中行使自己的权利，否则会造成对其他权利的侵害，一定程度上其他人相同或者不同的权利会影响到某个主体权利的行使，这体现的便是权利对权利的制约。只有当每一个权利主体在行使自己的权利时也考虑到其他主体相关的权利享有问题，权利与权利彼此之间才能和谐相处。

综上所述，权利限制内置于权利含义中，权利是什么的问题获得解答时，权利限制是什么的问题也便一并获得解决。而权利之所以会受到限制是因为权利的相对性本质。权利根源于人类社会的产生，没有人与人在交往中产生某种社会需求，则权利缺乏生存的土壤，权利一经产生则其与义务密切相关，两者构成对应、依存与转化之对立统一的辩证关系。权利与权利之并存也是对权利相对性的一种演绎。当我们确认权利的相对性也就是否认权利的绝对性，权利的行使也就必然要受到一定限制。从物权、债权、人身权、知识产权到股权，不同的是权利的名称，统一的是权利的相对性。在现代民主社会生活中，尽管权利需要获得充分的尊重和保障，但这并不意味着权利的膨胀，更不体现为个体权利的享有能拥有超越一切事务的地位。只有经过法律的明确规定，理想中的权利才能成为客观存在的权利，受法律保护的权利才能为符合条件或资格的人享有，而权利主体在行使自己的权利时会受到义务主体履行义务之制约，或遇到其他享有相关权利的主体行使权利之制约，当出现权利行使纠纷时，还会受司法裁判制约。所以权利从理想走向法律，从法律走向事实，都会经过一层层的过滤网，相同权利在不同阶段并非绝对等同。而这一层层的过滤网正是社会现实事先故意或无意为权利行使所设定的限制。

---

① 参见［法］孟德斯鸠著《论法的精神》，张雁深译，商务印书馆1976年版，第102页。

第二节　有限责任公司股权转让限制的公司法学理论基础

　　有限责任公司股权转让限制规则的存在除了有其坚实的法哲学基础，还有夯实的公司法学理论基础，就目前的文献资料来看，绝大部分学者将人合性作为有限责任公司股权转让限制的公司法学基础。然而似乎归于人合性的众所周知，谈及人合性作为有限责任公司股权转让限制基础时学者往往将人合性一笔带过，很少有人将展开论述。[①] 而在学界原本就人合性、封闭性问题没能作出清晰界定情形下，一笔带过的做法未免会让人对作为有限责任公司股权转让限制理论基础之有限责任公司人合性特征产生怀疑，所以，笔者在认同人合性作为有限责任公司股权转让限制之公司法学理论基础的前提下，将对人合性进行详尽的论述，以期揭橥人合性与有限责任公司股权转让限制之间的真实关系。除此之外，笔者以为，有限责任公司股权之身份附随性也是有限责任公司股权转让限制规则的公司法学理论基础之一。股权属性是公司法上一个历久弥新的话题，关于股权属性的主张繁杂多样，独立民事权利说在众多主张中似乎略占上风，但这并不意味着探讨的终结，尽管无意否决许多前辈的观点，但笔者相信有限责任公司股权的身份附随性讨论会赋予股权属性一个新的解释思路，当我们确认有限责任公司股权身份附随性时，有限责任公司股权转让受限制之命题则理所当然地成立。在股权转让限制中，转让股东、受让股东以及公司外部受让方的利益都获得关注，唯有公司利益在立法中被有意或者无意忽略。然而笔者以为，尽管公司的成立源自投资者的投资，但是公司一经成立即变为独立的市场主体，公司拥有异于股东的利益，公司独立的法律地位需要获得尊重，公司自身的利益不容践踏，公司为自身利益考虑可以就股权转让拥有特定的话语权。所以，笔者以为，有限责任公司独立法律地

[①] 参见毕吾辛、郭占红《股权对外转让规则的思考——以有限责任公司人合性为中心》，《学习与探索》2012年第7期，第79页；黄睿、唐英玲、黄乐定《有限责任公司股权转让的法律分析》，《企业经济》2012年第6期，第190页；侯东德《封闭公司股权转让限制的契约解释》，《西南民族大学学报》（人文社科版）2009年第8期，第162页；宋良刚《有限责任公司股权转让限制制度的完善》，《人民司法》2005年第4期，第16页；蔡元庆《股权二分论下的有限责任公司股权转让》，《北方法学》2014年第1期，第52页；刘向林《有限责任公司人合性与股权继承的法律分析》，《经济师》2006年第10期，第80页。

位也是其股权转让受限的理论基础之一。

一 有限责任公司的人合性决定其股权转让受限制

（一）有限责任公司人合性的含义

有限责任公司自1892年通过德国法学家的人为创设，诞生伊始就与人合性密切相关，有限责任公司的人合性也受到我国很多学者的认同，提及有限责任公司往往强调有限责任公司的人合特性。[1] 然而何谓人合性却是语焉不详的问题，截至目前，对人合性进行正面直接定义的论述堪称凤毛麟角。[2] 在仅有的关于有限责任公司人合性的定义中，第一种定义意识到有限责任公司在被德国法学界颇具匠心创设出来时对作为人合企业之合伙企业以及无限公司特性的一种融合，但是此种定义只是借助一种类比手法对人合性进行了表述，并没有能够清晰指出有限责任公司股东彼此关系的主要特征，更别说明确界定有限责任公司的人合性。第二种定义把有限责任公司人合性分为对内人合性与对外人合性是一种对人合性较为全面的

---

[1] 参见王保树主编《商法》，北京大学出版社2011年版，第132页；覃有土主编《商法学》（第三版），高等教育出版社2004年版，第141页；范健主编《商法（第三版）》，高等教育出版社、北京大学出版社2012年版，第105页；陈本寒主编《商法新论》，武汉大学出版社2009年版，第205—206页；施天涛《商法学》（第三版），法律出版社2006年版，第153页；范健、王建文《商法学》（第二版），法律出版社2009年版，第95页；叶林、段威《论有限责任公司的性质及立法趋向》，《现代法学》2005年第1期，第57—58页；胡晓静《公司法专题研究：文本·判例·问题》，华中科技大学出版社2013年版，第6页；赵旭东主编《新公司法讲义》，人民法院出版社2005年版，第298页；刘俊海《公司法学》，北京大学出版社2008年版，第9页；甘培忠《企业与公司法学》（第七版），北京大学出版社2014年版，第159页；王义松《论有限责任公司人合性的理性回归》，《政法论丛》2006年第1期，第77页。

[2] 一种定义认为人合性是指"在有限责任公司的成员之间，存在着某种个人关系，这种关系很像合伙成员之间的那种相互关系"参见刘向林《有限责任公司人合性与股权继承的法律分析》，《经济师》2006年第10期，第80页；另一种定义认为人合性包括对内含义与对外含义，其中对内含义是指"公司内部运转及权利义务分配的根本依据对纯粹的资本多数原则的变通，以出资比例和股东人数多数决的混合适用为依据，甚至允许股东一致性原则的存在，即有限责任公司股东间的权利义务分配，公司重大问题的决定除依据资本因素（出资比例）外，同时依据人（股东）的因素，股东契约自治享有很大的空间，在某些方面可以超越资本多数决原则"对外含义是指"有限责任公司相对人的交易风险的保障主要由公司资产承担，但在一定程度上同时由公司股东承担，即虽然有限责任公司股东对公司债务承担有限责任，但有限责任公司股东的有限责任远比股份有限责任公司股东的有限责任脆弱，有限责任公司独立人格的稳定性较股份有限责任公司相差甚远"。参见李劲华《有限责任公司的人合性及其对公司治理的影响》，《山东大学学报》（哲学社会科学版）2007年第4期，第90页。

介绍，但此时学者在论述内外人合性时明显采用的是不同标准，对内人合性强调股东地位的平等进而认为有限责任公司经营管理事务的处理应该重视人数决作用的发挥，在此基础上的股东自治是有限责任公司人合性对内含义的应有内容。鉴于学者目前关于有限责任公司人合性的含义没有形成定论，笔者以为这种对内人合性不失为对有限责任公司人合性内容的一种阐释。对外人合性着眼于股东责任承担，基于公司法人人格之否认、股东出资等具体问题引发股东承担连带责任的事实而揭示对外公司人合性之含义的本质，即股东所承担有限责任的脆弱性与股东承担无限责任的可能性。且不论人合性对外含义之着眼点的合理与否，单单看《公司法》的有关规定似乎能感知人合性对外含义的缺憾。我国《公司法》所提及的公司法人人格否认问题显然不是仅仅针对有限责任公司而言，公司法人人格否认制度既可适用于有限责任公司，也可畅行于股份有限责任公司。[①]如果据此也认为股份有限公司具有一种对外人合性则是对人合性的一种极大误解。

为了客观而又合理地揭示有限责任公司人合性的含义及其主要内容，首先得对人合性的存续语境进行梳理。出现在我国学者论著中的字眼"人合"或者"人合性"基本上承载着两重言辞表达功能，第一种情形是在论及公司类型划分时，根据信用基础的不同可以把公司分成人合公司、资合公司以及人合兼资合公司，其中人合公司的信用基础依赖股东的信用，也即股东就公司债务承担无限连带责任；资合公司指公司的信用基础在于公司资产，股东承担的是有限责任；人合兼资合公司则指公司既以股东的信用为信用基础，也以公司资产为信用基础，在人合兼资合公司中，部分承担有限责任的股东被称为有限责任股东，还有部分承担无限责任的股东被称为无限责任股东。第二种情形是论及有限责任公司的特征时，人合性会适时出现，所不同的是有的学者强调有限责任公司的人合性特征，有的学者强调的是有限责任公司的人合兼资合特性。稍加分析就会发现人合公司之分类与有限责任公司的人合性这两种情况下人合性的适用其实存

[①] 我国《公司法》第二十条规定："公司股东应当遵守法律、行政法规和公司章程，依法行使股东权利，不得滥用股东权利损害公司或者其他股东的利益；不得滥用公司法人独立地位和股东有限责任损害公司债权人的利益。公司股东滥用股东权利给公司或者其他股东造成损失的，应当依法承担赔偿责任。公司股东滥用公司法人独立地位和股东有限责任，逃避债务，严重损害公司债权人利益的，应当对公司债务承担连带责任。"

在着一种令人费解的矛盾，以公司信用基础来划分公司，有限责任公司以及股份有限公司显然都是典型的资合公司，尽管现行《公司法》删除了关于公司注册资本最低限额的规定，这种务实的做法并非否认有限责任公司与股份有限公司的资合特性，那为何在提及有限责任公司特征时，绝大部分学者会强调有限责任公司的人合性特性呢？学者们用人合性到底指称的是有限责任公司的一种什么特征呢？仔细梳理我国学者对有限责任公司人合性特征的描述会发现他们在不约而同地强调一件事情，那就是有限责任公司股东彼此之间的信任。[1] 也就是说，我国学者在界定有限责任公司的人合性特征时其实都在强调有限责任公司股东之间的一种充满信任的紧密关系，这与根据信用基础的不同而将公司进行人合、资合、人合兼资合划分之人合非指称相同内容，就公司信用基础而言，我国有限责任公司根本就不存在人合性可言。[2] 但是为何有如此多的学者用含义本来业已成熟的术语指称其他事物而造成理解上的困惑呢？笔者以为，导致问题发生的根源在于德国法学界在首创有限责任公司时对合伙企业抑或无限公司与股份有限公司特性所进行的融合。当时的德国法学者希望为中小企业的发展创造出一种更便捷的投资工具，于是他们在合伙企业以及无限公司的基础上融入股份有限公司的有限责任优点从而创设出有限责任公司，基于股份有限公司的资合特性以及当时合伙企业或者无限公司的人合特性，后来就习惯以人合性兼资合性来描述有限责任公司的基本特征。殊不知这种融合在不知不觉中已然改变曾经作为合伙企业、无限公司之人合企业属性的基本内涵。面对术语表达与其原有内涵存在的矛盾冲突，我们积极寻找解决问题的办法实乃当务之急。

笔者以为，有两种方法可以将这种矛盾进行调和，第一种方法是继续

---

[1] 参见王保树主编《商法》，北京大学出版社2011年版，第130页；覃有土主编《商法学》（第三版），高等教育出版社2004年版，第141页；范健主编《商法》（第三版），高等教育出版社、北京大学出版社2012年版，第105页；胡晓静《公司法专题研究：文本·判例·问题》，华中科技大学出版社2013年版，第6页；赵旭东主编《新公司法讲义》，人民法院出版社2005年版，第298页；刘俊海《公司法学》，北京大学出版社2008年版，第8—9页；甘培忠著《企业与公司法学》（第七版），北京大学出版社2014年版，第159页；叶林、段威《论有限责任公司的性质及立法趋向》，《现代法学》2005年第1期，第62页；李劲华《有限责任公司的人合性及其对公司治理的影响》，《山东大学学报》（哲学社会科学版）2007年第4期，第91页。

[2] 参见高永周《论有限责任公司的人合性》，《北京科技大学学报》（社会科学版）2008年第4期，第59—60页。

在上述两种情形下使用人合性，但是必须确认两种情形下的人合性各有所指。相同词汇在不同语境下呈现出不同含义并不稀奇，术语指称的内容随着社会的发展可以是变化的。以刑罚为例，黄帝时代，刑罚指称的是战争；① 秦朝结束春秋战国时期的多元政治而实现大一统后，刑罚包含笞刑、徒刑、流放刑、肉刑等丰富的内容；② 现代刑罚则指称拘役、管制、死刑等强制措施的实施。即使在同一时空下，相同术语也可指称不同的事物。以法学基础词汇"义务"为例，义务可以用来指称义务主体以作为或者不作为表现出的义务之履行，还可以用来指称义务主体发生违法行为之后要承担的责任。③ 中国语言博大精深，加上术语翻译、制度移植所造成的内容或者观点摩擦实属正常，所以出现相同术语指称不同事物之一语两用的局面并不可怕，可怕的是未能察觉出一语两用情形下术语所指称的不同含义，进而将术语不加区分地进行使用，在我国有学者使用人合性指称有限责任公司的特征而不强调此时人合性的含义的做法无疑给有限责任公司人合性特征的描述蒙上一层令人迷惑的面纱。第二种方法是保持人合性在公司进行人合、资合、人合兼资合分类时的应有意义，毕竟这是人合性在诞生伊始的原初意义，在有限责任公司诞生之前，人合性就用来指称合伙企业以及无限公司等经济组织的特征，当陈述有限责任公司人合特性时选择其他术语进行替代，比如"封闭性"。④ 然而此时又必须面对这样一个事实，即有些学者并列使用封闭性与人合性，并以其共同论述有限责任公司的特性。⑤ 当我们用封闭性替代人合性时，那么封闭性原本所描述的内容该如何安放？不过需要注意的是，在这些学者眼中，似乎人合性与封闭性在内容指称上并无截然的对立，比如有学者认为有限责任公司的封闭性体现在设立程序不公开以及经营状况不公开，人合性体现为股东间相

---

① 参见马小红、姜晓敏《中国法律思想史》，中国人民大学出版社2010年版，第8页。
② 参见曾宪义主编《中国法制史》（第二版），北京大学出版社、高等教育出版社2009年版，第72—73页。
③ 参见张文显主编《法理学》，高等教育出版社、北京大学出版社1999年版，第91页。
④ 参见李建伟著《公司法学》（第三版），中国人民大学出版社2014年版，第17页。
⑤ 参见王保树主编《商法》，北京大学出版社2011年版，第130—131页；覃有土主编《商法学》（第三版），高等教育出版社2012年版，第140—141页；赵旭东主编《新公司法讲义》，人民法院出版社2005年版，第298—299页；雷兴虎主编《公司法学》，北京大学出版社2006年版，第60—61页。

互信任,具体表现在股东人数有上限;[1] 有学者认为公司人合性体现为股东相互间的人身信任,封闭性体现为股东人数有上限,只能以发起设立方式设立公司以及经营状况不公开;[2] 还有学者认为封闭性体现为股东人数有上限、公司只能按照发起设立方式设立、出资转让困难、财务状况无须公开,人合性则体现为股东间的信任关系、出资转让受限、可以约定排除按照出资比例分红、可以规定不按照出资比例行使表决权、股东个人的信用对公司信用产生影响。[3] 可见,我国学者对人合性与封闭性的理解存在明显的交叉,造成这种交叉的原因与我国公司立法同时借鉴大陆法系国家与英美法系国家相关公司法律制度不无关系。人合性公司、资合性公司、人合兼资合公司属于大陆法系国家根据公司信用基础的不同对公司所作的基本分类。而封闭性对应的是开放性,源于英美法系国家,描述的是英美法系国家的封闭公司属性,系指公司股票只能向特定主体发行并且不存在公开交易公司股票的市场,公司股份不能自由转让。[4] 正是因为我国有限责任公司与英美法系封闭公司在诸如不公开发行股份、无须公开财务状况等特征上比较类似,所以才会有学者使用封闭性来描述我国有限责任公司的特征。据此,意图用封闭性替换人合性来指称有限责任公司的特征存在一定的合理性,然而使用封闭性指称有限责任公司的基本属性必然会造成以英美法系公司法术语指称大陆法系公司法内容之表与里的相互匹配问题,正如某些学者在借用封闭性阐述我国有限责任公司的特性一样,有限责任公司资本具有封闭性,[5] 而资本的封闭性显然不能完全覆盖我国绝大部分学者笔下所书人合性的含义。

投资者进行中小规模投资并且希望借助有限责任制度避免投资引发倾家荡产之恶果的需求催生了有限责任公司,德国法学家迎合社会需求之创设经过历史的检验是毫无疑问的伟大举措,我国学者关于有限责任公司人合性特征的描述也是情有可原、剑有所指,所以我们决不能因为人合性用

---

[1] 参见王保树主编《商法》,北京大学出版社2011年版,第130—131页。
[2] 参见覃有土主编《商法学》(第三版),高等教育出版社2012年版,第140—141页;赵旭东主编《新公司法讲义》,人民法院出版社2005年版,第298—299页。
[3] 参见雷兴虎主编《公司法学》,北京大学出版社2006年版,第60—61页。
[4] 参见李建伟著《公司法学》(第三版),中国人民大学出版社2014年版,第17页;赵旭东主编《公司法学》,高等教育出版社2003年版,第56页。
[5] 参见陈本寒主编《商法新论》,武汉大学出版社2009年版,第206页;赵万一主编《商法》(第四版),中国人民大学出版社2013年版,第81页。

来表征公司信用基础就否认我国有限责任公司的人合性，但也不能因为我国学者对人合性在有限责任公司语境下的一贯沿用就墨守成规、故步自封。所以笔者以为，在不能寻觅到一个更为恰当的术语指称有限责任公司的人合特征时，应该继续以人合性描述有限责任公司的相关特征，只是要明白此时的人合性非划分公司分类时的人合性，此时的人合性有其丰富的内容。正如我国绝大部分学者所主张的那样，人合性指称的是有限责任公司股东之间彼此熟悉、相互信任的一种关系，而这种信任关系有赖于相应具体制度的维持。从公司规模来看，人合性要求公司人数有一定上限；①从公司财产来看，人合性决定公司资本不能公开向社会募集，股东出资不能自由转让，公司经营事务与财务账目无须向社会公开；从公司经营管理来看，人合性允许公司股东通常也是公司的经营管理者，即某些学者通常所言之公司所有与公司经营的结合。② 除此之外，人合性所言信任关系是否还应该包含股东与公司之间的信任关系呢？毕竟股东彼此之间的信任关系不但是处理股东群体权益问题的内部关系，它还会影响到股东与公司之间相应问题的处理。③ 福山认为，信任是在一个社团之中，社团成员对彼此常态、诚实、合作行为的一种期待。④ 这既是对信任的定义，同时也是对信任关系发生的主体范围的限定，即信任是社团成员之间的一种信任，公司显然不属于公司社团本身的成员，所以股东之间的信任关系将会影响到公司相关事务的处理并不意味着有限责任公司人合性之信任，也包含股

---

① 关于有限责任公司股东人数的上限获得我国国内绝大多数学者所支持，但是有的国家立法在有限责任公司股东人数上限问题上要求不严格，比如日本，《日本有限公司法》第8条第1款规定："股东的人数不得超过50人。但在有特别事由的情形下，得到法院批准时，不在此限。"一定程度上，要维持有限责任公司的人合性，50人的上限或许就是比较高的一种人数要求，毕竟要求50人彼此之间相互熟悉和信任存在一定困难；然而从另一个层面来看，50人上限符合有限责任公司人合性基本要求，则51人、52人抑或稍微多一些的人并非绝对阻遏有限责任公司人合性的实现。所以我国关于有限责任公司50人要求本身并非能绝对起到维持有限责任公司人合性的作用，它需要与其他制度共同发挥效用。《日本有限公司法》不固守股东人数的50人上限也并非意味着对人合性的摒弃，它只是在应对特殊问题时的一种务实做法。参见赵旭东主编《境外公司法专题概览》，人民法院出版社2005年版，第68页。

② 参见毕吾辛、郭占红《股权对外转让规则的思考——以有限责任公司人合性为中心》，《学习与探索》2012年第7期，第80页。

③ 参见高永周《论有限责任公司的人合性》，《北京科技大学学报》（社会科学版）2008年第4期，第60页。

④ 参见［美］弗朗西斯·福山著《信任：社会道德与繁荣的创造》，李宛蓉译，远方出版社1998年版，第35页。

东与公司彼此之间的信任。当然随着社会的发展，人与人之间的交往与合作传达出对信任的热切渴盼，在社会交往中，有限责任公司既可以作为信任方选择合作伙伴，也可以作为被信任方被选择为合作伙伴。

（二）人合性限制有限责任公司股权转让之具体分析

如上文所述，有限责任公司的人合性决定有限责任公司股权转让必定会受到限制。但是人合性到底如何影响有限责任公司股权转让需要将相应规则进行展开分析，目前我国公司法关于有限责任公司股权转让限制的规定主要涉及两项规则。一项是同意规则，另一项是优先购买规则。笔者将以这两项规则为中心展开人合性作为有限责任公司股权转让限制之公司法学理论基础的具体分析。

1. 人合性与股东同意权

按照我国《公司法》的规定，当股东对外转让股权时，其他股东可以以行使同意权的方式表达自己是否接纳拟受让方加入公司且成为公司股东的意愿。有限责任公司的人合性指称的是股东相互之间的熟悉与信任关系，而作为股东之间合作的润滑剂，信任比任何事务都具有更强的实用价值，基于这种熟悉和信任，股东彼此之间无须对他人言语以及行为的可信度进行揣摩，这无疑将会省去非常多的麻烦。因此，股东们对彼此的团队关系会有一种期待，保持团队的稳定性即是这种期待的结果。在股东看来，团队关系已经趋于稳定，如果有第三人加入进来，则第三人与团队的融合势必会造成一些不可预测甚至是不太稳定的因素出现，进而影响公司的经营发展。所以当公司股东对外转让股权之时，赋予其他股东同意权不但是为限制特定股东的退出而且也是为限制第三人的进入，这是一个问题的两个方面。根据我国《公司法》的相关规定，有限责任公司股东会的职能之一是选举和更换非职工董事，且法律并不强制要求职工董事存在于一般有限责任公司中，所以有限责任公司股东以及董事身份的重合不足为怪，这也即是很多学者论及有限责任公司时所提到的有限责任公司所有与管理结合之特征，此种情形下，作为公司董事的公司股东转让其所持股权时，涉及的不仅仅是公司股东人员的改变，还会涉及公司经营管理层的调整，鉴于公司董事会在整个公司经营运转中的重要作用，这种股权对外转让甚至包括对内转让势必给公司带来重大影响。即使作为经营管理人员的股东只是转出自己手中所持股权的一部分，如果曾经的公司董事的设置或多或少受到股东出资比例的影响，则目前手中持股减少的股东继续保留在董事会行使其经营管理职责可能已经无法完全获得其他董事或者股东的信服。从公司股东对外转让股权对公司经营管理造成影响的可能性而言，股权对内转让也会引发类似的问题，所以在《公司法》没有明确规定的情况下，探讨股东同意权是否可以适用于股权内部转让场合具有理论与现实之双层意义。关于这一问题，笔者将在后面就同意权进行具体展开时再作讨论。公司股权对外转让，其他股东除了针对转让股东本身考虑上述问题，他们还必须就拟受让方加以考察。股权对外转让意味着有陌生人员的加入，且不论陌生人员是否值得信任，但就原本稳定的合作关系将可能被打破这一个结果也是其他股东不愿意看到的。著名社会学家费孝通先生曾经提出过中国社会的"熟人社会"特质，"熟人社会"人与人之间信任的本质是一种情感信任，而"陌生人社会"人与人之间的信任建立在契约或者人的理性之上。[①] 如果将股东彼此之间业已形成的稳定关系状态看成一种熟人关系，而不论这种熟人关系的建立是基于血缘、地域、契约或者理性，那么至少有一点可以肯定的是，新人员的加入必将打破原有的熟人关系，新的充满信任的熟人关系需要特定机制发挥作用才有可能形成，而无论如何这种信任关系形成过程之中的困难是无法抹杀的。所以股东彼此之间的信任使股权的对外转让受限具有一种深厚的合理性，[②] 而渗透着股东彼此之间信任的有限责任公司人合性赋予股东同意权以公司法学理论基础则是水到渠成的。

2. 人合性与股东优先购买权

按照我国《公司法》的规定，当其他股东同意股权对外转让时，其他股东拥有优先购买权，即在同等条件可以受让拟转让的股权。一定程度上，优先购买权是对维护股东彼此之间信任关系的第二道防护墙。第一道防护墙——同意权规则在发挥作用过程中坚持的是过半数同意决。过半数或者半数以上只是立法者在立法时遵循某种特定的立法宗旨以及某种特定的表决机制而进行的一种人为选择，所以笔者以为凡此数字、比例之种种规定并不具有天然的合理性，有的时候可能是一种习惯支配的结果。所以

[①] 参见吴重庆《从熟人社会到"无主体熟人社会"》，《读书》2011年第1期，第19页；张晓兰《熟人社会和陌生人社会的信任——一种人际关系的视角》，《和田师范专科学校学报》2011年第4期，第109页。

[②] 尽管人与人之间的关系除了朝信任的方向发展，也可能朝着不信任的方向去发展，当股东彼此之间人际关系发展的结果是不信任产生，则没有必要对此时的股权转让设定任何限制。但是，这也可以通过股东行使同意权并且对股权转让表示同意来实现。

当过半数股东同意股权对外转让时并非意味着全体股东完全同意之产生，甚至这种获得程序上认可之股权对外转让也许暗藏着某种对其他股东或者公司不利的因素，加之有的股东更加依赖熟人关系，则需要借助某种规则进一步阻止股权的对外转让，此时优先购买权就会适时发挥作用。相比于同意权规则，优先购买权规则将维护股东信任关系之宗旨贯彻得更加彻底。按照目前我国《公司法》的规定，其他股东行使同意权会产生以下三种结果：其一，其他股东过半数同意股权对外转让，则股权可能对外转让，公司外部第三人可能进入公司打破股东原有的信任关系；其二，半数以上的剩余股东不同意股权转让，且不同意的股东并不购买拟转让的股权，则股权有可能对外转让，公司外部第三人可能进入公司打破股东原有的信任关系；其三，其他股东半数以上不同意转让，不同意的股东购买该股权，则拟转让股权无法对外转让，公司外部第三方也无法进入公司，公司股东原本的信任关系基本存在。[①] 而其他股东优先购买权正是针对经其他股东同意转让的股权而设定，也即上述股东行使同意权之第三种情形已经阻止了陌生人的加入，而第一、二种情形是同意权规则对维持有限责任公司股东之间的信任关系无能为力的表现，此时优先购买权的存在则是对同意权规则这种能力缺憾的一种弥补。股东最终是否行使优先购买权是股东自己的一种权利抉择，而公司立法对于优先购买权规则的设定是一种立法精神的体现，这种精神就是维护有限责任公司股东之间的彼此信任关系，秉持有限责任公司的人合特性。所以从这角度来看，股东优先购买权规则是对股东同意权规则维持有限责任公司人合性存在缺憾时的一种弥补，股东同意权规则以及优先购买权规则共同构建维持有限责任公司人合性的防护墙。

综上所述，有限责任公司人合性是有限责任公司股权转让限制的公司法学理论基础之一。这种人合性实乃公司股东彼此之间的一种信任关系，并且这种信任关系必须特定制度的维护，设限有限责任公司股权对外转让其实就是前述具体制度之一种。当然《公司法》基于有限责任公司人合

[①] 基本存在而非完全存在是因为不同意股权对外转让的股东购买该股权后，股东原有的持股结构可能会发生变化，而股东彼此之间的信任关系绝非纯粹的情感信任，这种信任还带有一种理性的存在，当某个股东通过受让而摇身一变成为公司大股东，那么其凭借手中持有的股权操控公司或者侵害其他小股东利益的情形将可能发生，而这种来自受让股东的危险在以往的股权结构未发生改变时是不存在的。

性考虑而赋予有限责任公司股东同意权以及优先购买权并非意味着公司股东必定要通过行使这些权利维持有限责任公司的人合性。信任产生合作，合作通常也会增强信任，但是合作也会削弱信任。① 在股东彼此长期的合作中，因为一些异质因素的介入，② 合作不会增强信任反而会削弱信任，这时特定有限责任公司股东彼此之间的关系需要的不是去固守而是进行事实上的重建，所以公司股东可能会通过行使同意权且放弃优先购买权的方式允许股权的对外转让，而希望从此建立一种新的合作关系。无论是通过同意权规则以及优先购买权规则维持充满信任的股东关系还是解除不再拥有充分信任的股东关系而将股东关系朝着信任的方向进行重建，其实都是有限责任公司人合性的客观体现。

二　有限责任公司股权的身份附随性决定其股权转让受限制

（一）股权的属性：梳理与评析

股权属性关系着股东的法律地位、公司的法律地位以及公司治理模式选择等一系列问题的解决，所以其当仁不让成为《公司法》上一个的焦点话题，学者们围绕股权属性展开的探讨异常激烈，尤其是 20 世纪八九十年代，学者们关于股权属性的主张异彩纷呈，有的观点甚至壁垒分明。下面笔者仅就股权属性探讨中所形成的代表性主张展开梳理和评析，以期为有限责任公司股权身份附随性观点之提出作铺垫。

1. 债权说

该学说认为股权是股东对公司所享有的债权，股权成为股东与公司之间债权的纽带。这种观点建立的基础是不断发展的社会化大生产和扩大规模的公司企业所逐渐形成的企业内部所有权与经营管理权的分离。③ 两权分离之下，股东已经丧失其投入公司财产之传统意义上的所有权，这部分财产转由公司董事和经理实际进行控制，但董事或者经理对这部分财产并

---

① 参见张康之《有关信任话题的几点新思考》，《学术研究》2006 年第 1 期，第 72 页。

② 信任作为一种个人动机是利己与利他的复合体，信任也是一种态度，这种体现态度的信任依赖人体的个体结构，包括认知、情感、信心等方面。所以人与人之间不一致的利益取向、个体对待信任的一种消极态度偏向往往即影响信任形成的异质因素。参见张康之《有关信任话题的几点新思考》，《学术研究》2006 年第 1 期，第 72 页；朱虹《信任：心理、社会与文化的三重视角》，《社会科学》2009 年第 11 期，第 65 页。

③ 参见郭锋《股份制企业所有权问题的探讨》，《中国法学》1988 年第 3 期，第 4—9 页。

不享有所有权,因为具备法人资格,故公司成为股东已投入公司财产的所有权者。

2. 所有权说

在所有权思想的总领下,该学说又可进一步细分为如下几种观点。(1)单纯所有权说。这种观点主张股东对其投入企业的财产享有单纯的所有权,而企业对该部分财产享有用益权,社会财富不可能完全地被财产所有人占有、使用甚至处分的客观现实决定了这种权利结构的形成。①(2)非完整的所有权说。该观点主张股权为股东拥有的所有权,只是这时的所有权并不是完整的所有权,而是仅仅体现为部分处分权以及受益权,原本由股东享有的财产的占有、使用以及部分处分权已经转移给公司享有,公司享有的这部分权利属于商品所有权,由此形成公司财产归公司所有、公司本身由股东共有之股份制企业财产权的二重结构。②(3)非一般财产意义上的所有权或者变态财产所有权说。这种观点坚持股权为股东享有的所有权,但是同时强调此所有权与一般财产意义上之所有权并非完全相同,该所有权有其特点,具体表现在股东丧失对财产的实际占有和支配,权利载体为股票并且股票既是承载经营管理权限之选票又是承载股利分配权限之饭票,权利本身凝聚力强、社会化程度高、承载有限责任和分散经营风险、管理民众化、能够联立综合和分权制衡,且具有较强流动性、永续性、变异性特点。③ 称呼股权为变态财产所有权是因为股权的客体非实物形态的财产,股权是以价值形态存在、带有一定的局限性且不能直接行使的财产权,与此同时公司对股东出资财产之实物拥有所有权。④ (4)终级所有权说。该观点强调股权的实质是所有权,也即股东对其出资财产拥有一种特殊形态的所有权——终极所有权,其特殊性表现在股东不能直接支配其投资份额,股东所有权并非对其最初出资财产所享有的所

---

① 参见李开国《国营企业财产权性质探讨》,《法学研究》1982年第2期,第37页。
② 参见王利明《论股份制企业所有权的二重结构——与郭锋同志商榷》,《中国法学》1989年第1期,第51—52页。
③ 参见任先行《股权的性质和特点》,《山西财经学院学报》1992年第3期,第13—15页。
④ 参见周力《论股权的法律属性》,《山东大学学报》(哲社版)1993年第2期,第100页。

有权而是依其出资份额对公司财产享有的所有权,以团体多数意志而非股东个人意志参与支配公司整体财产。①(5)按份共有权说。该观点认为股权的性质是财产权,而且股东就公司财产形成按份共有关系。②(6)自己财产所有权说。该观点认为,股东就自己的财产享有所有权,且法人就出资人集合财产享有所有权。③

3. 社员权说

该学说认为,企业股东不再对企业财产享有所有权,承载于股票上的社员权已经取代了股东对企业财产的所有权关系。④股东正是通过出资或其他方式进入社团法人进而成为社团成员,股东作为社团成员在社团内部所享有的权利即社员权。⑤还有学者在否认股权所有权、债权属性的基础上,强调股东享有的是不同于所有权或债权的具有新的理论与法律内涵的社员权。⑥

4. 综合权利说

该学说认为,股权内容具有复合性,股权依附于公司的存亡,股权对于公司财产的作用具有间接性,所以,股权既不是传统民法所属的所有权,也不同于债权,而社员权未能揭示股权的性质,股权只能是股东所享有的一种与所有权并存的综合性权利。⑦也有学者认为股权乃股东所拥有的财产权利与非财产权利的统一、请求权与支配权的统一、相对权与绝对权的统一。⑧还有学者认为股权既包含自益权的内容也包含共益权的内容,而自益权属于债权,共益权属于社员权,所以股权是股东享有的兼具

---

① 参见马长山《论股权的性质》,《求是学刊》1995年第4期,第54页。
② 参见杨紫烜《论公司财产权和股东财产权的性质》,《中国法学》1996年第2期,第49—51页。
③ 参见魏民《论股权和法人财产权的性质》,《求实》2000年第3期,第21—22页。
④ 参见梁慧星《论企业法人与企业法人所有权》,《法学研究》1981年第1期,第27页。
⑤ 参见储育明《论股权性质及其对我国企业产权理论的影响》,《安徽大学学报》(哲学社会科学版)1989年第3期,第66—69页;叶林《中国公司法》,中国审计出版社1997年版,第175页。
⑥ 参见康德琯《股权性质论辩》,《政法论坛(中国政法大学学报)》1994年第1期,第67—72页。
⑦ 参见石少侠《股权问题研析》,《吉林大学社会科学学报》1994年第4期,第21—23页。
⑧ 参见段庆华《社会主体股权浅析》,《现代法学》1988年第4期,第20—23页。

债权与社员权性质的综合性权利。①

5. 股东地位说

该学说认为，股权不是一种具体的权利而是一种法律地位，正是基于这种法律地位，股东才得以取得各种具体的权利，而股东取得的这些具体的权利便是股权的内容。②

6. 公司法人所有权的有机组成部分

该学说认为股东出资设立公司之后就不再能独立占有、使用、收益和处分包括它自己出资那部分在内的公司财产，公司作为法人取得全部出资财产的所有权。由于股东是股东会一员，而股东会又是公司法人机关，所以股权就成为公司法人所有权的有机组成部分。③

7. 独立民事权利说

该学说强调股权作为一种权利所拥有的独立性抑或新颖性。股权兼具支配特性和请求特性，股权的取得取决于出资而非股东身份，股权与股东身份同时产生，加上一人公司的诞生，股权不可能是社员权，故股权作为一种独立权利自成一体。④ 还有学者认为股权是不同于传统民法物权以及债权的新型财产权，这种新型财产权是股东权利与义务的结合，是股东拥有的一种无体财产权。⑤ 更有学者指出这种独立权利的特殊意义不在于其是财产权利、人身权利抑或财产权利与人身权利两者的结合，而在于它是一种制度安排，是一种行之有效的技术手段，通过这种安排以及凭借这种技术手段，能很好地协调利益相关者之间或彼此冲突或相互依存的利益关系，并且兼顾社会整体利益。⑥

还有学者鉴于上述各种观点所存在的这样或那样的缺陷而建议将股东

---

① 参见柳经纬《股权辨析》，《福建法学》1995年第1期，第89页。
② 参见［日］松田二郎著《株式会社法的理论》，岩波书店年版，第26页，转引自雷兴虎、冯果《论股东的股权与公司的法人财产权》，《法学评论》1997年第2期，第78—82页。
③ 参见漆多俊《论股权》，《现代法学》1994年第4期，第9页。
④ 参见江平、孔祥俊《论股权》，《中国法学》1994年第1期，第74—76页；雷兴虎、冯果《论股东的股权与公司的法人财产权》，《法学评论》1997年第2期，第78页；王平《也论股权》，《法学评论》2000年第4期，第74—76页。
⑤ 参见钱明星《论公司财产与公司财产权所有权、股东股权》，《中国人民大学学报》1998年第2期，第58—59页。
⑥ 参见张嵩《股权性质新论》，《江汉论坛》1997年第6期，第55—56页。

权分解为股权与股东参与权,前者是股东对股份的所有权,是一种单纯的财产权,后者则是一种社员权。①

债权说因为对股东与公司债权人不作区分并首肯股东对公司的唯一权利便是收益而鲜少学者附和,但是其坚持现代企业制度之所有与经营分离却极具进步性。所有权说似乎最能维护股东尤其是国家股东的财产权利,因此主张股权乃所有权者较多,而且为证实股权所有权的性质所提出的诸如价值所有权与实物所有权、终极所有权、按份共有基础上的公司集中所有等系列主张从不同层面对所有权进行理论演绎恐怕早已超越了所有权的原本面貌。社员权说强调组织的社团性而忽视公司的资合性,社员权建立在社员身份上而不论出资对其权利的影响,而公司股权的行使显然与股东出资多少息息相关。一人公司的合法化更加使股权社员权之主张显出其局限性。股东地位说将股权视为权利与义务的抽象概括,是对股权这一权利表达含义的扩容,而这种扩容无助于对股权属性的厘清。公司法人所有权的有机组成部分确认公司拥有法人所有权,但同时否认股权的独立性,显然是对股权与公司财产权利联系的过度关注。综合权利说与独立权利说有着共同的出发点,即股权既不是债权也不是所有权,更不是社员权,必须为股权属性问题寻找新的出路,所不同的是,综合权利说基于股权既有这种权利影子也有那种权利痕迹的事实进而将所有权、债权抑或社员权之几种权利加以糅杂而形成,独立权利说则着眼于股权既不是完全的此权利也非完全的彼权利进而将所有权、债权抑或社员权全部抛开另辟蹊径的基础之上。综合权利与独立权利以其不太确定且内涵可以无限丰富的特征来解说股权的属性不失为一种最安全也是最笼统的解决问题的思路。②

总体来说,早期关于股权性质的学说在演绎百家争鸣的学术盛景时呈现出以下四大特点。第一,绝大多数学说几乎都是与公司财产权利主张密切相关,承认公司拥有法人财产权则基本会摒弃股权乃所有权的主张,反之,弱化公司对公司财产的掌控能力者则会持有股权乃所有权的

---

① 参见肖峰《论股权》,《内蒙古社会科学》(汉文版) 2003 年第 3 期,第 98—99 页。
② 参见蔡元庆《股权二分论下的有限责任公司股权转让》,《北方法学》2014 年第 1 期,第 51 页。

主张。2005年《公司法》在进行修订时，明确公司享有独立法人财产权，也就是说公司对由股东出资所形成的财产依据不同的财产形式享有不同的财产权利。[1] 我们在这一立法基础上评析上述股权性质之主张似乎可以少去很多理论上的争议。第二，大多数股权所有权论者将国家股东投入企业财产之归属置于股权性质分析中进而使股权性质问题上升到经济体制的高度，"以致突破所有权中心论的观念成了一种政治上有风险的事"。[2] 2005年《公司法》取消"公司中的国有资产所有权属于国家"的规定应该可以打消学者们论述股权属性时的国家财产之顾虑。第三，多数学者在股份有限公司语境下探讨股权性质，这不免让人产生如下几点疑问：有限责任公司股权与股份有限公司股权存在属性上的差异；或者说以股份有限公司股权性质进行个案研究，采用由点及面的方式，然而有些主张明显建立在对股份有限公司具体制度的分析之上，而有限公司和股份公司之具体制度所存在的差异显然不是以点带面之研究视野可以忽视的问题；学者们眼中的股份并非股份有限公司的专有名词，有限责任公司的股东也能持有股份，并且就性质而言，有限责任公司的股权与股份有限公司的股权应该是保持一致的，即便具体权利的行使存在差异也不会影响到对股权性质的认定。个案研究是一种学术研究方法，但是在进行个案研究的过程中，应该将理论建立在相同或者相似的制度上而不是建立在个案的特有制度之上，否则，个案研究得出的结论就会以偏概全。尽管股份有限公司将全部资本划分为等额股份，每个股东凭借持有的股份享有权利，有限责任公司则是通常依据持股比例行使权利，但是股份与持股比例并不存在截然对立，在学理上将股份适用于有限责任公司领域不会引发理解上的困惑。事实上在有些学者眼中，企业股份制至少应该包括股份公司与有限公司。[3] 尽管股份有限公司与有限责任公司股权的性质不会有差异，但是股权的特征却存在不同。第四，股权性质锁定于民事权利中。债权说也好，所有权说也罢，即使是

---

[1] 参见赵旭东主编《新公司法讲义》，人民法院出版社2005年版，第7—8页。
[2] 参见康德琯《股权性质论辩》，《政法论坛（中国政法大学学报）》1994年第1期，第72页。
[3] 参见郭锋《股份制企业所有权问题的探讨》，《中国法学》1988年第3期，第12页。

第一章　有限责任公司股权转让限制之理论基础　/　59

极具包容性的综合权利说或者独立权利说也是在民事权利体系内为股权归属寻找栖息之所。但我们必须清醒地意识到，将一只鹿放进羊圈里无法改变其作为鹿的外表与本质。① 当我们绞尽脑汁为股权在民法权利体系中寻找栖息之地，最终也只能将其作为内涵不确定且太过笼统的独立民事权利看待时，为什么我们不直接认为"股权就是股权"，"股权是一种新型的私法权利"，② 股权就是一种商事权利呢？作为商事权利的股权在权利特征上无限接近特定民事权利的特征，但只是接近，并不雷同，亦如民法主体制度、所有权制度、债权制度为商事主体资格的确定以及商事交易的进行提供一种基础规定，③ 很多商法制度是民事制度在商法领域的一种延伸，而非民法制度本身。学者们之所以没有跳出民事权利体系框架，原因就是我们商法基础理论研究的薄弱，而其中最为明显的弱点和缺陷就是商事权利理论研究，鲜少学者对商事权利、商事基本权利以及商事具体权利展开论述。④ 好在有学者已经意识到商法基础理论研究中的这种缺憾，并提出应以商事权利类型体系构建商事权利理论体系，从而促进商事基础理论的创新与发展。⑤ 笔者以为，确认股权乃商事权利的本质应该是对股权的最恰当解读，将股权纳入商事权利体系进而推动商事总则的创建既是商法学科自身获得发展的契机，更有利于商法学者对它的研析。

当然，每个时代的学说都会受其时代背景的影响，每个学者的主张也会受其理论偏好的感染，所以笔者以为曾经出现过的关于股权性质的任何一个主张都有其时代进步意义，对其进行的详细梳理与简单评析，旨在帮助我们更清晰地认识股权属性的相关理论而非论其好坏，同时也借助前辈

---

① 参见马俊驹前辈 2006 年 4 月 6 日在西南政法大学所作《关于人格权基础理论问题的探讨》的讲座，转引自胡大武、张莹《我国有限责任公司股东优先购买权研究——兼论我国公司法的完善》，《学术论坛》2007 年第 5 期，第 150 页。
② 参见王平《也论股权》，《法学评论》2000 年第 4 期，第 76 页。
③ 参见覃有土主编《商法学（第三版）》，高等教育出版社 2012 年版，第 25—26 页。
④ 目前通用教材中，王保树先生在其主编的《商法》里谈到商人之实现营利的请求权，具体包括利益分配请求权、报酬请求权、利息请求权。参见王保树主编《商法》，北京大学出版社 2011 年版，第 88—100 页。
⑤ 参见李建华、麻锐《论商事权利理论体系的构建》，《吉林大学社会科学学报》2014 年第 5 期，第 14 页。

的理论演绎为我们探索股权特征打开一种分析思路。

（二）股权的身份附随性及其在有限责任公司的展开

无论理论探讨将来如何给股权进行定性，在上述关于股权性质的主张中有一个事实获得坚如磐石的认证，即股权是股东所拥有的权利，抑或说股权的权利人就是公司的股东，这一点在现行通用教材关于股权的定义里也获得一致的认可。[①] 如此则笔者所要说明的股权身份附随性跃然纸上，股权身份附随性即股权的享有者必须具备股东资格、拥有股东身份才能享有股权，反过来说，享有股权的人一定要是公司股东。在美国以及加拿大，也有学者认为公司股份不仅仅是一种财产，也创造出一种从技术上可以类比如伙伴关系的个人关联。[②] 也正是因为股权与股东身份这种唇亡齿寒的密切关系，所以在上述诸如股权性质之社员权说、股东地位说、综合权利说尤其是独立民事权利说等主张中，股权之身份附随性屡次被提及。只是笔者无意于股权性质话语体系下论述股权的所谓人身权性质以致陷入某些学者所说的"伪命题"中，[③] 而是从权利主体的视角探讨股权的特性之身份附随性。股权性质解决的是股权的归属问题，目的是为股权寻找其精准的上位概念，而股权特性抑或特征是对诸如权利主体、客体、内容等具体问题展开分析，是对股权的多视角解读，便于我们以发散思维全面认识股权。就股权身份附随性而言，笔者解读的视角乃股权的权利主体。既然享有股权与取得股东资格密切相关，那么股东资格于何时可以取得呢？

---

① 参见王保树主编《商法》，北京大学出版社2011年版，第122页；覃有土主编《商法学》（第三版），高等教育出版社2012年版，第148页；范健主编《商法》（第三版），高等教育出版社、北京大学出版社2007年版，第160页；赵万一主编《商法》（第四版），中国人民大学出版社2013年版，第72页；陈本寒主编《商法新论》，武汉大学出版社2009年版，第208页；施天涛《商法学》（第三版），法律出版社2006年版，第187页；赵旭东主编《公司法学》，高等教育出版社2003年版，第281页；刘俊海著《公司法学》，北京大学出版社2008年版，第121页；雷兴虎主编《公司法学》，北京大学出版社2006年版，第160页；李建伟《公司法学》（第三版），中国人民大学出版社2014年版，第221页。

② See Edwin J. Bradley, Stock Transfer Restriction and Buy-Sell Agreement, CloseCorporation, No. 2 (1969), p. 145; Dennis P. Coates, Share Transfer and Transmission Restrictions in the Close Corporation, U. B. C. Law Review, Vol. 3, No. 3 (1967), p. 100; Dennis J. Barron, Arrangements-validity and Enforcement of Restrictions on Share Transfer and Buy-out Various Types of Restrictions in Ohio, University of Cincinnati Law Review, Vol. 31 (1962), p. 266.

③ 参见周友苏著《新公司法论》，法律出版社2006年版，第232页。

笔者探讨的是有限责任公司股权转让限制问题，则自然在有限责任公司语境下展开关于股东资格取得的分析，以使有限责任公司股权身份附随性能得以详尽地展现。

一位学者将股东资格的取得比喻为经过漫长里程的动车组，只有如约而至每一站，终点方能行使股东权利。[①] 理想是美好的而现实却是无情的，意欲取得股东资格的特定主体也许没有搭上准点的动车组而是挤上经常晚点的快车，这必将会使其股东资格的取得磕磕绊绊，而现实中由于证明股东获得股东资格的不同证据之间经常出现矛盾冲突致使学界以及实务界因此形成关于确定股东资格的不同判断标准更是使股东资格是否取得的判断异常复杂与艰难。所以我们要想相对准确判断有限责任公司股东资格的获取就必须首先来梳理有关确定股东资格的三种既彼此区别又从相互补充的判断标准。第一，意思主义标准，这类标准重视个体意思表示在股东资格确定中的重要意义，即应该从探求表意人的真实意思出发来判断其是否有获得股东资格的内心意思，只有如此才能真正维护表意人的利益。[②] 第二，表示主义标准，与意思主义标准相对，表示主义标准强调股东资格的外在表征在股东资格确定中的决定性作用，如此善意第三人的利益在有关股东资格纠纷中就能获得更好的保护。[③] 第三，折中标准，即取得股东资格既要满足实质条件也要满足形式条件，其中实质条件主要是指股东出资、签署公司章程等，形式条件主要是指记载公司股东身份信息的相关文件上有特定股东信息的记载，如公司章程、股东名册、出资证明书以及工

[①] 参见税斌《在表象与事实之间：股东资格确定的模式选择》，《法学杂志》2010年第1期，第90页。

[②] 北京市高级人民法院认为，"有限责任公司股东资格的确认，涉及实际出资额、股权转让合同、公司章程、股东名册、出资证明书、工商登记等。确认股东资格应当综合考虑多种因素，在具体案件中对事实证据的审查认定，应当根据当事人具体实施民事行为的真实意思表示，选择确认股东资格的标准"。参见北京市高级人民法院《关于审理公司纠纷案件若干问题的指导意见（试行）》（2004年2月9日）。

[③] 参见郭富青《论股权善意取得的依据与法律适用》，《甘肃政法学院学报》2013年第4期，第13页；姚明斌《有限公司股权善意取得的法律构成》，《政治与法律》2012年第8期，第84页。

商行政管理机关的登记等。① 意思主义、表示主义以及折中主义呈现出各自不同的立场以及不同的利益考量，意思主义强调取得股东资格乃个体行为而非团体行为，则个体之意思表示是其是否获得股东资格的判断标准，故意思主义着重保护的是意思表示人的个体利益。表示主义强调商事外观主义在是否获取股东资格之判断问题中的适用，也即在与第三人的交易中涉及股东资格是否取得的纠纷中，公司章程、股东花名册等文件记载决定就股东资格的获取所进行的判断，而真实情形则在所不问，所以表示主义强调对善意第三人利益的保护。折中主义注意到纯粹的意思主义或者表示主义在相关主体利益维护问题上总有偏袒，有失法律之公允，于是将有关确定股东资格的众多相关因素进行实质条件与形式条件之划分，并将不同的条件适用于不同场合所发生的纠纷，也即在公司内部出现股东资格纠纷时，显然应该适用实质条件判断标准，对于涉及第三人的股东资格纠纷则适用形式条件标准。折中观点坚持一切从实际出发，具体问题具体分析，彰显出一种利益兼顾的价值取向，相比于单纯的意思主义以及表示主义而言，司法裁判适用折中主义显然更加妥当、更加具有合理性。然而，表示主义也好，折中标准也罢，这些观点在一定程度上没有能够区分权利与权利之表征，而是将两者进行糅杂，于是以没能厘清权利与权利表征为思路导向的取得股东资格需要具备哪些条件的问题就与股东资格是否取得的判断问题混为一谈了。而事实上权利与权利之表征不是没有差异，取得股东资格的条件与判断股东资格是否取得的外部表象存在重大差别。以著作权法著作权归属判断为例，通说认为作者应该是对作品进行实际创作的人，也即进行创作是判断特定主体是否为该作品作者的决定条件，然而特定主体是否进行实际创作的判断实属复杂，所以一般情形下，我们判断作品作者的方式是直接看作品上的署名，即作品上署名是谁则谁是作者，反之则不是。但这并不意味着我们对于实际进行创作是成为作者的条件的否认。只有厘清权利与权利表征之间的这种看似模糊的关系，才能拨开取得股东资格需要众多条件之云雾，乃见取得股东资格条件之真实面目。笔者以

---

① 参见范健《商法教学案例》，法律出版社 2004 年版，第 71 页；马强《有限责任公司股东资格认定及相关纠纷处理》，《法律适用》2010 年第 12 期，第 78 页；王成勇、陈广秀《隐名股东资格认定若干问题探析》，《法律适用》2004 年第 7 期，第 63 页。

为，就有限责任公司而言，股东资格的取得需要满足两个条件：一是出资条件，包括实际出资或承诺出资，这是有限责任公司的资合性所决定的；二是特定主体之合意，此处特定主体既包括股东也包含公司，股东合意源自有限责任公司的人合性，公司合意源自公司独立法律地位，其中公司独立法律地位将在本节第三个问题中进行论述，接下来言及特定主体之合意仅指称股东合意。

实际出资或承诺出资。要判断一个主体是否能够取得股东资格，首先必须考量该主体有无成为该公司股东的真实意愿，[①] 而笔者以为出资（包含实际出资或承诺出资，以下同）所呈现出的个体行为特性则是当仁不让地成为出资人是否想成为公司股东之真实意愿的表达。首先，出资是有限责任公司得以成立的经济基础。没有出资，有限责任公司就无法成立。尽管 2013 年新修正的《公司法》以及修正后于 2014 年施行的《公司注册资本登记管理规定》均不再对公司最低注册资本额进行限定，但是这并不意味着设立公司就不需要出资，新规定引发的现实生活中"一元钱注册公司"的想法与做法更是对现行法律规定关于公司出资相关内容的一种误解。在笔者看来，此次关于公司注册资本的修改显示出以下的进步性。第一，新规定是一种更加务实而又合理的做法。修正前的《公司法》要求有限责任公司注册资本最低限额是 3 万元人民币，而且要求股东的货币出资金额不得低于公司注册资本的 30%，针对公司资本的分期缴纳问题还提出了资本缴足的总计年限以及首次缴纳金额占整个注册资本的比例之要求。修正后的《公司法》只是规定全体股东认缴之出资额乃有限责任公司的设立条件之一，没有对上述有关数字再作规定。这种规定着眼于经济发展现实与公司发展之实际需要所以更务实更合理，对于特定有限责任公司而言，3 万元的注册资本是远远不够的，而对于另外一些有限责任公司而言，3 万元的注册资本在公司创立之初就需要投进公司对资本来说可能是一种闲置的浪费。有的公司尤其是科技类型的公司，知识产权入股可能比投入公司的现金对公司来说更加至关重要，而有些有限责任公司则会选择将其注册资本全部货币化。分期缴纳出资的年限以及由此缴纳出资

[①] 参见胡晓静《有限责任公司股东资格确认标准的思考》，《国家检察官学院学报》2012 年第 3 期，第 145—150 页。

所占整个注册资本的比例自然也是因公司而异。老规定无视公司实际经营成本所存在的差异而对公司资本提出僵化性的要求,这不利于公司的成长。新规定正视经济发展现实,在反思原有规定不足以应对各种公司实际之需的基础之上就公司注册资本要求做出调整,这种做法毋庸置疑更加务实也更加合理。第二,新规定继续演绎其对资产信用的坚持和贯彻。注册资本是静止的而公司资产是动态的,在特定的时候,表示注册资本的数字可能低于、等于或者高于公司资产之实际数额,但是无论资本与资产之间呈现出一种什么样的交互关系,公司对外承担责任的基础是其全部的资产而非资本。当然这并非意味公司资本不重要,没有资本,公司无法运转,公司无法运转就不会有盈亏,公司资产就成为无源之水无本之木。其实《公司法》坚持和贯彻资产信用的理念早在 2005 年《公司法》进行第三次修订的时候即已显露。① 第三,新规定是在协调自由与强制的关系中对自由的一种凸显。根据权利与义务的刚性程度,公司法规范可以被分为强制性规范、赋权性规范以及补充性规范,其中强制性规范适应监管要求,赋权性规范以及补充性规范适应自由要求。老规定关于公司注册资本的要求显然属于强制性规范,新规定只是要求有公司股东认缴的出资额而对数额本身、特定比例以及分期缴纳时间不作要求显然是为公司设立预留更多的自由空间。第四,新规定是对市场经济之市场基础调节作用的回应。市场经济是法制经济,市场主体在市场中的一切活动应该由法律来进行规制,但无论如何,市场经济的本质是遵循市场在资源配中的基础调节作用,将出资额的多少以及如何出资交由市场决定显然是对市场经济条件下市场调节之基础作用的认可和贯彻。新规定显示的进步性并不会抹杀出资在公司设立中的关键性作用,由市场决定的出资之多或者少也不会显示出资作用的重与轻,公司创立之初对资本的较低要求并不意味着有主体不用

---

① 我国 2005 年《公司法》第 15 条规定:"公司可以向其他企业投资;但是,除法律另有规定外,不得成为对所投资企业的债务承担连带责任的出资人。"第 16 条规定:"公司向其他企业投资或者为他人提供担保,按照公司章程的规定,由董事会或者股东会、股东大会决议;公司章程对投资或者担保的总额及单项投资或者担保的数额有限额规定的,不得超过规定的限额。"第 149 条规定:"董事、高级管理人员不得有下列行为:……违反公司章程的规定,未经股东会、股东大会同意或者董事会同意,将公司资金借贷给他人或者以公司资产为他人提供担保……"赵旭东先生认为,这说明人们从公司资本信用的迷雾中清醒,意识到只有公司资产才是公司信用的基础。参见赵旭东主编《新公司法讲义》,人民法院出版社 2005 年版,第 88—94 页。

出资就可以成为公司股东，没有实缴并不等于不缴纳，认缴同样说明股东资格的取得建立在出资基础之上。其次，出资对于有限责任公司的运转有重大意义。在有限责任公司创立之初，股东的出资为有限责任公司对外交易提供坚实的物质基础，没有股东的出资，有限责任公司就无法在对外交易事务上施展拳脚。有限责任公司属于企业法人，公司意思的表达有赖于公司机关意思的形成，而公司机关在形成自己的决议时一般采取的是资本多数决，可见没有股东的出资，建立在出资基础上的资本决难以发挥作用，则公司也就无法有序运转。股东的出资还是股东分取红利、认缴出资时的一种依据。在全体股东没有其他约定时，股东按照实缴出资比例分配股利、认缴公司意欲增加的资本。可见，出资之于有限责任公司的不可或缺性。最后，有限责任公司及股东责任的承担由股东出资决定。有限责任公司以其全部资产对外承担责任，股东则以其投资额为限对公司承担责任，这是有限责任公司区别于传统人合性企业的一个根本性特点。没有股东的出资，则公司资产无法积累；没有股东的出资，则难以想象股东承担有限责任之限度的确定。当被誉为近代伟大发明之有限责任难以甚或无法在有限责任公司展开时，则因为出资而引发的制度变革带来的社会震动难以预料。所以股东有限责任的承担与其出资密切相关，股东出资即股东承担有限责任的前提，或者说股东所承担的有限责任实质就是股东按照认缴的出资额向公司缴纳出资。综上观之，出资作为取得股东资格的先决条件之一不是笔者主观上的一厢情愿，而是与有限责任公司的资合性密切相关的。[1]

一人公司单独股东的同意或者非一人公司团体合意的形成。一人有限责任公司语境下，股权全部转让往往涉及的是公司整体营业的转让，此时一人公司之转让往往是转让双方形成合意的结果。如果有人通过受让部分股权加入曾经的一人有限责任公司则需要取得原股东之同意，就

---

[1] 可能有人注意到，股权是可以赠与的，而此时的受赠方就不需要出资，但可以取得股权。笔者以为，这只是出资主体的不同，而出资主体的不同不能理解为取得股权不需要出资，此时受赠方不是不需要出资就获得股权，而是赠与方已经替受赠方进行了出资。出资表述的是投资方与被投资主体——公司之间的关系，在股权赠与的情况下，受赠方的无偿获取行为对应的主体是赠与方，而非作为被投资的公司，在股权受赠方与公司之间，受赠方所获取的股权是以其他主体已经替受赠方出资为前提。

这一点而言，新股东加入公司必须取得老股东之同意对于任何公司都是适用的，不同的只是表示同意的人数。股权部分转让的情形下，原来的一人有限责任公司也变成非一人有限责任公司。基于一人有限责任公司并非典型有限责任公司组织形式之现实，笔者强调有限责任公司股东资格取得之条件时主要着眼于非一人有限责任公司之运营实际，所以笔者接下来将在非一人有限责任公司语境下探讨团体合意之于股东资格取得的重要意义，而不再分析一人有限责任公司股权转让的同意情形，所以提及有限责任公司股东资格取得只言及团体合意问题。那么何谓股东资格之团体合意？简单说即投资者作出出资承诺，公司其他股东认可并接受该股东通过出资方式加入公司成为股东的意思表示，从而构成其他股东接受出资人成为公司股东的合意。① 也即投资者的单纯出资行为并不能使其取得股东资格，获得其他股东认可是投资者获得股东资格的另一先决条件。如果说出资是特定主体取得股东资格之条件是由有限责任公司的资合性所决定的，那么获得公司其他股东认可作为特定主体取得股东资格的条件则是由公司的人合性或者说团体性所决定的。当然如果在公司设立阶段，已有的公司发起设立者形成较为封闭的团队，此时有其他特定主体意欲出资并期盼公司成立之后成为公司股东，此时也需要一种合意，只是此时公司还未成立，称之为其他股东之合意并不准确，称之为其他投资者之合意比较合理。但事实上不同阶段之团体合意对于维护公司人合性之目标是一致的。除非有内容或者程序上的差异，笔者一般不对公司设立阶段之合意进行单独分析。

---

① 有学者认为团体合意形成中应该是公司而不是其他股东认可投资者的投资承诺，原因是股东资格是相对于公司的特殊身份而言，在观念上应该承认公司与股东存在某种出资协议。也有学者认为团体合意形成中应该是其他股东而不是公司接受出资者的出资承诺，原因是公司认同意味着资本多数决的实施，而资本多数决所形成的股东会决议往往代表的是公司大股东的意志，而并非全体股东或者绝大多数其他股东的一致同意，这不符合有限责任公司人合性特征。笔者以为上述两种观点都有一定的合理性，只是观点所确立的理论基础不同。基于有限责任公司的人合性，是否接纳出资人成为公司股东应该考虑的是其他股东的合意，并且这种接受对于出资人能否成为公司股东具有决定性的实质意义；基于有限责任公司的独立法律地位，公司确认股东资格就是公司的应有权利，公司确认在出资人成为公司股东问题上同样具有实质意义。参见叶林《公司股东出资义务研究》，《河南社会科学》2008年第4期，第119页；胡晓静《有限责任公司股东资格确认标准的思考》，《国家检察官学院学报》2012年第3期，第147—150页。

可以说，有限责任公司自诞生伊始就以其不同于股份有限公司之人合特征而活跃于各国经济舞台，而这一人合性特征更是渗透进有限责任公司的许多制度之中，股东资格的取得便是其中典型的例子。正如有学者所言，会否成为公司股东首先依赖于出资人的个人意愿，可是能否成为公司的股东还必须获得其他股东的同意与认可。[①] 相关司法解释其实也彰显了团体合意对于股东资格之取得的重要作用。[②] 确认团体合意乃出资人成为公司股东的另一先决条件之后，对于出资人来说其迫切想要知悉的问题莫过于团体合意在什么时候通过什么方式形成，因为这毕竟关涉其股东资格的取得以及主体身份的变换。笔者以为，就合意形成方式而言，可以是其他股东接受出资人成为公司股东的明确意思表示，也可以通过出资人以及其他股东的具体行为来判断合意是否形成。如果存在其他股东接受出资人成为公司股东的明确意思表示，比如其他股东表示接受的书面文件或者口头承诺，或者是其他股东与出资人签署的出资协议，无论上述哪种情形都足以证明其他股东接受出资人成为公司成员之团体合意的形成。然而当不存在上述明示意思表示时，并非表示其他股东之团体合意就无法形成，现实中往往出现这样一种情形，其他股东还未就出资人的出资作出明确接受的意思表示，但是出资者本人实际上已经以公司股东的身份参与公司的经营管理活动，而其他股东知悉且不反对出资者的这类行为，此时则可以认定其他股东以默认的方式形成接受该出资者成为公司股东的合意。就合意形成的时间而言，笔者以为可以是出资承诺与接受出资承诺同时发生，也可以是出资前形成合意，还可以是出资后形成合意。出资承诺与接受出资承诺同时发生应该是团体合意形成之常态，往往是其他股东与出资者之间就出资成为公司股东问题达成一致约定。毕竟对于出资者来说，先行出资而等待其他股东形成合意，等待时间之长短不确定且合意形成也不确定，这很容易导致投资者错失其他投资机会，所以作为出资者而言其在出资之前往往会选择与

[①] 参见胡晓静《有限责任公司股东资格确认标准的思考》，《国家检察官学院学报》2012年第3期，第147页。

[②] 《最高人民法院关于适用〈中华人民共和国公司法〉若干问题的规定（三）》第24条第3款规定："实际出资人未经公司其他股东半数以上同意，请求公司变更股东、签发出资证明书、记载于股东名册、记载于公司章程并办理公司登记机关登记的，人民法院不予支持。"

其他股东进行沟通，希望获得其他股东的认可并接受，而相关主体之协议经常会是这种沟通的结果。出资前形成合意则往往表示公司其他股东对于潜在投资人热诚地抛出加入其团队的橄榄枝，股东没有实际缴资也还没有承诺缴资，其他股东事先给出一个接受某人成为公司股东的概括性表示，诸如"只要某某出资则可接受其成为我公司股东"或者"只要某某出资多少多少则可接受其成为我公司股东"之表示。出资后形成合意往往涉及股权归属纠纷的解决，其他股东以追认方式认可该出资者的股东资格。无论什么时候形成合意，合意本身并不存在本质的区别，不同时间点的团体合意在认可接纳出资者作为公司股东的效果上是相同的。然而如果团体合意形成的时间不是公司成立之后，而是在公司设立阶段，则前述两种不同情况下形成合意之人数要求存在差异。如果出资人是在公司设立时期向公司进行出资，就需要获得其他全体股东的一致认同，这是由公司设立者之间的设立契约所隐含的"全体合意"所决定的；如果出资者是在公司成立之后出资，则至少需要获得过半数的其他股东的认同，这是比照适用《公司法》关于股权转让程序以实现立法逻辑之一致性而确定的团体合意之人数要求。① 笔者赞同上述观点，但是对观点后半部分比照类推适用有限责任公司股权转让规定之原因有所保留。设立者对公司的设立问题达成一致意见乃不同主体共同投资设立有限责任公司的客观也是必然要求，因为作为法人团体的有限责任公司在设立阶段并不存在，在设立者达成设立协议之前，每个设立者的行为不仅是单独的而且是自由的，在公司设立阶段谁都没有强迫其他人同意自己决定的权利，谁也没有要附随别人甚至绝大多数人决定的义务，"道不同，不相为谋"，设立人完全有权选择放弃与其他投资者共同投资设立公司的目标。所以，在公司设立阶段，团体合意即意味着除特定出资者之外的其他全部投资者就特定出资者的出资行为一致表示接受，这种接受的后果就是公司成立之后，特定出资人成为公司股东。公司成立之后，股权转让会引发股东资格确认问题，股东转让股权也会影响到公司的人合特性，但同时也要考虑有限责任公司的资合特性尤其是资本

---

① 参见胡晓静《有限责任公司股东资格确认标准的思考》，《国家检察官学院学报》2012年第3期，第148页。

的流动特征，所以此时的团体合意不宜坚持公司设立阶段的全体一致同意之要求。而纵览公司法上有关表决人数的规定，要么是过半数，要么是半数以上，所以公司成立之后团体合意形成之人数要求应该在半数以上与过半数之间作出选择。无论是采用过半数之规定还是采用半数以上之规定，笔者以为必须要考虑现行法律规定之逻辑一致性。目前关于团体合意形成之人数要求呈现出不同规定，《公司法》在股权转让问题上采过半数要求，而《公司法司法解释三》则在承认实际出资人问题时采半数以上规定，过半数与半数以上也许在实际人数对比上差别甚微，然而在解决具体问题时也许引发的将是截然不同的法律后果，所以是采半数以上之人数要求还是采过半数之人数要求还需做深层次论证。如果仅仅是追求法律规定之逻辑一致性，则可以选择确定一个数字要求然后修改相关法律规定以达到法律规定的统一，然而这个做法看似简单却实属非常不易，因为法律规定有极强的稳定性，非一朝一夕就可修改。既然法律规定逻辑一致性之考虑并不能解决公司成立后团体合意采用哪种人数决的问题，我们就需要对相关规定作进一步解读。《公司法司法解释三》针对的是实际出资人股东资格的确定问题，《公司法》第71条针对的是公司股权转让问题，这两种情形有一个细微的差别，前者涉及确定股东资格的主体已经实际出资，且其实际出资对于公司的经营发展来说已经发挥了资本应该发挥的作用，特定主体股东资格的取得就差团体合意的形成；后者涉及股东资格取得的特定主体即使获得团体合意也不一定能取得股东资格。所以于前者，法律规定更多考虑的是实际出资人的利益维护而对于团体合意提出一个较低的人数要求，后者在受让人利益与有限责任公司人合性维持上，法律规定更倾向于维护公司之人合性，所以提出更高的团队合意之人数要求，毕竟此时的受让方之于公司没有实际作出贡献，对于其他股东而言，受让人是陌生的第三方，而实际出资人对于公司已经发挥相应的作用，对于其他股东而言，实际出资人其实是陌生的"熟悉人"。如此分析，则会发现现存法律规定并非简单追求逻辑的一致性而否认具体问题所存在的差异，既然具体问题具体分析，则公司成立之后团队合意形成之人数要求的不同规定都有其合理性，鉴于股权转让时团体合意形成之人数要求已经由法律明确固定为过半数，所以有限责任公司语境下取得股东资格之团队合意的形成应该采过半数之人数要求为妥。

综上所述，拥有股权的主体一定是股东，只有股东基于其股东身份才能拥有股权，而股东身份的取得离不开出资以及团体合意的形成，也正是取得股东身份需要团体合意的形成决定了股权转让引发的新股东的加入需要获得公司其他股东的认可与接受，而这种认可与接受不仅仅表现为股权对外转让中其他股东同意权的行使，也包括其他股东优先购买权的行使。所以有限责任公司股权对外流转受限制乃有限责任公司股权身份附随性的应有之义，股权身份附随性一定程度上说明股权对外转让之天生受限性。当然股东资格的获取之所以需要有团队合意的形成也是但不完全基于有限责任公司的人合性，毕竟公司设立阶段不存在公司法人所以不存在实际上的有限责任公司的人合性，只存在观念上的有限责任公司的人合性，从这一点来说，有限责任公司股权转让受限制公司法学理论基础之有限责任公司股权身份附随性与有限责任公司人合性理论基础一脉相承，同时又存在差异，两者共同夯实有限责任公司股权转让限制的公司法学理论根基。

三　有限责任公司之独立法律地位决定其股权转让受限制

如果说有限责任公司人合性会因为股东的不作为而事实上没有限制到股权转让而使股权转让限制呈现柔性一面的话，那么不可抛弃的有限责任公司法律地位之独立性决定股权转让限制的刚性存在。

(一) 有限责任公司独立法律地位的确立

有限责任公司自诞生以来就以法人姿态自居，而法人组织区别于非法人组织的本质特征就在于法人的独立性。[①] 但是有限责任公司以及股份有限公司的独立性却承受着重重考验，从世界范围来看，公司经历着从作为股东实现其投资利益的工具甚至政治工具到需要承担社会责任的主体之法律地位的转变；从我国范围来看，有限责任公司则逐渐摆脱计划经济时期的政企不分，走向拥有独立法人地位的市场经济时代。

1. 从营利工具到企业社会责任的承担

通过发行股份将分散的资本集中起来开展经营活动的经济现象可以

[①] 参见魏振瀛主编《民法》，北京大学出版社、高等教育出版社1999年版，第70页。

追溯到几千年前的古希腊、古罗马社会，但直到 15—17 世纪，股份经济才真正获得发展。一批由政府特许、商人组成的主要开展海外贸易的商业公司陆续成立。① 成立于 1602 年并负载政治使命的荷兰东印度公司便是当时涌现的历史上最早的以公司命名的企业组织。② 这些公司除了在海外大肆敛财，还发挥着帝国主义征服世界的工具的作用。所以公司产生伊始，其根本不具有独立主体地位。政治色彩逐渐褪去的公司慢慢走向独立，但是依然摆脱不了投资者赚钱工具的附属地位。③ 营利乃公司的天性或者本性便是对公司作为赚钱机器之作用的最好诠释。直到 1924 年美国学者谢尔顿提出"公司的社会责任"概念，④ 公司作为社会主体的角色身份才逐渐为人们所重视。笔者以为公司社会责任观点在一定程度上是对公司营利性特征的制约与削弱，同时也是对公司独立主体地位的彰显，这是作为法人的公司之独立法律地位的一种回归。

假设姑且不探究公司的雏形与历史，仅凭借公司在当代社会的功用，我们可以大胆地将公司形容为市场经济的基本细胞，一如家庭是人类社会的基本元素。⑤ 这便是西方学者所指称的法人本质之"有机体说"。也即，不论立于公司外部的国家、社会、供应商、消费者抑或包含于公司内部的股东、管理人员、职工都将公司视为独立的客观存在且与其形成不尽一致的关系。在法治社会里，公司与自然人相同，都是一种普遍的客观存在。⑥ 公司是社会的细胞，公司应该做一个有道德有责任感的"人"。⑦ 只有承认公司人格之独立法律地位，作为一种客观存在的公司才需要承担属于社会基本单元应该承担的社会责任。尽管有学

---

① 参见佚名《世界上最早的股份公司》，《中国农业会计》1994 年第 11 期，第 8 页。
② 参见［英］约翰·米克勒斯维特、阿德里安·伍尔德里奇《公司的历史》，夏荷立译，安徽人民出版社 2012 年版，第 1—2 页。
③ 参见赵旭东主编《新公司法讲义》，人民法院出版社 2005 年版，第 5 页。
④ 参见周友苏、张虹《反思与超越：公司社会责任诠释》，《政法论坛》2009 年第 1 期，第 58 页。
⑤ See J. Dean, Directing Public Companies: Company Law & the Stakeholder Society, Cavendish Ltd, 2001, p.4.
⑥ 参见吴越《公司人格本质与社会责任的三种维度》，《政法论坛》2007 年第 6 期，第 59 页。
⑦ 参见傅穹《公司社会责任的法律迷思与规制路径》，《社会科学战线》2010 年第 1 期，第 208 页。

者就公司社会责任提出质疑或者否定，但这只是公司自我独立道路上所出现的一种曲折，而这种曲折并不会阻碍公司走向独立的发展方向。

2. 从政企不分到公司拥有独立法人地位

现代各国基本都确认了公司独立的法人地位，但是脱胎于计划经济时期国有大中型企业的我国公司却经历了艰难的独立之路。新中国成立之后百废待兴，国家通过民族资本的改造与官僚资本的没收实现企业的全民所有与集体所有制，加上苏联模式的影响，我国很快就陷入政企不分的境地。① 一方面，政府对企业实行"包办式"的管理，政府是企业所有权者、企业经营者的同时还是社会管理者；另一方面，企业办社会，企业承载了本由政府承担的部分社会管理职能。政企不分模糊了行政权力与企业权利的边界，企业无法厘清自己的权利边界也就难以建立起与其权利相对应的责任机制，作为独立主体地位之基本条件的权利与责任边界无法解析，企业之独立主体地位自然无从说起。政企不分表现为行政权力触角延伸到企业经营发展的每一个角落，政府行政权力意识之强化必然压缩企业权利意识之生成与加强，缺失权利意识之企业独立人格自然难以形塑。而且行政权力的过度膨胀，使作为经济主体之企业打上深深的行政烙印，企业出现行政化管理的同时也必然出现行政化定位，作为经济组织之企业被涂抹上浓厚的行政色彩，则企业独立性地位建立的可能性就是微乎其微。政府加强对企业的行政控制，企业在行政权力干预之下缺失独立自主性，反而更加依赖政府。政企不分陷入一种恶性循环，这极不利于企业独立地位的形成，也不利于企业的经营发展。

随着我国市场经济体制的建立，企业的独立市场主体地位逐渐获得重视，2001 年中国加入 WTO 更是对政企分开提出迫切的要求。2005年，当时修正的我国《公司法》正式确认公司的独立法人地位。② 这一立法新主张使公司从此走向独立经营自主发展的光明之路。

---

① 参见张义忠《政企不分对国有企业独立法人人格塑造的负面影响》，《河北法学》2003 年第 3 期，第 141 页。

② 我国《公司法》第 3 条明确规定："公司是企业法人，有独立的法人财产，享有法人财产权。公司以其全部财产对公司的债务承担责任。"

尽管公司独立法律地位的确立之路艰难曲折甚至险象环生，但是公司独立法律地位的确立却是经济发展的必然。法律无意创设公司的独立法律地位，而是以历史实践为基础形成对该公司法律人格的一种确认。[①] 这是对公司独立法律地位本来面貌的一种还原。

（二）有限责任公司独立法律地位的体现

民法上的主体几乎都有一个共同的称呼"人"，而有限责任公司是其中的法人，尽管区别于有血有肉有器官的自然人，但这丝毫不影响公司的独立主体地位。有限责任公司之所以能成就其独立法律地位就在于其拥有独立的名称、独立的意思表示、独立的财产以及独立的责任。[②]

1. 有限责任公司拥有独立的名称

公司名称之于公司就如同姓名之于自然人，公司在经营活动中正是通过其名称将自己与其他企业区分开来，并且将公司经营信誉积淀于名称上。我国《企业名称登记管理规定》就公司名称的选取、登记进行了具体规定。并且法律规定赋予特定主体对经过登记之公司名称以名称权利，这种权利体现为权利人对公司名称享有与使用上的专有性，即公司名称一经登记，商业名称权人就对其商业名称拥有排他性的使用权利，未经权利人许可，他人不得使用权利人已经登记的商业名称，否则将可能构成对权利人权利之侵害。

2. 有限责任公司拥有独立的意思表示

意思表示是民事法律行为的核心要素，对民事法律行为的效力会产生重要的影响。公司独立地参加各种经济活动，其实质就是公司将自己的意思独立表达出来并为自己设定各种权利义务的过程。有学者认为公司能独立地进行意思表示是公司人格的本质要素，[③] 可见独立意思表示对于公司拥有独立法律地位之重要性。鉴于公司的法人属性，其意思表示与自然人的意思表示也有所区别，但这并不妨碍公司独立意思表示之

---

① 参见王建文、范健《论公司独立人格的内在依据与制度需求》，《当代法学》2006年第5期，第19页。

② 参见宋才发《法人主体资格认定的法律探讨》，《华中师范大学学报》（人文社会科学版）1998年第4期，第21页。

③ 参见王建文、范健《论公司财产独立的价值及其法律维护》，《南京大学学报》（哲学·人文科学·社会科学版）2006年第5期，第60页。

形成。意思表示可以分解为意思与表示，这就意味着公司首先必须形成自己的独立意思，这种意思是股东共同意志的体现但又不同于股东的共同意志，而是公司独立生成的自主意志。① 公司要形成自己的独立意思就必须有独立的意思形成机关——股东会以及董事会，也即股东会决议以及董事会决议其实就是公司的意思。其次，公司得将自己的独立意思表达出来就要依赖公司的意思表达机关——法定代表人，② 也即作为公司机关的董事长、执行董事或者经理所作出的意思表示通常是公司的意思表示。意思形成机关形成公司意思是意思表达机关表达公司意思的前提和基础，没有公司意思之形成就没有公司意思之表达，但是并不排除在特定情形下意思表达机关先进行公司意思表示然后才有公司意思形成机关之追认的特殊情形。公司意思形成机关也会在公司内部将有关公司意思进行表达。正是如此，有学者将公司的意思表示分为内部意思表示与外部意思表示，并进而主张股东会决议、董事会决议都可以作为公司内部意思表示，而该公司外部意思表示则通常由公司的法定代表人或者代理人作出。③

无论如何，公司股东会、董事会就如同公司的器官，他们作为公司法人有机体的组成部分在公司独立意思表示中发挥着关键性作用。所以从这个角度来讲，公司机关一定要保持独立，公司机关并非某一个股东或某一个其他特定主体本身，而是一种组织机构。尽管公司意思来源于公司股东以及董事的意思，但这绝不意味着公司机关的意思就是公司单个成员之意思抑或公司股东、董事之意思的简单叠加。公司意思也不等于公司法定代表人自己作为自然人民事主体的意思。所以公司机关的独立性以及决策规则的科学性是公司独立意思表示的一种保障。

3. 有限责任公司拥有独立的财产

公司拥有独立的财产是公司作为独立主体的重要前提，只有经济上

---

① 参见王建文、范健《论公司财产独立的价值及其法律维护》，《南京大学学报》（哲学·人文科学·社会科学版）2006年第5期，第55页。

② 我国《公司法》第13条规定："公司法定代表人依照公司章程的规定，由董事长、执行董事或者经理担任，并依法登记。公司法定代表人变更，应当办理变更登记。"

③ 参见石纪虎《法人意思表示的区分、本质及其瑕疵》，《重庆社会科学》2008年第9期，第61—63页。

独立才意味着真正意义上的公司独立。在我国，公司财产权问题一直与股权的属性问题互相胶着，公司的财产权也长期笼罩在股东所有权的阴影之下而得不到承认，财产权属不清也严重影响着公司的经营发展。2005年修正的《公司法》明确树立了法人财产权观念，确认公司对公司财产享有法人财产权。尽管学界针对法人财产权的性质还存在争议，但包含所有权在内的"综合权说"无疑显示出公司对公司财产的绝对掌控权利。①

公司财产可以分为公司成立时的财产以及公司成立之后的财产，前者的构成就是公司股东的投资，在数额上应该等同于公司章程确定的公司注册资本，后者则包括股东投入公司的财产部分以及公司经营收益部分。就前者而言，股东一旦投资就失去该部分财产的权利，该部分财产的权利转而由公司拥有；就后者而言，公司以自己的名义开展经营并有所收益，收益部分自然应该归公司所得。

有限责任公司财产独立是公司独立法律地位的体现，也是市场经济发展的客观要求。市场经济背景下，作为市场主体的公司必须拥有独立的财产以及独立的财产权，只有如此公司才能取得市场主体之法律资格，有了与相对方交换的财产才有权利签订协议去参与市场交换活动以及借贷活动。② 而且公司拥有独立的财产以及独立的财产权就意味着公司拥有能够独立承担责任的基础。

4. 有限责任公司能够独立承担责任

公司得以独立承担责任是公司独立性较为彻底的体现。③ 然而提及公司有限责任就必然提及股东有限责任，有学者主张正是股东有限责任的诞生推动公司独立责任的承担④。笔者以为这个观点是对公司独立责任与股东有限责任之原本关系的揭橥。

有限责任意指股东仅仅以其出资额为限向公司承担责任，也就是说，股东按照公司章程履行完毕自己的缴资义务之后不再对公司债务承担责

---

① 参见赵旭东主编《新公司法讲义》，人民法院出版社2005年版，第7—8页。
② 参见江春《产权改革、市场主体与市场规则》，《经济评论》1999年第4期，第41页。
③ 参见赵旭东主编《新公司法讲义》，人民法院出版社2005年版，第7—9页。
④ 参见虞政平《法人独立责任质疑》，《中国法学》2001年第1期，第126页。

任，如果股东没有履行或者没有全面履行公司章程所确定的出资义务时，债权人可请求该股东在未出资本息范围内对公司债务不能清偿部分承担补充责任。正是这种承担责任的形式使我们对股东有限责任出现两种理解，一种理解为股东只对该公司负责而不对公司债权人负责，[①] 另一种理解为股东在其出资额限度内对公司债务负责。[②] 笔者以为这两种观点均有其合理性，并不存在正误之分，只是就强调点不同而言，前者强调股东对公司的出资义务，所以股东只对公司负责，与该观点相对应的是公司以其全部财产对公司行为承担责任，公司的这种责任是一种绝对独立的责任，也是一种无限责任；后者凸显股东所投资部分在公司经营发展过程中将可能承担的实际偿债功能，与这种观点对应的是公司对公司行为承担责任，股东在投资额外不对公司债务承担连带责任，此时公司的责任是一种相对独立的责任，也是一种无限责任。

公司最初的形态并不包含有限责任公司而仅包括无限公司以及两合公司，无限公司股东承担的是无限责任而非有限责任，所以无限公司非独立承担责任；两合公司里面有部分股东承担的是有限责任，但余下部分股东承担无限责任注定两合公司依然未能独立承担责任。随着产业革命的完成以及资本主义竞争的加剧，公司需要实现大规模的资本集中，而投资者面对承担无限责任之高风险其投资热情显然无法高涨，所以为了激励投资者的投资热情进而实现公司大规模资本的集中，西欧各国纷纷采取降低股东投资风险的有限责任制度，股东有限责任的承担即意味着公司独立责任的承担，另外，当时资本所有权与经营管理权的分离以及团体主义思想意识也是推动公司独立责任制度得以建立的催化剂。[③] 1804 年《法国商法典》标志着公司独立责任制度的建立，而 1855 年德国《有限责任公司法》则将独立责任制度从股份有限责任公司扩展到有限责任公司从而宣告一个"公司时代"的到来。[④]

---

① 参见赵旭东主编《新公司法讲义》，人民法院出版社 2005 年版，第 39 页。
② 参见秦芳华、王新《公司独立责任制度研究》，《河南省政法管理干部学院学报》2000 年第 5 期，第 17 页。
③ 同上书，第 18 页。
④ 同上。

(三) 有限责任公司之独立性与股权转让限制的关系

于公司股权转让中强调公司的独立地位其意义在于我们不能忽视股权转让可能给公司本身带去的影响尤其是不利影响。如果公司股东的股权转让行为会于公司不利，那么公司是否应该有权将这种潜在的不利因素扼杀在摇篮里，或者说公司能否基于自身利益就股权对外转让进行属于公司自己的意思表示？

笔者以为，从公司的主体地位来看，如果股权转让将会影响到自身利益，公司有就股权转让发表意见的权利。股权是股东基于其股东资格而拥有诸如出席股东会并行使表决权、知情权、建议权以及股利分配权等一系列的权利，在股东所拥有的众多权利中，义务主体都是公司，所以一定程度上可以说股权揭示的是股东与公司之间的关系。[①] 作为义务主体的公司似乎不会因为权利主体权利的转让而遭受某种不利。然而股权的转让不仅仅是权利的让渡，更会带来公司股东的变更，而作为公司股东而言，其不仅仅享有以公司为义务主体的权利，而且股东还需要承担诸如遵守公司章程、不得抽回出资等义务。从受让人将是公司潜在的义务主体而言，因义务主体义务履行关涉公司自身利益，公司应有权利就股权转让发表自己的看法。然而公司发表自己看法必须依赖公司机关，就目前有限责任公司股东会、董事会以及监事会的法定职权来看，似乎没有针对股权转让进行决议或者监督的权利设置，其他股东同意权与优先购买权显然只能代表其他股东的利益而不一定能代表公司的利益。那就是说即便股权转让受让方是潜在的股东，目前《公司法》也没有明确赋予公司就股权转让本身或者股权受让方人选"说三道四"的权利。

从实际情况来看，除受让人成为公司股东在履行对公司义务之时可能对公司利益造成影响之外，股权转让很可能造成公司股权结构发生重大变化甚至形成一股独大由多数股东控制公司的局面，当公司被某一个或几个特定股东所控制，少数股东可能对公司决策失去发言权甚至对公司经营情

[①] 学者李建伟认为股权的义务主体仅限于公司，股权的义务主体一定是公司，个别场合延伸至公司法人机关及其成员如其他股东、管理层等，如股东行使质询权指向公司管理层。参见李建伟著《公司法学》（第三版），中国人民大学出版社2014年版，第229页。

况失去知情权,而公司将会因此随时陷入利益受损的境地。① 所以以公司独立主体地位之名,有限责任公司有权介入公司股权转让,即公司就股权对外转让发表自己的看法,要么针对股权对外转让作出是否同意的意思表示,要么拥有优先购买权利。

实务中有些有限责任公司所制定的股权转让办法都包含公司介入股权对外转让的法律规定,这是对股权转让可能造成公司利益受损的正视与补救办法。② 而且很多国外的立法中也体现出公司在股权对外转让事务上的话语权。③ 在美国,合法的公司目的通常作为股权对外转让限制是否有效的试金石,④ 实务中经常有公司被赋予第一选择权或者由公司受让死亡股东或者失去行为行为能力股东的股份。⑤

综上所述,有限责任公司独立法律地位的确立注定公司股权转让必然

---

① 多数股东也称控股股东或者控制股东,是指能够控制一个公司的股东会或者董事会,从而有权决定一个公司财务和经营管理决策的股东;反之,则为少数股东,少数股东也被称作非控制股东或者非控股股东。参见张学文《有限责任公司股东压制问题研究》,法律出版社 2011 年版,第 15 页。

② 如江苏省南京市某石化工程设计有限责任公司在其公司章程中规定:"公司股东除退休、死亡外,如发生离开本公司的事实,该股东在发生该事实时,其拥有的全部股份由公司经会计师事务所审计后的公司上一年度每股净资产为转让价统一收购,同时其股东资格自然丧失,公司在三个月内安排在职股东购买,在职股东按公司收购价自愿购买。"吴建斌、赵屹《公司设限股权转让效力新解——基于江苏公司纠纷案件裁判的法律经济学分析》,《南京大学法律评论(2009 年春季卷)》,第 106 页;再如湖北武汉华江物业有限公司章程规定:"股权转让出资,应经其他股东一致同意,不同意转让又不接受转让的视为同意转让;股东会是公司的最高权力机构,对股东向股东以外的人转让出资作出决议;股东会议决议需有 2/3 以上职工股东同意方能有效。"中国裁判文书网, http://www.court.gov.cn/zgcpwsw/hub/hbswhszjrmfy/ms/201504/t20150421_7517547.htm,访问时间:2015 年 4 月 21 日。

③ 《日本有限公司法》第 19 条第 2、3 款规定:"股东在将其全部或部分出资额转让给非股东的人的情形下,须取得股东会的同意。在前款的情形下,股东可以记载转让相对人及转让出资份数的书面,向公司提出同意转让,或者在不同意转让时,指定其他转让相对人的请求。"《法国商事公司法》第 45 条第 1、2 款规定:"只有在征得至少代表 3/4 '公司股份'的多数股东同意后,公司股份才转让给与公司无关的第三人。公司在三个月内未做出决定的,视为同意转让。"赵旭东主编:《境外公司法专题概览》,人民法院出版社 2005 年版,第 450、455 页。

④ See Jesse A. Finkelstein, Stock Transfer Restrictions upon Alien Ownership under Section 202 of the Delaware General Corporation Law, The Business Lawyer, Vol. 38 (February 1983), p. 587.

⑤ See F. Hodge O'Neal, Restrictions on Transfer of Stock in Closely Held Corporations: Planning and Drafting, Harvard Law Review, Vol. 65, No. 5 (Mar., 1952), p. 776; E. Blythe Stason, Jr, Corporations: Shares of Stock: Reasonableness of Restriction on Transfer of Shares, Michigan Law Review, Vol. 48, No. 1 (Nov., 1949), p. 124.

受限，有限责任公司的独立性也便是股权转让限制的理论基础之一，所以在股权转让限制规则设置中应该为公司预留一席之地，使其有机会就股权转让发表自己同意或者反对股权转让的意见并且可以就拟转让股权行使优先购买权等权利。

第二章

自由与利益平衡：有限责任公司股权转让限制之价值意蕴

理论基础为某些制度或规则存在的合理性或者正当性提供一种辩护，正是因为有坚实的理论基础，所以特定制度或规则的存在才理所当然、理直气壮。然而某项制度或规则以这种姿态存在而非那种形式示人则不是理论基础得以完全说明的，为类似制度或规则以各异形态出现作阐释的应该是制度或者规则本身所隐含的价值，正是基于这种价值意蕴而非那种精神取向，特定制度或规则成就了其现成的模样。法的价值呈现出多元特征，秩序、自由、效率以及正义等价值从不同角度阐释法的内涵与外延。而就有限责任股权转让限制而言，无论对其具体规则提出一种什么样的完善甚至重构，两个层面的价值意蕴特别值得关注：一个层面的价值即自由，因被探讨问题本身标以"限制"之名，"限制"下的私权自由就显得格外引人注目；另一个层面的价值即利益平衡，因被探讨问题牵涉公司、公司不同股东以及公司外部受让人等多方主体的利益。所以在本章里，笔者将结合有限责任公司股权转让限制之具体问题对自由与利益平衡之价值意蕴展开分析。

第一节 自由：确认主体行为的边界

法治的核心价值即自由，"法律是自由的外化"。[①] 自由在国家生活

[①] 参见杨昌宇《自由：法治的核心价值》，《北方论丛》2004年第5期，第120页。

中以法律的形式存在。① 如果将自由当作企业的精髓与灵魂，则自由主义就为公司法的精髓与灵魂。② 作为公司法律制度的有机组成部分，有限责任公司股权转让限制以确认保障自由之方式体现其自由之外化的内在机理。而要实现确认并保障自由的价值目标，有限责任公司股权转让限制制度就必须解决两个层面的问题：第一，界定公司、转让股东、其他股东、受让人彼此之间的关系，防止主体彼此之间对自由的侵害，此乃人与人之间关系的界定，目的是防止自由的人们彼此侵害自由；第二，明确法律强制性规定与公司自治以及股东自由选择的关系，此乃对个人与国家关系的界定，目的是防止国家权力对公司自治以及股东自由选择的侵害。③ 只有解决好这两个问题才意味着自由之价值意蕴的存在，否则，自由价值在有限责任公司股权转让限制中遭受到的便是压制。所以笔者将围绕上述两个问题探索有限责任公司股权转让限制之自由价值。

一　自由价值引领下有限责任公司股权转让限制具体规则之设置

权利主体对个人权利一定程度的处分以及资本的流动性决定有限责任公司股东对外转让其股权之一定程度的自由特性，而有限责任公司的人合性、有限责任公司股权的身份附随性以及公司独立法律地位决定有限责任公司以及公司股东也有阻止股权对外转让之自由。然而无论哪种自由都不是也不可能是漫无边际的自由，如果允许权利人拥有做法律禁止的事情之自由，那么实际意味着他不再拥有这种自由，因为其他人也会有这样的权利。④ 人与人之间在追求各自眼中的自由时难免发生一定的冲突或矛盾，为避免这种冲突或矛盾的发生并且使自由在各自的范围内运行则需要法律为自由划定发挥作用的边界。于是法律适时通过确认不同主体之相互关联的权利为不同主体之自由确定边界，这也是权利的一种存在状态，即权利

---

①　参见陈俊香《法的自由价值之体现》，《河北法学》2005年第9期，第153页。
②　参见施天涛《公司法的自由主义及其法律政策——简论我国〈公司法〉的修改》，《环球法律评论》2005年第1期，第81页。
③　参见黄建武《试论法律对自由的确认与调整》，《中山大学学报》（社会科学版）2000年第1期，第108页。
④　参见［法］孟德斯鸠《论法的精神》，张雁深译，商务印书馆1976年版，第102页。

从来都不是形单影只，它总是与义务或者其他权利携手同行。那么在一定程度上可以说，有限责任公司股东之股权转让权是为公司以及其他股东之同意权以及优先购买权所划定的自由边界，反之公司或者其他股东同意权以及优先购买权是为股东行使股权转让权所划定的自由边界。试想如果权利本身没有其边界，则有限责任公司股东可以任意对外转让股权，而公司或者其他股东则可以随心所欲地行使同意权抑或优先购买权，那么有限责任公司股东权利的行使将会出现不可突破的僵局，公司陷入混乱，公司秩序荡然无存，公司的经营发展就只能停留在观念而非实际层面。因为权利行使可以天马行空，当有限责任公司股东意欲转让股权且只顾自己的自由权利而全然不管他人自由，那么对应的，公司或者其他股东也可能处在眼前只有自己的自由权利而没有他人自由的状态，于是不同个体的自由触角相互碰撞甚至发生严重的冲突，最终谁都无法享有自由带来的快乐，反而为自由所伤，则没有边界的自由其实就不再是自由，或者说没有约束的自由其实就是一种不自由。法律决不会规定这样的自由，因为真正的法律是自由的体现而非不自由的载体，符合社会利益的自由被法律规范认可就演变为一种权利。① 只有每个人在行使自己权利时保持应有的克制，每个人才能和平相处，而个体自由也才能获得真正的实现。这种克制是一种个人的胸怀，在法律上它其实就是自由的界限。所以针对有限责任公司股东的股权转让自由而言，公司及其他股东所拥有的同意权以及优先购买权仿佛是对特定股东股权转让自由的限制，其实是为股东股权转让之自由权所划定的一种边界，正是有这种边界的存在，股东股权转让自由才得以称作自由，股东股权转让自由权利也才能得以实现。所以从这个层面来看，有限责任公司股权转让限制事实上是对股东股权转让自由的一种确认与保障。

我们可以就目前法律所规定的其他股东行使同意权以及优先购买权与股东行使股权转让权相互之间可能造就的法律效果的视角展开有限公司股权转让限制确认并保障个体自由的进一步分析。根据《公司法》的相关规定，有限责任公司股东准备对外转让股权需要征求其他股东的意见，也即有限责任公司股东转让股权时应将其欲转让股权的情况告知

---

① 参见杨昌宇《自由：法治的核心价值》，《北方论丛》2004年第5期，第122页。

其他股东，其他股东收到通知后可以就股权对外转让问题作出同意或者不同意的表示，从而对股权向外转让产生一定影响。其他股东接收到特定股东股权转让通知之后可能会呈现以下几种回应的状态。第一，其他股东过半数同意股权对外转让。当其他股东过半数同意股权对外转让时，是否意味着特定股权就可以对外转让呢？通过法条之文义分析发现，法律就此问题没有明确作出可以转让或者不可以转让的规定。如果其他股东过半数同意股权对外转让就意味着股权可以对外转让，则一定程度上，对股权转让表示不同意的股东的自由权利遭到漠视，毕竟，对转让股东而言，只要股权转让价格合理，无论股权转让与谁对转让人来说影响不大，而有些股东不同意股权转让进而维持有限责任公司人合性之意思表示与行为人预想的法律效果差之千里却会使这些股东同意权在一定程度上形同摆设，如此则不同个体自由边界之设定显然有失偏颇。所以法律继续规定，其他股东还可对经由股东同意流转的股权行使其优先购买权，假如其他股东行使优先购买权，则股权最终可能没有对外转让而只能对内转让。对内转让时受让条件至少等同于对外转让时的条件，当然也不排除转让股东同意减价对内转让股权的可能性，这是权利人对自己权利的放弃，一般情况下自然无可非议。只是受让对象存在不同，流转结果与转让股东的预想其实基本一致，而且其他股东也依法行使了自己的同意权以及优先购买权从而实现了维护有限责任公司人合性的目标。如果其他股东放弃对经股东同意转让的股权行使优先购买权，则就转让股东而言，股东对外转让之预想与现实股权转让结果将会保持吻合，而其他股东放弃行使优先购买权也是一种处分权利的方式。可见此种情况下尽管股东股权转让自由、其他股东同意权以及优先购买权并存，但是有限责任公司股东意欲转让股权的自由权利基本不受影响，而且彰显其他股东自由的同意权与优先购买权也并未遭到法律漠视，相反获得一种良好的展现。股东各行其权，各得其所，这便是法律在自由价值引领下设置具体规则之妙处。第二，半数以上其他股东不同意股权对外转让。当半数以上其他股东不同意股权对外转让就意味着股东不能对外转让股权，则其他股东同意权将对股东股权转让自由形成严重干预。自由可以分为消极自由和积极自由，消极自由是排除干涉的自由，积极自由表达的是成为自己主人的愿望。① 法律首先应该确认和保护消极自由。② 赋予其他股东行使同意权且对特定股东股权转让自由造成一种全否的影响是对特定股东自由的一种压制,是对特定股东股权转让消极自由的一种侵害。所以法律没有止步于此般规定,而是就其他股东半数以上不同意股权转让的情形作出后续规定,即此时反对转让的股东应购买拟让与的股权,既反对转让又不进行购买就视为同意转让,因为如果允许既不同意对外转让又不进行购买的情形存在,则股权转让问题悬而未决,转让股东转让股权的目的最终可能会彻底落空,所以不同意对外转让且不进行购买之权利合法化将是对股东股权转让自由的严重伤害。第三,收到股权对外让与通知的其他股东在法定回复期限内不作任何回应。这是一种消极的态度,且同样会使股权转让问题悬而未决,法律不会任由股东躺在其权利上睡觉而可能造成其他主体自由权利受侵害情形的出现,故即使其他股东就股权对外转让采取一种不闻不问的态度,法律也针对这种情形作出规定,即存在此种情形就视为其他股东认同转让,且在这种视为认同的法律情形下给予其他股东行使优先购买权的自由。就其他股东怠于行使自己权利而言,此种情形视为其他股东同意股权对外转让较之其他股东不同意股权转让且不购买的"视为"规定显然更加合理。无论如何,在私权领域,当权利主体拥有利益却疏于维护和管理,法律都不应该替该主体行使权利,如果法律可以替特定主体行使权利,那么特定主体权利之规定就毫无意义。法律规则与法治精神应该贯穿到我们生活的每一个角落,但法律规范本身不能替代人的行为,法需要人的遵守与执行,有相关主体的能动行为法才得以运行。

综上所述,就转让股东而言,无论其他股东是否行使或者如何行使同意权以及优先购买权,法律规定都坚持一个目标不可动摇,那就是特定股东意欲转让股权之自由总体上一定能获得实现,无论行经什么样的程序,转让股东之股权转让目标一定能获得实现。对于转让股东而言,可能道路曲折但是前景光明。一般情况下,这是确认与保障股权转让自由的一条底

---

① 参见黄建武《试论法律对自由的确认与调整》,《中山大学学报》(社会科学版) 2000 年第 1 期,第 110 页。

② 同上书,第 112 页。

线，如果这条底线消失，则股东的股权转让自由必遭怀疑。相应地，尽管法律坚守股东股权转让自由必定获得实现的底线，其他股东也可通过行使同意权或者优先购买权而将本欲外流的股权保持于有限责任公司内部，这也是法律赋予其他股东的一种自由。可见，不同主体在股权对外转让中都能行使自己的自由权利，尽管每个主体在行使自己的自由权利时就意味着其他人行使自由权利要注意自己的边界，但是只要每个主体的自由是在各自边界以内运行，每个个体的自由权利就都会得以实现。

拥有自由不一定必然实现自由，自由是具体的历史的，自由受制于一定的社会条件和历史条件。[1] 在特定历史条件之下，法律甚至一度沦为限制自由的工具，比如我国清朝年间"大逆"律例下所出现的文字狱。[2] 正是因此，马克思提出真正的法律是自由的体现而不是压制自由的手段。[3] 所以，法律划定的自由的边界看似是对自由的限制，其实是为不同个体实现自由确定一个平衡的支点，是为个体确定一个实现自由的方式。有限责任公司股权转让限制本身就是对股东转让股权之自由的确认与保障，而非对其股权转让自由的限制，有限责任公司股权转让限制从本质上来说是为股东转让股权所设定的程序。而且在设定的这种程序中，相关个体均得以行使自己的自由权利。从这一点来看，有限责任公司股权转让限制不仅仅是对股东转让股权之自由的确认与保障，也是对其他股东阻止股权对外转让抑或要求股权按照预设规则进行转让之自由的确认与保障。

二 自由价值引领下有限责任公司股权转让限制模式之选择

我国公司法目前就有限责任公司股权转让限制确立了两种模式：法定模式与章程模式。所谓法定模式就是按照法律规定的程序进行股权转让，法定模式的优点是可以对法律规定进行直接适用，而无须通过其他途径就股权转让限制问题进行不同于法律规定的重建，法定模式的缺点

---

[1] 参见陈俊香《法的自由价值之体现》，《河北法学》2005年第9期，第153页。

[2] 参见黄建武《试论法律对自由的确认与调整》，《中山大学学报》（社会科学版）2000年第1期，第109页。

[3] 参见《马克思恩格斯全集》第1卷，人民出版社1956年版，第71页。

是法律规定有一定的僵化性，不能应对现实中由股权转让限制所引发的各种问题，而且适用法律需要对法律进行解释，如果主体所秉持的法的理念与法的价值取向不同，则不同主体对法律存在不同的解释，对法律解释的不同将会引发适用相同法律处理相同问题但可能会形成不同法律效果的现象。所谓章程模式即是通过章程对股权转让进行新的程序规定甚至实体规定，章程模式的优点是能应对公司股权转让引发的各种具体问题，并且章程内容是公司股东意愿的一种表达，所以通常情况下不存在解释问题；缺点是公司章程的制定虽然需要全体股东的一致同意，但是修改权掌握在股东会手中，而股东会遵循的是资本绝而非人数决的议事规则，所以章程容易沦为大股东压制小股东的工具，也即章程模式下确定的股权转让限制可能会造成对中小股东利益的损害。另外，章程模式下的股权转让限制规定还会引发效力问题，因为公司章程限制体现的是公司自治的一种自由模式，有自由就要有自由的边界。除了法定模式和章程模式，我国学者鲜少对其他模式进行探讨，但是在美国，除了法律规定以及公司章程规定，股东协议以及公司细则也是股权转让限制内容的重要载体。[1] 而且相比于公司章程规定股权转让限制容易造成对中小股东利益损害的后果，股东有关股权转让限制协议不存在这个缺陷，并且其覆盖内容比公司章程宽泛，只是股东协议只能在同意其规定的股东之间产生法律约束力，不同意股东协议的股东或者新加入的股东会被股权转让限制协议排除在外，这将会引发同一公司不同股东转让股权适用于不同程序的杂乱现象。[2] 公司内部细则被认为是给予公司董事以及官员执行公司事务以足够的指引，所以将包含在公司章程或者股东协议里的股权转让限制性内容置于公司细则中能获得公司董事以及公司官员的足够重视，不过从这个层面来讲，公司细则作为股权转让限制方式不能单独出现，往往与公司章程或者股东协议一起发挥作用。[3] 在土耳其，商业公司也在最近十年开始意识到股东协议在股权转让限制方面可

---

[1] See F. Hodge O'Neal, Restrictions on Transfer of Stock in Closely Held Corporations: Planning and Drafting, Harvard Law Review, Vol. 65, No. 5 (Mar., 1952), pp. 785 – 786.

[2] Ibid., pp. 787 – 788.

[3] Ibid., p. 788.

以发挥的作用。①

　　基于不同考虑甚至不同的商业习惯，每个国家会通过不同途径对股权转让进行限制，然而除法律对股权转让限制进行明确规定之外，章程限制、股东协议限制以及公司细则限制都会面临效力问题，而前述限制性规定的效力问题折射在价值层面，其实就是公司自治、股东自治与国家权力行使之问题，或者说有关股权转让限制、股东协议限制以及公司细则限制效力问题从实质上来讲其实是个体自由实现与国家权力干涉的问题，因为法律是由国家制定并认可且由国家强制力保证实施的，法的运行是国家行为的一种体现，而国家行为所到之处无不体现国家权力的触角。公司自治、股东自治往往是公司作为法人主体、股东作为自然人主体实现其自由的一种外在形式。个体自由膨胀则会引发无政府主义的泛滥，社会秩序岌岌可危；国家权力过大则必然导致个体自由萎缩，公民权利遭到削弱。所以个体自由有其自由的边界，国家权力也有其权力的疆域，而法律规定在一定层面上是为个体自由与国家权力划定活动的范围。获得法律认可的自由演变为自由权利是一种极具保障性的可以实现的自由，被国家以法律形式固定下的自由宣告国家权力在该特定自由范围内一定程度的消失。国家强制出现的地方意味着自由的消失或者说国家权力所到之处宣告着该特定范围内就不曾有自由的存在。然而没有法律就没有自由，有了法律个体还不一定有自由，尽管这只是一种历史经验却值得我们深思。② 自由是人之本性、人之存在。③ 然而只有上升到法律规范层面，我们的自由才会有保障也才能真正获得实现，而法律规范出现的地方同时也意味着我们的自由被固定，因为一种理性考虑与技术安排甚至基于法本身的局限性，一些为个体所崇尚的自由遭遇法律规范有意或者无意地漠视与过滤，所以对法律作出扩大或限缩解释将直接影响个体自由之实现应该是我们必须正视的现实问题。

---

① See Dilek NAZİKOGLU, Re-Buttle of Articles of Association and Shareholders Agreement and Share Transfer Restrictions under the New Turkish Commercial Code, Legal News Bulletin Turkey, 1 (2012), p. 26.

② 参见黄建武《试论法律对自由的确认与调整》，《中山大学学报》（社会科学版）2000年第1期，第109页。

③ 参见杨昌宇《自由：法治的核心价值》，《北方论丛》2004年第5期，第120页。

具体就有限责任公司股权对外转让限制而言，自由价值即体现在如何协调《公司法》关于股权转让限制之规定与公司自治、股东自治之间的关系。由于我国《公司法》并未提及股东协议以及公司细则在有限责任公司股权转让限制中的作用，所以我们将以规范研究为视角，主要解读《公司法》第 71 条关于法律规定与公司章程自治之间的关系。而要厘清这一关系，我们必须探讨的便是公司法第 71 条前 3 款规定的性质，或者说对该条款是否是强制性规定作出判断。按照规范本身表现形式的不同，公司法律规范可以分为赋权性规范、补充性规范以及强制性规范，其中赋权性规范主张公司参与各方可以自由设定规则且被设定的规则具有相应的法律效力，如《公司法》关于人数较少或者规模较小的有限责任公司可以不设董事会的规定即属于赋权性规范；补充性规范是指除非另有约定则这些规范当然有法律效力，比如《公司法》有关有限责任公司所有股东可以协定不依据出资比例分配红利的规定即属于补充性规范抑或缺省性规范；强制性规范是指不允许以任何方式进行修改的规范，比如《公司法》关于"一人有限责任公司应当在每一会计年度终了时编制财务会计报告"的规定即属于强制性规范。[①] 尽管对公司法规范性质不能简单地凭借"可以""应该""必须"等字眼作出判断，而是要从根本上选择一种更加抽象的法理判断标准。[②] 但是这并不妨碍运用立竿见影之方法先就具体规范之性质作出初步判断。根据赋权性规范、补充性规范以及强制性规范之分类并比照《公司法》第 71 条前 3 款的规定会发现，因为同样尊重"另有约定"，所以《公司法》第 71 条前 3 款应该属于补充性规范。[③] 而就条款本身的具体内容来看，正如前文所述，这些被称作有限责任公司股权转让限制条款的规定其实并不是对特定主体行使权利的阻止，而是为权利行使所设定的一种程

---

① 参见罗培新《公司法的合同解释》，北京大学出版社 2004 年版，第 113—114 页；吴飞飞《公司章程"排除"公司法：立法表达与司法检视》，《北方法学》2014 年第 4 期，第 154 页；王保树《从法条的公司法到实践的公司法》，《法学研究》2006 年第 6 期，第 23 页。

② 参见罗培新《公司法强制性与任意性边界之厘定：一个法理分析框架》，《中国法学》2007 年第 4 期，第 83 页。

③ 参见吴飞飞《公司章程"排除"公司法：立法表达与司法检视》，《北方法学》2014 年第 4 期，第 154 页。

序，这种程序非司法程序，不具有强制性，各主体就自己权利的行使遵循一定的边界即是有限责任公司股权转让限制所蕴含的价值。况且，即便违反公司法强制规范，公司章程也不能仅凭这一点而被宣告无效，而是要进一步看强制性规范的具体性质或者立法目的。[①] 如果违反强制性规范都不必然意味着公司章程条款的无效，那么根据"举重以明轻"的法律解释方法，违反补充性规范的公司章程条款当然应该是有效的。所以《公司法》第71条第4款顺理成章地确认公司章程能够对股权转让另行规定，比如直接规定当两个以上股东均主张行使优先购买权时，则提出主张的股东彼此之间按股权转让时的实际出资比例行使优先购买权。这表明法律就有限责任公司股权转让限制作出规定时，其为公司自治保留了一定的自由空间，即就有限责任公司股权转让限制而言，国家权力并未笼罩一切，法律赋予公司或者说股东通过公司章程实现自治，这是"权力"与"自由"博弈中国家权力对公司自由与股东自由作出的让步。

但是这种关于公司自治的粗略认识并不足以说明公司自治空间的范围，而如果要进一步探寻公司章程的自治空间，我们必须解决这样一个总领性的问题，即公司章程能否作出完全不同于《公司法》的相关规定，也即公司章程不对公司法规定进行选入，而是采取选出或者选掉的做法。如果公司章程能够通过选出的方法作出完全不同于《公司法》的规定则意味着公司自治权有非常自由的活动空间，反之，如果公司章程对公司法规定只能选入，也即只能在《公司法》提供的范围内作出这种规定或那种规定之选择，则意味着公司自治空间比较狭窄，或者说公司作为法人主体之自由活动权利不够充分。这就是"自由"与"法"的此消彼长，其实质乃"个体自由"与"国家权力"之间的博弈，所以更大的自由只能从限制国家权力、压缩"法"的空间中去获取。[②] 一些具有实用主义倾向的经济学家出于对自由价值的坚信不疑，从而倡导任何公司制度安排应该

[①] 参见王保树《从法条的公司法到实践的公司法》，《法学研究》2006年第6期，第21页。

[②] 参见易军《"法不禁止皆自由"的私法精义》，《中国社会科学》2014年第4期，第130页。

体现自治精神,进而为选出公司法规定之正当性据理力争;另有一些学者则是基于具体公司法规则、公共政策以及市场缺陷考虑而力主公司法规范的强制性,进而认为有些公司法规则不能够被选出。① 法学理论之众说纷纭使我们陷入不同学说主张之迷雾而不得其解,但是立法与司法实务之具体做法往往给予我们明示之启发。1985 年,美国特拉华州立法机关为应对业界关于公司董事信义义务过于严苛的指责而颁布了一项允许公司通过修改公司章程限制或者取消董事违反注意义务引发的损害赔偿责任的法令。② 我国司法实务中也有法院针对公司章程限制股权转让而选择认可公司章程效力的案例。③ 立法与司法实务中的做法似乎说明公司章程拥有选出公司法的自由,但这绝不是一般性的常态说明,而是针对特殊问题结合法律规范本身的具体内容、公司利益以及其他主体利益综合考虑所形成的结果。我们不能据此断然宣告有限责任公司章程总是能够选出公司法,可我们起码可以断定这种可能性的存在,这就足以说明公司自治存在于广泛空间,在自由与国家权力之间,有限责任公司股权转让限制更多的不是体现出国家权力的干涉,而是表明个体充分自由的享有与实现。至于应该综合考虑哪些具体因素公司章程才能选出公司法规则,是否有些公司法规则

---

① 参见罗培新《公司法强制性与任意性边界之厘定:一个法理分析框架》,《中国法学》2007 年第 4 期,第 75 页。

② See 65 Del. Laws 289(1986) [codified principally at Del. Code Ann. tit. 8, §102(b)(7)],转引自罗培新《公司法的合同解释》,北京大学出版社 2004 年版,第 146 页。

③ 2004 年 12 月某市建筑设计院改组成立有限责任公司,由本公司职工出资认购股份。2005 年 3 月,公司股东会表决通过了《股权管理办法》,该《股权管理办法》第 9 条规定:"公司初始股值每股面值人民币一元,每年依据审计后的股值而变动。"第 16 条规定:"股份一经认购不得随意退股,但有下列情况之一的,股东所持有的股份必须转让:1. 股东被辞退、开除或死亡、服刑、失去民事能力的,其股份必须全部转让;2. 股东调离等其他原因的,其股份必须全部转让。"第 25 条规定:"股份转、受让价格按以下方式确定:因辞职、辞退……而转让股权的……由公司回购股权,按公司上一年度末账面净资产结合股权比例确定股本受让价格,但不高于股本原始价格。"2008 年 12 月谢某辞职,之后设计院向谢某通知向其转让股权,遭到谢某拒绝。2010 年 11 月,谢某与第三人邓某签订股权转让协议,设计院对该股权转让不予认可并向法院提出起诉,要求判决谢某依照公司章程以 9 万元的价格向设计院转让股权。一审法院认为该公司章程的规定违反了我国《公司法》保护股东权益的基本原则,故没有支持原告的诉求。二审法院认为公司章程对股权转让另有约定的,并且该约定并未违背法律的禁止性规定,则该公司的股权进行转让时就要遵守公司章程的特别约定,所以二审法院支持原告的诉求。参见徐志新主编《公司设立与股权纠纷》,中国民主法制出版社 2014 年版,第 251—253 页。

注定不能被选出，而有些规则却具有天生的被任意选择性，这些问题不是本章探寻有限责任公司股权转让限制价值底蕴之重点，它们将会在本书关于公司章程自治边界章节中得到详细的回答。

由是观之，自由是有限责任公司股权转让限制确认和保障的价值意蕴，自由体现为各主体在各自边界范围之内行使自己的权利而各得其所，自由也体现为公司章程于公司存续发展中占据广阔的自治空间。自由价值于有限责任公司股权转让限制中得到一种淋漓尽致的体现，这种体现不是暂时的而应该是延续的，将来在完善有限责任公司股权转让之具体规则时必须继续保持自由价值取向，只有继续将自由价值嵌入其中，有限责任公司股权转让限制方可与公司法尊崇自由之灵魂保持形式与内在之一致；只有继续将自由价值嵌入其中，有限责任公司股权转让限制也才能更好融入以自由为核心价值之法治进程。将自由价值嵌入有限责任股权转让限制中归根究底本是相关主体存在方式的客观要求。

第二节 利益平衡：相关者在股权转让中的利益诉求

"人们奋斗所争取的一切，都同他们的利益有关。"[①] 而利益建立在社会主体需要的基础之上，"是社会主体之需求在一定条件下的具体转化形式"，[②] 所以主体不同，其需求不同，由其需求所决定的主体的利益也会存在差异，正是因为这种差异的存在一定程度上促成了有限责任公司股权转让限制中一种多元利益格局的形成。利益多元化必然引发利益之冲突，凸显特定主体的利益而压制其他主体的利益将会造成利益的失衡，必然引发更为激烈的利益冲突，所以应对有限责任公司股权转让限制中的利益冲突之最好的解决办法便是谋求各利益相关人之利益平衡。这也顺应公司股东价值取向朝利益相关者价值取向的历史转变趋势。[③] 利益平衡也是2005

[①] 《马克思恩格斯全集》第1卷，人民出版社1956年版，第82页。
[②] 张文显主编：《法理学》，高等教育出版社、北京大学出版社1999年版，第215页。
[③] 参见李心合《公司价值取向及其演进趋势》，《财经研究》2004年第10期，第143页。

年《公司法》修正的精神之一。[①] 法律以权利义务为调整利益的基本机制，[②] 所以要实现有限责任公司股权转让限制中利益相关者之间的利益平衡，则要合理分配利益相关者于股权转让限制中的权利与义务，因此揭橥有限责任公司股权转让限制中转让股东、其他股东、受让方以及公司所享有的权利和履行的义务，方能探知有限责任公司股权转让限制之利益平衡的价值意蕴。

一 转让股东的权利与义务

（一）转让股东的权利

如果利益相关主体有主次之分的话，那么在有限责任公司股权转让限制中转让股东是当之无愧的主要利益主体，原因在于股权转让限制是直接针对该类主体的股权转让而言的，没有转让股东转让股权就不会有公司以及其他股东的同意权与优先购买权，也不会有受让方的股权受让权。那么，作为利益平衡之着眼点的转让股东在股权转让限制中拥有什么样的权利，其权利的享有又是如何构成利益平衡链条中的一环？接下来笔者将结合我国《公司法》的具体规定就转让股东所享有的权利展开具体分析。

股权是股东基于其股东身份而拥有的各项权利的总称，股东身份的获取以出资为条件，而资本的流动性以及股权的财产属性决定股权转让权乃股东理所当然享有的权利。虽然股东行使自己的股权转让权不能任意妄为，必须经过特定的程序，但是我们必须意识到法律的规定恰恰是保障股东股权转让权利的实现。

具体来说，股东股权转让权利之内容主要体现在以下方面。

1. 股权受让对象选择权

所谓股权受让对象选择权是指当股东意欲将股权对外转让时，其就受让人的确定享有选择的权利。从理论上讲，只要是公司外部第三人都有可能成为股权对外转让之受让人，也即股权受让对象是该公司外部不特定的

[①] 参见王保树《从法条的公司法到实践的公司法》，《法学研究》2006年第6期，第28页。

[②] 参见张文显主编《法理学》，高等教育出版社、北京大学出版社1999年版，第219页。

第三人。但是股权对外转让时受让人的选择也要符合法律的基本要求,如果受让人是自然人,则该自然人通常要求具有完全民事行为能力,否则因为其权利行使能力以及义务履行能力之欠缺,加之有限责任公司所有与经营相结合的特征,无民事行为能力人以及限制民事行为能力人往往不会被公司其他股东接受加入公司成为公司一员,这样容易导致转让股东对外转让股权之目的的落空。如果受让人是法人,则法律、行政法规禁止作为股东的主体自然不得作为受让人受让拟出售股权。尽管选择受让对象是转让股东的应有权利,但基于公司利益以及其他股东利益考虑,转让股东的受让对象选择权通常会消解在公司以及公司其他股东同意权以及优先购买权之行使中。在美国,不正直或欠缺商业判断能力的外来人、意在获得公司投票权以及刺探公司账簿和记录的竞争者、承担特别任务的股东的股份受让方、只对投资感兴趣的股份购买者等均是被阻止进入公司的对象。[①]

2. 股权转让数量决定权

股权转让数量决定权是指转让股东可以自主决定将手中所持股权之全部抑或一部分转让出去,其可以选择全部转让也可以选择部分转让,但是转让股权的数量对其本身来说所产生的法律影响是存在差异的。如果转让股东选择将其持有的股权全部转让出去,则意味着其将退出公司,不再拥有公司股东资格;如果转让股东仅将其持有股权的一部分转让出去,则意味着其依然保留公司股东资格,还是公司的股东,只是作为股东,其持有的股权比例较之以前将会减少,这在一定程度上决定其作为公司股东之话语权的式微。另外,股权转让数量也在一定程度上影响着股权转让的价格,当股权转让数量较多且可能使受让人在受让该股权之后拥有对公司一定程度的影响力,则该股权转让价格会较高;反之,股权转让数量不足以加强受让人对公司的影响力,则该股权转让价格会较低。转让股东股权转让数量选择权与当前学者们的一项争议有关,即优先购买权能否部分行使。从交易的视角来看,如果转让股东最终同意优先购买权主体只受让部分拟转让股权,交易也能被法律认可。但是从优先购买权行使之同等条件要求来看,部分受让不应成为同等条件的支持因素。尽管交易实现了,但

---

① See F. Hodge O'Neal, Restrictions on Transfer of Stock in Closely Held Corporations: Planning and Drafting, Harvard Law Review, Vol. 65, No. 5 (Mar., 1952), pp. 773 - 774.

是此时促成交易实现的并非特定主体的优先购买权而是在转让股东与特定主体之间成就了一项普通的股权交易。

3. 股权转让对价抑或价格以及对价支付方式决定权

有限责任公司股权没有公开交易的市场,所以其对价形式抑或价格形成方式多种多样,但无论采取哪种方式,就股权转让而言,转让股东都有权利对其拟转让的股权进行报价,这就是转让股东所享有的对价抑或价格决定权。当然,对价抑或价格尽管可以由转让股东来决定,但这并非说明对价抑或价格形成的依据就是转让股东本人,一个人可以决定最终的对价或者以价格体现的数字,但是其无论如何不可能成为股权对价或者价格确定的依据。实务中有限责任公司股权转让价格的确定往往要考虑如下因素:公司设立时的股权价格、公司净资产以及公司经营发展之前景。① 所以,转让股东股权转让对价抑或价格决定权实际上是指转让股东可以根据前述影响股权转让对价抑或价格之因素确定拟转让股权之对价抑或价格,而非转让股东没有任何依据的漫天要价。股权转让对价之支付方式是指对价是以现金支付或者证券支付,是一次性付清抑或分期支付等,或者完全就是另外一种新颖的支付方式,转让股东就这些对价支付问题拥有决定权。当然股东在股权转让中并不总是拥有股权转让对价抑或价格以及对价支付方式之决定权,就合同的协商性而言,股权最终的转让价格以及对价支付方式都有可能是转让方与受让方协商形成。

4. 股权转让反悔权

股权转让反悔权是指当其他股东行使优先购买权时,转让股东可以撤回、撤销其意欲对外转让合同之意思表示或者就其与公司外部第三人所成立的股权转让合同享有解除权利。② 有限责任公司股权转让限制针对的是股东对外转让股权,基于限制目的而产生的权利是以转让股东对外转让股权为必要条件。从我国目前《公司法》的规定来看,其他股东行使同意权或者优先购买权时,股权对外转让之行为可能停留于两个

---

① 参见蒋大兴《私法自治与国家强制——闭锁性股权收购中的定价困境》,《法制与社会发展》2005 年第 2 期,第 91 页。
② 参见蒋大兴《股东优先购买权行使中被忽略的价格形成机制》,《法学》2012 年第 6 期,第 77 页。

阶段，要么是股东发出其转让要约的阶段，要么是转让股东与公司外部第三人股权转让合同业已成立。当股权对外转让停留在转让股东发出要约阶段，则转让股东可以撤回或者撤销其股权转让之意思表示，当股权对外转让合同已经成立，则成立的合同可以解除。理论与实务中有三项问题与股东转让反悔权密切相关，其他股东优先购买权的性质、合同法有关要约的撤回、撤销或者合同解除的法律规定以及股权转让反悔权与股权转让价格之形成，其中优先购买权的性质笔者将在后面涉及优先购买权具体规则之展开时再作分析，所以在此，合同法相关条款的解读以及反悔权之于股权转让价格形成之调节作用的分析成为探讨的重点。我国《公司法》未就股权转让意思表示之撤回、撤销或者股权转让合同之解除作出规定，所以前述问题的解决只能适用《合同法》有关合同订立之一般规定，这是体系解释方法主导下同一法律体系之术语保持含义之一致性的必然结果。根据我国《合同法》第17、18、19条的规定，当股东对公司外部第三人发出转让股权之意思表示后，作为要约人的转让股东可以将其业已发出的转让股权之要约进行撤回或者撤销。① 根据我国《合同法》第93、94条的规定，当转让股东与公司外部第三人之间的股权转让合同业已成立时，合同主体可以协议解除该合同，还可以在合同中商定解除合同的条件，当条件成就，特定合同主体即可解除合同，以及出现不可抗力致使合同目的不能实现或者违约导致当事人解除合同。② 因为股权转让要约的撤回、撤销或者股权转让合同的解除将导致其他股东因为欠缺先决条件而不能行使其优先购买权，所以实务

---

① 我国《合同法》第17条规定："要约可以撤回。撤回要约的通知应当在要约到达受要约人之前或者与要约同时到达受要约人。"第18条规定："要约可以撤销。撤销要约的通知应当在受要约人发出承诺通知之前到达受要约人。"第19条规定："有下列情形之一的，要约不得撤销：（一）要约人确定了承诺期限或者以其他形式明示要约不可撤销；（二）受要约人有理由认为要约是不可撤销的，并已经为履行合同作了准备工作。"

② 我国《合同法》第93条规定："当事人协商一致，可以解除合同。当事人可以约定一方解除合同的条件。解除合同的条件成就时，解除权人可以解除合同。"第94条规定："有下列情形之一的，当事人可以解除合同：（一）因不可抗力致使不能实现合同目的；（二）在履行期限届满之前，当事人一方明确表示或者以自己的行为表明不履行主要债务；（三）当事人一方迟延履行主要债务，经催告后在合理期限内仍未履行；（四）当事人一方迟延履行债务或者有其他违约行为致使不能实现合同目的；（五）法律规定的其他情形。"

中难免有人不支持股权转让要约的撤回、撤销或者股权转让合同的解除。① 然而这种考虑体现出一定的利益倾向,即不轻易使其他股东丧失行使优先购买权的机会以及尽量促使其他股东优先购买权的实现,这种利益朝向的背后一定程度上是对转让股东转让权利的粗暴干涉,也是对公司外部第三人于合同领域所拥有的自治权利的一种漠视。在还未形成权利转让之终局结果时,转让股东基于其自身利益考虑当然可以依据法律规定或者合同约定撤回、撤销其股权转让意思表示或者解除其与第三人成立的股权转让合同,这是合同法赋予转让股东的合法权利。而当约定的解除合同的条件成就时,为了其他股东能行使并且实现其优先购买权而否认公司外部第三人的合同解除权利同样是对第三人合法权利的漠视。理论上往往过分强调其他股东优先购买权的行使与实现进而在此思想主导下形成了有关优先购买权的理论,却忽视了优先购买权的产生以及优先购买权被设定的功能所在。有股东的股权转让权才有其他股东的优先购买权,而且其他股东必须以"同等条件"行使优先购买权,可见优先购买权对于股权转让权的附属特征及其所承载的利益平衡功能不容小觑。② 无论如何,"法律面前人人平等",其他股东不应该高高在上,其他股东的权利也不应该凌驾于转让股东股权转让权之上。所以赋予股东股权转让反悔权有合法依据,而且根据有些学者的论证,赋予股东股权转让权还有助于形成合理的股权转让价格。③ 实务中有限责任公司股权转让价格往往通过以下方式形成:参考公司设立时的股权价格,④ 根据公司净资产计算股权价值,⑤ 通过审计评估确定股权价格,⑥

---

① 参见刘建功 2012 年 5 月 28 日在清华大学法学院的讲座内容《公司法案件新问题与裁判尺度》,转引自蒋大兴《股东优先购买权行使中被忽略的价格形成机制》,《法学》2012 年第 6 期,第 71 页。

② 参见蒋大兴《股东优先购买权行使中被忽略的价格形成机制》,《法学》2012 年第 6 期,第 73—74 页。

③ 同上书,第 74—77 页。

④ 参见前引案例,某建筑设计院改组成立有限责任公司之后因辞职、辞退、受刑事处罚或其他事项而致股权转让给公司时,股权转让价格不高于股本原始价格。

⑤ 参见蒋大兴《私法自治与国家强制——闭锁性股权收购中的定价困境》,《法制与社会发展》2005 年第 2 期,第 91 页。

⑥ 参见王艳、吕波《有限责任公司股权转让的法律问题》,《攀登》2008 年第 4 期,第 138 页。

拍卖变卖形成股权价格。① 参考设立时的股权价格是将股东出资与股权价值混为一谈，没有将公司的经营变化考虑进去，根据公司净资产确定股权价值则是只顾及公司经营发展之历史而没有考虑公司发展前景对股权价值之影响，审计评估虽能反映公司的财务状况，同样不能预见公司发展的前景，并且实务中审计评估容易忽视公司不良资产率也会影响到股权价值的确定，当吸收进其他股权价格确定因素时，拍卖不失为能确定股权市场价的较好办法。而赋予转让股东反悔权恰恰可以在其他股东与公司外部第三人之间生成一种如同拍卖市场的价格形成机制。② 如果转让股东朝低定价时，因为信息不对称，当转让股权报价过高时，转让股东获得额外利益而其他股东或者公司外部受让人利益会受损；因为受让人存在侥幸心理，以及难于举证寻求救济，当转让股东报价过低时，其他股东可能最终获取"不当得利"，但转让股东利益明显受损。如果转让股东朝高定价，并同时赋予转让股东反悔权，则公司、转让股东、其他股东以及受让人均参与价格形成过程，最终的股权转让价格将是公司、转让股东、其他股东以及受让人博弈的一种结果。所以赋予转让股东股权转让反悔权实质上是赋予转让股东朝高定价的权利。③

总而言之，对于转让股东而言，除非公司有特殊情形或者公司股东有其他考虑而事先就特定股东的股权转让进行了禁止，则其股权转让权能获得法律的充分保障，这种保障的充分性体现在无论公司以及其他股东是否并且如何行使其同意权与优先购买权，转让股东转让股权的坚决意图一定能得以实现。尽管特定情形下，股权对外转让最终可能演变为股权对内转让，抑或股权原本转让给甲但最终可能转让给乙，但这并非体现出优先购买权对股东受让对象选择权的否定，它恰恰说明了权利彼此的制约。制约不等于否定。而且权利的享有不等于权利的实现，特定情况下权利无法实现的事实更不能是对权利存在的

---

① 参见潘勇锋《论股东优先购买权在司法拍卖中的实现》，《法律适用》2012年第5期，第50页。
② 参见蒋大兴《股东优先购买权行使中被忽略的价格形成机制》，《法学》2012年第6期，第74页。
③ 同上书，第75—76页。

一种否定。

(二) 转让股东的义务

只拥有权利而不承担义务则其权利是一种特权，特定主体更多的权利享受对应的将是其他主体更多的义务承担，所以拥有充分股权转让权利的转让股东还应该承担一定的义务，否则权利义务失衡将会引发主体彼此之间更多的纷争。

1. 通知义务

根据我国《公司法》的规定，转让股东在决定转让股权后须将其股权转让事项通过书面方式告知其他股东，一方面是问询其他股东关于股权对外转让的意见，另一方面是使其他股东做好行使优先购买权的准备。转让股东通知义务的履行并非其股权对外转让的必经程序，但没有通知其他股东股权转让事项而径自对外转让股权将难以实现股权最终对外转让出去的法律效果，这是由有限责任公司的人合性、有限责任公司股权的身份附随性以及公司的独立法律地位所决定的。当然就目前《公司法》的规定而言，通知义务当属第一性义务，即转让股东如若没有履行通知义务并不意味其要因此承担某种于其不利的法律责任，只是其意欲将股权转让给公司外部特定的第三人的目的往往会落空。[①] 尽管通知义务的履行与股权对外转让之法律效果密切相关，但是这并非意味着通知义务的履行是僵化的，股东意欲对外转让股权，当其仅仅是向外部第三人发出要约时可以履行该通知义务，也可以在与外部第三人签订股权转让协议之后履行其股权转让通知义务，不同时点履行通知义务可能对转让股东会产生法律上其他方面的不同影响，但是就股权转让本身的影响而言，前述不同时点履行通知义务的法律后果是一致的。

2. 如实告知义务

在正式签订股权转让协议之前，受让方有权了解目标公司的基本情况，包括目标公司的经营管理情况，尤其是公司目前的债权、债务以及风

[①] 根据义务间的因果关系可以将义务分为是第一性的义务和第二性的义务，前者是指由法律直接规定的义务或由法律关系主体依法通过积极活动而设定的义务，其内容是不许侵害他人的权利，或适应权利主体的要求而作出一定行为的义务。后者是指其内容是违法行为发生后所应负的责任。如违约责任、侵权责任等。参见张文显主编《法理学》，高等教育出版社、北京大学出版社1999年版，第91页。

险信息，这些信息将决定受让人是否对该公司进行最终的投资。作为公司股东，转让方完全可以通过行使自己的股权比较清楚地掌握公司的经营财务信息。如果转让股东拒绝提供上述信息可到造成股权无法让与特定第三人的后果。如果转让方捏造虚假信息提供给公司外部第三人，则很可能因为欺诈而使签订的合同被撤销。

3. 瑕疵担保义务

根据我国《合同法》第150—154条的规定，买卖合同中卖方瑕疵担保义务包括权利瑕疵担保义务以及物的瑕疵担保义务，前者是指卖方必须保证第三方不会对合同标的物主张权利，也即合同标的物上不存在其他权利负担，后者是指担保标的物具有通常品质或者合同约定的品质。

参照合同法规定探讨股权转让之瑕疵，转让股东不仅应就拟转让股权承担权利瑕疵担保责任，同时也要承担物的瑕疵担保责任。[①] 所谓转让股东要承担权利瑕疵担保责任，是指转让股东应该保证拟转让股权不受他人追夺以及保证拟转让股权不存在未告知的权利负担的义务。[②] 具体说来即指转让股东要保证自己对拟转让股权有处分权，且要保证拟转让股权未存在质押等其他法律瑕疵。所谓转让股东要承担物的瑕疵担保责任，是指转让股东要保证其已对公司履行了与拟转让股权对应的出资义务。如果股东未履行出资义务、未全面履行出资义务后或者在出资后抽逃出资，则股东所持有的股权就属于瑕疵股权，此时股东就瑕疵股权进行转让时即要承担与之相应的物的瑕疵担保责任。将设定质押的股权进行转让而发生的权利义务纠纷应该适用我国《担保法》的相关规定进行处理。而无权处分问题以及瑕疵股权转让纠纷则可以参照适用公司法相关司法解释以及《合同法》相关规定进行处理。

4. 履行股权转让协议的义务

只要股权转让协议合法成立则其成立时即生效，这是我国《合同法》

[①] 转让股东就拟转让股权承担物的瑕疵担保责任并非说明股权就是物，物是物，权利是权利，这两者不可能混同。笔者在此以物的瑕疵担保责任来描述转让股东在股权转让中的瑕疵担保责任是对我国合同法用语的借用。

[②] 参见吴志忠《论出卖人的权利瑕疵担保责任》，《中南财经政法大学学报》2006年第3期，第128页。

所确定的合同生效的基本原则。① 所以无论股权最终转让与谁，转让股东都必定履行相应的股权转让协议，某种情形下转让股东可能还要承担协议无法履行的违约责任。也即尽管有限制，但是转让股东意欲转让股权的目的一定能够实现，只是最终受让股权的对象与预设的受让人可能存在差异。下面就不同情形下转让股东所履行的义务作具体分析。第一种情形，当同意权主体过半数同意股权对外转让且放弃行使优先购买权，则转让股东通常能够较为顺利地将股权转让出去，对于转让股东而言，其必定要履行与第三人之间的股权转让协议，具体的义务履行方式为协助受让人进行一系列股权转让所引发文件记载之变更。第二种情形，当过半数同意权人同意股权对外转让并且有主体行使优先购买权，则转让股东最终可能履行的股权转让协议存在于转让股东与公司或者公司其他股东之间，履行义务的具体方式同第一种情形。然而此时，对于转让股东而言，其可能不仅仅要履行其与公司抑或公司其他股东之间的股权转让协议，还可能因为无法履行其与第三人之间签订的股权转让协议而需要承担相应的违约责任。第三种情形，同意权主体半数以上不认同股权对外转让，并且不同意转让者选择购买拟转让的股权，则转让股东最终履行的股权转让协议也是存在于转让股东与公司或者特定公司股东之间，其具体履行合同义务的方式同样是协助完成公司系列股权证明文件的更新，只是此时转让股东依然可能承担同第二种情形之违约责任。尽管从理论上分析，转让股东存在承担违约责任的可能性，但是转让股东可以通过诸如合同之附生效条件等方式阻止违约责任的发生，从而在对相关问题作出预判的情况下既顾及个人的股权转让利益，也考虑到相关主体优先购买权的行使，同时使受让人做好转让协议因权利主体行使优先购买权而无法生效的心理和实际层面的双重准备。而这种附生效条件合同的存在与《公司法》股权转让限制规则本身就体现出对各方利益的一种平衡。

二　其他股东的权利与义务

有限责任公司的人合性以及股权的身份附随性决定其他股东在股权转

---

① 我国《合同法》第 44 条规定："依法成立的合同，自成立时生效。法律、行政法规规定应当办理批准、登记手续生效的，依照其规定。"

让限制中身居重要地位，这种法律地位既体现为其他股东享有附属于转让股东转让股权的同意权以及优先购买权，同时也要履行其决定受让股权而与转让股东签订的股权转让协议以及基于其公司成员身份而协助受让人进入公司成为公司成员之义务。

（一）其他股东的权利

1. 同意权

同意权意指特定股东欲将股权让与公司外部第三人时，公司其他股东对该转让意图作出是否同意的意思表示。当然其他股东表示同意并非意味着转让股东可以将其股权对外转让，其他股东表示不同意也并非意味着转让股东就不能将其股权对外转让。就转让股东对外转让股权而言，同意权的存在并非形同虚设，过半数其他股东认同股权对外转让之时，其他股东还能通过行使优先购买权来维护公司的人合性。同意权的存在也并非对转让股东转让股权的恶意妨碍，半数以上其他股东反对股权对外转让时，反对的股东应该购买拟让与的股权，否则视作同意转让。故其他股东同意权是要基于公司人合性与转让股东股权转让目的实现达至一种协调，不仅要保障转让股东实现其转让股权的意愿，同时也得考虑其他股东同意权的行使从而实现对于公司人合性的维系。

2. 优先购买权

优先购买权是指其他股东在同等条件下可以优于公司外部第三人受让拟转让的股权。优先购买权是一种私权，其他股东可以针对拟对外转让股权选择进行优先购买，也可放弃自己的优先购买权。根据我国目前《公司法》的规定，当其他股东过半数同意股权对外转让且放弃行使优先购买权时，则转让股东可以实现股权对外转让的预期目的。公司剩余股东的优先购买权主要源自有限责任公司的人合属性。人合性并非由法律凭空强加于有限责任公司，而是为适应中小企业发展之需进行创设，这种需要来自投资者的意愿也来自企业健康存续发展之现实考虑，而投资者对于人合之判断显然不是法律可以替代的，所以基于企业自身发展变化而导致原有股东间人合性之松动，或者考虑拟受让人将来可能带给企业的发展动力，其他股东完全有可能放弃行使优先购买权，这种放弃在客观上其实是对转让股东、拟受让人、其他股东以及公司利益的一种总体兼顾。当其他股东过半数同意股权对外转让且有股东行使优先购买权，一定程度上意味着转让股东对外转让股权目标之落空,但并非说明转让股东让与股权进而退出公司或者削减其持股比例之目的的落空,而且为转让股东利益之考虑以及公平对待受让人,法律要求其他股东以同等条件进行股权受让。尽管学者们对同等条件的形成众说纷纭,但是这并不会掩盖同等条件之利益平衡的立法宗旨。当两个以上其他股东主张行使优先购买权时,《公司法》规定由拟购买股权之股东就购买比例进行协商,如若协商不成则以股权转让时拟购买股权之股东按照各自的出资比例行使优先购买权,这更是在利益平衡思想指引下就受让股权权益在其他股东彼此之间的一种安排。

3. 股权购买权

我们一般能注意到公司其他股东的同意权与优先购买权,却极少注意到隐藏在同意权之中的股权购买权。根据《公司法》的规定,半数以上其他股东反对股权对外转让时,反对的股东应选择购买,否则视作同意转让。从措辞来看,这款规定貌似是《公司法》为其他股东所设定的义务,甚至有学者认为这属于股东的强制购买权,[①] 是权利却又是被强制进行购买的权利,"强制购买权"术语本身就存在一种逻辑上的矛盾性,既然是主体的权利,权利是授予主体的,并且主体可以行使也可以放弃权利,自然谈不上"强制权利"一说。其实在笔者看来,不同意就应该购买并非强制不同意的股东进行购买,因为是否购买拟转让股权是不同意股权对外转让之股东的一种自由。法律之所以如此规定其实是防止其他股东借同意权恶意阻止股权对外转让,是在股东股权转让权与其他股东同意权之间谋求一种利益上的平衡。此时表示不同意的股东享有的应该是股权购买权,公司外部第三人都可以拥有股权购买权,公司内部股东自然更应如此,而且此种股权受让权较之优先购买权而言对于公司其他股东更加有利,毕竟此时的股权受让权不受优先购买权之"同等条件"的制约。[②]

(二) 其他股东的义务

其他股东以维系有限责任公司人合性之名享有针对股权转让之同意

---

① 参见毕吾辛、郭站红《股权对外转让规则的思考——以有限责任公司人合性为中心》,《学习与探索》2012年第7期,第79页。

② 参见王东光《论股权转让的双重限制及其效力》,载顾功耘主编《公司法律评论(2010年卷)》,上海人民出版社2010年版,第38—39页。

权、针对拟转让股权之优先购买权以及不同意股权转让时的股权受让权，他们也因为行使该前述权利而需要承担相应的义务。

1. 履行股权转让协议的义务

如果其他股东最终选择行使优先购买权或者股权购买权，则其会与转让股东形成股权转让协议，履行该股权转让协议即为该受让股东必须承担的义务，而履约义务的最重要的具体内容便是按照合同约定的股权转让价格向转让股东支付受让股权之对价。股权价款是最能体现对转让股东利益维护的合同内容，其对受让股东而言尽管意味着某种利益的减少，但此种减少建立在其增持股份的基础之上，所以股权转让价款的确定显然是在转让股东以及受让股东之间谋求利益平衡的一种途径。就义务类型而言，受让股东履行股权转让协议义务属于第二性义务，也即如果受让股东不按照股权转让协议全面、真实履约，则其因此要承担相应的违约责任。

2. 协助转移股权的义务

如果其他股东最终并未行使购买权抑或优先购买权则转让股东对外转让股权之目的得以实现，股权转让协议将会在转让股东与公司外部第三人之间形成。这似乎表明公司其他股东并不需要承担该股权转让协议所确定的某种义务，合同具有相对性，其义务的履行通常不会涉及第三方，[①] 但这并非表明其他股东无须承担法定的义务。协助转移股权便是其他股东所要承担的法定义务。尽管目前我国《公司法》并未就该义务进行明确规定，但是该项义务本就是其他股东过半数同意股权对外转让且放弃行使优先购买权之应有内容。既然其他股东过半数同意股权对外转让且放弃行使优先购买权，则表明他们愿意接纳公司外部第三人进入公司成为公司一员，其他股东自然应该就股权转让以及公司外部第三人进入公司做好协助工作，而且我国《公司法》第73条规定也在一定程度上显示出该种义务的类型——消极义务。[②] 具体而言，当

---

① 特定情况下，合同义务由非合同主体的第三方履行。参看我国《合同法》第65条规定："当事人约定由第三人向债权人履行债务的，第三人不履行债务或者履行债务不符合约定，债务人应当向债权人承担违约责任。"

② 根据权利主体依法实现其意志和利益的方式可以将权利义务划分为行动权利和消极义务与接受权利和积极义务。其中行动权使主体有资格做某事或者以某种方式采取行动，与行动权对应的是消极义务，消极义务的内容是不作为，即当权利主体有资格做某事或者以某种方式做某事时，义务主体处于避免做任何可能侵犯权利主体行动自由之事的消极状态。

股权受让人与转让股东签订、履行股权转让协议并为作为公司股东行使股权作出系列准备工作时，其他股东不能阻止该受让人进入公司行使其股东权利。其他股东所承担的协助转移股权的义务同样是第二性的义务，亦即如果其他股东故意阻止该受让人进入公司行使其股东权利是对该受让人股权的侵犯。①

综上观之，其他股东看似是转让股东对外转让其股权的拦路虎，但事实上《公司法》赋予其他股东的同意权、优先购买权以及特定条件下的股权购买权均为转让股东股权转让权的一种附属权利，并且伴随着前述权利的还有其他股东应该承担的履行股权转让协议之义务抑或协助转移股权的义务。这些权利与义务的存在正是为均衡转让股东、其他股东、受让方以及公司之间的利益，从而实现利益关系主体之间之利益平衡。

三 受让方的权利与义务

受让方似乎是有限责任公司股权对外转让过程中无意间被忽视的一方主体，仿佛只有当权利主体过半数同意股权对外转让且放弃行使优先购买权时，其作为受让人与转让股东达成股权转让协议才会让我们意识到其作为合同主体应有的法律地位。其实不然，当权利主体行使优先购买权时，第三人的利益就已经获得重视，"同等条件"的提出便是第三人利益受重视的最好佐证。"同等条件"往往被认为是对其他股东利益的维护，这是对"同等条件"的一种有失偏颇的理解。在笔者看来，"同等条件"既是对转让股东利益的维护，也是对受让人利益的一种正视。正是"同等条件"的存在排除其他股东对受让人受让股权之期待权的肆意剥夺，尽管在身份上其他股东拥有较之第三人更为优越的受让股权的条件，但是并非单纯因为身份之差异就直接否认第三人受让股权的权利，"同等条件"是受让方在身份劣势情形下与其他股东在经济层面上的一种对弈，即如果受让人非常渴望受让拟转让之股权，其完全可

---

① 笔者以为，当其他股东与公司外部第三人签订股权转让协议时，该协议成立且生效。但由于有限责任公司的人合性尤其是股权的身份附随性使得此时的第三人还不能作为公司股东行使股权。但如果其他股东过半数同意股权对外转让且其他股东放弃行使优先购买权则意味着第三人取得成为公司股东的条件，通过支付股权转让价款对公司出资，因为其他股东的同意且放弃优先购买权而获得其他股东的团体合意。第三人取得公司股东资格并实质上成为公司股东，但此时有关该受让人是公司股东的权利表征并不存在，在注重外观主义的商事领域，实现权利表征与权利实质之统一对权利主体来说尤其重要，所以此时受让人作为公司的实质股东有权实现其股东权利的外在化。

以给出一个较高价或者其他更加诱人的条件弥补自己身份劣势之缺陷。当其他股东无法给出受让人开出的高价或者其他诱人条件时，受"同等条件"限制，其他股东自然无法行使优先购买权。据此看来，"同等条件"其实也是对第三人利益的一种维护，或者说它为第三人在身份劣势的情形下提供了与其他股东相抗衡的一种方式，而第三人在抗衡中的胜出即意味着其受让股权期待权的实现。当然除此之外，能够体现兼顾受让人之利益平衡的权利义务主要存在于其与转让股东所签订的股权转让协议之履行中。

（一）受让方的权利

受让方的权利主要体现为享有股权转让协议约定的权利。当权利主体过半数同意股权转让且放弃行使优先购买权时，拟转让股东意图将其股权转让给公司外部第三人的目的就会实现，而在转让股东与第三人之间所形成的股权转让协议则会赋予受让方相应的权利，其中最为重要的权利当属受让方取得特定公司之股权的权利。然而，包括股权在内的很多权利其本身并不具有识别性，只有借助一定的外观或者载体，某种权利才能得以彰显。而就有限责任公司股权外观的载体来看，主要存在公司章程、出资证明书、股东名册以及工商登记等四种不同的权利外观，受让方实质上成为公司股东之后还需要谋求与自身股权相一致的权利外观之形成，这既是受让方基于股权转让协议所享有的权利，也是其作为公司名副其实的股东所享有的一项法定权利。[①]

（二）受让方的义务

受让方的义务主要体现为履行股权转让协议约定的义务。受让人就股权转让协议享有一定权利的同时也必须承担一定的义务。其义务履行主要体现为按照合同约定支付相应的股权转让价款，包括兑现合约里承诺的其他优惠条件，这既是对转让股东利益的保障，也是对公司以及其他股东利

[①] 《最高人民法院关于适用〈中华人民共和国公司法〉若干问题的规定（三）》第25条第3款规定："实际出资人未经公司其他股东半数以上同意，请求公司变更股东、签发出资证明书、记载于股东名册、记载于公司章程并办理公司登记机关登记的，人民法院不予支持。"也即，如果实际出资人经过公司其他股东半数以上同意，其请求公司变更股东、签发出资证明书、记载于股东名册、记载于公司章程并办理公司登记机关登记的，人民法院应支持。实际出资人在满足团体合意情形之下上述针对公司的请求权尚且都能获得法院的支持，而原本就是公司股东的股权受让方相应的请求权自然应该获得法院的支持。

益的一种尊重。而且作为第二性义务，当受让方不按照合同约定支付股权转让价款时，其将要向股权转让方承担违约责任。然而，目前学界就股权转让之"同等条件"所形成的宽泛解释却会给受让方履行合同约定造成一种困境。比如有学者提出同等条件乃主要条件及附加条件论，也即"同等条件"包括股权转让价格、支付条件及其他附加条件。① 此时的附加条件很有可能成为公司或者其他股东行使优先购买权的阻碍，那么附加条件在一定程度上是为公司外部第三人撑开的一把受让股权的保护伞，既然附加条件能发挥如此作用，则附加条件的兑现显得尤为重要，否则其将是对公司及其他股东权益的极大损害。然而考虑到有些学者所提出的代表信任的支付期限不能包含在同等条件之下的主张，② 如果附加条件在受让人获取股权之后才予以兑现，则当附加条件不能兑现，此时应该由谁向曾经的股权受让人如今的公司股东提出一种什么样的兑现请求不能不让人反思。如果曾经的股权转让人全部转让自己的股权即意味其已经退出公司，而如有些学者所言只是对公司将来发展有利的附加条件对业已退出公司的原股东来说无关紧要，③ 作为转让人的公司原股东不会因该附加条件而向现在的公司股东提出违约之诉。如果曾经的股权转让人只是部分转让自己的股权即意味着其还未退出公司，只是持股比例减少，此时当曾经的受让人不能兑现有利于公司发展的经营条件之时，转让人还有可能就此向受让人提出违约之诉。所以受让人义务的履行因为我们对"同等条件"的解释不同而可能呈现不同的局面。然而无论如何，作为受让方，其也是有限责任公司股权转让限制利益平衡链条之上的重要一环，受让方的权利应该获得保护，但是也不能因为保护受让方的权利而忽视转让方或者公司其他股东的利益。在明确有关法律规定的内涵与外延时，受让方必须全面、诚信地履行股权转让协议所明确的义务，否则可能需承受对其不利的法律后果。

---

① 参见王保树主编《商法》，北京大学出版社 2011 年版，第 153 页；雷兴虎主编《公司法学》，北京大学出版社 2006 年版，第 167—168 页；刘俊海《论有限责任公司股权转让合同的效力》，《法学家》2007 年第 6 期，第 77 页。

② 参见杜军《公司法第七十二条蕴含的商业逻辑及其展开》，《人民司法·应用》2013 年第 11 期，第 97—98 页。

③ 同上。

四 公司的权利与义务

如果说在有限责任公司股权转让限制中本来仿佛遭受漠视的第三人之权利与义务因为股权转让协议以及法律所要求的"同等条件"被激活的话，那么有限责任公司本身在股权转让限制中就是真正被人遗忘的角落。有限责任公司在股权对外转让中到底处于什么样的法律地位，其本身在公司股权转让中是否应该拥有一定的权利以及承担相应的义务，法律对此有提及但规定不明确且不甚详细。笔者以为，公司法上的利益平衡从来都不应该忘却公司的利益主体地位。[①] 正如笔者在前文所言，公司拥有独立的法律地位，公司的利益并不能被其他股东利益所取代，基于对公司独立主体地位之尊重以及公司独立利益之维护，有限责任公司在公司股权对外转让中都应该拥有相应的权利及承担相应的义务。

（一）公司章程另行规定是对公司介入股权转让的认可

虽然我国《公司法》没有明确规定公司在股权对外转让中的具体权利，但是《公司法》第71条第4款规定却使该问题呈现明朗化趋势。一方面，该规定本身即显示了公司在股权转让限制问题上的话语权，因为公司章程是公司的自治规则；另一方面该条款显然也为公司介入股权转让提供了一种途径。在我国，公司章程被认为是公司自治规则，是公司进行自治的一种重要方式或者体现，公司章程的制定与修改全都由公司的权力机关——股东会来实施，所以一定程度上可以说，公司章程有关股权转让限制方面的规定本身就是该公司意思的一种体现，或者说公司章程关于股权转让的限制规定往往就是基于公司利益考虑而设置的。

在我国，公司股权转让限制实务中关涉公司权利的规定大都出现在公司章程抑或公司股权转让管理办法中。尽管公司章程有关股权转让限制性规定的法律效力还未形成定论，但这并不妨碍实务中公司通过公司章程介入股权转让之目的的实现。如上海某实业有限责任公司在其公司章程第19条明确规定，股东转让其股份，在同等条件下，公司较之公司其他股东以及公司以外的法人或者自然人有优先受让拟转让股份的权利，而在该

[①] 参见张民安《公司法上的利益平衡》，北京大学出版社2003年版，第11—13页。

公司有关股权转让纠纷中，公司章程的此条规定获得法院的认可。[1]再如某市建筑设计院改组成立有限责任公司之后所制定的公司股权管理办法不仅限制股权对外转让，而且规定由公司本身以股本价格受让辞职股东的股权。针对涉及该项规定的股权转让纠纷，二审法院认可了该公司股权管理办法的规定，其在审判中给出的理由是，作为技术性企业，设计院吸收本公司职工作为公司股东旨在引进人才进而促进公司可持续发展，然而，一旦职工辞职则会导致公司人才流失，这会给公司造成严重的负面影响，所以公司基于自身发展之需而对公司股权转让作出的限制是有效的。[2]尽管我国公司法本身没有明确规定公司在股权转让限制中的地位，但是该公司法赋予公司章程另行规定的权利使该问题的解决更加明确，而且司法实务中的裁决更是支持了公司在股权转让限制中的特定权利。

有限责任公司由投资者投资设立，一旦设立成功，公司就成为具有社会属性的社会一员，绝不是公司股东操控的赚钱工具，而是有其作为组织体自身的利益，是公司利益平衡考虑中不可忽视的独立主体。有限责任公司人合性表述的是股东彼此之间的关系，但是股东彼此之间建立在信任基础上的良好合作关系通常会引导公司朝着可持续的发展方向迈进，而股东资格的取得条件之一——出资描述的恰恰是股东与公司之间的关系，那就意味着投资者要成为公司股东并享有股东权利必须向公司进行出资。这说明公司在股权转让中占据着举足轻重的地位，所以为公司在股权转让限制中寻觅一席之地不仅具有理论上的正当性，而且满足现实中公司发展的客观需求。

（二）公司的权利

因为我国《公司法》没有明确规定公司在股权转让限制中的具体权利，所以接下来有关公司权利的探讨主要建立在对相关法条进行推论的基础上，同时笔者将对实务中公司章程或者股东协议或者公司细则有关公司在股权转让限制中的权利的具体规定进行整合。

---

[1] 参见贾明军、韩璐主编《法院审理股权转让案件观点集成》，中国法制出版社2012年版，第389—391页。

[2] 参见徐志新主编《公司设立与股权纠纷》，中国民主法制出版社2014年版，第251—252页。

1. 同意权

我国《公司法》就有限责任公司股权转让限制赋予其他股东同意权而丝毫没有意识到公司同意权的存在。但是实务中有些公司在其公司章程或者公司细则中却出现类似规定。如某市建筑设计有限责任公司《股权管理办法》第17条规定，除中层成员之外，其他股东因个人原因意图转让股份的需要经过公司董事会研究同意才能转让，并且经过董事会同意转让的股份必须转让给董事会确定的受让人。[①] 董事会乃有限责任公司事务执行机关，是公司的意思形成与表示机关，经过董事会方才能对外转让股份显然承认了公司在股权转让问题上的同意权。再比如江苏省某进出口股份公司在其《内部职工招股实施细则》中规定，职工调离本公司或者死亡的，其所持股份必须按照原价转让给公司其他职工，并且受让对象应该经过公司法定代表人的同意。[②] 公司股权受让对象要经过法定代表人的同意，此时法定代表人的意见显然不是其个人意见的表达，而是代表公司的意见，也即上述细则中受让对象必须经过公司法定代表人的同意，其实质应该是经过公司的同意。尽管该公司为股份公司，但股份转让更自由的股份公司都可以确认公司在股份转让问题上的话语权，显然有限责任公司在有限责任公司股权转让问题上也应该有同意权。除了上述案例中董事会、公司法定代表人针对股权转让行使同意权之外，实务中不乏由股东会作出是否同意股权转让之决议的做法。[③] 因为缺乏《公司法》的明确规定，所以实务中公司同意权的行使方式不太统一，不仅如此，赋予公司同意权之后，公司同意权与其他股东同意权将如何协调是我们必须面临的问题。当然也正是因为公司法对公司同意权没有进行规定，相关内容主要出现在公司章程中，公司章程另有规定在一定程度上回避了公司同意权与其他股东同意权的冲突。在前述有关公司同意权的案例中，基本上公司章程或公司细则在认可公司同意权时将公司规定的其他股东同意权进行了排除。当然这种排除并非对《公司法》规定的粗鲁否定，因为公司章程也好，公司

[①] 参见徐志新主编《公司设立与股权纠纷》，中国民主法制出版社2014年版，第251页。

[②] 参见吴建斌、赵屹《公司设限股权转让效力新解——基于江苏公司纠纷案件裁判的法律经济学分析》，《南京大学法律评论》（2009年春季卷），第106页。

[③] 参见贾明军、韩璐主编《法院审理股权转让案件观点集成》，中国法制出版社2012年版，第166—167页。

细则也罢，这些规范文件都是在股东参与下所形成的，代表的至少是绝大多数股东的意见。所以赋予公司同意权其实是股东多数意见所赞成的，而且当董事会代表公司就股权对外转让行使同意权时，此时的公司利益恰恰能获得一种最大限度之眷顾。①

2. 优先购买权

除了同意权，较多的有限责任公司章程以及公司细则都肯定了公司就拟转让的股权享有优先购买权。② 然而公司优先购买权的行使必然涉及公司法上另外一项非常重要的问题——公司资本维持原则。公司资本确定、资本维持、资本不变乃公司法上三项重要的资本原则，其中资本维持原则要求公司在经营存续中经常性地保持与公司资本相当的财产。为贯彻公司资本维持原则，除法定特殊情形之外，③ 禁止公司回购自己的股份。④ 尽管资本是公司经营运转的物质基础，但是随着公司资本信用向公司资产信用的转变，资本维持并非对公司资本制度的坚守，比如学者眼中资本维持原则体现之限定非货币出资的规定在 2013 年《公司法》修正中就被删除了。⑤ 而且除《公司法》第 74 条规定之外的情形是否就意味着禁止公司回购股权还是个值得探讨的问题，毕竟私法领域"法不禁止即自由"，《公司法》第 74 条规定只是明确了股东要求公司回购股权的几种可能的情形，并没有强制股东在出现这些情形时必须要求公司回购股权，也没有明确禁止其他情形下公司不可以回购公司股权或者说股东不可以向公司提出股权回购请求，"禁止"观点显然是严格贯彻公司资本维持原则之下对

---

① 参见叶林《公司在股权转让中的法律地位》，《当代法学》2013 年第 2 期，第 74 页。

② 参见贾明军、韩璐主编《法院审理股权转让案件观点集成》，中国法制出版社 2012 年版，第 389—391 页；徐志新主编《公司设立与股权纠纷》，中国民主法制出版社 2014 年版，第 251—252 页。

③ 我国《公司法》第 74 条规定："有下列情形之一的，对股东会该项决议投反对票的股东可以请求公司按照合理的价格收购其股权：（一）公司连续五年不向股东分配利润，而公司该 5 年连续盈利，并且符合本法规定的分配利润条件的；（二）公司合并、分立、转让主要财产的；（三）公司章程规定的营业期限届满或者章程规定的其他解散事由出现，股东会会议通过决议修改章程使公司存续的。"

④ 参见赵旭东主编《新公司法讲义》，人民法院出版社 2005 年版，第 118 页；李建伟《公司法学》（第三版），中国人民大学出版社 2014 年版，第 153 页。

⑤ 参见赵旭东主编《新公司法讲义》，人民法院出版社 2005 年版，第 117 页；李建伟著《公司法学》（第三版），中国人民大学出版社 2014 年版，第 153 页。

公司法规定的一种解读。然而,当公司法规定就资本维持原则之贯彻出现松动时,我们是否还应该坚持除《公司法》第74条规定情形之外禁止公司回购股权之主张值得反思。我们既不能一味坚持公司资本维持原则而否认公司就拟转让股权之优先购买权,也不能将事关公司经营发展大局之资本维持原则抛到九霄云外,所以笔者以为,公司就拟转让股权能否实际行使优先购买权需要视公司实际情况而定。如果公司经营发展非常良好,公司净资产多,则公司动用资产受让股权并不会影响到公司注册资本,也谈不上对公司资本维持原则的破坏,但无论如何,鉴于公司持股容易造成股权主体缺位的后果,公司持股还会致使公司运营管理效率低下,以及公司长期持股可能在公司资产变动中形成资产与资本不符之破坏资本维持原则的状态,所以公司受让股权后应该选择将股权转让给公司股东或者值得信任的其他主体。如果公司支付股权转让价款后导致公司净资产与公司资本不符,则此种情形下无论公司如何抉择,其行优先购买权都不应该获得极力支持,否则公司债权人利益将陷入受损的危险之中,而这是对公司利益平衡宗旨的违背。[①]

3. 股权购买权

实务中尽管有公司章程或细则肯定了公司在股权对外转让中所享有的同意权以及优先购买权,但与同意权密切相关的另一项权利——股权购买权是我们在肯定公司同意权的同时不得不考虑的一个问题,即如果公司不同意股权对外转让能否像持反对意见的其他股东一样行使股权购买权。笔者以为除非有充分证据表明公司大股东操纵股东会决议进而恶意阻止股东股权对外转让,则持反对意见的公司可以选择购买拟转让的股权,只是此时公司必须考虑自身的经济情况。公司具备怎样的经济条件才能受让股权以及受让股权后应该如何处置股权,笔者以为可以参考前述优先购买权论述中所提出的主张。

(三) 公司的义务

我国《公司法》没有规定公司在股权转让限制中的权利,但是《公司法》规定了公司应该履行的义务。从权利义务对等层面考虑,公司享

[①] 参见叶林《公司在股权转让中的法律地位》,《当代法学》2013年第2期,第72—73页。

有权利是对其履行法定义务的一种呼应，是权利义务平衡之客观要求。我国《公司法》第73条规定，按照《公司法》第71、72条规定进行股权转让之后，公司需要承担如下义务：注销原股东的出资证明书且向新股东签发出资证明书；修改公司章程中有关股东事项的记载；修改股东名册中有关股东事项的记载。加上前述与其享有的权利相对应的义务，公司需要履行的义务具体可划分为五项。

1. 履行股权转让协议的义务

如果公司最终选择行使优先购买权或者股权购买权则其会与转让股东形成股权转让协议，履行该股权转让协议即为公司必须承担的义务，而履约义务的最重要的具体内容便是按照合同约定的股权转让价格向转让股东支付受让股权之对价。就义务类型而言，受让股东履行股权转让协议义务属于第二性义务，也即如果受让股东不按照股权转让协议全面、真实履约，则其因此要承担相应的违约责任。

2. 签发出资证明书的义务

出资证明书是有限责任公司成立之后向股东签发的一定程度上可以证明股东身份的证书。根据我国《公司法》第31条第2款的规定，出资证明书需要公司进行盖章。所以在原股东转让自己所持股权之后，公司自然应该将其出资证明书进行注销，以免造成实际上无权但外观上似乎有权的虚假权利表征。而受让人通过受让股权进入公司成为公司新的股东自然应该获得公司签发的出资证明书以证明自己的股东身份。然而，公司法规定一概要求公司在股权转让之后应该注销原股东的出资证明书并向新股东签发出资证明书的要求并不十分完备。如果公司原股东只是转让部分股权，那么公司需向新股东签发出资证明书，而不仅仅是注销原股东的出资证明书，还需要向减持股份后的原股东签发新的出资证明书，此时出资证明书的签发显然不是针对新股东，而是公司的老股东。如果公司其他股东行使优先购买权则根本不会涉及公司有新股东问题，只是原股东持股比例的减少或者增加引发的出资证明书的重新签发。当然如果将一切持股比例发生变化的股东称为新股东，似乎"注销原股东的出资证明书，向新股东签发出资证明书"之规定就不存在理解上的困惑，只是因持股发生变化而将老股东理解为新股东似乎有些牵强。

3. 修改公司章程的义务

公司章程中载明了有关公司股东的相关事项，所以公司股东发生改变之后必定涉及公司章程的修改。通常情况下公司章程的修改需要公司持多数表决权的股东通过，然而针对公司股权转让引发的章程修改不再需要股东会进行表决。如此规定是为避免有些股东借公司章程修改二次"阻止股权转让"，这样既不利于受让人利益的保护，也不利于交易的迅捷实现。

4. 修改股东名册的义务

股东名册是公司置备的记载股东相关事项的专门文件，根据我国《公司法》的规定，股东可以依据股东名册之记载提出行使股东权利之主张。所以在公司股权发生变动而引发股东人员变动时必须及时就股东名册作出修改，以方便权利人行使权利且同时避免非权利人造成权利人权利的侵害。

5. 进行变更登记的义务

结合我国《公司法》第32条第2款以及《公司登记管理条例》第34条的规定，公司还应该承担申请股权变更登记的义务。[1]

不履行股权转让协议则意味着公司违约责任的承担，这将会给公司本身以及转让股东造成重要影响。但是签发出资证明书、修改公司章程、修改股东名册抑或申请股东变更登记，公司所承担的前述这些义务并非会给受让人或者转让人股权带来实质影响，受让人不会因为公司不履行上述义务就不能拥有股权，相反，当公司不履行上述义务时，受让人可以依据自己拥有公司股权的事实要求公司进行变更，甚至可以针对公司提出变更之诉。[2] 因为出资证明书、公司章程、股东名册以及工商登记都只是公司股权的外在表征。理想状态之下，存在什么样的实际权利就应该有与之相应

---

[1] 我国《公司法》第32条第2款规定："公司应当将股东的姓名或者名称向公司登记机关登记；登记事项发生变更的，应当办理变更登记。未经登记或者变更登记的，不得对抗第三人。"《公司登记管理条例》第34条规定："有限责任公司变更股东的，应当自变更之日起30日内申请变更登记，并应当提交新股东的主体资格证明或者自然人身份证明。"

[2] 上海市闵行区人民法院（2009）闵民二（商）初字第833号民事判决支持了受让股东以股权所涉公司为被告提出的办理变更登记手续的诉求。参见贾明军、韩璐主编《法院审理股权转让案件观点集成》，中国法制出版社2012年版，第138页。

的权利外观，当权利归属发生改变时权利外观也应随之改变，然而，理想常常与现实失之交臂，实际存在的权利与权利外观之间往往会出现这样或那样的错位，但无论如何特定情形下基于特定价值追求而使无权利支撑的权利外观发生有权利支撑的法律效果并不能改变权利归属之原貌。

除了上述公司所承担的保证权利外观与权利相一致的义务外，有学者认为公司还应承担提供公司财务会计信息的义务。① 公司履行提供财务会计信息的义务是为实现合理确定拟转让股权之价格的目的。股权转让价格通常应该由转让方综合考虑多种因素来确定，但无论如何，都需要建立在知悉公司财务会计信息的基础之上，所以公司履行提供财务会计信息之义务则属合理。然而，公司作为义务方提供财务会计信息所满足的不应该是受让人的请求。在缔约阶段，合同方不具有了解公司财务会计信息的主体资格，而且公司财务会计信息一定程度上属于公司商业秘密，自然不能为外人所知悉。② 然而随着公司履行财务会计信息义务不得不考虑的另一个问题是，如果公司提供虚假的财务会计信息致使拟转让股权价格确定过高或者过低时，受让方或者转让方能否针对公司提出损害赔偿之诉，或者知悉公司提供虚假财务会计信息时，股权转让协议双方主体可以采取什么样的补救措施。有学者认为此时股权转让双方所签订的股权转让协议应该属于存在重大误解之可变更可撤销合同。③ 笔者以为如果纯粹属于公司提供虚假财务信息，股权转让协议双方不存在共谋的话，则合同运行阶段的不同决定的补救措施不同，如果合同已经履行完毕，除非有足够证据充分证明公司提供虚假财务会计信息致使股权转让双方之某一方主体遭受重大损失，否则任何一方所遭受损失应视为一种交易风险；如果合同还在履行阶段，则股权转让双方所签订的股权转让协议应该属于显失公平之可变更可

---

① 参见叶林《公司在股权转让中的法律地位》，《当代法学》2013年第2期，第74—75页。

② 我国《反不正当竞争法》第10条第3款规定："本条所称商业秘密，是指不为公众所知悉、能为权利人带来经济利益、具有实用性并经权利人采取保密措施的技术信息和经营信息。"财务会计信息本身所涉及的公司资产负债情况、利润情况以及现金流量情况则会在一定程度上透露公司的经营信息。另外根据现代公司所有与经营相分离的理论，公司的经营者有义务向投资者提供财务会计信息，而没有义务向公司外部人员提供财务会计信息。参见李明辉《论财务会计信息在公司治理中的作用》，《审计研究》2008年第4期，第74—75页。

③ 叶林：《公司在股权转让中的法律地位》，《当代法学》2013年第2期，第74—75页。

撤销合同，受损害一方可以请求人民法院或者仲裁机构进行变更。当股权转让协议任何一方存在与该公司合谋提供虚假财务信息，则应该适用《合同法》第 52 条规定认定签订的股权转让协议无效，未履行的股权转让协议当然无效，已经履行的合同自始无效且双方当事人应该恢复到合同履行前的状态。

尽管我国《公司法》未就公司在股权转让限制中的权利与义务作出明确规定，但是实务中首开先河的做法却说明了公司在股权转让限制中享有权利的重要性，而且作为关涉股权转让的一介独立主体，在股权转让中公司难免要承担相应的义务，厘清公司义务有助于股权转让权利以及其他主体相关权利得以顺畅地实现。

除转让股东、其他股东、受让人以及公司之外，有限责任公司股权转让限制中也会涉及公司债权人利益，但股权交易本身是否一定会给公司外部债权人或者公司交易相对方造成损失则不是股权转让本身可以准确预见的，在一定程度上，在股权转让限制中赋予公司相应的权利与义务，强调公司作为独立主体利益的兼顾，则公司外部债权人的利益实际上在公司股权转让限制中也获得关照，也即在股权转让限制中公司的利益与公司债权人的利益是基本保持一致的。且不论构成复杂的公司外部债权人是否有进入股权转让限制程序中的可能性，即使允许公司外部债权人插手公司股权转让并且债权人也确实可以介入股权转让程序，其实形成的是对债权人利益的过度关注，本应由债权人自己承担的交易风险由法律以牺牲其他交易之效率而强势化解绝不是实现一种利益平衡而是为某些特定主体谋求额外利益，法律以此体现其无所不能的同时，其实反映的是其他社会控制的弱化甚至是枯萎。[①]

综上观之，利益平衡是隐含于有限责任公司股权转让限制中的价值意蕴，有限责任公司股权转让限制直接涉及多方主体利益的现实决定利益平衡存在之正当性。无论是转让股东还是其他股东抑或股权受让人以及公司在股权转让限制中既享有权利也承担相应的义务，既相互制约又相互合作，在权利义务博弈中达至一种利益平衡。利益平衡是解读有限责任公司股权转让限制规定的理念，是将来完善有限责任公司股权转让限制的价值

---

① 参见范愉《法律信仰批判》，《现代法学》2008 年第 1 期，第 15 页。

指引。规定本身的缺陷在于利益偏向导致主体间利益失衡,规定的完善甚至重构则在于修补这种利益失衡、实现各主体间之利益平衡。

价值意蕴是法律的一种内在品质,是法律对社会现象的一种态度。尊重相关主体意思自治,是人之所以为人的存在方式的客观要求,与企业之精髓及灵魂相适应;追求利益关系主体之间的利益平衡则是对正义的一种崇尚,是公司法律规则本身必然坚持的一种追求。

第三章

同意权与优先购买权：有限责任公司股权转让之法定限制

目前我国《公司法》对有限责任公司股权转让限制采用了法定限制和章程限制两种模式，公司章程没有就股权转让作出限制时则依据《公司法》规定处理股权转让问题，公司章程就股权转让作出限制时则依据公司章程处理股权转让问题。而就《公司法》规定而言，股权转让限制主要涉及其他股东的两项权利，一为同意权，二为优先购买权。接下来，笔者将围绕同意权与优先购买权相关问题展开股权转让法定限制之具体分析，以期为法律制度的完善提供合理而又切实可行的建议。

第一节 同意权

一 同意权的存与废

当我们理所当然认为其他股东可以通过行使同意权发表其对股权向公司外部第三人进行转让的意见时，殊不知同意权必须首先面临存或者废的问题。目前有学者认为应该将同意权进行废除，那么他们拥有该主张的理论基础何在，同意权是否有存在的必要，其存在的合理性又该如何确立。我们在具体分析同意权的行使、同意权的效力以及同意权的适用问题时必须先了解同意权的存废之争，毕竟如果同意权已然没有存在的基础，则后续再多再周全的探讨都是无本之木、无源之水。

有学者之所以提出同意权应该被废除的观点，主要基于以下几点理由：(1) 就股权对外转让而言，只存在其他股东行使或者放弃优先购买权问题，而不存在独立于优先购买权之外的同意权，所以股权对外转让需要经过其他股东过半数同意之规则毫无实际意义。① (2) 同意规则并不构成对股权转让的实质障碍，只是一种摆设，所以应该删除同意权而仅仅保留优先购买权。② 有学者尽管意识到同意权在诸如股权赠予、股权继承等特殊场合能发挥独特的作用，但依然作出同意权制度极有可能限缩适用或者退出历史舞台的预见。③

笔者认为上述观点值得商榷。首先，就同意规则不构成对股权转让的实质障碍而言，此种主张隐含的前提即是股权转让限制规则的设置应该能实时性地阻止股权对外转让，而其他股东过半数同意或者其他股东半数以上不同意都不影响股权对外转让的结果，这是对立法宗旨的臆测，也是对法律规则不加详细分析的笼统认识。说这是对立法宗旨的臆测，源自有限责任公司股权转让限制规则价值意蕴之分析，正如笔者前面所言，股权转让限制规则本就无意去真正阻止股权对外转让，至于最终股权是对外转让抑或是对内转让甚或未能转让，则是公司剩余股东、公司转让股东以及公司外部受让人彼此行使各自权利的结果，隶属私法的公司法律规则本身只能为相关主体提供行使各自权利的机会，而不能代替相关主体作出某种意思表示，所以股权转让限制本身以"限制"之名行保护自由之实，只是这种自由非某个主体的自由，而是大家在法律所设定的边界范围内各行其是、各得其所，以谋求利益平衡之实现。说这种观点没有对同意规则详加分析，是因为同意权的行使也可能形成股权不能对外转让而只能内部流转的结果。依据目前我国《公司法》所确定的同意权行使的规程，当其他股东过半数认同股权对外流转时，

---

① 参见叶林、辛汀芷《关于股权优先购买权的案例评述——北京新奥特集团等诉华融公司股权转让合同纠纷案》，http://service.law-star.com/cacnew/200707/40011507.htm，访问时间：2015年3月17日；王子正《有限责任公司出资转让若干法律问题探析》，《当代法学》2002年第6期，第69页。

② 参见叶金强《有限责任公司股权转让初探——兼论〈公司法〉第35条之修正》，《河北法学》2005年第6期，第31页；徐琼《论有限责任公司股东的同意权与优先购买权》，《河北法学》2004年第10期，第66—68页。

③ 参见段威《有限责任公司股权转让时"其他股东同意权"制度研究》，《法律科学（西北政法大学学报）》2013年第3期，第115页。

其他股东能够行使优先购买权；当半数以上其他股东反对股权对外转让时，反对的股东理应选择购买，当反对对外转让的股东并不购买时，视作同意股权转让，此时才产生其他股东行使优先购买权问题。所以事实上，同意规则一定程度上暗含着要求不同意股东进行购买的旨意。这是对有限责任公司人合性的眷顾。当半数以上其他股东反对股权转让时，这表明反对乃公司里绝大部分股东对该股权转让所持态度，既然大多数剩余股东反对股权对外流转，这一方面表明目前公司股东彼此信任且合作良好，另一方面说明其他股东希望这种彼此信任且合作良好的状态能保持。既然如此，法律当然应该出于保护多数人利益之考虑而为这些主体维护公司人合性提供一种便利，所以赋予不同意股权对外转让的股东购买权利，这种购买看似强制购买，但并不会发生不同意股东必须进行购买的结果，反而此种情况下的购买无须参照优先购买权语境下的"同等条件"而留由转让股东与受让股东进行协商在一定程度上是对受让股东利益的眷顾。可见并非如有些学者所言同意权不会构成对股权向外转让的实质影响，当不同意对外转让之股东选择购买拟转让股权则股权转让的方向发生改变，从对外转让转向对内转让。由此看来，同意规则并非多余。其次，优先购买权是否真如有些学者所言可以完全覆盖同意权在当前法律规定中发挥的作用，这需要就没有同意权而仅有优先购买权之假设进行具体分析。如果目前《公司法》没有规定同意权而仅有优先购买权，则当有股东准备对外转让股权时，其必须将转让意图告知公司其他股东，倘若其他股东有人选择行使优先购买权，那么股权不能对外转让而只能对内转让；倘若其他股东没有人选择行使优先购买权，那么股权只能对外转让而不能对内转让。按照目前《公司法》的规定来审视同样问题，结果是否与删除同意权仅保留优先购买权的结果保持一致呢？当有股东准备对外转让股权，则其必定将该转让意图告知其他股东，过半数其他股东同意股权对外流转时，经由股东同意转让的股权，剩余股东在同等条件下享有优先购买权，假设剩余股东并不行使优先购买权，那么股权可以对外转让；当半数以上其他股东反对股权对外转让时，反对的股东应该购买拟转让的股权，反对股权对外转让且不买拟转让的股权则视作同意转让，被同意转让的股权，剩余股东在同等条件下享有优先购买权，倘若剩余股东放弃行使优先购买权，则股权可以对外转让。从股权最终的转让结果来看，似乎没有同意权只有优先购买权的限制规则与既有同意权又有优先购买权的限制规则对股权向外转让所产生的法律影响是相同的，非对外转让则对内转让。然而就对内转让的具体情形而言，有同意权的场合，反对股权对外转让的股东可以购买拟转让股权，尽管都是对内转让，此时受让股东无须受"同等条件"之限制，而只拥有优先购买权的股东必定受"同等条件"制约，是否受"同等条件"限制显然是对受让股东提出的差异性购买要求，其中未受"同等条件"制约的股东行使购买权的要求显然低于受"同等条件"制约的股东行使其优先购买权的要求，因为前种情形里股权转让对价由转让股东与受让股东彼此之间进行协商，而后者却存在公司外部第三人的购买竞争，两相比较，前一情形对受让股东更有利，后一情形对受让股东不太有利。这样一来，也许同意权的存与废所造就的是股权转让之截然不同的结果。有同意权存在的场合，半数以上股东反对股权对外转让时，反对的股东选择购买股权并可就股权转让价格在无人竞争情形下平等协商进而形成股权最终对内转让的结果。没有同意权存在的情形下，面对转让股东同公司外部第三人敲定的股权转让支付对价，原本打算购买拟转让股权的股东可能不得不因为对价过高而放弃行使优先购买权，则最终形成的是股权对外转让的结果，尤其是在目前就同等条件广泛作扩大解释的局面下，这种因难以达到购买条件而不得不放弃行使优先购买权的情形将会时有发生。由此看来，同意权有优先购买权无法涵盖的保护公司其他股东利益之优势，同意权并非可有可无，优先购买权并非能起到"一夫当关万夫莫开"的作用，同意权的法律地位不容小觑。

　　从根本上决定同意权存在之合理性的乃有限责任公司之人合性及有限责任公司股权之身份附随性。有限责任公司股权之身份附随性决定仅仅有股权转让主体与受让主体之间的股权转让协议，还不能让受让人足以行使应该由股东拥有的权利，受让人要想顺利行使其股权，还必须拥有股东身份，只有具备股东身份才能满足行使股权之主体资格要求。而要成为公司的股东就必须取得股东资格，股东资格的取得又须满足出资与取得公司及其他成员接受特定主体为公司股东之合意的条件，这是有限责任公司资合性与人合性所注定之客观要求。当公司外部受让人仅仅是基于股权转让协议作出出资承诺或者已经实际出资，还不能意味其可进入公司行使股东权利，公司外部第三人要想进入公司成为公司股东还需要公司及其他股东对其表示认可和接受，而同意权正是承载形成团体合意之功能而存在。没有同意权仅仅有优先购买权显然不足以彰显团队合意的形成与否。如果有股东行使优先购买权，尚且不论就一定意味着认可并接受公司外部第三人成为公司股东之团体合意没有形成，因为此种情形之下至少其他股东通过行使优先购买权有力维护了有限责任公司人合性。然而如果没有股东行使优先购买权是否就一定意味着其他股东形成认可并接受公司外部第三人成为公司股东的团体合意呢？答案显然是否定的，因为此时之所以没有人行使优先购买权不是因为他们同意该受让人成为公司股东，而是面对"同等条件"他们无力购买。所以是否行使优先购买权并不能表明公司内部是否形成接受某个特定主体成为公司股东之团体合意的形成，而团体合意又正是取得有限责任公司股东资格的必要条件，无法获取股东资格则股权转让协议之意义令人怀疑。

尽管有些地区的公司立法采取了仅规定优先购买权而未规定同意权的立法模式，[1] 但我们同时也注意到有的国家仅规定同意权而未规定优先购买权，[2] 还有地区采用同意权与优先购买权并存之立法模式，[3] 而在美国，

---

[1] 我国澳门特别行政区《商法典》第367条第1款规定："公司对股东之生前移转享有优先权；公司不行使该权时，各股东根据其股之比例对该移转享有优先权；但章程另有规定者除外。"参见赵旭东主编《境外公司法专题概览》，人民法院出版社2005年版，第456页。

[2] 日本《有限责任公司法》第19条规定："股东在将其全部或部分出资份额转让给非股东的情形下，必须取得股东会的同意。在前款的情形下，股东可以记载转让相对人及转让出资份数的书面，向公司提出同意转让，或者在不同意转让时，指定其他转让相对人的请求。"《韩国商法》第556条规定："以有第585条规定的社员大会决议时为限，社员可以将其持股之全部或部分转让与他人。"《德国有限责任公司法》第17条规定："只有经过公司承认时，才可以让与部分出资额。……在公司合同中可以规定……无须得到公司的承认。"《法国商事公司法》第45条第1款规定："只有在征得至少代表3/4'公司股份'的多数股东同意后，公司股份才转让给与公司无关的第三人。公司在三个月未做出决定的，视为同意转让。"参见赵旭东主编《境外公司法专题概览》，人民法院出版社2005年版，第450、454、455页。

[3] 我国台湾《公司法》第111条规定："股东非得其他全体股东过半数之同意，不得以其出资之全部或一部，转让于他人。前项转让，不同意之股东有优先受让权；如不承受，视为同意转让，并同意修改章程有关股东及其出资额事项。"参见赵旭东主编《境外公司法专题概览》，人民法院出版社2005年版，第449页。

同意限制被认为是封闭公司选择理想合作伙伴的最好措施。[①] 笔者以为这些模式本身并无孰优孰劣之区分，不同国家或地区沿袭的法律传统不同，对有限责任公司之人合性的认识、强调不同，加上其他相关替代性法律规定的不同，相同制度本身呈现出不同表现形式自然是可以为我们所接受的。无论法律制度采取一种什么样的表现形式，重要的是规则本身要坚定而又清晰地彰显其所秉持的理念，具体法律规定要能适应本国家或者本地区实务之需要，否则法律规定的设置就趋于随意，法律权威便会受到损害。就我国而言，有限责任公司股权转让限制主要承袭大陆法系立法传统，而且我国法学理论更加凸显有限责任公司之人合性，所以我国股权转让限制兼采同意权与优先购买权之立法模式乃目前最能彰显特定公司理念的立法规定，针对该模式之具体规定的不足所进行的完善将更有助于使其适应于我国公司法实务。

二 同意权的行使

（一）同意权行使的前提

其他股东同意权的行使建立在知悉有股东意欲转让股权的基础之上，而这种知悉的形成来自转让股东的通知，转让股东关于拟转让股权的通知便是同意权行使的前提。通知行为看似简单，但事实上因为我国公司法对该问题的规定不甚明晰，加之学界所持理论的分歧，关于通知的对象、通知的方式、通知的次数以及通知的内容都需要进一步澄清。

1. 通知的对象

关于通知的对象，目前学界形成两派不同的主张。一种主张认为通知的对象是其他股东，也即转让股东是向股东个别发函来征询意见。[②] 另一种主张认为转让股东通知的对象应该为公司而非其他股东，具体来说，可以由转让股东先将股权转让事项通知公司董事会，再由公司董事会负责召集股东会会议，从而由股东在股东会议上就是否赞成股权对外

---

① See Edwin J. Bradley, Stock Transfer Restrictions and Buy-sell Agreement, Close Corporation, No. 2（Vol. 1969），p. 141.

② 参见刘俊海《论有限责任公司股权转让合同的效力》，《法学家》2007 年第 6 期，第 77 页。

转让进行表决。① 如果针对《公司法》第 71 条作文义解释，显然第一种观点是十分合理的，因为第 71 条第 2 款明确规定，转让股东是就股权转让事项通知其他股东，而非公司或者公司机关，况且，《公司法》规定在是否同意的判断标准问题上采取的是人数决而非资本决，这也与对股东个别发函通知相吻合。所以从文义解释以及体系解释角度来看，第一种观点是对法律规定的原本解读。第二种观点则稍显混乱，表面上涉及的是通知对象问题，实质上反映的是公司与股东在股权流转限制中的法律定位，只是该观点对公司在股权转让限制中的法律地位坚持得不够彻底。持第二种观点的学者实际上是将公司作为连接转让股东与其他股东的一种桥梁，也即转让股东就股权转让事项通知公司之后，再由公司通知其他股东，向公司发出转让股权通知并不在于征询公司的意见，而是通过公司将股权转让信息传达给公司股东。学者如此解释法律规定原因在于三个方面：一是能够避免转让股东进行差异化通知；二是符合"委任理论"之下股东与公司彼此之间的信托与受托关系之架构；三是当公司接到股权转让通知但不向其他股东告知该股权转让事项时，其他股东能够提起以公司为被告的侵权之诉。② 当然在持有第二种观点的学者中，也有人基于程序简化之便捷考虑，提出在股东会议上由其他股东就股权对外转让事项进行表决，但并非《公司法》规定的按照出资比例进行表决，而是依然采用其他股东过半数之人数决的方式。③ 此时的股东会只是股东的一种集合，尽管其以公司机关的姿态出现，但其实只是给予股东一个集中进行表决的机会，通过股东会由此形成的是否同意股权对外转让之表决并不是代表公司意见，正如有学者所指出的那样，如此，程序得以简化、效率得以提高。笔者倒觉得，如果从效率角度来看，股东集中表决的方法不一定优于其他股东单独向转让股东反馈意

---

① 参见叶林《公司在股权转让中的法律地位》，《当代法学》2013 年第 2 期，第 74 页；段威《有限责任公司股权转让时"其他股东同意权"制度研究》，《法律科学（西北政法大学学报）》2013 年第 3 期，第 116 页；朱建军《我国有限责任公司股权转让法定规则的立法技术分析》，《政治与法律》2014 年第 7 期，第 93 页。

② 参见叶林《公司在股权转让中的法律地位》，《当代法学》2013 年第 2 期，第 70、74 页。

③ 参见朱建军《我国有限责任公司股份转让法定规则的立法技术分析》，《政治与法律》2014 年第 7 期，第 93 页。

见，因为股东会的召集要遵守公司法的基本规则，并非一蹴而就。① 而且采取书面通知方式客观上也不会出现学者们眼中针对每个股东的差异通知，除非转让股东有意为之。如若股东有意为之，则法律制度只能通过法律后果来进行震慑，难以通过行为模式本身进行避免。在笔者看来，转让股东就股权流转事项是单个告知其他股东，还是仅向公司发出通知，抑或同时向其他股东或者该公司发出通知，取决于公司在股权对外转让中的法律地位。正如笔者在第二章所论证的那样，公司作为独立企业法人有属于其自身的利益，而且公司利益在有些时候并非绝对与公司股东利益保持一致，否则就不会出现股东损害公司利益的问题。而通过受让股权进入公司的股东通常会影响到公司的运营，尤其是大股东甚至控股股东转让股权时给公司带来的影响就更大，影响到公司利益却不赋予公司话语权利是对公平、正义的践踏。更何况，实务已先行于法律规定，公司机关往往代表公司被赋予针对股权对外转让事项发表意见的权利，转让股权无须得到公司的同意也是《公司法》第71条规定的硬伤所在。② 如果说法律是社会现实的反映，"法律的发展始终与社会现实相伴随"的话，③ 那么股权转让限制中赋予公司同意权的现实应该能够带给公司立法以及司法实务深刻的反思。在笔者看来，就公司股东对外转让股权，其他股东与公司都有发表意见的权利，也即同意权行使的主体也应该包含公司本身。《公司法》第72规定一定程度上可以作为笔者观点的佐证，④ 尽管该条基于强制执行情形未能赋予公司同意权，也未赋予公司优先购买权，但是人民法院通知公司这一规定本身就显示了公司作为利益相关者的法律地位，只是第72条对公司作为股权转让利

---

① 我国《公司法》第39条规定："股东会会议分为定期会议和临时会议。定期会议应当按照公司章程的规定按时召开。代表十分之一以上表决权的股东，三分之一以上的董事，监事会或者不设监事会的公司的监事提议召开临时会议的，应当召开临时会议。"

② 参见徐强胜《股权转让限制规定的效力——〈公司法〉第71条的功能分析》，《环球法律评论》2015年第1期，第152页。

③ 参见王建国《关注社会现实：法律发展不可或缺的主题——解读卡多佐的社会学法学思想》，《法学评论》2008年第5期，第7页。

④ 我国《公司法》第72条规定："人民法院依照法律规定的强制执行程序转让股东的股权时，应当通知公司及全体股东，其他股东在同等条件下有优先购买权。其他股东自人民法院通知之日起满二十日不行使优先购买权的，视为放弃优先购买权。"

益相关者的法律地位贯彻得不够坚决。如此一来，则其他股东通知的对象既包含其他股东也包含公司。① 具体来说，转让股东可以采取如下通知并接受反馈意见的模式。第一种模式，分别通知其他股东和公司，由其他股东就股权对外转让事项单个向转让股东反馈意见，并且公司通过召开董事会形成董事会决议作为公司对股权向外转让事项的意见；第二种模式，只通知公司，由公司负责通知其他股东，由其他股东就股权对外转让事项单个向转让股东反馈意见，并且公司通过召开董事会形成董事会决议作为公司对股权向外转让事项的意见。两种通知模式所坚持的公司作为独立权利主体之理念保持一致。两种模式尽管有效率强弱之分，但不宜由法律规定强制转让股东必须采用哪种通知模式，可以交由公司章程自行选择，也即公司同意权问题既可由法律明确规定，也可由公司章程另行规定，而且董事会决议事项也可通过公司章程进行扩容。②

2. 通知的方式

就股权转让通知的方式而言，主要存在书面通知和口头通知两种不同的观点。绝大部分学者坚持《公司法》所规定的书面通知方式，③ 也有学者认为书面通知尽管拥有重要的证据功能，但是《公司法》关于书面通知并非强制性规定，应该可以允许公司章程作出与之相反的规定即允许转让股东以非书面方式通知股权转让事项。④ 笔者同意第二种观点。法律之书面要求是基于书面之证据功能，在涉及通知相关纠纷时可以依据通知之

---

① 在美国，股权转让限制通常包含这样的内容，即股权转让需要经过公司董事会的同意，或者股东的同意，或者一定比例的董事或者股东的同意。尽管没有明确公司同意权主体的法律地位，但是笔者以为在股权转让中，董事会的同意往往代表的是公司的意见。See Bernard F. Cataldo, Stock Transfer Restriction and the Closed Corporation, Virginia Law Review, Vol. 37, No. 2 (Feb., 1951), p. 241.

② 我国《公司法》第46条在罗列了董事会的系列职权后，在其第11项规定，公司章程可以就董事会职权另行规定。

③ 参见叶林《公司在股权转让中的法律地位》，《当代法学》2013年第2期，第74页；朱建军《我国有限责任公司股份转让法定规则的立法技术分析》，《政治与法律》2014年第7期，第90页。

④ 参见段威《有限责任公司股权转让时"其他股东同意权"制度研究》，《法律科学（西北政法大学学报）》2013年第3期，第116页。

书面内容作出相应的处理,然而正如学者所言,即使如此,书面通知要求并非强制性规定,而是补充性规范抑或缺省性规范,可以通过公司章程另行规定。况且非书面之口头通知对于相关纠纷之解决尽管帮助甚微从而可能导致问题的处理结果有偏向某方主体之嫌疑或者可能做出对某方主体不利的裁决,但是这种可能遭遇的不利应该是当事人事先可以预见的,所以从这个角度来说,当事人自愿选择口头方式从而使自己陷入潜在的不利之中是其对自身利益的处置,符合私法自治之基本原则。或者换句话说,即使法律提供了非书面方式进行通知的可能,理性的主体不会轻易选择它。主体如何选择是其自治的表现,而法律是否提供一种选择表达的是其对自治的一种态度。所以笔者以为法律规定完全可以允许相关主体就通知方式通过公司章程另行规定,这是对主体自治的一种尊重。至于相关主体最终会做出一种什么选择,这是主体行使自由权利的结果,法律可以在所不问。

3. 通知的次数

关于通知的次数极少有人提及。[1] 但是股权对外转让涉及同意权的行使与优先购买权的行使,而且权利的行使存在时间先后,所以难免会让人对通知的次数产生疑问,是一次通知就可以使其他股东同时作出是否赞成股权转让及是否行使优先购买权的决定;还是分两次进行通知,其中第一次通知意在使股东就是否同意股权转让作出决定,第二次通知旨在使股东作出是否行使优先购买权的决定。通知的次数与通知的内容密切相关,之所以会出现两次通知,通常是考虑到第一次通知时,转让股东与受让人之间还未就股权转让事项商定明确的协议,故转让股东仅需将股权转让意向告知其他股东。[2] 就商事交易效率而言,一次通知比两次通知当然更具有优势,然而两次通知蕴含有不同于一次通知之公司法理念。如果一次通知则意味通知的内容应该十分完备,包括股权转让的对象、股权转让的数量

---

[1] 有学者认为《公司法》第 71 条的通知实际包含两次通知:第一次通知是行使同意权(第二款),第二次通知是行使优先购买权(隐含在第三款)。参见杜军《公司法第七十二条蕴含的商业逻辑及其展开》,《人民司法·应用》2013 年第 11 期,第 96 页。

[2] 参见杜军《公司法第七十二条蕴含的商业逻辑及其展开》,《人民司法·应用》2013 年第 11 期,第 96 页。

及占公司的比例、股权转让的对价及对价的支付等,通常情况下,此时转让股东理应已经同该第三人就股权转让事项形成一致协议,不然欠缺其他股东行使优先购买权之"同等条件",如果"同等条件"是在其他股东准备行使优先购买权之后再经由转让股东和公司外部受让人进行确定,显然会使意欲行使优先购买权之股东陷入不利,所以一次通知情形下,其通知的意图既在于让剩余股东行使同意权且包含赋予剩余股东作出会否行使优先购买权之决意的机会,那么此时转让股东必然就股权转让事项和公司外部第三人形成股权转让协议。由于转让股东已经和公司外部第三人形成股权转让协议,则此时其他股东行使股权购买权或者优先购买权极易使转让股东陷入违约境地。而且如果只有一次通知,股权转让价格业已由转让股东与第三人商定,那么公司其他股东的股权购买权很可能受"同等条件"制约,至少会受同等支付价格制约,如此则不同意股权转让者应该购买之法律规定所蕴含的法律理念无法获得体现。当半数以上其他股东反对股权对外转让时,这表明公司大多股东对股权转让持反对意见,此时公司的人合性非常强,出于维护公司人合性之考虑,不同意股权对外转让的股东此时应该与转让股东公平议价而不受第三人出价之制约;当其他股东过半数同意股权对外转让时,这说明公司的人合性比较弱,公司多数股东赞成股权对外转让,此时倘若仍有股东希望凭借优先购买权的行使来阻止股权对外转让时,则其要受公司外部第三人出价之制约。[①] 在只有一次通知的情形下上述《公司法》规定所蕴含的理念显然无法彰显。如果允许公司股东就股权转让事项进行两次通知,那么第一次通知的内容应该仅包括转让股权的数量及占公司全部股权的比例以及拟受让人的基本情况,不包括股权转让价格,更不包括转让方与第三人将可能签订的股权转让协议。股权转让限制的目的在于维护公司的人合性,人合性描述的股东彼此之间的信任关系,当股权对外转让时,公司其他股东能否接受受让人成为公司股东,尤其是转让股权数量较大或者占整个公司股权比例较高时,其他股东对是否接受受让人进入公司成为公司股东更加会持谨慎态度,而此时股权转让价格显然不是其他股东是否接纳受让人成为公司股东所要考虑的因

---

① 参见王东光《论股权转让的双重限制及其效力》,载顾功耘主编《公司法律评论(2010年卷)》,上海人民出版社2010年版,第38—39页。

素，也即公司其他股东不可能仅仅因为觉得股权转让价格过低所以不同意股权对外转让，或者觉得股权转让价格过高也不同意股权对外转让，毕竟股权还存在赠予的情形，而股权转让价格的形成本就具有一种不确定性，如果受让人愿意出高价购买公司股权，其他股东显然不应该故意阻止转让股东获利，所以价格因素不是其他股东作出是否同意股权对外转让的决定性因素。综上所述，在接到转让股东的第一次告知之后，其他股东以及公司能就股权对外转让作出是否赞成的表决，半数以上表决人反对股权转让时，反对的表决人能够选择购买该股权，并且此时的购买不受"同等条件"之制约。如果有同意权人行使股权购买权利，则股权由向外转让转为对内转让，但此时转让股东拥有选择权，其并非必须将股权转让给行使受让权的股东，并且此时转让股东不须担负合同履行不能的违约责任与合同未能订立的缔约过失责任。[①] 半数以上股东反对股权对外转让并且反对转让的表决人放弃购买拟转让的股权则视作同意转让。假设在收到转让股东的第一次告知之后，同意权人过半数同意股权对外转让，则不存在同意权人行使股权购买权的问题。当转让股东第一次通知之后，没有同意权人行使其股权购买权，接下来对于转让股东来说应该就股权转让具体事宜比如股权转让价格以及支付方式与外部受让人进行明确协商并形成一致协议，然后，转让股东将协议内容告知其他股东，以便让其他股东作出是否行使优先购买权的决定。第一次告知之时公司其他股东就有机会就股权转让问题与转让股东进行不受"同等条件"之协商，但依然没有股东选择购买或者选择购买者未能与转让股东达成购买协议，则第二次通知之时，受"同等条件"制约的其他股东受让拟转让股权的可能性就更小。如此

[①] 我国《合同法》第42、43、58条就缔约过失责任进行了规定："当事人在订立合同过程中有下列情形之一，给对方造成损失的，应当承担损害赔偿责任：（一）假借订立合同，恶意进行磋商；（二）故意隐瞒与订立合同有关的重要事实或者提供虚假情况；（三）有其他违背诚实信用原则的行为。""当事人在订立合同过程中知悉的商业秘密，无论合同是否成立，不得泄露或者不正当地使用。泄露或者不正当地使用该商业秘密给对方造成损失的，应当承担损害赔偿责任。""合同无效或者被撤销后，因该合同取得的财产，应当予以返还；不能返还或者没有必要返还的，应当折价补偿。有过错的一方应当赔偿对方因此所受到的损失，双方都有过错的，应当各自承担相应的责任。"因为其他股东选择购买拟转让的股权显然不是股权转让方的过错，而且公司外部第三人应该能够对同意权人行使股权购买权作出预见，所以此种情形不构成转让股东承担缔约过失责任的条件。

一来，第二次告知造成优先购买权之行使并进而诱使转让股东违反约定的可能性就微乎其微。所以经过第一次通知之后，第二次通知本身的实际意义似乎不大，但是任何事情都会有转机，尤其是股权交易不排除相关主体改变自己先前决定的可能性，法律制度要做的是尽量考虑到实务中可能发生的每一种情形。可能有人会质疑，既然如此，则接到第一次通知之后，其他股东以及公司都考虑受让股权价格的问题，于是可能都选择不同意转让，则转让股东的利益就会受损。即使同意权人都对股权向外转让持否定意见，则反对的主体同样需要购买，不购买则视作同意转让，购买则转让股东转让股权的目的还是得以实现，虽然此时股权受让不受"同等条件"的制约，似乎转让股东在转让价格上呈现出某种劣势，但是对比建立在公司人合性基础之上的股东团体利益、公司利益以及转让股东利益，多数人的利益更应该获得《公司法》的青睐。当然理性的转让股东基于自身对市场的判断也不一定就在不受"同等条件"限制的股权交易中占据下风，故转让股东的利益并非必然因此受损。由此看来，转让股东的股权转让权、其他股东和公司的同意权与优先购买权以及公司外部受让人的利益在两次通知之中获得淋漓尽致的展现，利益平衡之价值在法律规定中得以蕴含。诚然，两次通知有其合理性，但这并非说明一次通知就存在绝对的不合理性。股权转让现实是复杂多样的，各方交易主体尤其是转让股东会针对具体交易情形来设定通知的次数以达到转让股权的目的，并且不至于使其他股东利益受损。所以有限责任公司股权对外转让总会有一次通知生存的土壤。是进行一次通知还是两次通知应该交由相关主体自己决定，因为只有当事人对自己的权益最清晰，也只有行为人自己对自己的行为负责。

4. 通知的内容

通知的内容与通知的次数密切相关。正是因为没能区分通知的次数，所以学界关于通知的内容也是众说纷纭。有学者认为转让股东通知的内容为转让事项或者附加转让协议。[①] 有学者则认为股权转让通知只需要表达股权转让的意向性内容，具体包含转让方、转让价格、转让股权的数量

---

① 参见叶林《公司在股权转让中的法律地位》，《当代法学》2013年第2期，第74页。

等,而没有必要提供股权转让协议的文本。①法律规定的不甚明晰与学界关于股权通知内容的莫衷一是使实务界就股权转让通知所包含的内容问题上也呈现出不太统一的指引,有的直接规定通知书通常应该包含转让股权的数量、受让人身份、转让价格等三项内容,②有的则认为股权转让通知书应该包含拟转让股权的价格、条件以及转让对价的支付方式等内容。③所以,详细分解股权转让通知的次数且根据次数确定股权转让通知的内容并以此消解立法上的模糊与实务中做法的不统一,才是解决股权转让通知问题的合理进路。如果是一次通知,则通知的内容包括股权转让的对象、股权转让的数量及占公司的比例、股权转让的对价及对价的支付等。如果是两次通知,通知内容就需分层。转让股东第一次通知只需要就拟转让股权的数量及占公司股权的比例等事项告知公司以及其他股东;第二次通知的内容则应该包含拟转让股权的数量及占公司股权的比例、受让人身份以及转让价格、支付方式等事项,其中转让价格与支付方式是第二次通知内容的重点,因为这些内容直接决定公司以及其他股东是否会行使优先购买权。

鉴于有限责任公司的人合性以及股权转让可能对公司利益带去的影响,股权转让通知的对象应该包括公司其他股东以及公司,通知的方式既可采书面方式也可用非书面方式,通知次数可以是一次也可以是两次,通知的具体内容则可根据通知的次数来分别确定。如此解读法律既是对相关主体自由的充分尊重,也是对相关主体利益平衡的一种谋求。

(二) 同意权行使的方式

如前文所述,同意权的主体既包括公司其他股东也包括公司本身。公司行使同意权的方式即通过公司机关形成公司意思,韩国及日本均是通过公司股东会作出是否赞成股权转让的决议,而我国实务中代表公司就股权

---

① 参见陈敦《论股东优先购买权的行使》,《法律适用》2007年第8期,第46页;段威《有限责任公司股权转让时"其他股东同意权"制度研究》,《法律科学(西北政法大学学报)》2013年第3期,第116页。

② 参见上海高级人民法院2008年颁布的《关于审理涉及有限责任公司股东优先购买权案件若干问题的意见》第2条:"股权转让之书面通知,应该包括拟受让人的有关情况、拟转让股权的数量、价格及履行方式等主要转让条件。"

③ 参见银川市工商行政管理局《关于印发〈有限责任公司股权转让行政指导工作指南〉的通知》,http://xxgk.ngsh.gov.cn/227101/qyzc/2010118796.shtml,访问时间:2015年4月18日。

对外转让行使同意权的机关则既包括股东会也包括董事会甚至包括公司法定代表人，这在一定程度上说明公司章程或者公司细则拥有无限的自治空间，同时也说明欠缺法律指引的公司自治所呈现出的极不统一甚至比较混乱的状态。既然公司是同意权权利主体，则知悉公司的意思乃当务之急，然而公司与自然人不同，作为实在法人，公司必须通过其法人机关形成、表达其团体意思。西方发达的民主代议制及"三权分立"思想造就我国有限责任公司股东会、董事会或者执行董事、监事会或者监事之组织机构设置，其中股东会是公司权力机关，董事会是公司事务执行机关，监事会是公司监督机关，除了公司组织机构之外，法定代表人也是对外代表公司的机关。公司机关如此众多，哪一个机关才能形成或者代表公司的团体意思，是解决公司就股权对外转让行使同意权之具体方式的关键。有限责任公司是股东投资形成的企业组织，是公司剩余索取者，所以公司意思应该建立在股东个人意思基础之上，能将股东个人意思转化为公司团体意思的就是公司股东会决议。[①] 股东会在法律或者公司章程规定的权限范围之内就公司事务作出决策，其就是公司的意思形成机关。[②] 董事会是对外代表公司对内执行公司事务的公司常设机关。[③] 法定代表人则是公司的代表机关，或者说公司对外的全权代表机构。[④] 从上述机关的定位即可推知有限责任公司就股权对外转让行使同意权的具体方式，是否同意的意思形成于公司的股东会决议，而公司董事会或者法定代表人可以代表公司将股东会形成的决议告知转让股东。但笔者以为，从务实的角度来看，董事会决议比股东会决议更能实现对公司利益的保障，因为较之于投资者而言，经营管理者的专业性及其对公司的勤勉与忠实义务促使其必须关注公司整体利益之增加，由董事会代表公司就股权转让问题形成决议也是对股东会中心向董事会中心转移的现代公司发展趋势的顺应。所以事实上我国实务中有的公司要求股权对外转让需要经过董事会同意且要求受让人由董事会选定以及公司股权转让要求公司法定代表人同意的做法是有其法律依

[①] 参见叶林《股东会会议决议形成制度》，《法学杂志》2011年第10期，第30页。
[②] 参见江平主编《新编公司法教程》，法律出版社1994年版，第68页。
[③] 参见江平主编《新编公司法教程》，法律出版社1994年版，第68页；赵旭东主编《新公司法讲义》，人民法院出版社2005年版，第319页。
[④] 参见赵旭东主编《新公司法讲义》，人民法院出版社2005年版，第97页。

据的。

就其他股东行使同意权的方式而言，学界在投票标准以及具体比例两个问题上出现一些分歧。关于投票标准出现人头决、资本决与双重决三种声音，而就人头或者资本的比例也呈现出不同主张。少数学者认为资本决更能体现公平正义价值，① 有些学者认为兼顾人头与出资比例的双重决更符合有限责任公司人合性与资合性的平衡要求，② 绝大部分学者认可《公司法》所采用的人头表决方式。③ 因为资本决与人头决之差异，学者在表决的具体比例上也自然会有差别，主张资本决的学者认为资本决的比例应该是四分之三，而非过半数。④ 笔者以为这个观点多少受到《法国商事公司法》第45条第1款规定的影响，因为我国《公司法》目前涉及的股权比例主要包括十分之一以及三分之二两种。而坚持人数决的个别学者则提出应该删除"过半数"要求，因为这个规定没有实际意义，"过半数"要求之下反对转让的股东自己买入拟转让之股权抑或同意转让则股东拥有优先购买权，删除"过半数"，则转让股权需要获得其他股东之认同，反对转让的股东应该购买，放弃购买的视作同意转让。⑤ 该学者所要表达的意思其实为只有当全体其他股东同意股权对外转让时也意味着股权对外转让被同意了，因为在该学者看来，哪怕是只有一个其他股东反对股权对外转让，则表示反对的该股东应该选择购买，放弃购买的话才视作同意转让，也即全体剩余股东同意才表明股权得以对外转让。如此主张实质上是对有限责任公司人合性的过分强调。举例说明，假设公司共有股东10个，其

---

① 参见黄月华《有限责任公司股权转让制度之重构》，《西南政法大学学报》2005年第1期，第50页。
② 参见周海博《股权转让论——以有限责任公司为视角》，吉林大学，博士学位论文，2009年，第53页。
③ 参见［德］托马斯·莱赛尔、吕迪格·法伊尔著《德国资合公司法》（第3版），高旭军等译，法律出版社2005年版，第477页；甘培忠、吴涛《有限责任公司股权转让探析——兼论我国〈公司法〉相关制度之完善》，《南京大学学报》（哲学·人文科学·社会科学版）2005年第1期，第37页；段威《有限责任公司股权转让时"其他股东同意权"制度研究》，《法律科学（西北政法大学学报）》2013年第3期，第116页；朱建军《我国有限责任公司股份转让法定规则的立法技术分析》，《政治与法律》2014年第7期，第93页。
④ 参见黄月华《有限责任公司股权转让制度之重构》，《西南政法大学学报》2005年第1期，第49页。
⑤ 参见王亚明《有限责任公司股权转让研究》，《长江论坛》2006年第1期，第38页。

中股东甲欲将其股权对外转让,按照该学者的主张,假设此时其他 9 个股东中有 8 个股东同意股权转让仅有 1 个股东丁就股权对外转让持反对意见,那么此时丁可以选择购买甲拟转让的股权而不受"同等条件"制约。而适用现行《公司法》,则意味着股权对外转让取得其他股东的同意,此时其他股东只能行使优先购买权,而受"同等条件"限制的优先购买权其实暗含的价格发现机制更有利于转让股东而不是受让股东。[1] 删除"过半数"规定的主张是对同意权以及优先购买权行使结果的机械理解,公司其他股东的利益得以放大,进而破坏《公司法》架构的股权转让限制中利益相关主体之利益平衡机制。我国台湾地区公司立法就股权转让之其他股东同意权的行使也是做出的"过半数之同意"的规定。[2]

《公司法》有的规定采资本决、有的规定采人数决,较少兼采人数与出资比例之表决方式,而且涉及股东表决时基本都采用资本决,这也是有些学者认为其他股东就股权对外转让时应该采取资本决的原因所在,然而也正如有些学者所指出的那样,股权转让之人数规定与《公司法》上资本多数决规定不存在不可调和的对立,借助立法技术即可解决股权转让之人数决之合法性问题。[3]《公司法》在 2005 年修正时,针对原第 41 条规定进行补充,补充后的内容其实就是借助立法技术认可股东人数决的合法性。[4] 然而立法只是从形式上实现了股东人数决的合法化途径,并没有达至对法律本身采用人数决之另外规定的总体性认可。笔者以为,2005 年《公司法》修正之所以没有针对原第 41 条补充"本法有特殊规定的除外",[5] 一方面是因为原第 41 条是针对股东会决议而言,但是股权转让之

---

[1] 参见蒋大兴《股东优先购买权行使中被忽略的价格形成机制》,《法学》2012 年第 6 期,第 74—77 页。

[2] 我国台湾《公司法》第 111 条规定:"股东非得其他全体股东过半数之同意,不得以其出资之全部或一部,转让于他人。"参见赵旭东主编《境外公司法专题概览》,人民法院出版社 2005 年版,第 449 页。

[3] 参见甘培忠、吴涛《有限责任公司股权转让探析——兼论我国〈公司法〉相关制度之完善》,《南京大学学报》(哲学·人文科学·社会科学版) 2005 年第 1 期,第 37 页。

[4] 2004 年《公司法》第 41 条规定:"股东会会议由股东按照出资比例行使表决权。" 2005 年《公司法》第 42 条规定:"股东会会议由股东按照出资比例行使表决权;但是,公司章程另有规定的除外。"

[5] 参见甘培忠、吴涛《有限责任公司股权转让探析——兼论我国〈公司法〉相关制度之完善》,《南京大学学报》(哲学·人文科学·社会科学版) 2005 年第 1 期,第 37 页。

同意的形成并非属于股东会决议,而是每个股东个人意愿表达的一种机械相加,既然并不是通过股东会形成股东群体的同意意愿,那么即使有前述"除外"规定也不能说立法认可了股东人头决的表决方式;另一方面,立法作出不同于通常情形下股东"以出资论英雄"的规定,这本身就是"除外"规定的具体化,这就提醒我们不能以僵化的眼光看待股东的表决,不能仅仅因为其是一种比较耳目一新的规定就否认规定的合法性,而是要透过法律规定看表决方式背后所蕴含的公司法理。在笔者看来,股权对外转让采取人头决有其正当的理论根基。众所周知,之所以赋予其他股东同意权,原因在于有限责任公司的人合性以及有限责任公司股权之身份附随性。人合性描述的是股东相互之间的信任关系,人与人之间的信任关系显然应该以人头论而不应该以出资论,出资者不能以出资的多少来对公司人合性维系或破坏产生比其他股东更大或者更弱的影响,否则有限责任公司不再有人合性而只有资合性,这与有限责任公司诞生伊始的法定特征不相符合,也无法满足现实中中小企业的发展需求。股权身份附随性亦即股权转让必须取得其他股东的同意,这种同意承载的是认可接受受让者进入公司成为公司股东的身份认证,没有获得其他股东的团队合意而仅有与转让人之间的股权转让协议,受让人不能取得公司股东资格,不能拥有公司股东身份则受让人不能取得通过股权转让协议让渡的权利。纯粹的资本决过分看重资本在有限责任公司的作用,是对公司资合性的强调,双重表决似乎兼顾有限责任公司人合性以及资合性特征,从理论上说可以避免单纯的资本决与人数决存在的弊端,不失为一种体现平衡精神的做法,然而并非任何时候的折中做法都是比较完备的方式,有限责任公司股权转让之同意权的设置本就源自有限责任公司的人合属性而非有限责任公司的资合特征,所以表决方式无须仅仅为了平衡而折中,折中的做法反而会掩盖公司规则的特点。况且赋予公司同意权则是对股权对外转让中的资本决的一种否定。所以笔者以为《公司法》"过半数同意"的规定既有其理论正当性,同时作为不同于股东表决之资本决常态的一种例外规定,一定程度上体现了《公司法》的务实精神和灵活特性。

(三) 同意权行使的期限

所谓同意权的行使期限,是指公司及公司其他股东接到股权转让通知之后作出是否同意之决定的时间间隔,也即公司或者其他股东作出同意或者不同意决定的思考期限。我国《公司法》在第71条第2款就其他股东的思考期限进行了明确规定,即从接到转让通知之日起的30日内,并就该30日内其他股东不答复进行了进一步的规定,即视为同意转让。实务中也有公司通过管理细则认可《公司法》有关30日的规定。[①]

就公司同意权的行使期限问题,我国《公司法》未作规定,赋予公司同意权的《法国商事公司法》对公司同意权的行使期限进行了规定。[②] 笔者以为《法国商事公司法》关于公司行使同意权之3个月的期限过长,而且在既肯定股东同意权又肯定公司同意权的情形下应该保证两者于相同期限内行使其同意权,也即在我国,公司作为同意权的主体也应该在30日内作出是否同意的决定,不作回复即视为同意转让。30日满足公司召开董事会并形成决议的时间要求。我国《公司法》并未就有限责任公司董事会的召开作出具体规定,但根据现行法律的规定,董事会的召开比股东会的召开更加简单和可行。如此一来,从召开董事会议到将董事会决议反馈给转让股东,30日的时间足够而又不冗长,体现商事交易之效率要求。

三 同意权的法律效力

所谓同意权的法律效力,是指未经其他同意权主体行使同意权之股权转让协议或者股权转让的法律效力如何,也即公司以及其他股东过半数同意股权对外转让和不同意股权对外转让时将给股权转让协议以及股权转让带来一种什么样的法律影响。按照目前公司法的规定,如果公司及其他股东过半数同意股权对外转让,则意味着股东有将股权转让给非股东的第三人的机会,而此时其他股东对该拟转让的股权拥有优先购买权。公司反对

[①] 2004年12月某市建筑设计院改组成立有限责任公司,由本公司职工出资认购股份。2005年3月,公司股东会表决通过了《股权管理办法》,该《股权管理办法》第19条规定:"股权终止时间为离职30天后的次日。"第25条规定:"股份转、受让价格按以下方式确定:因辞职、辞退、受刑事处罚或其他事项离职而转让股权的,如内部转让或在离职后30天内没有确定受让人的,由公司回购股权,按公司上一年度末账面净资产结合股权比例确定股本受让价格,但不高于股本原始价格。"参见徐志新主编《公司设立与股权纠纷》,中国民主法制出版社2014年版,第251—253页。

[②] 《法国商事公司法》第45条第2款规定:"公司在三个月内未做出决定的,视为同意转让。"

或者其他股东半数以上不同意,也即股权的对外转让没有获得同意权主体的支持,则反对股权转让的股东抑或公司应该购买,既不赞成股权对外转让又不买入拟转让的股权就视作同意股权对外转让。学者们对于《公司法》相关规定的解读几乎达成了上述一致意见,但是涉及具体问题之分析时还是出现众多不同的主张,而这些主张无不与股权转让协议抑或股权转让本身有关,所以笔者接下来在分析股权转让协议与股权转让基本理论的基础之上就同意权对股权转让协议与股权转让的效力展开具体分析。

(一)股权转让协议与股权转让的效力

2009年上海市闵行区人民法院闵民二(商)初字第2488号民事判决驳回原告股权转让不成立的诉求,原因是法院认为本案中根本就不存在股权的实际转让,只有被告虚造的股权转让协议,所以本案中不是股权转让不成立而是股权转让协议无效。[①] 实务中这一例子使我们不得不正视一个问题,股权转让协议与股权转让到底各指什么内容,它们彼此又存在什么样的关联。接下来笔者将针对这一基础问题展开分析,以期为后面分析同意权对股权转让协议及股权转让的法律效果奠定理论根基。

1. 股权转让协议的效力

此处的股权转让协议专指股权转让方与公司外部受让方针对拟转让股权的数量、对价以及对价的支付方式等股权转让事项所形成的一项协议。我国《公司法》认可通过合同途径转让股权的方式,但并未就股权转让协议的成立与生效作出特别规定,相对于《合同法》来说,《公司法》如果就股权转让协议作出规定则为特别法规定,按照没有特别法规定就适用一般法规定的基本原则,笔者以为,既然《公司法》对该问题没有进行特别规定,则应该依据《合同法》的相关规定来解读股权转让协议的成立与生效。

根据我国《合同法》的规定,协议成立的一般要件有三:有适格的合同主体;当事人各方意思表示一致;当事人各方一致意思所达成的权利义务之设立、变更或者终止之关系可能履行。[②] 已经签订的股权转让协议

---

① 参见贾明军、徐璐主编《法院审理股权转让案件观点集成》,中国法制出版社2012年版,第386—387页。

② 参见陈小君主编《合同法学》,中国政法大学出版社1999年版,第59页。

一般都能满足该成立要件。学界关于股权转让协议成立之争议几乎没有，关键在于股权转让协议的效力问题。根据我国《合同法》的规定，合同依法成立且生效是合同生效的一般原则，经过批准登记生效为合同生效的特殊规定。① 也即当我们需要判断一项合同是否生效时，就是要查看是否有其他法律行政法规关于合同生效必须经过批准或者登记的特别要求。而哪些法律行政法规确定了合同生效之特别要求非我们的臆测，而必须以现行法律规定为依据。有学者针对《合同法》第44条第2款规定进行法律法规的查找，认为该条款只适用于中外合资经营企业合同、中外合作经营企业合同、技术进出口合同，还有探矿权、采矿权转让合同以及中外合作勘探、开采石油天然气合同。② 另外，有作为部门规章的《外商投资企业投资者股权变更的若干规定》要求涉外股权转让需要经过批准以及登记才能生效。③ 然而该规定只是部门规章，并非《合同法》第44条第2款所指称的法律行政法规，而且该部门规章只是要求涉外股权转让需要获批以及进行登记，并不是针对一般情形下之股权转让问题。按照这种理解，那么没有法律行政法规规定有限责任公司股权转让协议必须履行特别程序才能生效，即意味着有限责任公司股权转让协议成立便生效。也有商法学者坚持合同成立即生效的一般原则以及批准登记生效的例外情形，同时主张股权转让合同的批准主要限于国家股权和外商投资企业股权转让等情形。④

当然，一般情况下合同存在无效、可变更可撤销以及效力待定情形，股权转让协议的无效、可变更可撤销以及效力待定之判断也应该依照

---

① 我国《合同法》第44条规定："依法成立的合同，自成立时生效。如果法律行政法规规定应当办理批准、登记手续生效的，依照其规定。"

② 参见崔建远《不得盲目扩张〈合同法〉第44条第2款的适用范围》，《中外法学》2013年第6期，第11—12页；邹双卫《论以批准作为生效条件的合同》，《行政与法》2010年第9期，第126—127页。

③ 我国《外商投资企业投资者股权变更的若干规定》第3条规定："企业投资者股权变更应遵守中国有关法律、法规，并按照本规定经审批机关批准和登记机关变更登记。未经审批机关批准的股权变更无效。"第20条规定："股权转让协议和修改企业原合同、章程协议自发变更外商投资企业批准证书之日起生效。协议生效后，企业投资者按照修改后的企业合同、章程规定享有有关权利并承担有关义务。"

④ 参见刘俊海《论有限责任公司股权转让合同的效力》，《法学家》2007年第6期，第75页。

《合同法》相关规定来进行。

2. 股权转让的效力

股权转让是指公司股东将其持有的股权转让给受让人而使受让人成为公司股东享有公司股权的法律行为。① 如果说股权转让协议的成立与效力问题因为有《合同法》以及其他法律行政法规的明确规定而比较容易解决的话，而当股权转让协议与股权转让杂糅在一起时，学界与实务中附带各种利益倾向的关于股权转让效力的观点和主张则让人感到困惑。

学界关于股权转让效力之观点聚讼纷纭，股权转让协议之生效与股权转让变动之间到底是什么样的关系？股东名册与公司章程之记载、出资证明书之签发以及工商登记之内容与股权变动之间又存在什么样的关联？我们接下来就带着这些问题对目前学术界的观点进行简单梳理，以期从分歧中找到共性。有些学者借助民法物权变动的立法模式来阐释股权的变动问题，分别形成股权变动之债权形式主义模式、纯粹意思主义模式以及修正意思主义模式。在股权变动之债权形式主义模式中，"交付"股权是股权得以变动的公示形式要件，也即股权转让协议只是在股权转让方和受让方之间形成了转让股权及支付对价的债权债务关系，并非产生股权变动的法律效力，股权变动的法律效力必须依赖股权的"交付"，并且就不同交付方式出现股权变动的不同效力，当仅交付出资证明书时，股权变动在转让人和受让人之间发生效力，当进行了股东名册之变更记载时，股权变动产生对抗公司的效力，当股权转让经过工商登记则股权变动产生对抗第三人的法律效力。② 在股权变动之纯粹意思主义模式中，股权转让合同生效即意味着股权变动的发生，而根本不需要诸如"交付"等公示行为的完成。③ 在股权变化之修正意思主义模式中，股权转让协议生效则股权转让在转让方和受让方之间生效获得原则上的承认，也即股权转让合同生效，股权变动就在转让人与受让人之间发生，但是只有将该股权转让事实通知公司并进行股东名册的相应变更，才意味着股权转让对公司产生法律约束

---

① 参见李建伟《公司法学》（第三版），中国人民大学出版社2014年版，第235页。
② 参见朱庆《股权变动模式的再梳理》，《法学杂志》2009年第12期，第128—129页；杨瑞峰《股权转让合同的生效与股权变动》，《法律适用》2007年第10期，第95—96页。
③ 参见李建伟《公司法学》，中国人民大学出版社2011年版，第257—258页。

力,受让人才能够顺利行使其股东权利,并且只有在进行工商变更登记之后,受让人的股东身份才得以公示。① 有学者认为股权转让类似于物权变动行为,股东的股权产生于公司的工商设立登记,所以只有在办理工商变更登记手续之后,股权权属才发生变动。② 有学者则将股权变动效力从公司内部登记生效主义和外部登记对抗主义两个层面进行解析,当公司将受让方载于股东名册之时或者向新股东签发出资证明书时即意味着股权在公司内部产生变动,当公司登记机关将股权变更进行登记则意味着股权变动产生对抗第三人的法律约束力。③ 有学者则认为变更股东名册乃股权转让的生效要件,只有经过股东名册之变更记载,受让人才能成为公司股东、行使其股东权利,而当股权转让经过工商登记之后,此时受让人的股权才得以对抗善意第三人。④ 还有学者将有限责任公司股权转让效力进行分层,当事人双方签订股权转让协议并交付(按照学者的观点,此处的交付在有限责任公司语境下即为通知公司履行股东名册变更登记手续)股权表明股权转让在当事人之间生效,公司将股东名册进行变更记载完成公司登记即意味着股权转让在股权转让双方以及公司之间产生法律约束力,工商登记则意味着股权转让在股权转让双方当事人、公司以及公司外部第三人之间产生法律约束力。⑤

上述观点借助不同的视角从不同的层面对股权变动的生效时点进行了分析,尽管有些学者所提出的观点从表面上看似乎不太一致,但事实上只是对同一观点的不同表达,比如前述股权变动之修正意思主义模式,其实与公司内部登记生效主义与外部登记对抗主义之理论观点基本上是一致的,而股权变动之债权形式主义模式则与公司股权转让效力分层论的观点基本保持一致。尽管上述观点在股权变动时间之起点上呈现出股权转让协议生效则股权转让生效、股权转让协议生效且协议双方完成交付则股权转

---

① 参见李建伟《有限责任公司股权变动模式研究——以公司受通知与认可的程序构建为中心》,《暨南学报》(哲学社会科学版)2012年第12期,第22、23页。
② 参见赵旭东主编《公司法学》,高等教育出版社2003年版,第304页。
③ 参见刘俊海《公司法学》,北京大学出版社2008年版,第185—188页。
④ 参见郑艳丽《论有限责任公司股权转让效力与相关文件记载的关系——新公司法视角下的理论与实践分析》,《当代法学》2009年第1期,第154—156页。
⑤ 参见张平《股权转让效力层次论》,《法学》2003年第12期,第84—91页;严桂珍《论我国有限责任公司出资转让制度之完善》,《政治与法律》2002年第4期,第23—24页。

让生效、股权变更记载于股东名册则股权转让生效及股权转让获得工商变更登记才生效等不同的主张，但是绝大部分学者在论述股权转让效力时都考虑到股权转让效力的范围也即股权转让之对象效力，而且学者们在论述股权转让效力时基本都涉及股权转让与承载股东身份的系列文件如出资证明书、股东名册以及工商登记之联系。所以笔者以为，要论述清楚股权变动的效力问题，就必须厘清股权与出资证明书、股东名册、工商登记以及公司章程之间的关系。尽管学者们在论述股权变动效果中没有涉及公司章程，但是同作为记载股东姓名或名称以及股东出资情况的公司章程至少在上述学者论及股权转让之内部效力时不应该轻易地被遗忘。

公司章程是公司必需的、由发起设立公司的出资者所制定的，并对公司及众多与公司利益相关的主体具有约束力的调节公司内部组织关系与经营行为的自治规则。① 正是如此，公司章程被认为是公司进行自治的内部"宪章"。根据我国《公司法》第 25 条的规定，公司章程所载明的事项中包含股东的姓名或者名称。依据我国《公司登记管理条例》第 21 条及第 27 条的规定，提出公司设立登记申请时需要向登记机关提交公司章程，当股东发生变更时，公司章程应该相应进行修改且修改后的公司章程需要进行变更登记。所以，公司章程与股东权利息息相关。

出资证明书意指有限责任公司成立之后，公司给股东签发的证明其投资及股东身份的证书。根据我国《公司法》第 31 条的规定，出资证明书应该记载股东的姓名或者名称以及缴纳的出资额等事项。也即有限责任公司成立后所签发的出资证明书不仅能对出资者出资起到证明作用，而且是出资者股东身份的一种证明文件，股东往往也可以凭借出资证明书行使自己的股东权利。当然一些坚持不以出资为取得股东资格之条件的学者往往认为出资证明书对股东身份的证明效果是最差的，进而认为出资证明书与股权变动之间关系疏松。

股东名册是有限责任公司必定准备的记有股东及其投资的名册。依据我国《公司法》第 32 条规定，"股东名册上所记载的股东可以根据股东名册主张行使其股东权利"。当股东名册记载特定主体之姓名或名称则意味着该被记载人取得公司股东资格，是公司的股东并可以就股东名册之记

---

① 参见赵旭东主编《新公司法讲义》，人民法院出版社 2005 年版，第 62 页。

载主张股东权利,而没被记载于股东名册之主体通常不被认定为公司股东、无法享有股东权利。而且股东名册还是公司对股东发出通知的依据。在众多的股东身份之证明文件中,股东名册一度被认为是最能证明股东身份的文件,是股东向公司主张股权的首要依据。①

根据我国《公司法》第 33 条以及《公司登记管理条例》第 9 条的规定,有限责任公司股东为工商登记事项之一,股东姓名抑或名称应该由公司向工商管理机关进行登记,并且登记事项发生改变必须办理变更登记。未经过登记抑或变更登记之事项不可对抗善意第三人。正是工商登记本身所具有的公示公信效力,所以股东之工商登记与上述股东名册以及公司章程相比具有明显的对抗效力,被记载者可以凭借工商登记以股东身份行使股权并进而对抗善意第三人。

然而,无论出资证明书、公司章程、股东名册以及工商登记与股权变动之间是一种或密切或疏远的关系,它们都不是权利本身,只是股权的承载,是股权的外在表征。权利是具体的,权利也是无形的,无形的股权需要借助一定的表象显现出来,而出资证明书、公司章程、股东名册以及工商登记从不同角度恰恰表征着股权的存在。笔者的前述观点在加拿大的法院判例中也曾得到一定程度的印证。② 股权是股东所拥有的对公司的一种权利,是公司的股东则拥有公司的股权,反之不是公司股东自然不能行使公司的股权,从这一点来看,股东身份的取得即意味着股权的取得,股东身份的变更即意味着股权的变更。那么就股权转让而言,股东身份是在什么情况下发生变更呢?股权转让协议生效即意味着受让人承诺向公司出资,此乃获得股东身份的第一个条件,获得股东身份的第二个条件即是取得团队合意。而团队合意的形成有可能形成于股权转让协议生效之时,有可能形成于股权转让协议生效之后,当然,当公司向受让人签发出资证明书,受让人记载于股东名册以及进行工商登记变更一定可以说明团队合意的形成,但是前述这些文件只能证明团队合意的形成并非说明团队合意的形成时间,所以从这个角度讲,认为公司签发出资证明书、将受让人记载

---

① 参见王保树主编《商法》,北京大学出版社 2011 年版,第 136 页。
② See Dennis P. Coates, Share Transfer and Transmission Restrictions in the Close Corporation, U. B. C. Law Review, Vol. 3, No. 3 (1967), p. 107.

于股东名册以及将有关股东事项进行变更登记的时间乃股权变动之时点的观点就值得商榷。笔者以为,以股权转让协议生效为参照物,如果团队合意在股权转让合同生效之前形成,则股权转让合同生效之时股权转让通常生效;如果团队合意形成于股权转让协议生效之后,则团队合意形成之时为股权变动时点。

综上观之,股权转让协议与股权转让密切相关。股权转让协议成立与生效是股权转让的前提和基础,股权转让是股权转让协议成立与生效的目的与结果。然而无论如何,股权转让协议的生效不等于股权转让的生效,而股权转让生效通常建立在股权转让协议生效的基础之上。

(二) 同意权对股权转让协议的法律约束力

就同意权对股权转让协议的法律约束力而言,根据前文之论述,通常情形下股权转让协议成立即生效,这是适用《合同法》有关合同效力之一般规定所获得的结论。然而,成立的合同因为外来因素的介入也可能存在效力待定情形、无效情形、可变更可撤销情形等。论及同意权对股权转让协议之影响,学者们则从不同视角对股权转让协议的效力以及其他股东过半数之同意的定性形成不同结论。

1. 有效说

在有些学者看来,股权转让协议除了股权这一特殊标的之外,与一般合同并无二致,所以其效力判断应遵循合同效力判断之一般规则,除法律行政法规对合同生效另有规定或者当事人对合同生效另有约定外,合法签订的股权转让协议成立并生效,其他股东赞成与否并不是股权转让协议生效之特别程序,同意权以及优先购买权只能约束到股权转让而不能约束到股权转让协议。[1] 当然也有学者坚持股权转让合同成立并生效,但同时主张未经其他股东同意且事后也没有获得其他股东认可的股权转让合同对公司不产生法律约束力。[2]

---

[1] 参见肖龙、孙小平、王忠《从个案谈有限责任公司股权转让的若干问题》,《法律适用》2003 年第 9 期,第 56 页;朱建军《我国有限责任公司股权转让法定规则的立法技术分析》,《政治与法律》2014 年第 7 期,第 90 页。

[2] 参见樊涛《刍论有限责任公司股权对外转让合同的效力》,《理论导刊》2011 年第 5 期,第 101 页。

2. 无效说

此种观点认为未经其他股东过半数同意之股权转让协议因为其违法性而不能在缔约双方当事人之间产生相应的法律效果。[1] 论及合同的无效就不得不提及我国《合同法》第52条，《合同法》第52条就导致合同无效的情形进行了详细列举。[2] 未经其他股东过半数同意之股权转让协议被认为是无效协议显然是适用了《合同法》第52条所规定合同无效之第五种情形。故无效论是否合理取决于《公司法》第71条第2款规定是否为法律的强制性规定，答案显然是否定的，《公司法》第71条第4款规定即告诉我们《公司法》第71条第2款规定非强制性规范而是补充性规范。笔者已经在第二章第一节就这个问题做过论述，所以在此不再赘述。

3. 可撤销说

有的学者认为未经其他股东过半数赞成的股权转让协议应该是可撤销的合同，其他股东可以在1年的除斥期间内行使合同的撤销权。[3]

按照我国《合同法》第54条的规定，能够被撤销的合同包含三种情形。[4] 其中前两种情形下，合同一方主体有权要求人民法院抑或仲裁机构进行变更抑或撤销，第三种情形下享有变更权与撤销权的为受害方。重大误解的对象往往是合同的性质以及标的物的性质、数量与质量等事项，显失公平往往指称双方当事人权利义务的不对等。[5] 欺诈往往涉及重要事实

---

[1] 参见韩素珍、曲冬梅《有限责任公司股东股权转让的效力研究》，《山东师范大学学报》（人文社会科学版）2006年第1期，第60页。

[2] 我国《合同法》第52条规定："有下列情形之一的，合同无效：（一）一方以欺诈、胁迫的手段订立合同，损害国家利益；（二）恶意串通，损害国家、集体或者第三人利益；（三）以合法形式掩盖非法目的；（四）损害社会公共利益；（五）违反法律、行政法规的强制性规定。"

[3] 参见刘俊海《论有限责任公司股权转让合同的效力》，《法学家》2007年第6期，第78页；冉崇高、陈璐《侵犯股东同意权及优先购买权的股权转让协议的效力》，《人民司法》2011年第14期，第79页；王旭光主编《有限责任公司股权纠纷司法实务精解》，中国法制出版社2013年版，第133页。

[4] 我国《合同法》所涉及的三种情形分别是：因重大误解而订立的合同；订立时显失公平的合同；订立合同时存在欺诈、胁迫或者乘人之危的情形。

[5] 参见李江涛《论可变更可撤销合同的适用效力》，《湖北广播电视大学学报》2014年第1期，第98页。

的隐瞒与虚构,① 胁迫往往涉及暴力因素,② 乘人之危则强调特定主体主观上因势利用的不法性以及结果的不公平性。③ 据此分析,仅仅是未经公司同意且未经其他股东过半数同意或者未经同意权主体行使同意权之股权转让协议显然不属于上述可撤销合同之任一种,如果硬要将股权转让协议认定为可变更可撤销合同的话,那么可以基于这样一个事实,即股权转让协议明明没有经过同意权人之同意但是股权转让方却欺骗股权受让方股权转让协议经过同意权人同意。此时决定股权转让协议为可变更可撤销合同的原因非未经其他同意权人之同意而是转让股东虚构了股权转让协议经同意权主体同意之事项。而且即使此种情形下合同之撤销也不应该由其他股东或者公司享有撤销请求权而是由作为受害方的股权受让人来请求撤销合同。可见未经同意权人同意的股权转让协议效力之可变更可撤销说缺乏《合同法》依据。

4. 效力待定说

有学者主张未经过全体股东过半数认可之程序的股权转让协议是效力待定的协议。原因在于出让股东在转让自己股权时欠缺独立意思能力,如同"限制民事行为能力人",所以可类推适用《合同法》第 47 条关于限制民事行为能力人所签效力待定协议之规定。④ 还有学者基于转让人乃无处分权人而主张未经股东过半数认可之股权转让协议属于效力待定合同,《公司法》明确规定股权对外转让需要获取全体股东过半数认同,旨在说明有限公司股权与无限公司股权拥有共同的属性即共有性质,既然如此则单个股东当然没有股权处分权,所以无处分权人所定股权转让协议乃当然的效力待定合同。⑤ 也即就成立的效力待定协议而言,其他股东享有以明

---

① 参见向明华《合同欺诈法律问题研究》,《广西政法管理干部学院学报》2009 年第 4 期,第 57 页。
② 参见李玫《论合同法中胁迫的构成要件》,《暨南学报》(哲学社会科学版) 2010 年第 5 期,第 23—26 页。
③ 参见王礼伟《乘人之危行为的构成与效力辨——兼评〈合同法〉对〈民法通则〉相关条款的修正》,《河北法学》2003 年第 3 期,第 100 页。
④ 参见杨瑞峰《股权转让合同的生效与股权变动》,《法律适用》2007 年第 10 期,第 95 页;万玲《未经全体股东过半数同意的股权转让行为效力辨析》,《法律适用》2004 年第 5 期,第 80 页。
⑤ 参见刘阅春《出资转让的成立与生效》,《法学》2004 年第 3 期,第 95—97 页。

示方式为之的追认权,善意的非股东受让方则享有撤销权和催告权。受让人如果不希望合同生效则可以在其他股东行使追认权之前单方行使其撤销权,使合同归于无效;第三人如果希望合同走向生效,则可以催告其他股东在 1 个月内行使追认权,如果其他股东在追认期内拒绝追认,反对转让的股东应当购买拟转让的股权,倘若不购买拟转让的股权,视作同意转让,抑或受让方请求其他股东追认遭遇拒绝后,转让方可以请求公司指定其他股东买入拟转让股权。[①]

倘若不考虑将股权对外转让中的转让股东类比于限制行为能力人以及无处分权人之合理性,则上述观点似乎存在一定的合理性,通过引入效力待定行为相关理论,将未经过同意权人同意转让的股权转让带回正道——即使同意权人同意的程序以迂回的方式在股权转让中获得实现。既未断然否定未经同意权人同意之股权的效力,也强调同意权人同意权在股权对外转让中的重要意义,同时也给予善意受让人以受让股权的积极主动地位,利益平衡在效力待定行为论中得到一定体现。然而,当我们考虑效力待定协议的适用前提时,这种观点就带有明显的牵强性。根据我国《民法通则》规定,不考虑行为主体精神状况的情形下,主体的行为能力以年龄标准进行划分。尽管我国《公司法》没有强制性规定股东应该是完全民事行为能力,但是法律并非为未成年人股东大开方面之门,除股权继承外公司实务中基本不涉及未成年人股东。而且基于未成年人股东行使股权履行义务的局限性以及有限责任公司的人合性考虑,有限责任公司股东应该严格规定为完全民事行为能力人。[②] 从这一点来看,将转让股东类比为限制行为能力人进而认为其与受让人签订的股权转让协议为效力待定之协议就缺乏坚实的理论基础。况且在主张转让股东为限制行为能力人的学者看来,只有受让人是善意第三方,才可以享有针对效力待定协议的撤销权与催告权,而《合同法》第 47 条第 2 款只是强调善意相对方有合同撤销权并没有要求享有催告权的相对方也是善意的,可见,转让股东乃限制行为

---

① 参见万玲《未经全体股东过半数同意的股权转让行为效力辨析》,《法律适用》2004 年第 5 期,第 80 页;汪涛《论公司法中股权转让限制对股权转让协议效力的影响》,《产业与科技论坛》2006 年第 6 期,第 60 页。

② 参见楼晓《未成年人股东资格之商法检讨》,《法学》2008 年第 10 期,第 80 页。

能力主张者的观点无意中将《合同法》规定进行了没有理论根据的限缩解释。在股权共有设想基础上认为转让股东乃无处分权人进而主张其与受让方签订的股权转让协议为效力待定协议的观点同样值得商榷。从学理上讲，股权共有指的是两个或者两个以上的民事主体就相同股权享有权利且承担义务。[1] 股权共有是民事共有理论在商事领域的一种延伸，是为了解决公司法现实中出现的诸如隐名共有、显名共有以及基于婚姻关系所形成的股权共有问题。但无论如何不会因为股权共有理论的提出就认为全体股东形成对股权的共有进而认为单一股东对处在共有关系之中的股权均无处分权利。全体股东共有股权的基础是什么？全体股东共有股权必将带来的公司运行效率低下又该如何应对？全体股东共有股权语境下股权该如何行使？一系列的问题显然不是仅仅提出一项股权共有理论就能解决的。认为转让股东是无权处分人进而认为转让人与第三人签订的股权转让合同是效力待定合同，并且其他股东可以对这种效力待定合同进行追认，那就意味着其他股东拥有拟转让股权的处分权，股东对自己的股权没有处分权而其他股东对不属于自己的股权拥有处分权，这本身就是一种悖论。更何况，认为股东对其股权具有无处分权又进而会带来股权的善意取得问题，当股东的同意权遭遇善意第三人的善意取得权利，两者之间的矛盾冲突又该如何消解？所以，认为股权乃全体股东共有且认为股东对股权无权处分进而判断没有经过同意权人同意的股权转让协议是效力待定合同的观点欠缺法律依据。

5. 法定生效要件说

有的学者认为股权转让中其他股东过半数同意乃股权转让协议的法定生效要件，也即未经其他股东过半数同意之股权转让协议属于成立但未生效的协议。[2] 该主张依据合同签订之基本规则认可转让方与受让方股权转让协议已经成立，只是欠缺法定生效要件而未能产生相应的法律效力。根据学者的归纳，当事人具有缔约能力以及意思表示真实乃合同之一般生效

---

[1] 参见梁开银《论公司股权之共有权》，《法律科学（西北政法大学学报）》2010 年第 2 期，第 144 页。

[2] 参见宋良刚《有限责任公司股权转让限制制度的完善》，《人民司法》2005 年第 4 期，第 21 页。

要件。① 而根据我国《合同法》第44条第2款以及45条第1款之规定，②合同生效除了满足一般生效要件还存在法定生效要件以及约定生效要件，其中《合同法》第44条第2款指称的是法定生效要件，即批准与登记手续；《合同法》第45条第1款指称的是约定生效要件，既可以附生效要件也可以附解除要件。比照《合同法》第44条第2款之批准登记手续，该观点主张"经过其他股东过半数同意"乃股权转让协议的法定生效要件就值得深思，因为该主张显然是将"经过其他股东过半数同意"赋予了等同于法律行政法规规定的批准、登记手续的内涵。《公司法》第71条的该款规定被认定是一种法定的批准、登记手续是对《合同法》第44条第2款的合理适用还是对其的扩张解读呢？所谓扩张解读即认为法律规范所规定的文义过于狭窄而不足以彰显立法之意图，所以将法律规范之含义进行扩展，但无论如何扩张解读不能脱离立法者的意图、法律体系以及法律目的的理论支撑。③ 正如笔者在前面所论述的股权转让合同之生效规则，合同依法成立且生效是合同生效的一般原则，经过批准登记手续生效为合同生效的特殊规定。当我们需要判断一项合同是否生效时，就是要查看是否有其他法律行政法规关于合同生效必须经过批准或者登记的特别要求。而哪些法律行政法规确定了合同的生效有特别要求，非我们的主观臆测，而必须以现行法律规定为依据。而根据有些学者的查找，《合同法》第44条第2款只适用于中外合资经营企业合同、中外合作经营企业合同、技术进出口合同，还有探矿权、采矿权转让合同以及中外合作勘探、开采石油天然气合同。《公司法》并不在查找的结果之内。之所以有学者认为未经其他股东过半数同意之股权转让协议为效力待定协议，显然是将其他股东之同意类比于行政管理机关的批准。针对股权对外转让设定同意权是为有限责任公司人合性以及其他股东与公司之利益考虑，设定合同生效之

---

① 参见陈小君主编《合同法学》，中国政法大学出版社1999年版，第68—69页。
② 我国《合同法》第44条第2款规定："法律、行政法规规定应当办理批准、登记等手续生效的，依照其规定。"第45条第1款规定："当事人对合同的效力可以约定附条件。附生效条件的合同，自条件成就时生效。附解除条件的合同，自条件成就时失效。"
③ 参见姜福东《扩张解释与限缩解释的反思》，《浙江社会科学》2010年第7期，第50、53页。

批准手续是为加强政府对经济生活的管理。① 前述中外合作经营企业合同的批准部门为对外经济贸易主管部门，开采石油天然气合同则需要经过国家商务部批准，探矿权及采矿权转让合同的批准机关为国务院地质矿产主管部门及省、自治区、直辖市人民政府地质矿产主管部门。同意权主体之民事主体性质与批准主体之行政主体性质是扩张解读无法调和的差异。所以其他股东过半数同意并非《合同法》第 44 条第 2 款规定的批准登记手续，则其他股东过半数同意也并非股权转让协议的法定生效要件。

综上所述，未经其他股东过半数同意之股权转让协议并非存在无效情形之无效合同，也非存在重大误解、显失公平或者存在欺诈、胁迫抑或乘人之危的可变更可撤销合同，更非限制民事行为能力人或者无处分权人所形成的效力待定合同，其他股东过半数同意股权转让也非《合同法》第 44 条第 2 款规定之合同法定生效要件，而且几乎所有学者意识到未经其他股东过半数同意之股权转让协议绝不是无效合同，所以股权转让协议应该遵循合同成立且生效的一般规则，未经其他股东过半数同意之股权转让协议成立即生效。

无论学理上对未经其他股东过半数同意之股权转让协议作出何种论证，我们都不能忽视法院或者其他机构在处理相关问题时所表现出的不同立场。② 上海市高级人民法院于 2003 年颁行的《上海市高级人民法院关于审理涉及公司诉讼案件若干问题的处理意见（一）》通过其第 3 条第 2 款规定认可未经其他股东过半数同意之股权转让协议为生效协议，但是此时的股权转让协议却不能对公司产生约束力。③ 昆明市中级人民法院

---

① 参见杨永清《批准生效合同若干问题探讨》，《中国法学》2013 年的 6 期，第 165 页。
② See F. Hodge O'Neal, Restrictions on Transfer of Stock in Closely Held Corporations: Planning and Drafting, Harvard Law Review, Vol. 65, No. 5 (Mar., 1952), pp. 773 – 816.
③ 上海市高级人民法院 2003 年颁布的《上海市高级人民法院关于审理涉及公司诉讼案件若干问题的处理意见（一）》第 3 条第 2 款规定："有限责任公司股东向他人转让股权的，根据《公司法》第 35 条的规定，应当征得公司半数以上其他股东同意；未经同意转让股权且合同签订后公司其他股东也不认可的，股权转让合同对公司不产生效力，转让人应当向受让人承担违约责任。受让人明知股权交易未经公司其他股东同意而仍与转让人签订股权转让合同，公司其他股东不认可的，转让人不承担违约责任。"该条款中所称《公司法》第 35 条的规定即我国现行《公司法》第 71 条的相应规定。

〔2009〕昆民六初字第9号民事判决在李义雄诉程莉股权转让纠纷案中认为被告程莉作为公司股东在将其股权转让给股东以外的人（即李义雄）时未经其他股东同意，被告程莉亦未提交证据证明已向其他股东征求过意见，因此，原告李义雄、被告程莉双方所签订的股权转让协议属于无效合同，不过在云南省高级人民法院针对该案的二审判决中却认可原审原告与被告所签订的股权转让协议为有效协议。[①] 司法实务中认可未经其他股东过半数同意之股权转让协议的效力无疑为我们研究同意权对股权转让协议的法律影响打了一针强心剂，尽管前述"此时股权转让协议不能对公司产生约束力"似乎是对股权转让协议效力一定程度上的否认，但其实不然，股权转让协议作为合同本来就具有相对性，只能约束到协议相对方，即转让方与公司外部的受让人，在股权转让中约束到公司的不是股权转让协议而是有关股权转让法律的规定。

（三）同意权对股权转让的法律约束力

同意权对股权转让的法律约束力即指未经其他股东过半数之同意，转让股东拟转让股权之权利主体是否发生变动。事实上很多学者在论及同意权对股权转让或者股权转让协议的法律影响时通常未对股权转让与股权转让协议进行区分，这一点从众多学者论及同意权对股权转让协议的法律约束力所采用的题目以及具体的行文就可以知悉。[②]

同意权几乎不能影响到股权转让协议的效力，那么其是否会影响到以股权转让协议为基础的股权转让呢？或者说没有经过同意权人同意之股权转让能否发生股权变动的法律效果呢？

我们先就目前《公司法》的规定对同意权与股权转让之间的关系进行文义解读，如果其他股东过半数同意股权对外转让，则意味着股东有将股权转让给非股东的第三人的机会，而此时其他股东对该拟转让的股权享有优先购买权。其他股东半数以上不同意，也即股权的对外转让没有获得

[①] 参见《中华人民共和国云南省高级人民法院民事判决书〔2010〕云高民三终字第42号》，云南法院网，http://www.gy.yn.gov.cn/Article/cpws/msws/201011/20799.html，访问时间：2015年4月21日。

[②] 参见韩素珍、曲冬梅《有限责任公司股东股权转让的效力研究》，《山东师范大学学报》（人文社会科学版）2006年第1期，第60页；赵万一、吴民许《论有限公司出资转让的条件》，《法学论坛》2004年第5期，第41页。

其他股东过半数的同意,则反对股权转让的股东应该进行购买,反对股权对外转让且又不购买拟转让的股权则被视为同意股权对外转让。学者们对于《公司法》相关规定的解读几乎达成了上述一致意见,[①] 但该一致意见似乎并未能清晰梳理同意权对股权转让的法律影响。

正如笔者在前文论述股权转让的法律效力所指出的那样,股权转让之股权变动效果何时发生并不取决于公司章程、股东名册、出资证明书以及工商变更登记之记载,在签订股权转让协议后而是取决于团体合意的形成,这是由有限责任公司人合性以及有限责任公司股权的身份附随性所决定的。所以从这个层面来讲,同意权的行使对股权转让效力的发生有一定的影响。

基于笔者认可公司是同意权的主体,而且相比于其他股东的同意而言,公司同意体现出的公司利益考虑进而带来的相关者利益的保障是其他股东之同意不可相提并论的,所以公司的同意与其他股东过半数之同意彼此独立又相互组合着制约股权对外转让。具体来说,如果不考虑优先购买权的行使问题,则当转让股东将拟转让股权之事项先行通知公司其他股东以及公司并经过公司同意以及其他股东过半数同意,且股权转让协议生效,股权转让生效;如果转让股东将拟转让股权之事项先行告知公司其他股东与公司,而公司赞成但半数以上股东反对股权转让,且此时反对者并未选择买入拟转让股权,则股权转让合同生效,股权转让就生效;倘若转让股东将拟转让股权之事项先行通知公司其他股东以及公司,公司不同意但过半数股东同意股权转让,此时不同意者并未选择购买拟转让股权,则股权转让协议生效,且股权转让生效;如果转让股东将拟转让股权之事项先行通知公司其他股东以及公司,公司不同意且半数以上股东反对股权转让,此时反对者并不选择购买拟转让股权,则股权转让协议生效,且股权转让生效;倘若转让股东将拟转让股权之事项先行通知公司其他股东以及公司且公司不同意或者半数以上股东不同意或者公司以及半数以上股东均不同意,此时有不同意者选择购买拟转让股权,股权对外转让因欠缺

---

① 参见段威《有限责任公司股权转让时"其他股东同意权"制度研究》,《法律科学(西北政法大学学报)》2013年第3期,第117页。

"团队合意"不可能生效。①

四 同意权的适用范围

所谓同意权的适用范围，是指同意权除了适用于股权对外转让情形之外，是否也可以适用于股权内部转让场合。我国《公司法》第 71 条第 1 款就股权内部转让作出规定，但是学者在针对该条款进行解读时，解读出的内容却不太相同。有的学者认为该条款表明我国《公司法》在股权转让内部股权转让问题上仍然采用自由转让的基本原则。② 有的学者则认为该条款包含两层意思：第一，股权内部转让遵循自由原则，法律本身不作实体与程序上的限制；第二，公司章程可以有特别限制。③

对法条规定的不同解读一定程度上使学界在同意权是否适用于公司内部股权转让问题上形成三种不同的主张。

(一) 否定论

否定论者主张同意权不能适用于股权内部转让场合。正如有学者所言，股权内部转让不涉及有限责任公司人合性的破坏，只会带来公司内部股东出资比例的增减，所以股权内部转让应该是自由的，法律不宜作特别限制，也即有限责任公司股权内部转让既不需要股东的同意也不需要公司的同意。④ 也有国外学者基于与前述相同的论据认为原则上公司股权内部转让不需要经过其他股东的认可。⑤ 在我国台湾地区，"公司法"第 111 条明确规定，非经过半数其他股东之同意，股东不得将其出资之全部或一部分，转让于他人。也即根据字面解释，不管受让人是否为公司股东，股

---

① 在股权转让场合，因为考虑公司独立法律地位，其他主体取得股东资格的团队合意区别于仅仅强调有限责任公司人合性时的团队合意，前者有公司的意思表示，后者只是股东团体的合意。

② 参见赵旭东主编《新公司法讲义》，人民法院出版社 2005 年版，第 328 页；王保树主编《商法学》，北京大学出版社 2011 年版，第 152 页；施天涛著《商法学》，法律出版社 2006 年版，第 201 页。

③ 参见李建伟《公司法学》（第三版），中国人民大学出版社 2014 年版，第 242 页；范健、王建文《商法学》（第二版），法律出版社 2009 年版，第 171 页；胡晓静《公司法专题研究：文本·判例·问题》，华中科技大学出版社 2013 年版，第 171 页。

④ 参见周友苏《公司法通论》，四川人民出版社 2002 年版，第 300、516、668 页。

⑤ 参见［法］伊夫·居荣《法国商法》（第 1 卷），罗结珍、赵海峰译，法律出版社 2004 年版，第 557 页。

东转让出资时都需要经过其他股东过半数表决同意,言外之意,在我国台湾地区,股权在公司内部进行转让时也受限制,也适用同意权规则。然而,尽管台湾"公司法"有如此规定,依然有台湾学者坚持股权内部转让之自由原则,在他们看来,股权内部转让与有限责任公司的闭锁性并不相违背,所以股权内部转让就没有获得其他股东同意之必要,股权内部转让应该自由为之,此乃立法的本意。[1]

(二)肯定论

肯定论者认为同意权应该适用于公司股权内部转让,只是就如何将同意权规则置于公司股权内部转让有些分歧。有的学者认为当股东相互之间让与股权是出于使特定股东控制该公司之恶意,则此时股权内部流转更易形成对股东的损害,进而影响公司的健康发展,所以有必要以强制法干预股权内部转让,比如由《公司法》规定股东之间转让股权应该经股东会之同意。[2]也有学者认为有限责任公司股权内部转让与外部转让完全可以等同视之,或采同意权规定,或采优先购买权规定,并允许公司章程另作安排。[3] 有的学者则从同意权具体规则之设计入手肯定同意权可以适用于股权内部转让,也即有限责任公司股权内部流转须经过半数全体股东同意,反对的股东应该购买拟转让的股权,而既反对也不购买的视作同意转让。[4]

(三)折中论

折中论既非明确否认也未明确肯定同意权可以适用于公司股权内部转让。在这种观点看来,完全可以允许投资者自由约定股权内部转让的条件,但是由于我国商业文化不发达,商人缺乏自治传统,投资者往往对实现公司自治之公司章程的自治规则属性缺乏领悟,所以公司章程另行规定经常演变成对《公司法》的照搬照抄,所以《公司法》应在确认股东能

---

[1] 参见王泰铨《公司法新论》,台北三民书局1998年版,第208—209页;柯芳枝《公司法论》,中国政法大学出版社2004年版,第552—553页。

[2] 参见赵旭东主编《公司法学》,高等教育出版社2003年版,第301页。

[3] 参见段威《有限责任公司股权转让时"其他股东同意权"制度研究》,《法律科学(西北政法大学学报)》2013年第3期,第115页。

[4] 参见许中缘《浅析有限责任公司股东出资转让的规定》,《山东法学》1999年第1期,第8页。

够通过公司章程安排股权内部流转的前提下，为股权内部流转设计更为详尽的规则，具体规则可以设置为："股东之间得相互转让其全部或者部分股权，转让方式、比例、作价由公司章程规定。……其他股东得以相同条件并按照各自的持股比例加权计算后受让。"①

尽管有学者非常肯定公司股权内部转让遵循自由原则，并且很多国家或者地区公司法原则上也不对公司内部股权转让进行限制，然而基于公司章程自治原则，绝大多数国家或者地区允许公司抑或股东经由公司章程抑或合同限制股权之内部转让。②

在笔者看来，尽管有限责任公司股权内部转让不会影响到公司的人合性，也不会受股权身份附随性制约，但是股权转让限制之理论基础还包括权利的相对性以及有限责任公司法律地位之独立性，权利的相对性注定权利的行使总会受到这样或者那样的限制，而有限责任公司法律地位之独立性则客观上要求股权内部转让不能遵循不受任何限制的自由原则。正如有些学者所指出那样，毕竟股权内部转让会带来公司持股结构的变化，甚至造成特定主体一股独大进而控制公司的局面，这种局面往往不利于公司的健康发展，公司独立的利益也便在这种不受牵制的股权内部自由转让中遭受损害，所以公司股权内部转让应该受到一定限制。当然笔者也不太赞同以公司法之强行法规范对股权内部转让施加限制的做法，毕竟公司自治是当今公司发展的趋势所在。③ 所以既然目前我们已经拥有《公司法》第71条第4款之规定，那我们就不应该有意无意地漠视它，而是应该发挥公司章程在股权内部转让限制中的作用，但我国公司自治能力确实令人堪

---

① 参见甘培忠、吴涛《有限公司股权转让探析——兼论我国〈公司法〉相关制度之完善》，《南京大学学报》（哲学·人文科学·社会科学）2005年第1期，第35页。关于此种主张，笔者不得不指出的一点是，该观点论述过程中将公司章程作为股东自治的方式，有将股东自治与公司自治混淆之嫌。

② 《韩国商法》第556条规定："（1）以有第586条规定的社员大会决议时为限，社员可以将其持股之全部或部分转让与他人……（3）对社员相互间的持股转让，可不考虑第一项的规定，以章程作其他规定。"再比如《德国有限责任公司法》第15条规定："（1）出资额可以转让和继承……（5）可以通过合同为出资额的让与规定其他的要件，特别是可以规定，出资额的让与需要得到公司的承认。"参见赵旭东主编《境外公司法专题概览》，人民法院出版社2005年版，第450、454页。

③ 参见王怀勇《公司自治的思想渊源》，《宁夏大学学报》（人文社会科学版）2009年第4期，第122页。

忧，所以《公司法》应该为公司章程提供多种可以选择的规则，就股权内部转让而言，既然目前《公司法》就股权外部转让适用同意权规则，笔者以为公司章程或者股东协议或者公司细则也可以将同意权规则安排为股权内部转让的限制性程序规则。

第二节　优先购买权

一　优先购买权之存与废

相比于同意权存废之争而言，优先购买权存在之意义并未受到很多学者的质疑，但也有学者提出应该保留同意权而废除优先购买权制度。

建议废除优先购买权的学者主要是从两大方面论证他们持有的此种观点：（1）成本因素。赋予其他股东优先购买权必将增加股权对外转让的交易成本——缔约成本、履约成本以及救济成本，这样的成本损失不是维系有限责任公司人合性带来的收益所能弥补的，于交易中的各方来说也是得不偿失，所以优先购买权的存在是弊大于利。[1]（2）优先购买权之比较劣势。同意规则与优先购买权规则并存适用违背诚信原则，出现效率低下以及诱导转让股东违约的弊端，该观点进一步主张缺乏其他股东的一致同意有限责任公司股权对外转让的可能性非常小，所以同意规则以及优先购买规则其实就褪变成其他股东一致同意规则，原本应该在同意规则、优先购买规则以及一致同意规则中进行取舍，鉴于优先购买规则适用中同等条件的不科学性以及无法起到维护公司人合性作用的缺陷，而一致同意规则又存在超越合理限制之嫌疑，所以《公司法》应该仅仅保留同意规则作为股权对外转让的限制。[2]

任何规则设计都有其短板，但是我们不能因为某种缺陷的存在就漠视制度本身的理论价值。有交易就会有成本，尽管赋予其他股东优先购买权可能会增加股权对外转让的交易成本，但是这种交易成本并非不能避免，

---

[1] 参见袁锦秀、段方群《股权优先购买权研究——交易成本视角》，《时代法学》2005年第3期，第37页。

[2] 参见朱建军《我国有限责任公司股权转让法定规则的立法技术分析》，《政治与法律》2014年第7期，第91—92页。

一种较好的做法是将其他股东行使优先购买权当作合同生效条件写入转让股东和公司外部受让人之间的股权转让协议中，① 这样一来，即使股权对外转让协议成立但是囿于约定的生效要件并不会立即生效，当其他股东行使优先购买权时，股权对外转让协议根本就不可能生效，则所谓的履约成本以及救济成本根本不会额外增加，而缔约成本是几乎任何一项或成功或失败的交易都不可排除的交易成本。就股权转让而言，这种缔约成本可以看作股权对外转让交易中双方当事人可以承受的一种交易付出，尽管此种付出不一定有收获，但这不是股权对外交易所独有的特点，而是几乎所有交易都可能存在的风险。既然不存在额外的交易成本，也就不存在维系有限责任公司人合性都不能弥补的缺憾。成本考虑在一定程度上格外凸显转让人与公司外部受让人的利益，有限责任公司人合性遭到一定程度的漠视，这是对有限责任公司人合性的误解，尽管有限责任公司乃智者创设，但这种创设是企业发展经验的一种总结，是应对社会现实的需要，基于人合性维系所形成的股东彼此之间的良好合作所可能带来的企业发展的利好局面并不是我们用数字可以表示的。

从同意规则与优先购买规则优劣比较角度出发进行问题的论述进而认为优先购买规则应该被废除貌似有一定的道理，然而该学者在论证问题的过程中其实暗含一些预设。诱导转让股东违约之说则是有一种预设，即无论股权对外转让事项是否获得过半数其他股东之认同，所有其他股东总有人会行使优先购买权。关于规则设定引发效率低下的弊端是鉴于同意规则与优先购买规则之适用可能比较费时费力，所以一项股权交易得多方主体进行博弈才可能最终达成。有关无其他股东一致同意则有限公司股权对外让与几乎无可能之预设，意味着当其他股东一致同意股权对外转让时股权对外转让的可能性较大。关于违反诚信原则之预设就是未经其他股东过半数同意之时，反对股东会选择购买。违约诱导似乎是赋予其他股东优先购买权的致命伤，但是就股权对外转让而言，成立的协议不能生效或者生效的合约无法获得履行是第三人应该可以预见的一种结果，也是其能够承受的一种交易风险。而且作为一种交易风险，契约双方当事人完全可以通过

---

① 参见蔡元庆《股权二分论下的有限责任公司股权转让》，《北方法学》2014年第1期，第54页。

一种更平和的方式来进行化解,即这种违约可以为当事人巧用法律规定而予以排除。更何况赋予其他股东行使优先购买权并非意味着其他股东一定会行使这项权利,这是其他股东的自由。如果说同意规则与优先购买规则同在致使股权交易效率低下的话,那为什么不是删除同意规则而是要废掉优先购买规则呢?论者所提效率低下问题是建立在法条要求先进行是否同意之意见征求然后由剩余股东决定是否行使股权优先购买权之递进程序基础上,且在论者看来,优先购买规则中的同等条件也是一个难以彰显效率的问题。尽管商事法律制度的设置以效率为着眼点和落脚点,但是商事规则的效率也是建立在公平基础上的效率,效率从来都不会孑然产生,忽视了公平的效率是对效率的一种放任。只有效率而不考虑公平,那么效率就褪变为没有实质意义的时间表示。商业交易从来都不是一蹴而就的,涉及多方主体利益的商业交易更是复杂烦琐,但我们不能为了过分追求效率而漠视多方主体利益之实现。要真正做到公平,则兼顾相关人员之间的利益平衡是一种恰当的选择。过半数股东同意股权对外转让,且其他股东不行使优先购买权,则股权可以顺利对外转让;当半数以上股东反对股权对外转让,反对转让的股东也不进行购买,于是视为其他股东同意股权转让,而且在此情形下其他股东实际上几乎不会行使优先购买权,股权同样可以顺利对外转让。所以,经过或未经过过半数股东之同意,股权都有可能实现对外流转,决定股权最终可否对外转让的应是其他股东会否行使优先购买权而并非其他股东的一致同意,学者认为其他股东一致同意基础上股权对外转让之可能性较大是缺乏说服力的,故认为股权对外转让实际上践行的是其他股东一致同意规则缺乏合理性。至于论者所提出的同意规则与优先购买规则并存适用会造成对诚信原则的违背是对法条规定的一种过度解读。论者所指不诚信的缘由是法律规定中会出现这样一种情况,例如公司股东甲先前对股权对外转让表示同意,转而自己可能会通过行使优先购买权阻碍股权对外转让,这样股东甲就出现了"出尔反尔"或者"不诚信"的行为。"言而有信"不失为中国传统文化对诚信内容的一种世俗性的解释,然而"食言"是一种不诚信是否就意味着"一诺千金"一定是诚信的呢?也许不能根据情势进行变化的冥顽不灵才是对诚信的一种极大伤害。诚信原则不是主观臆测的,而是有其完整的理论体系和复杂的判断过程。无论在哪个国家,诚信都包含主观诚信和客观诚信,主观诚信是一种"勿害他人"的内心状态,而客观诚信乃勿害他人甚至有益于他人的一种行为。[①] 有人尽管有恶念但及时克制不会构成对诚信的践踏,有人尽管有损他人利益但损害行为也许源于一种无知同样不会构成对诚信的一种逆反。仅仅是因为赋予相关主体之前表示同意,之后选择反对的机会,该制度就被理解为与诚信原则的一种不契合是对法律规定的一种僵化理解。诚信不是静止的而是流动的,我们应该在动态中捕捉事物发展变化的细节并以此为基础来解析制度本身所折射的精神价值取向。

因为立法技术之局限以及解读者的利益偏好,任何制度在传达某种立法宗旨时总会呈现出一定的缺陷,这是由作为现实的人之基本规定性和重要表征之局限性所决定的。[②] 所以我们更要强调的是对立法本意的解读而不是放大规则本身的缺陷,立法宗旨是一种导引,指导我们沿着合理的方向透视法律规则,规则本身的缺陷是一种警示,提醒我们法律规则完善之使命。股权对外转让之过半数同意规则有其理论正当性与制度价值,优先购买规则同样体现出制度本身的一种理性追求。先由其他股东作出是否同意转让表示更多考虑的是公司的人合性以及股权的身份附随性,因此眷顾的主要是其他股东、公司以及受让人的利益。接着由其他股东行使优先购买权更多的是考虑公司的人合性抑或封闭性,凭借优先购买权所建立起的一种利益博弈机制也使公司、其他股东、转让人以及受让人的利益在一种动态之讨价还价中得以兼顾。[③] 过半数同意规则和优先购买规则也许存在某种缺陷,需要进行完善,但是这并不表明两者之任何一项规则可以取代另一规则在股权转让中所发挥的作用。只有同意规则和优先购买规则各司其职、各尽自责,有限责任公司股权才能有更合理且顺畅的流通渠道。

[①] 参见徐国栋《诚信原则理论之反思》,《清华法学》2012年第4期,第5—11页。
[②] 参见刘志洪《论人之局限性的演变与规律》,《兰州学刊》2015年第4期,第48页。
[③] See Marcel Kahan, Shmuel Leshem, Rangarajan K. Sundaram, First-Purchase Rights: Rights of First Refusal and Rights of First Offer, American Law and Economics Review, Vol. 14, No. 2 (2012), pp. 333 – 334.

二 优先购买权的性质

优先购买权的性质是学者们目前探讨的重点问题,[①] 基于不同的利益倾向,学者们就优先购买权性质问题也形成了不同的主张。

(一) 形成权说

形成权说主张优先购买权乃形成权,这是对优先购买权人利益的极力维护。形成权是指权利人凭自己单方意思表示就可让民事法律关系发生、变更抑或消灭的权利。[②] 形成权说又可以区分为绝对形成权说和附条件形成权说。绝对形成权说强调权利人单方意思表示即可在权利人与义务人之间形成与义务人将财产转让给第三人所执行的合同内容相同的契约,而无须义务人的承诺。目前我国绝大部分优先购买权乃形成权秉持者践行的是绝对形成权观,也就是说优先购买权之行使可以以单方的、非要式的、需要受领的意思表示为之。具体言之,优先购买权人凭自己的单方意思表示就可形成以出让人与第三人商定的同等交易条件为内容的合同,而无须出让人承诺,权利人依自己个人行为即可使本人与他人之间的法律关系发生变动,以此有利于维持有限公司的人合属性。[③] 而且在绝对形成权主张者的眼中,优先权人发出"请求"并与转让方达成股权转让协议其实为实务操作规则,而有关优先购买权的实务操作规则不宜与优先购买权的形成权性质混为一谈。[④] "形成权说"经济、便捷、高效,便于实现立法保护公司人合性以赋予股东优先购买权的宗旨。[⑤] 附条件形成权说即强调优先购买人的权利行使建立在义务人将其财产转让给第三人的基础之上,也即

[①] 参见赵兰明《股东优先购买权的适用与保护》,《理论学刊》2003年第2期,第108页;[德]卡尔·拉伦茨《法学方法论》,陈爱娥译,商务印书馆2003年版,第321页,转引自蒋大兴《股东优先购买权行使中被忽略的价格形成机制》,《法学》2012年第6期,第69页。

[②] 参见魏振瀛主编《民法》,北京大学出版社、高等教育出版社2000年版,第38页。

[③] 参见柏高原、宋芳《我国有限责任公司股权对外转让制度的反思与重构》,《天津法学》2012年第1期,第80—81页;赵兰明《股东优先购买权的适用与保护》,《理论学刊》2003年第2期,第108页;陈敦《论股东优先购买权的行使》,《法律适用》2007年第8期,第47页。

[④] 参见叶林、辛汀芷《关于股权优先购买权的案例评述——北京新奥特集团等诉华融公司股权转让合同纠纷案》,法律信息网,http://service.law-star.com,访问时间:2015年3月17日。

[⑤] 参见赵旭东《股东优先购买权的性质和效力》,《当代法学》2013年第5期,第20页。

义务人将其财产转让给第三人是义务人与优先购买权人之间契约的停止条件，若义务人不将其财产转让给第三人则优先购买权丧失实现的基础，如此一来，义务人即可以拒绝转让股权来对抗其他股东行使优先购买权的主张。①

（二）请求权说

请求权说主张优先购买权乃请求权或者"一种基于特殊社员权基础上的请求权"②。请求权意指权利主体有要求他人为或不为某种行为的权利。③ 主张优先购买权乃请求权的学者往往是从现实中优先购买权的行使和利益平衡的视角来分析优先购买权的属性。以股权转让价格为例，转让股东与反对股东可以就股权转让价格另行协商，如果无法达成一致意见，则出让股东可以要求反对股东以第三人提供的对价进行购买，如若反对股东拒绝，则视为其放弃优先购买权。法律也不宜强制股东出让股权，是否最终转让股权是转让股东的权利。④ 即使有股东表示行使优先购买权，转让股东也可以进行反悔，而且赋予转让股东以反悔权不仅不会影响到相关股东的既得利益，而且可以防止股东借当前司法实务中同等条件适用中的主观判断损害转让股东的利益，更是一个发现股权价格的有效方式。⑤ 拟转让股权价格的协商确定证成优先购买权的请求权性质，而从利益平衡的角度我们可以进一步否定优先购买权之绝对形成权性质从而证成优先购买权的请求权性质。利益平衡是《公司法》上一项重要的基本原则，优先购买权实质上就是一种利益平衡的仪器，它不仅保护转让股东的利益，而且保护受让人及公司与其他股东的利益，而否认优先购买权的形成权性质进而将优先购买权定性为优先购买请求权应该是一种更务实更有成效的利

---

① 参见王泽鉴《优先购买权之法律性质》，载王泽鉴《民法学说与判例研究》第1册，北京大学出版社2009年版，第315页。
② 参见于华江《有限责任公司股东优先购买权问题研究》，《政法论坛（中国政法大学学报）》2003年第4期，第151页。
③ 参见魏振瀛主编《民法》，北京大学出版社、高等教育出版社2000年版，第38页。
④ 参见刘俊海《论有限责任公司股权转让合同的效力》，《法学家》2007年第6期，第77—78页。
⑤ 参见杜军《公司法第七十二条蕴含的商业逻辑及其展开》，《人民司法·应用》2013年第11期，第98—99页。

益平衡选择。①

(三) 复合权利说

复合权利说的提出在一定程度上是对优先购买权性质争议的回避，也是对优先购买权性质的重新认识。总体而言，复合权利主张者以时间或者空间为线索解析了优先购买权之期待权、请求权、形成权甚或更为复杂多样的性质。

有的学者认为优先购买权在不同阶段呈现出不同属性。当转让股东尚未表示对外转让股权时，优先购买权只是一种期待权；当转让股东表示对外转让股权时，优先购买权变成既得权，但此时的优先购买权人并不能以自己的单方意思表示形成买卖关系，只是享有缔约请求权；如果优先购买权人的缔约请求权获得回应则优先购买权实现终结，倘若转让股东漠视优先购买权人的订约请求，而在优先购买权人愿意接受的购买条件范围内与第三人达成股权转让协议，此时优先购买权就演变为形成权，优先购买权人能够凭单方意思表示在同等条件下与转让股东形成股权转让协议。② 其他股东请求缔约得以顺利进行时，优先购买权为请求权；其他股东缔约请求遭到拒绝时，优先购买权呈现出形成权性质，在笔者看来，这种极其细腻却又充满矛盾的主张其实还是在为优先购买权者之利益摇旗呐喊。有的学者主张优先购买权是一种期待权，只有当发生股权向外部转让时，股东才可以行使优先购买权；优先购买权是一种选择权，除转让股东之外公司里每一个其他股东都可以选择行使或者放弃该种权利；优先购买权也是形成权，当其他股东选择行使优先购买权时原定受让方无法获得受让股份。③ 有学者认为作为一个权利束，优先购买权包含资格维持请求权、告知请求权、强制缔约权以及优先受领权。④ 以权利束出现的优先购买权其实质依然是形成权。还有学者认为，优先购买权虽然同时体现出形成权、

---

① 参见蒋大兴《股东优先购买权行使中被忽略的价格形成机制》，《法学》2012年第6期，第67—77页。

② 参见夏志泽《先买权新论——从先买权的性质和行使谈我国先买权立法的完善》，《当代法学》2007年第2期，第125页。

③ 参见李建伟《公司法学》（第三版），中国人民大学出版社2014年版，第243页。

④ 参见杨光《系列性权利组合：有限责任公司股东优先购买权性质探析》，《北京科技大学学报》（社会科学版）2014年第2期，第92页。

请求权以及期待权性质,但是以民事权利分类为基础的研究方法也只能在一定程度上揭橥股东优先购买权的属性,从商法研究范式来看,股东优先购买权还是选择权或者自益权。但无论如何,股东优先购买权就是其自身,无论将其置于一种什么样的权利体系中都不能改变其是股东优先购买权而不是其他什么权利的本色。①

利益是权利的外在表达,权利通过利益来展示主体的对抗冲突与社会合作。② 在股权对外转让中,转让股东、公司、其他股东以及受让人基于不同利益追求或处在一种对抗中或处在一种社会合作中,而社会视角下以义务和社会责任为其属性表达的权利显然不应该激化这种冲突而是应该致力促进社会合作的形成,况且当某种权利被轻易地绝对化,它反而会无情地否定自己甚至离权利本质愈来愈远。强调优先购买权乃形成权甚至绝对形成权的主张在极力维护其他股东利益时必然漠视其他利益相关者的利益,权利义务之架构在股权转让相关主体中就会失衡,社会合作也便无法产生。权利的定位背离其应有的正当性,那么权利就会异化为实用主义者的修辞。我们应该综合考量法律规范中权利的意义,进而就具体权利进行合理定性。在股权对外转让中,股东转让权的前提与基础地位是我们必须加以强调的内容,没有股权转让权的行使就不会有优先购买权的实现,所以优先购买权的行使无论如何不应该压抑转让股东的利益。有限责任公司的人合性维系赋予股东以优先购买权并不意味着要以人合性的绝对维护而损害转让股东的利益,而且在股权转让中也应该赋予受让人与其他股东竞买拟转让股权的机会,只有当利益相关者的利益在股权转让中都获得关照,规则的设定才会具有合理性。如果非要在民事权利分类体系中为优先购买权寻找到栖息之地,则正如有学者所指出的那样,优先购买之请求权设置不失为一种利益平衡的上好选择。如果为商事权利之定性不必囿于民事权利分类体系,则笔者以为,优先购买权就是优先购买权,它是《公司法》为实现某种价值取向而赋予特定主体的一种商事权利。我们应该

---

① 参见胡大武、张莹《我国有限责任公司股东优先购买权研究——兼论我国公司法的完善》,《学术论坛》2007年第5期,第150页。
② 参见刘祥超《权利的性质探析——基于利益、社会和规范的反思》,《桂海论丛》2013年第2期,第111页。

在法律规定范围之内运用多种解释方法解读优先购买权的内容,在实现立法宗旨时维护法律权威。

三 优先购买权的行使

(一) 行使主体

基于有限责任公司法律地位之独立性,以及股权对外转让可能造成公司利益受损的影响,笔者以为有限责任公司也是优先购买权人,只是公司行使优先购买权囿于公司自身情况。[①] 如果公司经营发展非常良好,公司有净资产,且公司动用资产受让股权并不会影响到公司注册资本,也谈不上对公司资本维持原则的破坏,公司自然可以行使其优先购买权,但无论如何,鉴于公司持股容易造成股权主体缺位的后果,公司持股还会致使公司运营管理效率低下,以及公司长期持股可能在公司资产变动中形成资产与资本不符之破坏资本维持原则的状态,所以公司受让股权后应该选择将股权转让给公司股东或者值得信任的其他主体。如果公司经营发展不佳,公司支付股权转让价款后导致公司净资产与公司资本不符,则公司要么不能受让拟转让股权,要么受让股权后削减公司资本,此种情形下无论公司如何选择,其行使优先购买权都不应该获得极力支持,否则公司债权人利益将陷入受损的危险之中,而这是对公司利益平衡宗旨的违背。所以公司行使优先购买权的重要前提是公司有盈余,通常的解释即为公司净资产数大于公司法定资本数。[②] 当然赋予公司优先购买权则必然要解决公司与其他股东同时行使优先购买权时优先购买额的确定问题。数位股东主张行使优先购买权时能够协商各自的购买比例,倘若协商不成则根据转让时各自的持股比例行使优先购买权。公司不存在出资,当公司与其他股东都主张行使优先购买权时,自然不能按照权利人各自出资比例确定优先购买权之行使。笔者以为,虽然赋予公司与其他股东以优先购买权,但因为公司受让股权自身所具有的缺陷,所以当公司其他股东与公司同时主张优先购买

---

① 在美国,闭锁公司的第一选择权赋予公司以及公司剩余股东。参见 William Rands, Closely Held Corporations: Restrictions on Stock Transfers, Commercial Law Journal, No. 12 (Dec., 1979), p. 461。

② See William A. Gregory, Stock Transfer Restriction in Close Corporations, Southern Illinois University Law Journal, (1978: 477), p. 488.

权时，立法原则上应该允许其他股东先行使优先购买权，只有其他股东无力受让拟转让的全部股权时，公司才可以补充行使其优先购买权，倘若其他股东购买拟转让股权之全部，则公司优先购买权无法实现。当然如果公司有充分理由相信其他股东行使优先购买权会造成公司股权结构严重失衡进而危及公司利益，公司可以就拟转让股权拥有优先于其他股东的优先购买权。所以就针对拟转让股权之购买权而言，通常情形下，公司与公司其他股东之购买权优先于公司外部受让人，而在公司与公司股东之间而言，后者的购买权又优先于前者的购买权。例外情形下，公司的优先购买权优先于公司其他股东的优先购买权。

除了公司作为优先购买权的主体之外，公司其他股东也是优先购买权的当然主体。只是针对《公司法》所规定的优先购买权主体，学者们的解读出现分歧：一种观点认为除转让股东之外的其他所有股东都是优先购买权的权利主体，另一种观点认为只有不同意股权对外转让的股东才能行使优先购买权。

主张优先购买权的行使主体应该是除转让股东之外的其他股东，既包括同意股权转让的股东也包括不同意股权转让的股东，其理由在于这是对法条进行文义解释的一种逻辑结果。①

主张优先购买权的主体为不同意股权转让的股东，其理由在于既然股东已经对股权转让表示同意，再赋予其优先购买权无异于允许股东进行反复无常的意思表示，不利于交易的迅捷完成，② 在转让方征求意见时已经对股权转让表示同意则意味着同意股东放弃优先购买权，之后又允许其行使自己已经放弃的权利有违诚实信用原则，对受让人来说也不公平，所以对股权转让表示同意的股东不能行使优先购买权。③

(二) 行使期限

所谓优先购买权的行使期限，是指针对转让股东的告知而作出行使优

---

① 参见朱建军《我国有限责任公司股份转让法定规则的立法技术分析》，《政治与法律》2014年第7期，第88—89页；胡大武、张莹《我国有限责任公司股东优先购买权研究——兼论我国公司法的完善》，《学术论坛》2007年第5期，第148页。

② 参见江平、李国光主编《最新公司法理解与适用》，人民法院出版社2006年版，第230页。

③ 参见钱卫清《公司诉讼——公司司法救济方式新论》，人民法院出版社2004年版，第179页。

先购买权之意思表示且同转让股东签订股权转让协议的时间期限，具体来说这个时间期限其实包括两个层面的期限：一个层面的期限为转让股东征询公司及其他股东是否行使优先购买权的时点到公司以及其他股东表达行使优先购买权之意思的期间；另一个层面的时限为公司以及其他股东表示行使优先购买权的时点到与转让股东签订股权转让协议的时限。学界基本上不对这两个时段作区分，论及优先购买权的行使期限即指称一段总括时间。而且由于学界鲜少学者认为公司享有优先购买权，所以仅在其他股东行使优先购买权问题上提出时间谋划。当然秉持优先购买权乃形成权观念的学者认为优先权人既已作出行使优先购买权之意思表示，则无须固定缔结合同之特定期限，因为在同等条件下，只要其他股东作出优先购买之意思表示，则优先权人与转让人之间股权转让协议已经成立并生效。① 也即优先购买权乃形成权持有者并不认为表达优先购买权之意思与因行使优先购买权而签订股权转让协议之间有时间期限，作出行使优先购买权之意思表示时即表明相应的股权转让合约已然签订。

笔者认为优先购买权充其量是一种请求权，所以围绕优先购买权的两个层面的期限都具有一定的法律意义。为公司或者股东行使优先购买权设定时限，尽快确定受优先购买权影响的法律关系，能够防止公司股权结构长时间处于一种不稳定的状态，维护交易之安全和善意第三人之利益，并抑制公司内部矛盾对公司外部交易安全所产生的负面影响。②

学界很多学者意识到公司立法在行使优先购买权之时限问题上的缺陷，于是针对这个缺陷提出了很多弥补的意见和建议，只是学者们的建议还是有些差异。比如有的学者认为行使优先购买权具体时间期限的规定可以比照《公司法》第72条所规定的股权强制转让情形下优先购买权的行使时期。③ 即其他股东收到转让股东询问是否行使优先购买权的通知之日

---

① 参见雷新勇《有限公司股权转让疑难问题探析》，《法律适用》2013年第5期，第29页。

② 参见魏玮《论现有股东优先购买权诉讼模式的局限及其完善——以〈公司法〉第72条第3款的制度目的为视角》，《法律适用》2012年第4期，第57页；陈敦《论股东优先购买权的行使》，《法律适用》2007年第8期，第47页。

③ 参见陈敦《论股东优先购买权的行使》，《法律适用》2007年第8期，第47页；赵青《论有限责任公司股东的优先购买权》，《人民司法·应用》2008年第21期，第88页。

起 20 日的时间，自其他股东接到转让股东征询是否行使优先购买权的通知之日起，满 20 日不行使优先购买权即视为放弃优先购买权。另有学者就股东优先购买权的行使期限作出更加详细的说明与设计：第一，优先购买权行使期限的起算日自权利人接到股权转让通知之日开始，但同时要求通知内容中必须包含明确的股权转让条件；第二，优先购买权的行使期限定为 30 日较为妥当。① 还有的学者提出两种设定优先购买权行使期限的方式：第一，允许转让股东在向其他股东发出股权转让通知时为其他股东行使优先购买权设置一个合理的期限，并可明确超过该期限未作答复的视为放弃优先购买权；第二，当转让股东自己没有设定优先购买权的行使期限，或者也没有依照法律规定履行优先购买权通知程序的，自其他股东知道或者应该知道股权转让之日起一年内不行使优先购买权的，不得再主张行使优先购买权。② 司法实务中也有意见赞同为股东行使优先购买权设定期限，并认为该时间期限应该自公司股东名册将受让方进行记载时起算，③ 或者自转让股东与受让方缔结契约之日起算。④

尽管学界与实务界在优先购买权行使期限上存在的明显分歧，但其填补法律缺憾的意图是一致的。在公司实务中，经常有股东就征询是否行使优先购买权的告知却迟迟不作出是否行使优先购买权的明确意思表示或者决定行使优先购买权但又迟迟不与股东签订股转转让协议，致使股权转让事项悬而未决，转让股东以及受让方利益受损，而由此引发的纠纷不能在我国现行立法中找到对应的解决机制，所以应该在立法中明确优先购买权人行使优先购买权的期限以及权利人未于规定的期限之内作出意思表示抑或与转让股东签订股权转让协议所须承担的后果。在优

---

① 参见周海博《有限责任公司股东优先购买权制度重构》，《东岳论丛》2010 年第 6 期，第 147 页。

② 参见胡晓静《公司法专题研究：文本·判例·问题》，华中科技大学出版社 2013 年版，第 174—175 页。

③ 《最高人民法院关于适用〈中华人民共和国该公司法〉若干问题的规定（二）》（征求意见稿）中，关于在其第 23 条增加第 2 款的内容的意见：股东对外转让股权未依法履行优先购买程序，但股东名册修改记载超过一定期限，其他股东起诉主张购买的，不予支持，例如规定 3 个月、6 个月，甚至是 1 年。

④ 参见夏泽志《先买权新论——从先买权的性质和行使谈我国先买权立法的完善》，《当代法学》2007 年第 2 期，第 129—130 页。

先购买权行使时限问题上,我国澳门特区《商法典》的规定值得借鉴,澳门特区的《商法典》分别针对公司与其他股东行使优先购买权规定了不同的时限。① 在美国,公司或者剩余股东行使第一选择权的时间期限通常为 60—120 天,② 但总体来看,这个时间期限可能会在 10 天到 6 个月之间波动。③

  结合上述论证,笔者认为,从优先购买权行使期限的立法模式来看,可以采用成文法明确规定与授权当事人进行决定或者约定相结合的模式,其中当事人决定主要是指转让股东可以在转让通知里明确优先购买权主体作出是否购买之意思的时间和签订股权转让协议的时间;从优先购买权的行使主体来说,公司与其他股东的优先购买权期限可以统一,也可以根据时间先后确定优先购买权的行使期限,所谓统一是指将公司与其他股东行使优先购买权的期限规定在一个时限内,所谓按照时间先后分别规定是指先规定其他股东行使优先购买权的时间,再规定公司行使优先购买权的时间;从优先购买权行使期限的具体内容而言,作出是否购买之意思的时间期限与签订股权转让协议的期限应该分别规定,所谓分别规定是指从接到股权转让通知到作出是否购买的意思之时限以及从作出愿意购买之意思到签订股权转让协议的时限单独规定,如果将两个时间合并规定,则意味着优先购买权的行使期限为从接到股权转让通知之日起到签订股权转让协议之日的总体时间,总体上规定的弊端是如果其他股东作出不购买的意思,则覆盖作出是否购买之意思到签订股权转让协议的时间之总体时间就将会显得冗长而没有实际意义;从具体时间的确定来说,优先购买权的行使时限不宜过长,否则无法体现时间在商事交易迅捷中所发挥的作用,结合我国《公司法》作出是否

---

① 我国《澳门商法典》第 367 条规定:"公司对股东之生前转移享有优先权;……将拟作出之转移、有关价格,拟取得者识别资料及其他条件通知公司后,公司首先得在四十五日内行使优先权,其后股东得在十五日内行使该权利。"参见赵旭东主编《境外公司法专题概览》,人民法院出版社 2005 年版,第 456 页。

② See William Rands, Closely Held Corporations: Restrictions on Stock Transfers, Commercial Law Journal, No. 12 (Dec., 1979), p. 461.

③ See Bernard F. Cataldo, Stock Transfer Restriction and the Closed Corporation, Virginia Law Review, Vol. 37, No. 2 (Feb., 1951), p. 233.

行使优先购买权之时限规定加上学者们的建议,[1] 以及参考我国《澳门商法典》的时间规定,笔者以为总体时间不超过 60 日为宜。

如果公司或者其他股东未在规定的时间里作出是否行使优先购买权的意思或者因为自身的原因未在规定的时间里与转让股东签订股权转让协议,视为放弃行使优先购买权。

谈到权利期限,其实还应该关注不同意股东之应该购买的时间,但因为这个问题与前述优先购买权的行使期限在理论分析上存在一定的重合,所以笔者将在最后一章对有限责任公司股权转让限制之具体制度进行设置时与优先购买权之行使期限一并分析。

(三) 行使条件

优先购买权的行使条件问题无非就是我们该如何理解《公司法》所规定的"同等条件",而正是该"同等条件"容易引发股权转让争讼问题。学者们关于"同等条件"的理解也是各显神通。

1. 同等条件之静态把握

同等条件之静态把握侧重于从解释的角度回答同等条件是什么的问题,从而会对同等条件包含的内容进行罗列。其中同等条件之静态把握中最为典型的代表学说,当属主要条件及附加条件说以及同等条件之否定因素与隐含因素说。前者试图从正面向我们展示"同等条件"之全貌,后者则主要是从侧面表达对"同等条件"的认识。

(1) 主要条件及附加条件说

该主张认为同等条件应该包含具体的主要条件和抽象的附加条件,抽象的附加条件应该是根据不同交易自身特点来确定,而具体的主要条件应该是所有股权交易中都应该具备的重要条件,即使不同学者在主要条件列举或者举例中还是存在差异。比如有学者将主要条件列举为股权转让价款、股权转让价款的支付等条件,而就附加条件不作举例。[2] 有学者则指出主要条件只包括股权转让的价金,对附加条件也不做说明。[3] 有学者则

---

[1] 有的学者认为自其他股东作出行使优先购买权意思表示之日起 30 日内应该与转让股东签订股权转让协议。参见周海博《有限责任公司股东优先购买权制度重构》,《东岳论丛》2010 年第 6 期,第 148 页。

[2] 参见王保树主编《商法》,北京大学出版社 2011 年版,第 153 页。

[3] 参见雷兴虎主编《公司法学》,北京大学出版社 2006 年版,第 167—168 页。

赋予主要条件更丰富的含义，将价格条件之对价的形式、价金的数额、付款的时间以及支付的方式均作为主要条件，而且还就附加条件进行列举，比如安置职工、聘用高管以及增加资本的投入等。[①] 还有学者认为优先购买权之同等条件应该包含转让标的、转让价格、支付方式以及支付时间，并强调"条件"是由转让人与非股东受让人确定的。[②]

上述学者的主张尽管有差异，但也存在不容忽视的共性，比如就附加条件基本不作列举，这是一种很务实的做法，毕竟即使商业交易追求一种定型化交易，但具体交易中所发生的事实常常是我们从理论层面所无法预料的，如果针对难以预料的事项我们一定要追求一种明确化的体现的话，列举本身的不周延性将会淹没实际交易中的多样化特征。并且当附加条件所涉利益与转让股东关系不大，则附加条件的实现更是我们必须加以正视的问题。比如在上述学者们的主张中，有学者针对附加条件进行不完全列举。安置职工、聘用高管以及增加资本的投入都可以作为附加条件，这些附加内容不仅仅考虑公司利益还兼顾公司职工利益，绝对是一种超越价格条款的对价，所以这些条款作为附加条件其定性并不会受到质疑，然而如果这些附加条件以条款的方式出现在转让契约里，那么当转让股东因为股权转让而退出公司并因此对附加条件之实现漠不关心，提出如此丰厚条件的第三人因为股权受让进入公司之后却怠于履行其在转让协议里的相应承诺时，利害关系人能否基于转让协议的约定对受让方提出合同履行之诉呢？根据合同的相对性以及《合同法》第64、65条有关涉他合同的规定，此种情形下公司、公司职工以及公司其他股东是没有资格要求受让方履行合约或承担违约责任的，有资格要求受让方履行合约或承担违约责任的是股权转让协议的相对方。如果转让方只是转让该部分股权，其依然是公司股东，可能会基于公司利益考虑要求受让方履行增加投资以及聘请高管人员的约定。随着公司赢利目标之弱化且社会责任之增强，公司股东也有可能考虑职工的安置问题。[③] 如果转让方已经因为转让股权退出公司，

[①] 参见刘俊海《论有限责任公司股权转让合同的效力》，《法学家》2007年第6期，第77页。

[②] 参见李建伟《公司法学》（第三版），中国人民大学出版社2014年版，第243页。

[③] 参见薛生全《公司目标二元论——兼论我国现代公司的社会责任》，《法学杂志》2010年第12期，第40页。

其会基于一种什么样的动力来要求受让方履约或者承担违约责任呢？这种动力显然难以探求。当附加条件融入同等条件对公司以及其他股东行使优先购买权产生法律影响，则受让方所给出的承诺能否兑现是我们在理解"同等条件"时必须加以考虑的。能否使受让方先行履约而转让方随后履约呢？因为是要取得公司的股东身份，增加投资应该可以做到，如果可以做到先行增加投资的话，聘请高管也应该不在话下，如果确有安置职工之诚心与能力，则职工安置这一社会问题也可以由受让方先行解决。以此看来，要求受让方先行履约未尝不可，然而在有些时候，受让方提出系列条件之后基于各种考虑并不会先行履约，则上述设想无法实现。笔者以为在此种情形下的解决思路可以是，股东与公司外部第三方签订股权转让协议时可以约定附加内容，附加的具体内容即要求受让方与职工以及公司就附加条件签订相应的协议，以此来督促受让方履行自己的约定。总而言之，增加投资、安置职工、聘用高管等都可以作为股权转让中行使优先购买权的"同等条件"，只是法律应该设定规则或者利害关系人应该运用法律规定避免这些丰厚的条件变成"空头支票"。

其次，就上述学者所主张的主要条件而言，转让标的、转让对价之形式、转让价格金额、转让价格支付方式以及转让价格支付时间等都是与股权转让交易密切相关的内容，所以将其作为主要条件无可厚非，但作为主要条件是否就意味着优先购买权主体行使优先购买权时必须满足与此绝对相同的条件，而作为附加条件是否就意味着优先购买权主体在行使优先购买权时不必提供与此相同的条件呢？主要条件及附加条件主张者显然没有明确给出前述问题的答案，而我们也不能自作主张地认为在主要条件及附加条件说持有者看来，这些条件都应该相同才意味着同等条件的形成。论及该问题不得不提学界以及实务界在对同等条件的理解上所出现的"绝对同等说""相对同等说"以及"折中说"三种相异的观点。"绝对同等说"认为股东行使优先购买权支付的对价条件同股东和第三人签订的股权转让协议所商定的对价条件要完全一致。[1]"相对等同说"主张只要优先购买权人提出的股权受让条件非比第三人受让

---

[1] 参见宋良刚《股权转让优先权制度分析》，《中国工商管理研究》2005年第5期，第52—54页。

股权的条件对转让人更不利,则应该认为满足同等条件的要求,即优先购买权人行使优先购买权之条件与第三人受让股权之条件大致相当即可。①"折中说"认为买卖合同中涉及卖方利益的是价格条件及价款支付条件,故价格和价款支付条件是所要求的同等条件,也即我国《公司法》所规定的同等条件实为优先购买权受让股权的价格条件及价款支付方式与转让股东同第三人签订的股权转让协议商定的价格条件和价款支付方式一致。只是此时的价格条款应该作扩张解释,当包括影响股权转让价格条款之价外因素,如非股东受让人以劳务获得股权价格之优惠。②一切似乎都很明朗,一切又似乎很模糊。"绝对同等说"在判断转让条件问题上较为僵化,不宜采纳。"相对同等说"之"大致相当标准"难以把握,不利于现实操作,而且"相对同等说"将公司其他股东所给出的股权受让条件不低于第三人给出的股权受让条件作为判断大致相当的基础,此种主张忽视转让股东可能与第三人存在的抬高股权价格之勾结情形,而且容易置公司其他股东于不利的境地。所以相对同等说并不能解决优先购买权的行使条件确定问题。"折中说"尽管希望中和"绝对同等说"与"相对同等说"的优缺点,但是针对"同等条件"的折中说似乎没能显示折中的优点而是凸显了"绝对同等说"的僵化与"相对同等说"的不确定。同样是对折中态度的折射,学界出现的另一种观点"同等条件层级说"也许能更好地为主要条件与附加条件之同等程度提供借鉴。"同等条件层级说"主张者认为同等条件的判断主要考虑如下因素:股权转让价格、股权转让价款支付方式、付款期限以及全部或者部分转让等,其中对股东优先购买权影响最甚之股权转让价格应该与非股东购买价格完全相同,购买股权的股东应该满足转让股东对支付方式提出的特别要求,付款期限原则上应该与非股东在股权转让合同中约定的付款期限相同,股权是全部转让还是部分转让由转让股

---

① 参见周海博《有限责任公司股东优先购买权制度重构》,《东岳论丛》2010年第6期,第148页。
② 参见周海博《有限责任公司股东优先购买权制度重构》,《东岳论丛》2010年第6期,第148页;柏高原、宋芳《我国有限责任公司股权对外转让制度的反思与重构》,《天津法学》2012年第1期,第81页。

东自己决定。① 另有同等条件层级论者则认为，在股权转让所涉及的众多条件中，转让价格是最重要的条件，所以在股权转让中，同等条件首先应该体现为价格的相同，其他条件如支付方式、支付期限不能作为独立条件加以认定和比较，并且支付方式和支付期限在合理限度内的差异应当允许。② 尽管同等条件诸如转让价格等因素在"层级说"学者眼中应该保持同等略显绝对，但是"层级说"所体现出的针对条件之不同构成要素提出有差异的同等要求不失为一种判断同等条件是否形成的合理思路。

（2）同等条件之否定因素与隐含因素说

所谓同等条件之否定因素说是指学者无意界定什么是同等条件，而是就具体因素否定其作为同等条件的认定，或者就特殊股权转让交易挖掘隐含在股权交易中的同等条件。比如有学者就不赞成对延期支付作"同等条件"认定，同时对特殊股权交易中所隐含的一些从给付义务作同等条件认定。③

关于延期支付。如果在转让方与第三人签订的协议中转让方允许第三人延期支付应付款项，这属于转让方给予第三方的具有一定身份属性的优惠，公司以及其他股东在行使优先购买权时不能提出延期支付。这种说法确实有一定的道理，因为期限往往代表一种无形利益，转让股东愿意赋予这种利益给公司外部的第三人并不代表其愿意赋予公司其他股东以及公司同样的优惠，然而对于受制于权利的相对性、有限责任公司的人合性、有限责任公司股权的身份附随性以及有限责任公司的独立性而言的转让股东来说，其最大的愿望应该是以一种较好的价格将自己的股权转让出去，尽管股权转让之对价的支付期限对转让股东来说也意味着某种利益，然而他能将这种利益赋予公司外部的第三人却不愿意赏赐给公司其他股东以及公司的做法却反映出经济人的感性而非经济人的理

---

① 参见胡大武、张莹《我国有限责任公司股东优先购买权研究——兼论我国公司法的完善》，《学术论坛》2007年第5期，第153页。

② 参见古锡麟、李洪堂《股权转让若干审判实务问题》，《法律适用》2007年第3期，第51页。

③ 参见杜军《公司法第七十二条蕴含的商业逻辑及其展开》，《人民司法·应用》2013年第11期，第97—98页。

性，也即理性的经济人为顺利地将股权以自己能接受的好价格转让出去，其不会在是否允许公司其他股东以及公司如公司外部第三人一样延期支付之问题上浪费太多时间。况且除了即时交付，在合同成立生效后的任何时间段内交付都意味着对交易相对方的一种信任，而且选择特定的交易相对方来签订交易合同并且预见合同能够顺利成立生效且获得履行同样是建立在交易双方彼此信任的基础之上，交易双方基于信任而彼此给对方的一种交易机会相对于其他潜在的签约主体来说也是一种优惠，所以如果认为信任的存在进而认为基于这种信任而给予对方的优惠是其他主体不能享有的话，那就意味着其他股东连基本意义上的优先购买权就本不该享有。更何况，法律旨在赋予其他股东优先购买权而并不是劣后购买权，允许非股东的第三人拥有延期支付的权利而不允许其他股东支付，则其他股东的优先购买权何以体现？

关于从给付义务。从给付义务附属于主给付义务，从给付义务本身并不具有独立性，但其可以辅助主给付义务使债权人的利益获得最大限度的满足。① 如果股东转让股权的目的不在于单纯的财务战略而在于具有前瞻性的经营战略，那么转让股东与该公司外部第三人所签订的股权转让协议中常会涉及一些没有写进合约的从给付义务，这些没有体现于转让股东与第三人的转让协议中之从给付义务能否作为同等条件对待呢？有学者认为如果有充分证据表明股权转让并非单纯的财产移转而是隐含着其他支付对价，则那些实际存在而没有在股权转让协议中得以彰显的支付对价应该作同等条件认定。② 当然，存在从给付义务并非意味着优先购买权主体就必须履行从给付义务，实际上优先购买权主体往往是没有这种履约能力的，于是该观点又进一步提出在这种情况下可以借鉴德国法的做法，即如果从给付义务能以金钱进行评估，则允许公司其他股东以给付相当于履行从给付义务的价金代替从给付本身，如果从给付金钱义务不能以金钱进行评估，则其他股东不得行使优先购买权，当然如果从给付义务的存在与否不

---

① 参见李虎、张新《主从给付义务关系可以产生后履行抗辩权》，《法学》2007 年第 8 期，第 128 页。

② 参见杜军《公司法第七十二条蕴含的商业逻辑及其展开》，《人民司法·应用》2013 年第 11 期，第 97—98 页。

影响合同的成立则可以不予考虑。①

学者以财务战略与经营战略来区分股权的转让进而考察优先购买权的行使条件有一定的合理性。一则有些从给付义务对转让方来说非常重要；二则股权转让涉及公司集团的战略利益时，集团利益应该优先于集团中某一个公司的利益，那么转让合同并未体现出的战略利益也应该包含在行使优先购买权的条件之中。然而，在合理性之外笔者难免会考虑到一个现实问题，那就是体现于合同之外的对价该如何核算且以金钱表示的问题，更何况，基于战略目的形成的股权转让之战略价值非同小可，所以此时将这种从给付义务也包含在股权转让之"同等条件"中事实上宣告了优先购买权主体实现其权利之微乎其微的可能性。尽管该观点试图缓和从给付义务作为同等条件之于优先购买权主体的严酷性进而提出从给付义务对于合同之成立无关紧要时可以不用考虑从给付问题，然而义务本身从来就不关涉合同的成立问题，所以要么无从给付义务要么从给付义务就不容小视并且难以以金钱核算。笔者以为，这些经营战略问题应该消解在相关主体的商业谈判和商业机会的把握之中，或者交由公司章程、股东协议抑或公司细则来处理，而不宜由法律规定来具体关涉。

2. 同等条件之动态把握

如果说主要条件及附加条件是努力从静态的角度展现股权转让条件之同等全貌的话，同等条件之动态把握则是基于事情的进程或者交易可能出现的变化来探讨动态情形下同等条件的成就与否。同等条件之动态把握又可具体细分为同等条件形成路径说与同等条件之竞争机制说。

（1）同等条件形成路径说

有学者从同等条件的形成路径角度展开对问题的论述。按照此种观点，当转让方提出转让条件，则转让方一俟提出转让条件就应该立即先将该条件告知其他股东，如果其他股东不同意购买，则嗣后当第三人与转让方签订的股权转让协议显示该条件甚或高于该条件之时，其他股东不得主张行使优先购买权。若交易过程当中转让方降低转让条件同样应该通知其

---

① 参见杜军《公司法第七十二条蕴含的商业逻辑及其展开》，《人民司法·应用》2013年第11期，第97页。

他股东以确定其他股东是否购买。当第三人提出转让条件，则转让方在作出承诺之前应该将意欲承诺的意思及相应的条件通知其他股东以确定其他股东是否购买，假设其他股东决定购买，应立即通知转让方，之后转让方不能以他人有更优惠的条件为由拒绝与公司股东签订股权转让协议。① 尽管没有指出同等条件到底包括什么内容，但是不失为围绕同等条件之立法宗旨所设定的解决问题之好思路。如此设想不仅仅避开从文义上澄清"同等条件"之理论困境与语言的匮乏，而且可以避免其他股东行使优先购买权致使转让方与第三人股权转让协议不能履行进而造成的社会财富的浪费，同时防止挫伤第三人从事类似交易的积极性。设想之出发点固然良好，然而将股权转让价格简单归结为某一方提出的假设是否太过理想化呢？现实中经过反复要约以及再要约直至承诺出现的情形层出不穷，合同条款的敲定并非一蹴而就，更何况上述假设的情形里就存在进程的反复，所以企图为同等条件的形成设计出一种千篇一律的路径进而起到节约成本的设想多半会因为实践的复杂性以及理论语言的苍白而付诸东流。而且如此同等条件之形成路径貌似给予优先购买权主体以充分的尊重，但事实上将优先购买权主体置于十分被动的局面，因为其要么接受要么不接受转让条件，优先购买权主体希望通过协商对转让条件稍作修改的主动行为几乎不为这种同等条件之形成路径所覆盖。

就同等条件之形成路径而言，还有学者提出同等条件的四种形成路径：当事人协商、指定中立的第三方确定、请求法院裁定以及由法律规定一个上限，而且在学者针对"同等条件"的发散思维中似乎透露出一种更加重要的信息，即同等条件并不意味着股东的购买价格必须与非股东的出价相同。② 其中转让股东与公司外部第三人所商定价格并未被直接认定为同等条件，主要原因在于转让股东与第三人达成的价格条件难以排除机会主义的存在。③ 因为有限公司股权转让缺乏市场机制而致评估价格往往不能真实反映股权实际价值或者受让人眼中的价值，所以当剩余股东认为

---

① 参见赵旭东主编《公司法学》，高等教育出版社2006年版，第303页。
② 参见徐琼《论有限责任公司股东的同意权与优先购买权》，《河北法学》2004年第10期，第68页。
③ 参见陈敦《论股东优先购买权的行使》，《法律适用》2007年第8期，第47页。

股权转让价格不合理而双方又不能达成一致协议时,其他股东可以要求以评估方式确定优先购买权的行使价格,即使该评估价格低于原转让价格也是合理的。① 还有学者根据自身经验,认为各方在协商一致的情形下,剩余股东享有同等条件下之优先购买权,倘若协商不成,则应当经拍卖的方式明确股权转让价格。②

(2) 同等条件之竞争机制说

如果说同等条件形成路径说着眼于"同等条件"的不同形成路径,"同等条件竞争机制说"则主张在转让股东、优先购买权主体以及受让方之间形成关于股权买卖的封闭性的交易平台,并且在这个封闭的交易平台中价格之竞争机制得以进行一定程度的施展。有学者认为《公司法》尽管给股权对外转让设置了程序限制,但其核心思想依然是支持股权自由转让,这一自由包含转让对象选择的自由以及转让条件设置的自由。允许转让股东在剩余股东主张优先购买权之后变更股权转让价格,则能保证转让股东利益实现的最大化,其他股东因为在重新设定的"同等条件"下依然拥有优先购买权,所以其他股东的利益也不会受损。③ 有学者认可同等条件所包含之内容的丰富性,同等条件不仅包括价格这一核心条件,而且包括受让人开出的其他条件,比如对公司员工的福利以及对公司的某种特殊支持。但无论如何,优先购买权非形成权,它不仅仅应该关注其他股东的权利,而且更要关注转让人的权利,所以应该赋予转让股东"反悔权",从而在行使优先购买权的其他股东与外部受让人之间形成类似于拍卖市场的价格形成机制,有助于公平形成股权转让中的"同等条件",既可以实现转让股东利益的最大化,又不至于损害其他股东的利益。④

当学界对于优先购买权行使条件呈现众说纷纭状态时,实务界又是如

---

① 参见苏志甫《有限责任公司股权转让的法律适用——兼评新旧公司法之相关规定》,《人民司法》2006年第6期,第63页。

② 参见赵青《论有限责任公司股东的优先购买权》,《人民司法·应用》2008年第21期,第88页。

③ 参见胡晓静《公司法专题研究:文本·判例·问题》,华中科技大学出版社2013年版,第173页。

④ 参见蒋大兴《股东优先购买权行使中被忽略的价格形成机制》,《法学》2012年第6期,第74—77页。

何解决有关"同等条件"纠纷呢？上海市高级人民法院在2008年颁布的相关司法指导意见中对"同等条件"进行界定，界定本身采用概括与列举相结合的方式，在笼统地指出同等条件即转让股东与第三方之间合同所确定的主要转让条件时，特别强调有关投资、业务合作及债务承担为应被认定为主要条件。[①] 而在一起司法案例中，上海市高级人民法院的该指导意见获得淋漓尽致的体现。[②]

3. 同等条件：含义、形成、判断与法律效力

上述主张从不同角度向我们展示了同等条件的含义与形成，同等条件之静态把握较为清晰地向我们展示了同等条件的基本内涵以及同等程度问题，同等条件之动态把握则沿着同等条件之形成路径与形成过程探索同等条件的总体轮廓。静态条件的显现以交易之动态运行为基础，而交易之动态运行以最终确定静态的条件为目标，所以在实际判断同等条件是否具备的过程中应该动静结合，全方位多角度审视同等条件形成问题。在笔者看来，同等条件之界定实属复杂，意图对其进行具有普遍适用性之界定的目标几乎难以实现，但是实务中的纠纷又期待一种相对明确的主张提供一种理论上的指导，所以接下来笔者将在借鉴上述不同观点的基础上就股权转让条件之同等的判断展开较为细致的论述。

（1）转让条件之构成要素

笔者以为同等条件是将处于竞争关系的主体针对竞买行为所给出的条件进行比较而得出的一种结论，所以同等条件其实可以分解为"同等"加"条件"，所以我们在形成最终是否同等的判断之前应该先厘清"条件"之构成要素。主要条件与附加条件说无疑为该问题的解决提供了一

---

① 上海市高级人民法院2008年颁布的《关于审理涉及有限责任公司股东优先购买权案件若干问题的意见》第3条规定："其他股东主张优先购买权的同等条件，是指出让股东与股东以外的第三人之间合同确定的主要转让条件。出让股东与受让人约定的投资、业务合作、债务承担等条件，应认定为主要条件。"

② 某甲有限责任公司的全部股权拟将为某乙公司收购，乙公司除以现金方式一次性支付转让股权款外，还承诺诺向A公司继续注入资产，并承诺在收购后与A公司现有员工继续签订劳动合同。A公司股权整体转让事宜获得持表决权半数以上的股东同意，但A公司股东张某主张行使优先购买权，并承诺在10年内分期交付所有股权转让款。双方就同等条件争执不下，于是张某起诉到法院，但法院认为价格只是同等条件的一部分，所以驳回原告起诉。参见徐志新主编《公司设立与股权纠纷》，中国民主法制出版社2014年版，第129—130页。

种合理的思路。然而笔者以为从理论上界定主要条件以及附加条件时取决于相关条件是否与转让股东利益直接相关，也即如果某些条件与转让股东利益直接相关则应该为主要条件，如果某些条件与转让股东利益并非直接相关甚或毫无关系而只是与公司或者公司其他股东利益相关，则这些条件应该被认定为附加条件，毕竟股权转让限制规则设置的中心应该是转让股东以及转让股东的利益，而且合同具有相对性，所以不宜将与转让股东无关的利益界定为主要条件。如此一来，股权转让标的、股权转让支付对价之形式、股权转让价格、股权转让对价之支付方式、股权转让对价之支付期限等都应该被认定为主要条件，如果转让股东自股权转让之后退出公司，则针对公司本身的投资、聘请高管人员、提高职工福利等都只能是作为附加条件。当然界定为主要条件绝不意味着判断同等条件是否形成时这些条件必须完全等同，主要条件彼此之间可能存在出入；界定为附加条件也绝不意味着这些条件可以完全不被考虑，附加条件也会影响到优先购买权主体优先购买权的行使，因为优先购买权不但是对转让股东股权转让自由权的一种限制，而且是出于有限责任公司人合性、有限责任公司独立法人地位的一种制度设计，股权转让不仅仅是一种权利的转让，更是一种身份的让渡。

(2) 转让条件之形成路径

前文已然指出，"同等条件"是将处于竞争关系的主体针对竞买行为所给出的条件进行比较而得出的一种结论，那么有比较也就会有既定条件或者参照条件之确定，也即转让股东应该先就股权转让与第三人达成一致协议，而此一致协议里所反映出的转让条件即"参照物"，那么这一参照条件是如何形成的呢？无论转让条件是先由哪方提出或者条件最终确定前是否经过第三方的仲裁，我们可以确定的是参照条件应该已经写入转让股东与第三人之间的股权转让协议中。在此要强调的是转让股东与第三方之间所商定的股权转让条件必须是合理的，也即没有充分的证据证明转让股东与第三方所形成的条件存在妨碍公司抑或其他股东行使优先购买权之故恶意，此时的股权转让条件才是判断同等条件是否形成的参照物，但这并不意味着优先购买权主体提出的股权购买条件一定要绝对等同于转让股东与第三人确定的转让条件。但是从动态价格竞争角度来讲，也许并不存在一个静态的"参照物"的转让条件，最后股权转让与谁取决于谁的竞价更高,或者说谁给出的条件更为优越。这不失为现实中转让股权的一种途径。但是此种模式之下,竞的是否只是"价",其他的附加条件如何"竞",条件的的复杂化显然会使此种模式的实施显得更为复杂。而且即使只包含简单的价格条件,在这种思维模式之下,转让股东注定会在财力雄厚的第三方面前败下阵来,那么优先购买权的优先性将会因此逊色不少。所以价格竞争机制只是为优先购买权的行使提供了一种于具体情形下得以适用的思路,并非解决优先购买权问题的最佳方案。

(3) 同等条件形成与否之判断

针对转让股东与第三人就股权转让确定的诸如转让标的、转让对价之形式、转让价格、支付方式、支付期限、增加投资等主要的或者附加的股权转让条件,优先购买权主体应该给出什么样的股权受让条件才意味着其达到同等条件的要求而可以行使优先购买权呢?笔者以为几乎不可能给出一个绝对相同或者绝对不同的回答。在某些交易场合,优先购买权主体以与转让股东和第三人确定的股权转让条件绝对相同的条件行使自己的优先购买权。而在另一些交易场合,在转让股东与第三方签订的转让协议及转让股东与公司抑或其他股东达成的转让合约中,转让标的数量、转让价格、转让价格支付时间、转让价格支付方式都有可能不同。这不是一种理论上的设想,而是一种交易现实。以转让价格为例,转让价格几乎被绝大部分学者认为应该是保持一致甚或绝对等同的条件,但我国《澳门商法典》第367条之五却规定优先购买权主体能以低于转让股东给予第三人的价格受让股权。[①]《澳门商法典》如此规定并非不加分析地承认优先购买权主体可以低于协定价格之价格受让股权,不考虑转让股东与第三人协定的股权转让价格之合理性而一概地承认优先购买权主体可以低于协定价格之价格受让股权是对转让股东和第三方的不公平。笔者以为,通常情况下,优先购买权主体所提出的股权转让价格应该等于或者略高于事先形成

---

① 我国《澳门商法典》第167条之五规定:"拟移转之价格超出与公司无任何关系之核算师对股评估得出价格之百分之五十时,公司及股东均有权以评估所得之价格加上百分之二十五的价格取得有关股。"参见赵旭东主编《境外公司法专题概览》,人民法院出版社2005年版,第456页。

的协议价格，股权转让价格之支付时间、支付方式以及股权转让数量也应该与协议里确定的内容相同，如果前述这些内容不同则不同的条件得到转让股东的同意，优先购买权主体依然可以购买拟转让股权，但笔者以为此时优先购买权主体能最终成为拟转让股权之股东并非优先购买权的法律效果，而是股东彼此之间的一种一般股权转让。只有在转让股东与第三方协定的价格存在不合理时，优先购买权主体才可以低于前述协定价格的价格受让拟转让之股权。

如此看来，股权转让条件之同等与不同等并非绝对。很多时候针对需要比较的条件我们似乎无法给出绝对相同或者绝对不同的回答，但是这并不意味着我们应该在这些问题上和稀泥。凡是实践中会出现的纠纷最终都需要解决，而解决就应该遵循一定的法律规则抑或原则。学理争议愈激烈愈说明这个问题需要法律规定给出一个明确的答案，哪怕答案本身极具一种弹性，但是起码它在某种程度上能给予特定受众指引，受众能根据法律规定对自己的行为做出一种预测而不是处在对行为后果的一种茫然担忧中，这是法律制度应有的一种关照和担当。综合前述学者们的争议，笔者以为，可以确定如下一些基础性内容并遵循一些原则性的或者底线性的规则或许会让我们面临相关问题时有个较为清晰的解决思路。第一，就与股权转让有关的条件而言，与转让股东利益密切相关的条件，诸如转让标的、转让标的的支付对价、转让价格、支付方式、支付期限等作为主要条件，与公司及其他主体相关的条件，诸如增加公司投资、提升职工福利应该作为附加条件，主要条件是否同等的主要考虑在于条件之间的客观比较，而附加条件是否同等的考虑在于不同主体之间利益的博弈。第二，在同等条件的形成上，法律不宜作出强制性规定，因为静态的法律规定难以也没有必要就动态的实务进行限定，形成路径也好，竞争机制也好，这是当事人可以拥有的选择。但就同等条件之判断，笔者以为主要条件原则上应该绝对相同，但转让标的、转让对价之形式、转让价格、价款支付时间以及价款支付方法等某项或者某几项条件的不同都不足以让我们否定优先购买权主体对优先购买权的行使。附加条件则可以基于条件本身的利益倾向进行比较，从而作出是否同等的判断。第三，同等条件的确定应该根据具体问题具体分析，对于影响股权转让的条件综合评定其价值,以最终确定同等价格是否形成。[①]第四,在确定同等条件是否形成时,相关股权转让协议是否实现利益关系主体利益上的一种平衡以及是否构成对相关主体自由权利的侵害可以是"试金石",即只有在有关条件既可实现利益关系人之利益平衡且尊重相关主体自由权利的时候,这种形式上不同的条件也便可以作同等条件之认定。

(4) 同等条件形成与协议履行之法律效力

如果同等条件形成,则优先购买权主体可以行使优先购买权,反之则不能行使优先购买权,此即同等条件之法律效力。

当同等条件未能达成致使优先购买权主体无法行使优先购买权抑或同等条件形成优先购买权得以行使,这并不意味着与同等条件相关问题的解决。前一种情形,基于优先购买权主体利益考量,倘若第三方并未按照股权转让合同兑现相应的股权转让条件并且转让股东默许会否构成对优先购买权的侵害;后一种情形,基于第三人股权受让之利益考量,如果优先购买权主体未能按照股权转让协议兑现相应的股权转让条件且转让股东默许是否构成对第三人股权受让权的侵害。此乃履行包含同等条件协议之法律效力问题。笔者以为,同等条件的形成与否是对一方主体权利行使的阻截,而形成后的同等条件没有兑现且相关主体对此默示接受则很可能是对法律规则的恶意规避,是对社会诚信的一种伤害。所以应该赋予受害方以相应的权利救济措施来弥补自身权利,同时借此对履约方履约施加一定的压力。当然并非所有未能兑现股权转让条件的情形中特定主体都可以要求股权转让方和受让方承担相应的损害赔偿责任,只有在有充分的证据证明转让方与受让方存在规避法律规定的恶意且故意阻截特定主体权利的行使时,特定主体才能提出损害赔偿请求。如果股权转让协议签订之后,基于情势变更或者支付方出现履行不能而致股权转让条件无法兑现时,优先购买权主体或者第三人不能由此要求股权转让方以及受让方承担相应法律责任。

---

① 参见古锡麟、李洪堂《股权转让若干审判实务问题》,《法律适用》2007年第3期,第51页。

（四）能否部分行使优先购买权

所谓能否部分行使优先购买权系指当股东准备对外转让股权时，其他股东主张以不包含转让股权数量在内的同等条件购买部分拟转让股权的权利。学者们针对这一问题的观点基本可以分成三派：赞成派、反对派和折中派。

在赞成派看来，《公司法》赋予股东优先购买权，然而并没严禁股东部分行使优先购买权。依据法无禁止即自由之一般原则，优先购买权部分行使即为可行。公司其他股东不仅可以针对拟转让的全部出资行使优先购买权，还可以针对拟转让的部分出资行使优先购买权，法律应当允许股权进行分割后部分转让。更何况，法律之所以给予剩余股东优先购买权旨在保障有限责任公司老股东可以通过行使优先购买权实现对公司的控制。当部分行使优先购买权即可满足老股东控制公司之目的时，老股东自然无必要受让拟转让股权之全部。所以，部分行使优先购买权包含在立法本意中。[1] 当优先购买权人主张部分行使优先购买权遭转让人拒绝，还可以通过诉讼途径以人民法院强制执行程序来保障其部分行使优先购买权的实现。[2]

在反对派看来，如果允许部分行使优先购买权则会造成拟转让股权的严重贬值，转让股东的利益将会因此遭受重创，所以基于股权本身的价值考虑，其他股东不可部分行使优先购买权。[3] 并且其他股东就转让股权部分行使优先购买权将会构成对股权转让限制之外的第二次限制，股权转让之部分受让不能看成股权转让之全盘受让的同等条件。[4] 虽然法律给予其他股东优先购买权进而使其达到控制公司的目的，但这种意图并非绝对

---

[1] 参见赵旭东主编《公司法学》，高等教育出版社 2006 年版，第 302 页。
[2] 参见周友苏《新公司法论》，法律出版社 2006 年版，第 289 页。
[3] 参见刘俊海《论有限责任公司股权转让合同的效力》，《法学家》2007 年第 6 期，第 78—79 页；杜军《公司法第七十二条蕴含的商业逻辑及其展开》，《人民司法·应用》2013 年第 11 期，第 97 页。
[4] 参见蔡峰华《股东部分行使优先购买权问题探究——兼论有限责任公司股权转让限制的立法价值取向》，《北京市政法管理干部学院学报》2003 年第 1 期，第 24 页；徐琼《论有限责任公司股东的同意权与优先购买权》，《河北法学》2004 年第 10 期，第 68—69 页。

的，而是应该在转让股东与剩余股东之间寻求一种利益上的平衡。①

在折中派的眼里，股份数量属于股权转让协议的实质内容，股权数量被包含在同等条件之中，允许股份部分转让对转让股东以及拟受让人的收益均会产生不利影响，所以部分行使优先购买权理论上不应获得支持。②但是，可否部分行使优先购买权涉及的是私人之间的利益分配问题，法律没有必要完全否定部分转让而是可以将该问题交由有优先购买权的股东自行行使。③或者如果转让股东同意将其拟转让的股权进行分割转让则部分行使优先购买权是可行的。④或者当转让股东和受让方均同意其他股东部分行使优先购买权的情况属于当事人意思自治，法律不应干预。⑤具体来说，若将股权拆分后，其他股东只购买一部分，转让股东以外的受让人也愿意继续购买剩余部分，那么转让股东不可拒绝其他股东的部分购买要求；反之，倘若其他股东购买部分股权致使股东以外的受让人不愿意继续受让剩余股权，那么此时由于转让条件的不同，转让人只能向第三人进行股权转让。⑥

赞成派主要站在优先购买权主体的位置看待问题的解决，反对派则较多考虑转让股东的利益，折中派则尤为强调主体意思自治在能否行使优先购买权问题解决上所发挥的作用。股权转让数量属于主要转让条件，将会是条件是否同等的影响因素之一，所以不考虑各方主体的意愿，股权转让数量不可在行使优先购买权时减少，否则，优先购买权将会被拒绝。但无

---

① 参见杜军《公司法第七十二条蕴含的商业逻辑及其展开》，《人民司法·应用》2013年第11期，第97页。

② 参见胡晓静《公司法专题研究：文本·判例·问题》，华中科技大学出版社2013年版，第175页；古锡麟、李洪堂《股权转让若干审判实务问题》，《法律适用》2007年第3期，第52页；廖宏、黄文亮《有限责任公司股权转让法律问题研究》，《南昌大学学报》（人文社会科学版）2010年第41卷专辑，第19页；时建中主编《公司法原理精解、案例与运用》（第二版），中国法制出版社2012年版，第226页。

③ 参见时建中主编《公司法原理精解、案例与运用》（第二版），中国法制出版社2012年版，第226页。

④ 参见胡晓静《公司法专题研究：文本·判例·问题》，华中科技大学出版社2013年版，第175页。

⑤ 参见古锡麟、李洪堂《股权转让若干审判实务问题》，《法律适用》2007年第3期，第52页。

⑥ 参见廖宏、黄文亮《有限责任公司股权转让法律问题研究》，《南昌大学学报》（人文社会科学版）2010年第41卷专辑，第19页。

论如何，股权转让是建立在协议基础之上的，而协议建立的基础便是平等自愿，所以，如果在协议双方或者涉及股权转让的多方能就股权转让达成一致意见，部分受让拟股权也自然可能包含在这种自愿达成的协议中。但此时优先购买权主体成为特定部分股权的主体并非其行使优先购买权的结果，而是该主体与转让股东之间通过一般股权转让协议实现了部分受让。

四 优先购买权的法律效力

优先购买权的法律效力意指股东是否行使优先购买权对股东与公司外部第三人之间达成的股权转让协议之效力或者股权转让的效力所产生的影响。如同前述同意权对股权转让协议抑或股权转让的法律效力一样，学者们在这个问题上同样是众说纷纭，有的学者同样对优先购买权对股权转让协议抑或股权转让的法律约束力不加区分。

（一）学说梳理

1. 无效说

无效说主张《公司法》优先购买权的规定属于强行性规则，未经其他股东优先购买权过滤之股权转让协议因为违反《公司法》之强制性规定而无效。[①] 也有学者并不认可这种论证，在该学者看来，《公司法》中同意规则和优先购买规则非强制性规则，而是属于补充型或任意型规范。[②]

2. 有效说

有效说认为优先购买权是否行使不影响股权转让协议的效力，也就意味着即使转让股东没有征询剩余股东会否行使优先购买权的意见而同受让方签订股权转让协议，此时达成的股权转让协议也不会因为转让股东未给予其他股东以行使优先购买权之机会而不产生效力。[③] 况且，股东行使优先购买权的目的旨在优先获得拟转让股份从而维护公司内部信任关系，故法律实质上要否定的是公司外部第三人优于公司其他股东获取股份的行

[①] 参见赵艳秋、王乃晶《特殊情况下有限责任公司股权转让合同的效力》，《学术交流》2010年第4期，第59页。

[②] 参见冉崇高、陈璐《侵犯股东同意权及优先购买权的股权转让协议的效力》，《人民司法》2011年第14期，第78页。

[③] 参见朱建军《我国有限责任公司股份转让法定规则的立法技术分析》，《政治与法律》2014年第7期，第90页。

为，并非转让股东和第三人之间达成股权转让合同的行为。① 实际上，协议的效力应该与权利变动之结果相区分，法律规定可以在权利变动领域施加控制从而使利益关系主体之利益得到维护，而无须对协议效力横加干涉。② "有效说"只否定股权被让与第三人的效果而非否认股权转让协议效力的主张，这种设想既实现了股东优先购买权的立法宗旨，又以务实的态度最大限度地保障了第三人的利益，该学说无疑是一种相对最优的理论选择。③ 也有司法实务工作者倾向于侵犯股东优先购买权的合同属于有效合同的观点，但是这种效力仅存在于股权买卖双方当事人之间，并不涉及公司和其他股东。④

3. 可撤销说

该学说主张忽视其他股东优先购买权的股权转让协议为可撤销合同。⑤ 当没有履行告知其他股东的义务抑或其他股东尚未作出是否行使优先购买权之决定时，转让人便与非股东的第三人签订股权转让契约，这是对其他股东优先购买权之侵犯。⑥ 侵害老股东优先购买权之股权转让协议既非绝对无效合同，因为转让股东乃有权主体且老股东未必一定反对股权转让；也非绝对有效合同，因为如此断定则老股东优先购买权势必落空。以可撤销合同进行定性，则任何享有法定优先购买权的股东在1年的除斥期间内均可请求法院或者仲裁机构撤销该合同，股权转让合同被撤销后，股权结构恢复原状，买方取得的股权应返还给卖方。⑦ 撤销权正是在尊重其他股东是否行使优先购买权的基础之上作出的程序安排，是为保障作为实体权利的优先购买权而赋予优先购买权人的一种程序性权利，从而为优

---

① 参见奚晓明、潘福仁主编《股权转让纠纷》，法律出版社2007年版，第100页。

② 参见张钧、吴钦松《论未经其他股东放弃优先购买权的股权转让合同之效力》，《河北法学》2008年第11期，第189页。

③ 参见赵旭东《股东优先购买权的性质和效力》，《当代法学》2013年第5期，第23页。

④ 参见贾明军、韩璐主编《法院审理股权转让案件观点集成》，中国法制出版社2012年版，第204页。

⑤ 参见冉崇高、陈璐《侵犯股东同意权及优先购买权的股权转让协议的效力》，《人民司法》2011年第14期，第79页。

⑥ 参见李金伟《论有限公司股东优先购买权的性质及其行使》，中外民商裁判网，http：//www.zwmscp.com/a/minshangfazonglun/gongsiyuzhongzu/2010/0709/7653.html，访问时间：2015年3月18日。

⑦ 参见刘俊海《论有限责任公司股权转让合同的效力》，《法学家》2007年第6期，第78页。

先购买权设定诉讼实现方式。① 司法实务界较多的审判观点认为侵害其他股东优先购买权的股权转让协议乃可撤销合同。② 在有些司法实务工作者看来，股东优先购买权的行使与否不影响股权转让协议的效力，股权转让协议的效力取决于协议本身的内容是否符合《合同法》关于有效合同之要求，但是股东优先购买权之行使会影响股权转让协议的履行，因此侵害其他股东优先购买权的股权转让合同为可撤销合同，在撤销之前该股权转让合同仍然具有法律效力。③ 纵使学界与实务界很多学者将其他股东未明确放弃优先购买权的股权转让合同认定为可撤销合同，但是因此所造成的《公司法》之可撤销合同与《合同法》之可撤销合同所存在的天壤之别却是不容我们忽视的。我们绝不能为了解释某种新的法律现象而对现有法律规定置之不理或者对现有法律制度随意作出扩张的解释。

4. 附条件说

（1）附停止条件说

该观点认为未经其他股东作出是否行使优先购买权的意思表示即签订的股权转让协议为附停止条件的合同。④

（2）附解除条件说

该观点认为，未经其他股东作出是否行使优先购买权之意思表示的股权转让协议为附解除条件的合同，条件成就，即有股东行使优先购买权，则合同解除，转让股东将不再负有向第三人履行合同的义务，也无须承担违约责任。⑤ 更有学者基于股权性质的双层性，主张可以将股权转让合同拆分为财产权转让合同与人身权转让合同，在股东没有明确是否行使优先购买权时，财产权转让合同是附解除条件的合同，而人身权转让合同则是附生效条件的合同。当剩余股东确定行使优先购买权，那么成立并生效的

---

① 参见李金伟《论有限公司股东优先购买权的性质及其行使》，中外民商裁判网，http：//www.zwmscp.com/a/minshangfazonglun/gongsiyuzhongzu/2010/0709/7653.html，访问时间：2015年3月18日。

② 参见贾明军、韩璐主编《法院审理股权转让案件观点集成》，中国法制出版社2012年版，第204页。

③ 参见徐志新主编《公司设立与股权纠纷》，中国民主法制出版社2014年版，第248—249页。

④ 参见苏志甫《有限责任公司股权转让的法律适用——兼评新旧公司法之相关规定》，《人民司法》2006年第6期，第64页。

⑤ 参见丁巧仁主编《公司法案例判解研究》，人民法院出版社2003年版，第135页。

财产权转让合同应该被解除,人身权转让合同的生效条件则因为无法成就故不产生法律效力;当剩余股东表示放弃优先购买权时,财产权转让合同维持成立且生效的状态,而人身权转让合同因为生效条件的成就而产生相应的法律约束力。①

然而,正如有学者指出的那样,民事法律行为中所附条件应是当事人任意选择的事实,是双方当事人协商的结果,而非法律规定抑或合同性质决定的事实,凡是法律行为中附有法定条件的,应视为未附条件。② 故《公司法》规定的股权转让限制性条件无法成为股权转让所附条件,股权转让行为也不是附条件的民事法律行为。③

5. 效力待定说

该学说主张,在有限责任公司中,转让受到法定或约定的限制乃股权区别于所有权的一个重要特征,因此股东无法对其拥有的股权享有完全的处分权利,故而可以类推适用《合同法》第 51 条关于无权处分行为之规定,从而确认受限之股权转让行为乃效力待定的民事行为。④

然而,在一起股权转让纠纷中,法院的观点主张优先权的规定并不是对拟转让股份的股东权的限制或其自由转让股份之限制,剩余股东依法行使优先购买权并未证明拟对外转让股份的股东对其股权不享有完全的、排他的权利。⑤

(二) 优先购买权对股权转让协议与股权转让的效力

正如笔者在前文所论述的那样,股权转让协议的成立与生效应该遵循我国《合同法》有关合同成立生效之基本规则,剩余股东放弃行使优先购买权并不是股权转让协议生效之法定要件,故剩余股东会否行使优先购买权之于股权转让协议的效力并无法律影响。

---

① 参见蔡元庆《股权二分论下的有限责任公司股权转让》,《北方法学》2014 年第 1 期,第 53—54 页。
② 参见马俊驹、余延满《民法原论》,法律出版社 2007 年版,第 199 页;魏振瀛主编《民法》,北京大学出版社、高等教育出版社 2000 年版,第 155—156 页。
③ 参见赵万一、吴民许《论有限责任公司出资转让的条件》,《法学论坛》2004 年第 5 期,第 40 页。
④ 同上书,第 40—41 页。
⑤ 参见贾明军、韩璐主编《法院审理股权转让案件观点集成》,中国法制出版社 2012 年版,第 203 页。

但是优先购买权的行使如同同意权的行使一样对股权转让本身会产生一定的法律影响。在笔者看来，同意权人过半数之同意与优先购买权主体整体不行使优先购买权共同构成受让人成为公司股东的完整合意。所以如果优先购买权主体放弃对经过同意权人同意转让的股权行使优先购买权，且股权转让协议生效，则股权转让生效；如果优先购买权主体并未放弃对经过同意权人同意转让的股权行使优先购买权，即使股权转让协议生效时，但股权转让并未生效。在优先购买权对股权转让的法律影响问题上，实务中的做法具有一定的合理性。据有关工商部门的经验，若无其他股东放弃优先购买权的书面声明，转让双方将无法在工商管理机关完成股权的移转。①

五 优先购买权的适用范围

所谓优先购买权的适用范围，主要是指优先购买权能否适用于股权内部转让场合以及股权赠与场合。

就优先购买权能否适用于股权赠与场合而言，学者们形成针锋相对的两种观点。赞成者认为基于文义解释的指引可以将优先购买权适用于股权赠与场合，并且赠与股东将其获得的股权转让对价赠与受赠人也不会影响到受赠方的利益。② 也即在赞成者看来，假设转让股东将其股权无偿赠与公司外部第三人，则优先购买权主体依然可以行使优先购买权，只是此时优先购买权主体并非无偿受赠拟转让股权，而是要支付一定的对价有偿受让特定股权。按照文义解释，股权转让确实应该包含有偿转让和无偿转让，《公司法》没有明确优先购买权行使之基础的股权转让是有偿转让还是无偿转让，所以从文义的角度来看，优先购买权既可适用于有偿转让也可适用于无偿转让，但是任何一种单独的法律解释方法所解读出的法律规定之含义并不能让人信服，更何况认为将股权转让对价赠与受赠人的说法不会损及受赠人的利益值得商榷，毕竟股权代表的商业前景与货币本身的

---

① 参见赵青《论有限责任公司股东的优先购买权》，《人民司法·应用》2008 年第 21 期，第 87 页。
② 参见刘俊海《论有限责任公司股权转让合同的效力》，《法学家》2007 年第 6 期，第 78 页。

增值是不可比拟的。正如有学者指出的那样,优先购买权是针对有偿转让甚至股权买卖而言的,那么在因赠与、遗赠、继承、强制执行等非因买卖而转移标的物时,优先购买权自不得行使,否则将构成对转让股东权利的过分干预。[1] 股权无偿转让即转让无须对价,股权的移转没有相应的交易价格,则优先购买权行使之基础——同等条件无法形成,其他股东优先购买权也就无法行使,即便有外部第三人的加入,倘若没有公司章程的规定,股东的异议权也失去意义,所以在股权无偿转让中,其他股东的异议权与优先购买权均无用武之地。[2]

就优先购买权能否适用股权内部转让场合而言,学界的赞成与实务界的反对形成鲜明的对比。在有些学者看来,有限责任公司股东之间完全能够通过公司章程抑或股东协议方式对股权之内部转让进行限制性的规定,原因有二:一是形成股东期盼的利益格局;二是方便股东的退出。[3] 则股权在公司内部转让时当然可以约定特定股东享有优先购买权,而除该特定股东之外的其他股东不享有优先购买权。[4] 实务界并不赞成学界的上述观点,如上海市高级人民法院于2008年颁行的《沪高法关于审理涉及有限责任公司股东优先购买权案件若干问题的意见》在其第1条明确规定,股权内部转让,其他股东不可主张行使优先购买权。并且在一起有关股权内部转让的案例纠纷中,公司股东针对拟转让股权行使优先购买权之诉求被法院驳回。[5] 实务界之所以坚持股权内部转让不适用优先购买权规则是对股权内部自由转让原则的坚决贯彻,从而也是对《公司法》第71条第4款另有规定的漠视。即便是股权内部转让,也会造成业已形成的股东已然接受的公司持股格局的变化,维持原有持股格局或者按照自己期待的结

---

[1] 参见徐琼《论有限责任公司股东的同意权与优先购买权》,《河北法学》2004年第10期,第69页。

[2] 参见郭丽红、纪金标《论有限责任公司股权的无偿转让》,《天平洋学报》2008年第6期,第69页。

[3] 参见赵万一、吴民许《论有限责任公司出资转让的条件》,《法学论坛》2004年第5期,第37—38页。

[4] 参见赵兰明《股东优先购买权的适用与保护》,《理论学刊》2003年第2期,第109页。

[5] 参见王振民、吴革主编《公司股权指导案例与审判依据》,法律出版社2011年版,第133—134页。

果发生改变使优先购买权适用于股权内部转让成为需要。①

笔者以为股权转让限制能够适用于股权无偿赠与场合。首先，前文赞成股权转让适用于无偿转让场合之学者所提出的对法律规定之文义解释可以是依据之一。其次，无偿转让并非不存在优先购买权行使基础之同等条件，此时作为同等之参照的主要转让条件为转让金额零，相应地不存在特别的支付方式以及支付期限问题，所以此时要判断的是优先购买权主体行使优先购买权的同等条件到底是什么，或者面对无偿转让之参照，优先购买权主体提出有偿受让能否属于无偿转让的同等条件。从转让股东之利益、公司利益、剩余股东之利益以及受赠人利益之平衡来看，有偿受让可以是无偿转让的同等条件，所以优先购买权主体似乎可以在股权无偿赠与场合行使优先购买权。然而，赠与往往不是无端发生的，中国赠与法律传统之蕴含情感因素的互惠原则以及作为社会最古老情愫之一的感恩理念通过法的现代化进行理性化以后仍然以一种隐忍的方式屹立于现代赠与法律之中。② 如果说股权转让之有偿一定程度上稀释了股权转让法律关系中的情感因素，则股权无偿转让中的互惠或者感恩因素不容忽视。所以优先购买权能否适用于股权无偿转让场合是公司法上的利益平衡与法律传统中的情感因素之间的一种较量，我们认可优先购买权适用于股权无偿转让场合则意味着对赠与中所蕴含的情感因素的忽略，我们否认优先购买权适用于股权无偿转让场合则意味着对赠与中所蕴含的情感因素的凸显与强调。笔者以为情感并不能左右法律规则的普遍适用性，③ 受情感支配的商事法律规则会走向理性的反面且法律权威会进而受到严重影响。所以基于《公司法》上的利益平衡理念，优先购买权可以适用于股权无偿转让场合。在美国。股权转让限制被认为可以适用于包括销售、赠与、抵押，自愿和非自愿转让等所有股权转让场合。④

---

① See William Rands, Closely Held Corporations: Restrictions on Stock Transfers, Commercial Law Journal, No.12 (Dec., 1979), p.466.

② 参见萧伯符、易江波《略论中国赠与法律传统及其现代转型》，《法商研究》2007年第2期，第159页。

③ 同上书，第157页。

④ See William A. Gregory, Stock Transfer Restriction in Close Corporations, Southern Illinois University Law Journal (1978: 477), p.493.

笔者以为优先购买权以适用于股权外部转让场合为一般原则，以适用于股权内部转让场合为例外。此时赋予其他股东甚或公司以优先购买权，主要是防止股权内部转让造成一股独大局面进而损害公司以及其他股东甚至公司债权人利益。但无论如何，公司内部股东之间无法针对拟转让股权显现出受让顺序之优劣，某些股东比较其他股东拥有优先权利难以寻找普适性的合理基础，所以股权内部转让之优先购买权的行使除非是基于公司利益的整体考虑，否则公司以及公司内部任何主体不得主张行使优先购买权。

当然，公司自治是当今公司发展的潮流所在，所以优先购买权之适用场合可以交由公司章程或者股东协议或者公司细则进行规定。

第 四 章

有限责任公司章程限制
股权转让的边界

公司章程是股权转让限制的重要载体，在美国伊利诺伊州，股权转让限制一度被该州的公司法令强制要求写进公司章程里。[①] 我国《公司法》第71条第4款首肯公司章程就股权转让限制另行规定，这一规定为公司股权转让限制规则的细化提供了通道，使股权转让限制更具有针对性和可操作性，然而实务中不同公司通过公司章程对股权转让限制的程度却存在重大差异，这也就引发了学界对公司章程限制股权转让边界之探讨。公司章程在什么样的范围里就股权转让作出限制才能产生效力。公司章程自治是公司的一种自由，转让股权是股东的自由，当公司章程自治遇上股权转让自由权，则碰撞出限制与被限制的火花，公司章程设限条款其实质是以一种自由为另一种自由划定自由的边界，章程自治决定股权转让自由权有一定的边界，股权转让自由权也决定公司章程不能在股权转让问题上恣意妄为。如此，公司章程设限股权转让条款的效力到底应该依据什么样的标准进行判断？作为股权转让限制语境下的焦点话题，公司章程限制股权转让问题势不可当地获得学者们的青睐而引发学者们多视角的探讨。在学界，学者们探讨公司章程设限股权转让效力问题之激烈程度远远超过对法定限制规则本身的探讨。实务中大量公司通过公司章程限制股权转让，而法院在处理有关公司章程设限股权转让问题时往往又表现出裁判上的不一致。也许正是法律给予公司自治之自由

[①] See William A. Gregory, Stock Transfer Restriction in Close Corporations, Southern Illinois University Law Journal (1978: 477), p.488.

为司法实务蒙上了无法拨开的迷雾,同时也带给学者们广阔自由的学术探讨空间。所以公司章程限制股权转让之边界是理论与实务界必须加以澄清的问题,哪怕澄清的结果并非数学运算规则那样明晰。而只有正视司法现实,辨析学者观点,才有可能在错综复杂中的实务以及争论激烈、视角多重的学者探讨中厘清公司章程设限股权转让的边界问题。

第一节 公司章程限制股权转让实务的多样化呈现

尽管几千年的封建文化专制致使国人缺乏自治理念文化的熏陶,[①] 但是公司、股东在股权转让限制层面表现出的自治却异常活跃。然而,主体的自治却往往遭遇合法性拷问。当公司章程作出不同于公司法第 71 条前 3 款之规定时,公司章程条款的效力成为备受关注的问题。而不同地区的法院在这一问题上体现出不同的做法抑或同一地区的不同层级法院针对相同案例持有的截然相反的立场使上述问题更加扑朔迷离。司法对公司章程限制股权转让的态度从来都不应该被忽视,只有回应现实的法律规定之反思才可能落地生根。所以,笔者对北大法宝、中国裁判文书网以及相关公司法案例书籍等媒介所载之相关案例进行了梳理,发现目前司法界就公司章程关于股权转让之另行规定的效力有其聚焦点,司法争议主要集中于以下三个方面的问题:第一,公司章程强制股权转让条款的效力;第二,公司章程禁止股权转让条款的效力;第三,公司章程就股权转让程序作出另行规定之条款的效力。笔者接下来将从上述层面审视公司章程限制股权转让之司法困境所在,以期为理论上的完善提供实践上的指引。

一 公司章程强制股权转让的效力

在雷某某与某百货有限责任公司股权转让纠纷案中,一审法院和二审法院均认为公司章程较之公司法有关股份转让更为严格的规定没有违反公

---

① 参见郭奕《论公司章程自治的界限》,《浙江社会科学》2008 年第 4 期,第 55 页。

司法的强制性抑或禁止性规定，故股份转让应该根据公司章程的规定进行。①

在周某诉江苏省大丰市某有限责任公司股权转让纠纷一案中，②一审法院坚持公司章程是公司行为的基本准则，没有违反国家强制法律规定，所以公司章程限制股权转让的规定应该有效，故判决驳回周某的诉讼请求。二审法院则认为作为股东固有权利之股权转让自由权非经合法转让或者国家强制力剥夺或者其他原因予以分配，股权不能变动，股权自由转让属于强行法原则，所以违反该原则强制股权转让之公司章程无效。于是二审法院判决周某胜诉。

无独有偶，2006年，江苏省常熟市人民法院审理的滕某某诉江苏省常熟市某医药有限公司股东权纠纷一案中，法院最终认定公司章程修正案

---

① 该百货公司章程第14条、第17条分别规定，"股东、持股会会员将自己的股权转让给股东以外的主体时，需要取得过半数的全体股东同意，反对转让的股东应该购买拟转让的出资，倘若不同意购买的视作同意转让。经过股东赞成转让的出资，在相同条件下，公司剩余股东、持股会会员就该拟转让出资拥有优先购买权。""凡是今后有股东退休或者调离的，该股东所持有的股权要么由内部职工接股，要么由公司收购，其中职工接股优先于公司回购。股东已缴纳的出资仅限于内部转让和公司收购或者依法继承。并且股东转让出资需要经过股东会形成决议。另外股东转让出资还必须到相关部门办理股权转让登记手续，否则股权转让无效。"雷某某1997年退休时认为公司董事会强制要求其退休必须退股的行为是对其合法权益的严重侵犯，于是向法院提出起诉，要求法院依法裁决百货公司马上恢复其原本拥有的公司股权，并且认定公司要求职工股东退休必退股的行为无效。一审法院认可公司章程的规定，但认为雷某某与公司之间的退股行为缺乏足够的证据支撑，于是认定该行为实质为抽逃出资，所以判决认定该退股行为无效，百货公司应该恢复雷某某股东身份。二审法院则认为案例所涉行为乃特殊形式的股权转让，应该遵循公司章程的相关规定，于是撤销一审判决，驳回雷某某的诉讼请求。北大法宝，http://www.pkulaw.cn/fulltext_form.aspx?Gid=335607196，访问时间：2016年1月30日。

② 周某是江苏省大丰市某有限公司的股东兼员工，2006年6月，该公司以周某违反公司规章制度为由与周某解除劳动合同，并通知周某。2006年7月，该公司召开股东会议修改公司章程，修改后的公司章程规定："股东因辞职、除名、开除，根据劳动法第二十五条规定解除劳动合同关系的，股东会可以决定其股权由其他股东受让，股权转让价格不论公司到时盈亏状况，一律以实际认缴出资的原值结算，转让人拒收股权转让金的，受让股东可将其提存至公司。"到会8名股东签订同意修正，周某表示反对。同年8月，该公司将修订后的公司章程进行了工商备案。2006年9月，该公司召开临时股东会，根据公司章程决定周某的5万元出资由公司其他股东按比例以原值予以受让。到会8名股东签字同意，周某未签字同意。后来，周某诉至大丰人民法院，要求确认强行其转让股权的股东会决议无效以及公司章程部分条款无效。法制网，http://www.legaldaily.com.cn/bm/content/2007-05/27/content_624772.htm?node=194，访问时间：2015年4月28日。

所规定的"自然人股东因本人原因离开企业或解职落聘的,必须转让全部出资"属于无效规定。①

在严某某诉南京市某建筑设计院有限公司股权转让纠纷一案中,一审法院、二审法院均认可涉案公司章程关于股权转让的不同于公司法条的限制性规定,并援引该规定作为审判的依据。②

在姜某诉烟台市某集团有限责任公司股权转让纠纷案中,一审法院、二审法院也都认可涉案公司章程有关股权转让的强制性规定。③

《山东省高级人民法院关于审理公司纠纷案件若干问题的意见(试行)》也在一定程度上认可公司章程强制股权转让的规定。④

尽管司法界就公司章程强制股权转让规定之效力的态度并不明朗,但上述案例还是让我们可以感知法院在这一问题上由排斥到容忍的一种态度

---

① 参见钱玉林《作为裁判法源的公司章程:立法表达与司法实践》,《法商研究》2011年第1期,第98页。

② 严某某是南京市某建筑设计院有限公司(以下简称某公司)的股东兼公司监事会主席。2004年该公司章程第21、23条规定:"有下列情况之一者,股份可以转让和必须转让:一、股东调出、辞去现职时,其股份是否转让或折价转让,由董事会根据公司经营状况及给公司业务造成的影响研究决定……""股东转让股份,均按公司最近资产负债表上的净资产额折算价格计算。"2007年,严某某与某公司解除劳动合同,该公司董事会决定对严某某股权进行回购,但双方就股权回购时间产生争议。一审法院经过对案例事实的查明,根据并援引该公司章程的相关规定,2013年判决严某某股权于2009年被公司进行回购。二审法院支持原审判决。中国裁判文书网,http://www.court.gov.cn/zgcpwsw/jiangsu/jssnjszjrmfy/ms/201409/t20140914_2929908.htm,访问时间:2015年11月25日。

③ 姜某是烟台市某集团有限责任公司的股东,同时也是该公司的职工,几经修改的该公司章程第17条规定:"公司股权实行公司股东内部转让,在股东内部没有受让人的前提下,可以向股东以外的人转让股权……股东因退休、解聘、调出、亡故等原因离开公司时,应将股权转让给其他股东。受让股东由公司董事会确定,在无股东受让的前提下,拟转让的股权可以向股东以外的人转让……"姜某于2005年辞去公司相关职务。2007年公司召开董事会,讨论决定将姜某的股权转让给公司其他股东。姜某不服,遂向法院提出起诉,要求法院判决公司章程第17条强制股权转让条款以及董事会转让姜某股权与公司其他股东的决议无效。一审法院认为公司章程的相关规定符合公司的人合性及自治性,公司董事会决议没有违反法律行政法规的强制性规定,所以一审法院2013年作出判决,驳回姜某的诉求。二审法院2014年作出终审判决,支持原审判决。中国裁判文书网,http://www.court.gov.cn/zgcpwsw/sd/sdsytszjrmfy/zscq/201412/t20141219_5263254.htm,访问时间:2015年11月24日。

④ 《山东省高级人民法院关于审理公司纠纷案件若干问题的意见(试行)》第53条规定:"公司章程规定股东因退休、解聘、调动等原因离开公司时应将股权转让给其他股东,但未规定具体受让人,且当事人无法协商一致的,股东会确定的股东有权受让该股权。"

转变。当然，这并非针对该问题的结论，在公司章程强制股权转让效力问题上；公司章程的个性化设计永远需要面临其是否违反强制性法律规定的挑战。

二 公司章程禁止股权转让的效力

相比于实务中频繁出现的公司章程强制股权转让纠纷，有关公司章程禁止股权转让纠纷比较稀少，这似乎在一定程度上说明公司章程制定者对于禁止股权转让之规定的无效已经形成默认。

司法界在公司章程禁止股权转让问题上也体现出比较一致的态度。《江苏省高级人民法院关于审理适用公司法案件若干问题的意见（试行）》在第60条否认公司章程禁止股权转让的效力。[①] 广东省高级人民法院也认为，公司章程针对股权转让的限制不能过于严格，不能使股权难以转让或者明确禁止股权转让。虽然公司章程没有明确禁止股权转让，但是当通过设置一些难以满足的条件或者复杂的转让程序使股权转让事实上难以实现时，公司章程的这种规定属于变相禁止股权自由转让，应属无效规定。[②]

当然，就公司章程禁止股权转让之条款的效力，有的法院体现出比较宽松的态度，并以新的视角看待公司章程在股权转让中的法律地位。[③]

三 公司章程另行规定股权对外转让程序的效力

在司法实务中，公司章程另行规定股权对外转让程序的效力涉及两个层面的问题：第一，公司章程另行规定的不同于公司法的股权对外转让程

[①] 《江苏省高级人民法院关于审理适用公司法案件若干问题的意见（试行）》第60条规定："公司股东违反章程规定与他人签订股权转让合同的，应认定合同无效，但存在下列情形的除外：（一）章程的该规定与法律规定相抵触的；（二）章程的该规定禁止股权转让的；（三）经股东会三分之二以上有表决权的股东同意的。"

[②] 中国法律资源网，http://www.lawbase.com.cn/law_info/lawbase_@22826.htm，访问时间：2015年4月28日。

[③] 浙江省高级人民法院民二庭《关于公司法适用若十疑难问题的理解》第9条规定："公司章程在不与公司法抵触的情况下，若其限制或禁止股权转让，应视为股东对股权转让生效要件作了特别约定，股权转让合同应遵循章程的规定，否则其效力不应被确认。"

序是否有效；第二，公司章程另行规定的不同于公司法的股权对外转让程序对哪些人有效。接下来，我们就通过一组案例针对上述两方面的问题展开司法审视。

在张某某诉上海大川馨涂料贸易有限公司（以下简称大川馨公司）以及木村某某股权转让纠纷一案中，① 原告张某某就大川馨公司怠慢履行股权转让登记手续而起诉该公司以及转让股东木村某某。大川馨公司则以公司章程规定股权转让必须经过董事会同意而提出辩解，该辩解没有得到一审法院及二审法院的认可和支持，两级法院对大川馨公司章程作出股权转让须经董事会通过的规定均不认可的缘由在于我国《公司法》对此没有规定，而且该规定限制了股东股权转让的法定权利，存在不合理性。

我国江苏省 2002 年审结的一起股权转让纠纷案中，一审法院、二审法院均对涉案公司章程所规定的股权转让限制条款的效力进行了否定，在二审法院的审判理由中，《公司法》有关股权转让的规定被认为属于强制性规定，而涉案公司章程正是违反了法律的强制性规定所以被宣告无效。②

在泰安市某公司诉臧某某股权转让纠纷案中，法院针对公司章程所规定的股权转让须经过股东会讨论通过的条款表现出的是较为模糊的态度。③ 尽管这个案子审结时适用的是 1999 年《公司法》的相关规定，但

---

① 北大法宝，http://www.pkulaw.cn/Case/? Keywords = % u80A1% u6743% u8F6C% u8BA9，访问时间：2015 年 11 月 22 日。

② 该案中，某市东方粮运有限公司章程第十五条规定："本公司出售的股份（除退休、辞职、调离、死亡外）不能退股，股权证不得向公司以外的任何人发行和转让，如转让、退股或赠与、继承和抵押，须经公司董事会批准。公司董事和经理在任职期间不得转让。"北大法宝，http://www.pkulaw.cn/Case/pfnl_117486079.html? 访问时间：2016 年 1 月 30 日。

③ 某陆路公司 1995 年在其公司章程规定，"股东之间可以相互转让其全部或部分出资，股东转让出资由股东会讨论通过，股东向股东以外的人转让其出资时，必须经全体股东过半数同意，不同意转让股东应购买转让的出资，否则视为同意转让"。1996 年 11 月，陆路公司全体股东召开股东大会，一同同意转让各自的出资，其中，泰安某公司将其 10 万元出资转让给臧某某。后泰安某公司质疑股权转让合同的真实性，要求返还股权转让金，交还股权。法院认为，股权转让系股东向受让方转移股权并收取转让金的民事行为，现股权转让已经全体股东同意，且泰安某公司已收取了股权转让金，臧某某亦依法定程序向工商行政管理机关办理了变更登记手续，股权转让行为符合法律规定且已发生法律效力。北大法宝，http://www.pkulaw.cn/case/pfnL_117446809.html? 访问时间：2016 年 1 月 30 日。

1999年《公司法》并无股权转让要经过股东会或者董事会的规定，也即，涉案公司章程所提出的股权转让程序不同于公司法的规定，是对股东转让股权作出的一种程序上的限制。

在福建某实业集团有限责任公司诉冯某某股权转让纠纷案中，作为第三人的湖北武汉某物业公司在其公司章程中就股权对外转让规定了与《公司法》相异的程序要求。[①] 但是一审法院与二审法院在就此案进行查明和裁决过程中对该章程所另行规定的程序体现出不同的态度。一审法院认可章程就股权转让程序的另行规定并作为裁判依据直接援引，只是其主张公司章程是公司自治文件，不能对抗善意第三人，受让方福建某公司对湖北武汉某物业公司股东对外股权转让是否违反公司章程无途径也无义务审查。所以被告冯某某以股权转让违反公司章程要求召开股东会决议的规定为由要求法院确认股权转让无效的抗辩没有得到一审法院的支持。而二审法院在提及股权对外转让程序的时候则是直接启用《公司法》第72条第2款之规定，同时指出股东向公司外部的人转让股权不需要履行股东会决议程序，以避免因股东会无法召开或股东会召开但无法形成决议而给股权转让造成障碍。因此股权转让双方均未违反公司章程的规定，冯某某就此提出的上诉理由不成立。可见，前述案例一审法院虽然认可了公司章程对股权转让另行规定的程序，但是否认该规定对公司外部善意第三人的约束。这个判决似乎提醒我们，公司章程就股权转让程序的另行规定如果要产生广泛的法律效力就应该被广泛地知悉或者说受约束者应该是知悉者。二审法院避开公司章程的相应规定而直接适用《公司法》第72条其实质是对公司章程有关股权转让需要召开股东会形成决议的效力进行否认。

但是在郑某某诉张某某以及魏某股权转让纠纷案中，一审、二审法院

[①] 湖北武汉某物业有限公司2002年改制成立，该物业公司由湖北某集团公司和物业公司职工持股共同出资组建，该物业公司公司章程规定："股东转让出资应经其他股东一致同意，不同意转让又不接受转让的视为同意转让；股东会是公司的最高权力机构，对股东向股东以外的人转让出资作出决议；股东会决议需有2/3以上职工股东同意方能有效。"后来该物业公司冯某某、杜某某等6位职工股东将其所持有的股权转让给公司外部第三人福建某集团有限公司，但因冯某某不配合办理股权转让变更登记手续，所以福建某集团有限公司将转让人冯某某诉至法院。中国裁判文书网，http://www.court.gov.cn/zgcpwsw/hub/hbswhszjrmfy/ms/201504/t20150421_7517547.htm，访问时间：2015年4月28日。

均认可涉案公司章程关于股权对外转让的另行规定。①

前述案例抑或相关法院的适用意见显示出司法实务界对公司章程限制股权转让效力认定的反复性，这是由立法规定不明致使对立法规定的解释、适用出现差异而引发的。但我们也必须意识到，司法界在公司章程限制股权转让问题上时而严苛时而宽松的态度其实依然有一定的规律可循。当法院否认相关公司章程规定的效力时，其法理依据基本相同，即公司章程违反了法律强制性抑或禁止性规定，而股东股权转让自由权、公司法第71条前3款规定等内容便是上述的强制性规定。当法院认可相关公司章程规定的效力时，该规定往往不被认定为对公司强制性规范之违反。而且无论关涉公司章程强制股权转让、禁止股权转让抑或对股权转让程序另行规定，目前大多数法院对相关公司章程效力均持否定态度，但是也有耳目一新的肯定论给司法实务界注入新的血液。

期待立法以列举的方式对公司章程限制股权转让进行细化规定并非解决问题的上上之策，再详尽的列举也会出现遗漏，且这样的列举在一定程度上会造成立法规定的拖沓与繁杂，并可能给司法适用戴上桎梏，不利于司法能动性的发挥。笔者以为，我们可以借鉴判例法国家的做法，发挥司法判例在解决此类问题中的指引作用，实现同案同审的司法结果，这才是解决问题的理想策略。所以有关公司章程限制股权转让效力之司法审判的科学性就尤为重要。我国司法界目前就公司章程限制股权转让效力之认定正处在保守与突破中进行挣扎，但总体依然体现出比较保守的做法，这是司法保守主义在公司章程限制股权转让问题上的一种体现，随着有克制的司法能动主义观念在我国的学界的兴起，② 司法界在解决公司章程限制股权转让效力问题上定会迈出有里程碑意义的步伐。

我们相信，司法界于不同时间段对公司章程限制股权转让规定之效力

---

① 郑某某、张某某是扬州市某有限公司的股东，该公司章程第11条规定，"股东向股东以外的人转让其出资时，必须经全体股东一致同意"。2005年5月，张某某与魏某签订公司收购协议而未经股东郑某某的同意，于是郑某某于2005年6月以张某某以及魏某为被告向人民法院提出起诉，请求确认《收购协议》无效。一审、二审法院均支持原告的诉求。二审法院明确主张张某某将公司全部股权转让给魏某应当遵循公司章程的约定，即股东向股东以外的人转让其出资时必须经全体股东一致同意。参见艾妩、江南《同为公司股东 夫妻对簿公堂》，http：//blog.chinacourt.org/wp-profile1.php? p=18608&author=529，访问时间：2015年11月25日。

② 参见张榕《司法克制下的司法能动》，《现代法学》2008年第2期，第179页。

的肯定表示并非昙花一现,能动主义之下,司法界必定会积极发现并回应现实需求,[①] 进而促进尊重公司章程自治之司法良好结果的实现。

第二节 公司章程限制股权转让边界理论之多元化展示

正是《公司法》本身规定的弹性化,学界围绕法律规定所形成的对法的解释也是各执一词、莫衷一是。本书将试图从学者观点之千头万绪中厘清有关公司章程限制股权转让的较为清晰的边界或者给出公司章程限制股权转让规定之效力的判断标准。

学者们关于公司章程限制股权转让之边界的探讨尽管众说纷纭,但总体来说,无非体现了两种思维模式。一种模式秉承具体问题具体分析之做事原则,针对公司章程限制股权转让的边界给出具体的观点,即哪些章程规定是无效的而哪些规定又是有效的,在这种模式中一目了然。另一种模式即试图为公司章程限制股权转让规定的法律效力寻觅一个抽象的判断标准,合乎这个标准即意味着公司章程限制股权转让规定的有效性,反之则公司章程有关股权转让限制的规定是无效的。所以笔者接下来便从这具体与抽象之两种思维模式对学界观点展开梳理,以期在现有理论之基础上为公司章程限制股权转让寻觅到较为明确的、科学的边界。

一 具体思维模式

(一) 股权处分权与股权转让程序区分论

该主张认为从文义解释的角度来看,《公司法》第71条第4款之公司章程可以"另有规定"似乎可以规定涉及股权转让的几乎所有事项,而从体系解释的角度来看,"另有规定"的目的在于对前三款规定的股权转让程序"另有规定"。[②] 但是基于司法实践中普遍将公司章程"另有规定"理解为股权转让的各种事项,所以为了妥善解决理论与实践中的各种争议,应该将公司章程"另有规定"进行更深入的类型化的分析。章

[①] 参见杨建军《重访司法能动主义》,《比较法研究》2015年第2期,第141页。
[②] 参见钱玉林《公司法实施问题研究》,法律出版社2014年版,第179—180页。

程应该分为初始章程和经过修改的章程，而股权转让的内容也可细分为股权转让的处分权和股权转让的程序。初始章程获得公司全体股东的一致同意，既是公司的自治规则，也是全体股东签订的合约，所以此时的公司章程既可以对股权处分权，也可以对股权转让的程序作出"另有规定"。修订章程若经过全体股东的一致表决同意也可以拥有前述初始章程在股权转让问题上的地位，反之，公司章程仅具有自治规范的属性，则只能对股权转让的程序演绎"另有规定"，而股东的股权处分权除依法定程序进行限制和剥夺之外应该尊重当事人的意思自治。[①]

以体系解释《公司法》相关规定无法应对实践中就相关规定作文义解释的现实，于是学者区分股权处分权与股权转让程序并结合初始章程与后续章程的不同来探讨股权转让限制的边界。进而强调全体股东一致同意是《公司法》相关规定进行文义解释并加以适用的前提，未经全体股东一致同意的股权转让限制则只能就股权转让程序另行规定。这种观点淋漓尽致地体现了公司章程作为公司自治规则和作为股东契约的双重属性。在学者眼中，股东是否一致同意成为公司章程作为契约或者自治规则的分水岭，而以股东之同意人数为界限划分出的公司章程属性，似乎作为契约的公司章程之另行规定的范围明显广于作为自治规则之另行规定的范围。这很容易让人对公司章程产生错觉，其作为"公司宪章"[②]的地位不如股东间协议的效力。除法定程序外，主体之意思是能否对其处分权进行限制的原因所在，同意受限制则公司章程可以限制股权转让处分权，不同意受限制则公司章程不能限制股权转让处分权。按照这种思路，即使未经全体股东一致同意，股权转让处分权之另行规定也应该在同意的股东之间产生法律约束力，而不必强求全体股东一致同意才意味着公司章程能就股权转让处分权另行规定。笔者以为，如果强调公司章程的契约属性，则哪怕是就股权转让程序另行规定也应该需要全体股东的一致同意；如果强调公司章程的自治规则属性，则股权处分权之另行规定即使未经全体股东一致认可

[①] 参见钱玉林《公司章程对股权转让限制的效力》，《法学》2012年第10期，第103页；徐衍修《有限责任公司章程强制或限制股权转让效力的实证分析》，《法治研究》2008年第7期，第68页；南秋萍、李阳《有限责任公司章程对股权转让的效力》，《中国律师》2014年第9期，第79页。

[②] 参见常健《论公司章程的功能及其发展趋势》，《法学家》2011年第2期，第76页。

而写入公司章程也应该对全体股东有效。

"同意"要件是对股东个人利益的保障,但也体现出特定股东个人利益与绝大多数股东之共同利益的一种抗衡,在个人利益与集体利益之抗衡中,个人利益往往会在公司章程条款之效力认定中处于劣势。在前述姜某诉烟台市某集团有限责任公司股权转让纠纷案中,涉案公司章程有关股权转让限制条款尽管没有得到股东姜某的同意,但是这并未影响公司按照章程规定处理姜某的股权。

(二)股权转让自由与限制之均衡论

该观点主张有限责任公司既是人合公司也是资合公司,为人合性之维持所设定的股权转让限制应该在一定程度上受资合公司股权转让自由属性的制约,彰显于公司章程限制股权转让的边界上则包括如下具体内容:其一,公司章程限制股权转让规则的建立和取消均应该取得全体股东的一致表决同意;其二,公司章程能够彻底剥夺股权转让自由权,然而应基于股权转让自由之最低限度要求,赋予股东以合理对价退出公司之救济权。[①]

基于有限责任公司人合性与资合性考虑进而谋求在股权转让限制与股权转让自由之间实现一种平衡,这种观点无疑具有合理性。并且该观点认为股权转让自由权在满足相关条件之下可以被彻底剥夺,这是对公司章程自治属性的极大认可,并且针对此种情形对特定股东所可能造成的伤害设置其他救济途径体现出极具可行性的利益平衡观。然而,设定限制股权转让规则的公司章程需要取得全体股东一致表决同意是在《公司法》规定制定、修改公司章程程序基础上所提出的更高要求,这种要求的正当性往往会受到质疑。[②] 按照这种要求形成的公司章程明显属于股东之间的契约,不直接选择契约方式限制股权转让而将作为公司自治规则的公司章程改造为契约限制股权转让进而造成对公司章程自治规则权威性的影响之合理性不得不让人质疑。

[①] 参见王建文《有限责任公司股权转让限制的自治边界及司法适用》,《社会科学家》2014年第1期,第88—91页;段威《有限责任公司股权转让时"其他股东同意权"制度研究》,《法律科学(西北政法大学学报)》2013年第3期,第119页。

[②] See F. Hodge O'Nea, Restrictions on Transfer of Stock in Closely Held Corporations: Planning and Drafting, Harvard Law Review, Vol. 65, No. 5 (Mar., 1952), p. 786.

（三）积极自由与消极自由区分论

该主张认为股权转让自由分为积极自由和消极自由，积极自由即股东能自由转让自己的股权，消极自由即股东非因自己的意愿不得进行股权转让。并进而指出只能对积极自由设限而不能对消极自由设限，也即不能强制股东必须转让自己的股权，否则将是从根本上对股权转让自由原则的否定。①

这种观点基于主体自由之种类划分并笼统认为消极自由不能被限制进而主张不能强制股东转让股权，按照学者观点即意味着可以禁止股权转让但不能强制股权必须转让，后者将是从根本上对股东自由的否定而前者却并未否认股东之自由却令人费解。这种观点与目前司法界逐渐认可公司章程有关股权强制转让的效力而尚未对公司章程禁止股权转让持明确态度的现实正好相反。尽管我们站在哲学之自由划分的角度审视股权转让限制会使问题的探讨有更深厚的理论基础，然而将抽象理论直接运用于具体问题而不考虑具体问题之特殊性所形成的结论难免牵强。

（四）公司章程与《公司法》比较论

该主张认可公司章程可以限制的范围很广泛，但无论如何，公司章程设限股权转让不能低于或者宽于而只能严于《公司法》设定的条件，因为《公司法》对股权转让的限制性规定是一种基本要求或者最低条件，是对股权转让的起码要求。② 也即当公司章程对股权转让条件的规定严于《公司法》的规定时有效，公司章程设限股权转让条款之要求宽于《公司法》规定时就无效，另外公司章程自行规定某些《公司法》未作规定的程序性要求从而提高股权转让门槛的条款有效。③

将允许公司章程另行规定解读为公司章程只能在作为起码要求之法律规定的基础上另行规定股权转让限制程序显然是对法律规定的限缩解释。如笔者在前文所论述的那样，《公司法》第 71 条第 2、3 款名为限制实为

---

① 参见胡忠惠《强制股东转让股权效力探析》，《经济问题探索》2008 年第 5 期，第 161—162 页。

② 参见王艳丽《对有限责任公司股权转让制度的再认识——兼评我国新〈公司法〉相关规定之进步与不足》，《法学》2006 年第 11 期，第 19 页；赵万一、吴民许《论有限公司出资转让的条件》，《法学论坛》2004 年第 5 期，第 39 页。

③ 参见郭召军《股权转让的条件和效力》，《法律适用》2005 年第 6 期，第 81 页。

基于公司人合性、有限公司股权身份附随性以及公司独立性考虑而设置的股权转让程序。既然是程序，则宽严并不应该成为该程序无效的原因，除非宽严走向极端。不破坏公司人合性、有限责任公司股权身份附随性以及公司独立性的股权转让限制程序都可能被认为是合法有效的。

（五）股权内外转让区分论

还有学者将公司股权转让分为内部转让和外部转让，就内部转让而言，公司章程只能做出低于法定限制的限制，而就外部转让而言，公司章程不得做出低于法定限制的限制。[①] 同样是将观点建立在股权转让分类的基础之上，有学者认为根据《公司法》第71条第4款的规定，当事人完全可以通过公司章程对公司内部转让股权作出限制。[②] 既然法律未作特别规定，因此尽管有限责任公司股权之内部转让遵循自由原则，可是假如公司章程要求股权内部转让必须通过股东会决议，就应当遵从公司章程的规定。[③] 有学者则强调股东意志对设定股权内部转让限制条件非常关键，即只有股东希望对其设定限制，公司章程才可以就股权内部转让设定限制条件。[④] 只是无论如何，公司章程限制股权内部转让不能违背股东间自由转让出资的基本原则，也即公司章程不可就股权内部转让设置过多过严的限制，公司章程要求股权内部转让的条件比股权对外转让的条件更加严格是不应该被允许的。[⑤]

正如前文所论述那样，一概否定公司章程强制股东转让股权之规定的效力是对具体问题缺乏具体分析的表现。看似是对特定主体自由的极力维护，但是当对个体自由的维护带来的是公司团体利益的损害及公司其他股东利益的损害时，这种对个体自由的维护就会走向一种自由的反面——因不特定主体自由的绝对引发不自由的产生。而就股权内部转让之限制只能做出低于法定限制的限制貌似有一定道理，然而法律目前规定有限责任公

---

① 参见南秋萍、李阳《有限责任公司章程对股权转让的效力》，《中国律师》2014年第9期，第79页。
② 参见赵旭东主编《新公司法案例解读》，人民法院出版社2005年版，第155页。
③ 参见胡晓静《公司法专题研究：文本·判例·问题》，华中科技大学出版社2013年版，第171页。
④ 参见吴伟央、郑谷晨《有限责任公司股权转让的章程限制及其边界分析》，《理论月刊》2010年第9期，第103—104页。
⑤ 参见周友苏《新公司法论》，法律出版社2006年版，第286页。

司股权内部转让遵循自由转让原则时,所谓的低于法定限制其实质就是不能对股权内部转让进行限制。关于股权内部转让能否限制的问题,笔者在前文已经论述过,在此不作赘述。

(六) 具体内容具体分析论

该观点则是从公司章程可能包含的具体内容层面分析公司章程限制股权转让之效力。有学者认为公司章程能够禁止有限责任公司的股权流转,能够绝对抑或相对排除股东之优先购买权,可以通过提高或降低股权对外转让时其他股东同意之"过半数"要求来对公司法的规定进行变更。[1] 而就强制股东转让股权问题,有学者认为不能通过公司章程强制股东转让股权,[2] 有学者则提出,公司章程强制股权转让条款对公司原始股东具有法律约束力,而对因为股权受让而进入公司的新股东不能必然产生法律约束力,当通过修改公司章程引入强制股权转让条款时,于决议中投反对票的股东不受该条款的约束。[3] 有学者在论及强制股东转让股权条款时,将该条款置于公司越权条款之中,并认为该越权条款因为属于合同性质的越权条款而应该在同意该条款的股东中产生法律约束力。[4] 也即一般情形下,不得强制股权转让,但是在股东接受限制的基础上可以强制股权转让。[5] 有学者认为剥夺股东转让股权的权利、否定其他股东优先购买权的事项不应记载在公司章程中。[6] 还有学者认为完全禁止股权转让是无效的,不给股权转让设定任何限制则是合理的。[7]

学者们针对具体问题具体分析所形成公司章程限制股权转让边界的观

---

[1] 参见刘康复《论有限责任公司章程对股权转让的限制——〈公司法〉第72条之理解和适用》,《湖南社会科学》2009年第4期,第67—68页。

[2] 参见范黎红《公司章程"侵权条款"的司法认定及救济——以"强制离职股东转让股权"之章程条款为例》,《法律适用》2009年第1期,第61页。

[3] 参见闫志旻、李学泉《有限公司章程中强制转让条款的效力分析》,《人民司法·应用》2009年第21期,第81—83页。

[4] 参见雷桂森《公司章程越权条款研究——以强制股东转让股权条款为样本》,《人民司法·应用》2012年第1期,第93—95页。

[5] 参见吴伟央、郑谷晨《有限责任公司股权转让的章程限制及其边界分析》,《理论月刊》2010年第9期,第103—104页。

[6] 参见王保树主编《商法》,北京大学出版社2011年版,第155页。

[7] 参见陈彦晶、董惠江《论有限责任公司中股权转让的效力》,《黑龙江社会科学》2011年第4期,第151页。

点不乏科学性与合理性，但其中个别观点仍然值得商榷。如不可对其他股东之优先购买权进行否定，笔者以为，其他股东作为一个集体其优先购买权不应该被否定，这是有限责任公司人合性所决定的，然而就个别股东优先购买权作出否定是被允许的，这是有限责任公司独立性所决定的。不能永远禁止股东转让股权，但特定期限内不允许股东转让股权应该是有效的，或者在一定期限内禁止股东转让股权但给予股东合理可行的退出通道应该是被允许的。完全禁止股权转让不一定无效，但股权转让尤其是股权外部转让完全自由则存在理论上的障碍。有限责任公司股权具有一定的身份附随性，这决定了股权转让必然涉及对身份的认可与接受，也许公司其他股东会以默示方式表示对某个受让人身份的认可但这并不意味着有限责任公司股权转让完全可以自由自在。

（七）相关主体知悉论

有学者指出，因为公司章程之股权转让特定要求有别于公司法的规定，所以除非交易相对方事先明知或应知公司章程该项规定的存在，否则公司章程该项股权转让限制性规定不对交易相对方产生法律约束力。①

股权转让限制只能约束到知悉限制内容的交易相对方，这个观点具有相当的合理性。在美国，一些法院往往以股票上明确显示限制内容为限制条款有效的条件之一。② 只是交易相对方的知悉是否意味着转让股东应该履行事先的告知义务或者所有的股权转让限制载体需要进行公示呢？在公司法已有条款就有限公司股权转让进行限制规定的前提下，笔者以为，知悉应该是受让方的义务，也即，受让方应该主动获知拟受让股权受限相关情形。仅仅以自己不知限制条款的存在而希望免受限制条款约束的主张不应获得司法支持。

综上所述，具体思维模式中，学者们对公司章程应该规定什么而不能规定什么的主张相对明确，尽管不乏就相同问题出现的相异主张，以及具体观点的正当性也依然值得商榷，但是具体思维模式对于问题探讨显然提

---

① 参见奚庆、王艳丽《论公司章程对有限公司股权转让限制性规定的效力》，《南京社会科学》2009 年第 12 期，第 152—154 页。
② See Dennis J. Barron, Arrangements-Validity and Enforcement of Restrictions on Share Transfer and Buy-Out Various Types of Restriction in Ohio, University of Cincinnati Law Review, Vol. 31 (1962), p. 276.

供了多样化思路,这将有利于促成问题解决的周延性。

二 抽象思维模式

(一) 股东利益主导论

该观点认为公司章程限制股权转让作为公司的自治方式应该获得司法实务的充分尊重,不应被简单地宣布无效,除非这些限制违反了股东平等权或者损害了股东的核心利益抑或因为章程限制股权转让封堵了股东退出的合理通道。[1] 同样着眼于章程限制的底线,有学者认为即使股东达成协议仅允许股权内部转让而禁止股权对外转让,或者协议禁止某些股东享有优先购买权,此类协议也不一定就无效,而是要看协议内容本身是否实质上损害了股东的利益从而判断协议是否有效。[2]

以股东利益是否受损害为公司章程限制股权转让规定有效性的判断标准具有一定的合理性,然而,股权转让涉及的不仅仅是股东的利益,还涉及公司的利益以及公司外部受让人的利益,若以利益论公司章程限制股权转让之合理性问题则相应规定一定程度上达至利益相关主体之利益平衡方意味着限制的有效性。

(二) 合理性判断论

该观点引入美国司法实践中所创设的"合理性"标准来判断公司章程限制股权转让的效力,也即公司章程不得对股权转让为不合理的限制,对股权转让的限制要保证股东于正常情形下可以从公司那里获得的地位、尊荣和利益。[3] 换句话说,即限制股权转让合理则限制规定有效,反之则限制规定无效,然而合理性标准并非统一的标准,而是要根据个案中每个公司的具体情况作出判断。[4]

合理性标准是最为准确却也最为模糊的标准,说它准确是因为其强调

---

[1] 参见赵莉《公司章程限制股权转让的合理性审查》,《法学杂志》2012 年第 9 期,第 99—102 页。

[2] 参见陈敦《论股东优先购买权的行使》,《法律适用》2007 年第 8 期,第 45 页。

[3] 参见吴伟央、郑谷晨《有限责任公司股权转让的章程限制及其边界分析》,《理论月刊》2010 年第 9 期,第 103—104 页。

[4] 参见陈彦晶、董惠江《论有限责任公司中股权转让的效力》,《黑龙江社会科学》2011 年第 4 期,第 151 页。

了规定之合理性与有效性之间的关系,合理的才是有效的,说它模糊是因为在这一抽象标准之下,公司章程之具体规定的效力依然难以确定。在合理性标准下确定公司章程限制股权转让规定的效力必须以明确合理性标准所要达到的条件为前提。

(三) 法律、行政法规强制性规定或者公共政策论

有学者在解读《公司法》第71条第4款时,认为一方面公司章程可以就诸如比例规定提出更高要求,但同时坚持章程限制要有底线。如果章程限制违反了法律行政法规的强制性规定或违反了公共政策,比如公司章程禁止股权向外部转让之规定则因为其违背公共政策而应被认定为无效条款。[①] 这一观点与我国早期法院处理因公司章程限制股权转让引发纠纷所体现的裁判思想高度吻合。然而伴随着司法审判在公司章程限制股权转让问题上态度的缓和,这一观点的合理性也将受到一定程度的质疑。况且,学界早有学者指出,即使违反强制性规范并不必然意味违反行为属于无效行为,[②] 则单纯以法律、强制法规为公司章程限制股权转让的底线就不无疑问。而作为分配公共利益权威方式的公共政策用来检验公司章程限制股权转让的合理性,则必须建立在公共政策合理的前提之下。但是,受制于政策制定者的能力、慎重程度、程序控制等因素,公共政策本身或许存在瑕疵,所以法律制度本身应该对公共政策保持一定程度的警惕性。[③]

(四) 综合判断论

有学者认为判断公司章程限制股权转让的规定是否有效要根据公司章程的性质、股权的性质以及有限责任公司的特殊性进行具体问题具体分析,股权财产权的本质决定对其限制不应过多,有限责任公司的封闭性则决定股权转让受限的正当性基础,初始公司章程与后续公司章程在设限股权转让问题上应该有所区别,所以初始章程强制股权转让一般应该产生法

---

① 参见李建伟著《公司法学》(第三版),中国人民大学出版社2014年版,第243页;奚庆、王艳丽《论公司章程对有限公司股权转让限制性规定的效力》,《南京社会科学》2009年第12期,第152—154页。

② 参见王保树《从法条的公司法到实践的公司法》,《法学研究》2006年第6期,第21页。

③ 参见宋亚辉《公共政策如何进入裁判过程——以最高人民法院的司法解释为例》,《法商研究》2009年第6期,第118页。

律约束力，而后续章程强制股权转让则难以生效，除非股东的行为严重影响公司经营目的的实现以及公司的维系。[①]

即便是最为凝练的抽象思维，辨认公司章程限制股权转让之效力的标准也应该是复合型的，从这一点来说，综合判断论具有相当的合理性。但是基于综合判断认可初始章程限制股权转让规定的效力而否认后续章程的相应效力则缺乏说服力。

抽象思维模式下不同的主张试图为公司章程限制股权转让的边界寻找到一项放之四海皆受用的标准，这是理论发展的客观要求与必然走向。所以尽管不同学者基于不同考虑给出不同的标准，但其中的思维导向性对探讨者无疑具有积极的意义。

第三节 公司章程限制股权转让边界的确定

上述观点从不同视角就公司章程制约股权转让的效力进行了分析，具体思维模式之下股权转让限制的边界明确具体，极具可操作性，然而具体列举难免挂一漏万，而且缺乏总体指导精神的众说纷纭之观点本身也有矛盾冲突。抽象思维模式能高屋建瓴般为公司章程限制股权转让划定边界，然而它天生难以具体适用的局限性可能无助于我们就法条本身所正在进行的解释，况且上述不同学者提出的不同抽象主张已然使公司章程限制股权转让的边界问题变得更加错综复杂。笔者以为，坚持一般原则、固守底线标准并坚持具体问题具体分析，应该是判断公司章程设限股权转让条款效力的应有态度。所以能为公司章程限制股权转让效力判断确定一种具有上位属性标准的同时且明确公司章程限制股权转让不能逾越的条条红线，或许是我们解决公司章程限制股权转让边界问题的进路。

一 抽象标准之确定

公司章程限制股权转让条款的复杂性决定其效力判断困难重重，没有"一刀切"的标准，但是我们依然可以在纷繁复杂的现实中摸索出一条主

[①] 参见宁金成《有限责任公司设限股权转让效力研究》，《暨南学报》（哲学社会科学版）2012年第12期，第14—17页。

线,指引着我们接近科学判断章程设限股权转让条款效力的理想,这条主线就应该是某种抽象标准。抽象标准即意味着标准本身一定要具有高度的概括性,笔者以为合法性以及合理性标准从理论涵盖性上来说最具有说服力。① 合法性是从静态角度判断公司章程设限股权转让效力的传统且基础的标准,是司法实务观念在公司章程设限股权转让效力判断标准上的一种反映,这种观念不应该被打着理论前瞻性的幌子而轻易地抹杀。合理性标准则是从动态角度反思公司章程设限股权转让条款的法律效力,其是经过美国法院长期的司法经验而形成的决定股权转让限制条款效力的基本原则,② 所以具有可靠的借鉴性。

(一) 合法性

法院在裁判中表现出的趋同立场从来都不应该忽视,③ 合法性也就自然而然成为我们判断公司章程限制股权转让条款是否有效的考虑因素之一。然而,何为合法性? 是否合法如何判断? 合法性在决定章程限制条款效力问题上发挥什么作用? 笔者接下来将围绕上述问题展开论述。

合法性源于拉丁文"legitimus",对应于英文单词"legality"。④ 因为内涵的丰富性,合法性一词被广泛运用于法学及政治学等领域,但本书所指公司章程限制股权转让条款之合法性专指狭义上的合法性,⑤ 也即合法律性,具体来说即指章程限制条款符合现行法律的规定。然而,现行法律规定仅仅是指法律,还是同时包含法律、行政法规呢? 当

---

① 在美国,也有学者主张判断股份转让限制规定的有效与否要兼顾合法性与合理性考虑。See Dennis J. Barron, Arrangements-Validity and Enforcement of Restrictions on Share Transfer and Buy-Out Various Types of Restriction in Ohio, University of Cincinnati Law Review, Vol. 31 (1962), p. 276.

② See Carrie A. Platt, The Right of First Refusal In Involuntary Sales And Transfers By Operation Of Law, Baylor Law Review, Vol, 48 (1996), p. 1209; Dennis P. Coates, Share Transfer and Transmission Restrictions in the Close Corporation, U. B. C. Law Review, Vol. , 3, No. , 3 (1967), p. 100; William Rands, Closely Held Corporations: Restrictions on Stock Transfers, Commercial Law Journal, No. 12 (Dec. , 1979), p. 158; Edwin J. Bradley, Stock Transfer Restriction and Buy-sell Agreement, Close Corporation, No. 2 (1969), p. 142.

③ See F. Hodge O'Neal, Restrictions on Transfer of Stock in Closely Held Corporations: Planning and Drafting, Harvard Law Review, Vol. 65, No. 5 (Mar. , 1952), p. 777.

④ 参见陈福胜、秦军《合法性的理论辨析》,《学术交流》2007 年第 9 期,第 55 页;刘杨《正当性与合法性概念辨析》,《法制与社会发展》2008 年第 3 期,第 18 页。

⑤ 参见刘杨《正当性与合法性概念辨析》,《法制与社会发展》2008 年第 3 期,第 19 页。

法律规定所指称内容越广泛，公司章程设限股权转让条款被认定违法的可能性就越大，反之，公司章程设限股权转让条款被认定违法的可能性就小。我国司法领域目前在处理公司章程设限股权转让条款效力问题时往往会以该章程规定是否违反法律、行政法规强制性规定而对章程规定作出有效或无效的认定。笔者以为，这种做法深受我国《合同法》第52条及其相关司法解释的影响。然而，我国《民法（草案）》第67条规定，民事法律行为只有在违反法律中的强制性规定时，才会产生无效之法律后果。① 这一规定显然扩大了私法自治的范围，而作为公司的自治宪章之公司章程在私法自治被立法最大限度支持的背景下没有理由固守以法律行政法规作为合法性判断之参照的窠臼。所以，笔者以为，当我们在判断公司章程设限股权转让条款是否符合法律规定时应该以现行法律为对照物。

以合法性为视角进行解析，公司章程限制股权转让条款与相应法律规定之间可能形成如下关系：（1）章程条款与相应法律规定完全一致，章程条款只是对法律规定内容的简单再现。在公司缺乏自治精神，公司章程并未引起绝大多数投资者以及经营管理者重视的情况下，作为公司法条简单再现的公司章程在现实中并不少见。（2）公司章程与相应法律规定不一致，可能是对程序的另行规定，也可能涉及对具体权利的处分设置。目前我国司法领域涉及公司章程设限股权转让条款效力判断的案例往往就属于这种类型。当章程条款与相应法律规定完全一致时，章程条款往往会被认定有合法性，反之，章程条款通常被认为不具有合法性。

有合法性是否意味着章程规定的法律效力就会被认可，不具有合法性是否就意味着对章程效力的否定呢？在私法领域，合法性与效力判断之间的关系远非如此简单。法有良法与恶法之别，所以合乎法律规定的章程条款不一定具有合理性，违反法律规定的章程条款不一定缺少合理性。合法性以实在法为唯一的依据实现其自身对确定性与可操作性的追求，合理性

---

① 参见孙鹏《论违反强制性规定行为之效力——兼析〈中华人民共和国合同法〉第52条第5项的理解与适用》，《法商研究》2006年第5期，第123页。

则以理性反思为出发点，实现对某个特定问题的证明抑或维护。① 一味以合法性为评判一切事物是非曲直的判断标准将会使法律制度丧失反思和完善的空间，甚至引发合法名义之下多数人的暴政。抛开合法性判断一切事务的青红皂白极易陷入无休止的争论与追问中，法律规定也将在这种找不到尽头的批判中变成虚无。所以笔者以为，绝大多数情况下，符合法律规定的章程设限条款应该是有效的，但不排除例外情形下对其的无效性认定；违反法律中强制规范的章程应该是无效的，但是不排除特殊情形下对其的有效判断。

（二）合理性

合理性标准尽管具有理论上的高度概括性与超强应然性，却没有任何因素能在判断限制是否合理的问题上起到具有决定性的作用，所以合理性要作为判断公司章程限制股权转让规定效力的标准还需要进一步细化，② 即在考虑公司章程的限制性规定时应该分析哪些因素或者说公司章程的限制性规定是否合理常常取决于哪些因素。在美国，学者们关于合理性标准的考虑因素也是众说纷纭。限制的出发点所指向的利益、③ 法律的要求以及公共政策、④ 限制是否必须、⑤ 目的的合理性⑥等相继成为股权转让限制条款是否合理的考虑因素。更有学者指出公司规模、对转让权的限制程度、限制生效的时限、用于决定与限制有关的股份的转让价格或行使第一选择权的价格的方法、对实现公司目标做出贡献的可能性、敌对股东将严重损害公司的可能性、限制提升公司总体最好利润的可能等系列因素均是

---

① 参见刘杨《正当性与合法性概念辨析》，《法制与社会发展》2008 年第 3 期，第 20 页。

② See William H. Painter, Stock Transfer Restrictions: Continuing Uncertainties and a Legislative Proposal, Villanova Law Review, Vol. 6, Iss. 1 (1960), Art. 2, p. 50.

③ See B. G. Pettet, Share Transfer and Pre-Emption Provisions, The Modern Law Review, Vol. 48, No. 2 (1985), pp. 223–224.

④ See Bernard F. Cataldo, Stock Transfer Restriction and the Closed Corporation, Virbinia Law Review, Vol. 37, No. 2 (Feb., 1951), p. 232.

⑤ See Michael A. Macchiaroli, Corporations-Stock Restriction-Agreement among Members of Close family Corporation to Restrict Sale of Stock Is Not Valid Merely because of Divergence between Option Price and Actual Value of Stock, Villanova Law Review, Vol. 9, Iss. 2, Art. 13 (1964), p. 335.

⑥ See Thomas J. Andre, Restrictions on the Transfer of Shares: A Search for a Public Policy, Tulane Law Review, (Apr., 1979), p. 2.

判断股权转让限制条款效力的考虑因素。[1] 有学者则罗列了限制条款的合理性与否所取决的主观因素：（1）限制是否为所有当事人知道且自愿表示同意；（2）限制性规定在将来可能引发的争议能否为当事人所预见；（3）当相关主体无法预见将来所可能引发的争议，则他们是否有信心或者理由作出限制性规定将提供什么的判断；（4）在上述情形下，一个理性的人可能认同、领悟、期盼什么。[2] 国外学者的上述观点在表达一种掺杂理论偏好的个人主张时，也说明了股权转让限制条款合理性判断的复杂性，当然也给我们寻找问题的解决途径提供了一种思路。正如笔者在第二章中所论述的一样，有限责任公司股权转让限制的价值意蕴就在于自由以及利益平衡。综合考虑前述公司章程限制股权转让效力之司法以及理论困境，笔者以为，判断公司章程限制股权转让规定是否合理将从两个方面进行考虑：一是看公司章程限制股权转让条款是否绝对限制了转让股东、其他股东及公司的自由；二是看公司章程限制股权转让条款是否考虑了相关主体之利益平衡的价值取向。当公司章程设限股权转让条款既符合自由价值取向，也与利益平衡之价值追求相吻合，则公司章程设限股权转让条款应被认定为具有合理性。反之，则合理性缺失。

1. 自由标准

尽管名曰有限责任公司股权转让限制规则，但其中包含的自由不仅仅专属于转让股东，也应该为剩余股东以及公司享有，公司章程限制股权转让条款不但要维护转让股东股权转让权之自由，同时也要维护其他股东以及公司阻止股权对外转让抑或要求股权按照预设规则转让之自由。

要兼顾转让股东、其他股东以及公司之自由则意味着股权转让限制规则要张弛有度，而这种程度的把握需要具体问题具体分析。从现实中公司章程限制股权转让之个案进行考察，公司章程限制股权转让条款无非主要涉及三种情况：强制股权转让、禁止股权转出、就股权转让设置特定的转让程序。就第一种情况而言，如果公司章程抽象地规定其他股东或者公司在任何时候可以通过召开股东会或者董事会并进而根据形成的会议决议要

---

[1] See F. Hodge O'Neal, Restrictions on Transfer of Stock in Closely Held Corporations: Planning and Drafting, Harvard Law Review, Vol. 65, No. 5 (Mar., 1952), p. 778.

[2] See Robert C. Clark, Corporate Law, Boston, Little Brown and Company (1986), p. 764.

求相应股东进行股权转让，则这种规定就属于对不特定股东特定自由的践踏。在这种情况下，股东对于自己股权的将来遭遇无法进行预期，股东股权始终处于一种属于股东自己又可能在任何时刻被剥夺的不确定状态中，这是对股东利益的严重漠视，也是对公司实现稳定经营发展的威胁。所以公司章程强制股权转让时必须是针对某个特定事项的发生，该章程条款才不会被认为漠视了股东的自由。就第二种情况而言，如果公司章程规定任何股东在公司存续期间都不得将自己的股权转出，这种规定就是对转让股东股权转让自由的残忍摒弃。在这种情况下，公司因为公司章程的规定实现了一种形式上的"长治久安"，但实质上的"暗流涌动"也许使公司早已支离破碎，股东以及公司的利益在这样的章程规定中都难以获得保障。所以股权转让并非不能禁止，而是要有一个合理的时限，在特定的期限里，股份有限公司特定股东都不能将自己持有的股份进行转让，何况是有限责任公司的股东呢？就第三种情况而言，只要公司章程针对股权转让所设置的程序具有可行性，而并非走不通的"死路"，则该章程设限股权转让条款因为不妨碍相关主体之自由而应该被认为具有合理性。如此，触发性、时限性、可行性往往就成为我们考虑公司章程限制股权转让条款是否践行了自由价值取向的具体因素。

2. 利益平衡标准

利益平衡是公司利益相关者理论在公司领域演绎的必然要求，而涉及多方主体利益的有限公司股权转让要成就其合理性就必须考虑各方主体利益之平衡的实现。也即公司章程设限股权转让条款要兼顾转让股东利益、受让方利益、剩余股东利益以及公司利益。

就股权转让限制具体规则而言，集中体现股东利益及受让方利益的焦点问题便是：用于决定与限制相关的股权的转让价格或者行使优先购买权之对价的方法，该方法越公正，价格越公平，则公司章程限制股权转让条款获得合理性认定的可能性就越大；反之就股权转让已经做出限制进而在转让价格方面不考虑转让股东的利益或者进一步给予其他股东之对价方便，则容易形成我国学者所指出的"二次限制"。[①]

[①] 参见徐琼《论有限责任公司股东的同意权与优先购买权》，《河北法学》2004年第10期，第69页。

应该说我国《公司法》目前就股权转让价格的确定以及行使优先购买权的对价符合合理性要求。就股权转让价格来说，立法并未作出强制性规定，转让价格留由转让让股东与受让人根据公司资产状况以及公司经营前景通过双方协商或者请第三方评估的方式作出，这是对转让股东与受让人利益的照顾。而就优先购买权主体行使优先购买权而言，我国《公司法》明确要求满足"同等条件"。这同样既是对转让股东利益的照顾，也是对受让人购买利益的顾及。尽管何为同等条件，立法对此并未进行具体规定，而是留给当事人自己确定或者出现纠纷时由司法裁判认定，但是同等条件作为优先购买权主体行使优先购买权的条件可以视为优先购买权作为股权转让权之限制的反限制，所以同等条件形成得合法合理，则反限制在一定程度上可以中和优先购买权限制股权转让给转让股东所造成的一种不利。

而评价股权转让限制对公司利益的影响则主要看其对实现公司目标作出贡献的可能性。公司章程限制股权转让条款对公司目标作出贡献的可能性越大，条款被认定为合理性规定的可能性就越大；反之，如果公司章程限制股权转让条款被认为不利于公司目标的实现，则该条款很有可能被认定为不合理性的规定而不能产生相应的法律约束力。这个关系公司章程限制股权转让条款效力的因素是对公司利益的高度关注，符合公司独立利益主体地位之客观要求。然而，什么是公司目标却是我们不得不加以澄清的问题。最早可以追溯到古罗马时期且发展于西方发达资本主义国家市场经济背景之下的公司组织形式一直以来以一元公司目标自居，即实现公司股东利益的最大化就是公司的目标。[①] 但是随着企业社会责任观念的萌芽，[②] 包含营利目标与社会责任承担之公司二元目标获得广泛关注。[③] 所以论及限制条款对于公司目标实现之贡献就是：一方面要考虑限制条款与公司营

[①] 参见周龙杰《公司目的的现代修正——利益相关者理论评价》，《当代法学》2005年第4期，第30页。

[②] 1895年美国著名社会学者阿尔比恩·斯莫尔在美国社会学创刊号上呼吁"不仅仅是公共办事处，私人企业也应该为公众所信任"。这被认为是企业社会责任萌芽的标志。参见蒋建湘《企业社会责任的法律化》，《中国法学》2010年第5期，第124页。

[③] 参见薛生全《公司目标二元论——兼论我国现代公司的社会责任》，《法学杂志》2010年第2期，第40页。

利目标之实现，另一方面要考虑限制条款与公司社会责任承担之关系。从总体上来看，在坚守投资者效益底线的基础上遵守社会政策之需要，所以营利目标与社会责任承担目标应该是并行不悖的。然而社会责任承担可能从总量上削弱公司盈利之现实是我们要必须加以正视的，比如公司提高职工待遇、加强环境保护必然涉及成本问题，而成本增加基础上之利润不变呈现的便是公司效益的降低。则基于公司目标之实现来判断股权转让限制条款之合理性就会出现两难境地。笔者以为，公司的营利性与其彰显社会性之社会责任承担是一种博弈，从总体上看保持两者的平衡将有利于公司和社会的双赢发展，但是在涉及劳工生存与发展、环境保护问题时，公司的社会性必须以超越其营利性的姿态得以彰显。尽管一般情形下的股权转让限制不会涉及公司劳工生存与发展以及环境保护问题，但是不排除特定情形下因为股权转让而致大股东产生或者新股东加入时，大股东或者新股东在日后公司的经营发展中凭借其控股力量实施不利于公司职工利益以及环境利益的发展举措。所以基于公司营利性以及职工保护问题或者环境保护问题考虑针对股权转让作出相应的限制，这种限制应该被认为具有合理性。

（三）公司章程设限股权转让条款对合法性与合理性的演绎

以合法性与合理性来评价公司章程设限股权转让条款的效力，必然出现以下四种不同的判断结论：（1）合法且合理；（2）合法但不合理；（3）合理但不合法；（4）既不合法也不合理。合法且合理的公司章程设限股权转让条款必定会被作出有效判断，既不合法也不合理的公司章程设限股权转让条款必定会被作出无效判断，但是合法但不合理以及合理但不合法的公司章程设限股权转让条款之效力往往就会出现亦有效亦无效的判断。在司法界，合法但不合理的公司章程设限股权转让规定通常会被认定有效，而合理但不合法的公司章程设限股权转让条款通常会被认定无效，这是由司法界坚守法律的传统决定的，但也不排除在特殊情况下，司法界会因为对现实的积极回应而对法律规定作出能动的解释和适用。从学理的角度来看，合法但不合理的公司章程设限股权转让规定之效力却通常会被否定，合理但不合法的公司章程设限股权转让规定却常常被认为是有效的，这是由学术的批判性及其前瞻性决定的。

所以，公司章程限制股权转让条款效力的判断时而明确，时而又体现出一定程度的模糊性,这是由认识以及语言的局限性、社会的复杂多变性等多重因素决定的,但是随着立法技术的提升以及法解释学的发展,我们必然会在曾经模糊的领域无限接近明确性。①

二 具体问题之展开

合法性与合理性是判断公司章程限制股权转让条款是否有效的抽象判断,而任何抽象判断标准在具体适用中都要借助具体化理论演绎才能从理论走向实践。上述有关合法性与合理性判断的具体因素无疑为合法性、合理性标准走下理论神坛奠定了基础,而且是围绕公司章程限制股权转让条款内容而形成的一种具体化的理论基础。然而就公司章程设限股权转让条款的效力而言,我们还应该从正反两个层面就具体问题展开具体分析。

所谓正面分析,即是就公司章程与公司法规则之关系而言,我们可以从形式角度对合法性与合理性判断标准展开进一步解读。所谓反面分析,即是明确公司章程的无效股权转让限制条款。

(一)正面分析

有学者将公司章程与公司法规则之间的关系进行总结,②两者之间"你中有我,我中有你"的密切关系获得淋漓尽致的体现。笔者以为,将学者所提出的公司章程与公司法规则之一般关系具体化到股权转让限制语境下,则我们可以从形式的角度更深刻理解公司章程限制股权流转条款合法性之判断标准。总而言之,公司章程限制股权转让条款与公司股权转让限制规则之间呈现以下三种不同的关系。

1. 公司章程就公司法规定的程序提出更高或者更低要求

《公司法》规定有限责任公司股权对外转让时需要经过其他股东过半数之同意,公司章程可以针对这一规定提出更高的人数要求,比如说

---

① 参见张刚、董冬冬《论法律的模糊性及其确定性追求》,《山东省青年管理干部学院学报》2006年第1期,第122—124页。

② 有学者将公司章程与公司法规则的关系总结为以下六种情形:(1)完全授权公司章程做出规定,公司法不做规定;(2)公司法做出规定,但是授权公司章程进行具体规定;(3)授权公司章程做出具体规定,但是公司法予以适当限制;(4)公司法做出规定,但允许公司章程进行补充规定;(5)公司法做出规定,但允许公司章程排除公司法的适用;(6)公司法做出规定,但允许公司章程另行规定并从其规定。参见王保树《从法条的公司法到实践的公司法》,《法学研究》2006年第6期,第26—27页。

经过四分之三的其他股东同意,则相应地半数以上股东不同意也不购买视作同意之规定的人数修改为四分之一以上其他股东不同意股权转让且不购买的视为同意;公司章程也可以就此提出更加宽松的人数要求,比如说将经过其他股东过半数同意修改为经过半数以上股东同意,相应地半数以上股东不同意也不购买视为同意之规定可以修改为其他股东过半数不同意股权转让并且不购买的视作同意转让。另外,《公司法》要求其他股东自收到有关股权转让事项书面告知之日起满30日没答复的视为同意,公司章程可以针对30日作出诸如40日或者20日的变通规定。

2. 公司章程就公司法规定的内容做出具体规定

《公司法》要求转让股东应该将股权转让事项书面告知其他股东,此处的通知方式与股权转让事项明显属于不甚具体的指称,因此公司章程在将股权转让限制事项做出规定时可以将通知股权转让事项进行具体化。公司章程可以规定通知一次也可规定通知两次,但通知次数不同则通知所涉股权转让事项也不同。如果规定通知一次则意味通知的内容应该十分完整,包括股权转让之对象、股权转让之数量及其占公司的比例、股权转让之对价及对价的支付等,通常情况下,此时转让股东应该已经与该公司外部第三人就股权转让事项达成一致协议。如果公司章程规定转让股东应该通知两次,那么转让股东第一次通知只需要就拟转让股权的数量及占公司股权的比例以及受让人身份等事项告知公司以及其他股东;第二次通知的内容则应该包含拟转让股权的数量及占公司股权的比例、受让人身份以及转让价格、支付方式等事项,其中转让价格与支付方式是第二次通知内容的重点。另外通知方式既可以包括书面方式也可以包括口头方式,尽管非书面之口头通知对于相关纠纷之解决帮助甚微,从而可能导致问题的处理结果有偏向某方主体之嫌疑或者可能做出对某方主体不利的裁决,但是这种可能遭遇的不利是当事人应该可以预见的,所以从这个角度来说,当事人自愿选择口头方式从而使自己陷入潜在的不利之中是其对自身利益的处置,符合私法自治之基本原则。理性的主体到底如何选择完全可以由其通过公司章程之规定来体现。

《公司法》要求其他股东于同等条件下能够行使优先购买权,此处的同等条件尽管在理论上难以给出明确的回答,但是于实务中公司章程却可以在合理范围内做出具体化的规定。比如公司章程可以明确要求优先购买权人行使优先购买权时必须完全按照转让方与第三人就股权转让事宜达成的股权转让合约进行股权的受让。此处的同等条件表明转让股东与受让人之间所确定的转让标的、转让对价之形式、转让价格、支付方式、支付期限、增加投资等条件是完全同等的。公司章程也可以规定优先购买权主体行使优先购买权时只需要提供与受让方相同的价格及价格支付方式而其他条件都可以协商确定，此时的同等条件之同等要求明显较低。甚至公司章程还可以规定优先购买权主体行使优先购买权时可以请第三方评估机构对股权进行评估。当评估价格比转让股东和受让方协商确定之价格低时，两个价格存在差距的情形下，优先购买权主体可以评估价格加上前述差的50%之价格行使优先购买权，而对于其他条件，优先购买权主体可以与转让股东进行协商或者必须全盘接受。当评估价格比转让股东与受让方确定的转让价格高，此时两个价格同样存在差距，优先购买权主体就可以转让股东与受让方确定的价格加上差距的50%之价格行使优先购买权，就其他条件，优先购买权主体同样可以与转让股东进行协商或者必须全盘接受。

3. 公司章程排除公司法已规定之内容

依法转让出资是股东自己应有的权利，[①]《公司法》承认有限公司股东对自己股权的处分权利。然而公司章程可以就特殊情形下股权处分权进行一定的干涉，比如实务中常常有公司章程强制要求离职股东转让股权给公司其他股东或者公司本身，或者禁止特定股东在特定时期内转让自己的股权。这些股权转让之禁止或者强制规定看似是对股东股权处分权的限制，但是股东有股东的自由，公司也有公司的利益，当特定转让股东的自由危及公司团体以及其他股东集体之利益时，笔者以为公司团体与其他股东集体之利益应该优先获得保障。

公司法就股权对外流转赋予公司剩余股东相同的优先购买权，可是公司章程能够就公司目前的股权构成排除某些特定股东的优先购买权。股权结构是静止的也是变化的，当流动的股权使股权结构发生变化而可能致使股权集中进而很有可能形成一人操控公司情形时，以公司之名以及中小股东之名否认或者禁止特定股东的优先购买权将是合理的。

---

① 参见赵旭东主编《公司法学》，高等教育出版社2003年版，第277页。

4. 公司章程创设《公司法》未规定之内容

经由公司章程创设《公司法》未曾规定之内容是当前股权转让限制纠纷中最常见的问题。这一方面说明《公司法》提供的现成规定不能满足现实中公司经营发展的实际需求，另一方面也说明公司章程另行规定为广大公司提供了广阔的自治空间。当然无论另行规定的空间多么广阔，也要在特定的理论基础与法的价值的指引下实现公司章程对公司法之创设功能。

首先，就股权内部转让而言，绝大多数学者对法律规定解读的结果是股权内部转让遵循自由之基本原则。但是基于公司独立主体地位以及部分公司股东利益之考虑，公司章程同样可以就股权内部转让规定其他股东或者公司的同意权以及优先购买权，只是基于股东平等法则之考量，除非基于公司利益的整体考虑，否则公司以及公司内部任何主体不得主张行使优先购买权。

其次，就股权对外转让而言，公司章程可以基于公司利益赋予公司以同意权以及优先购买权。如此则在通知对象上，转让股东不仅仅是就股权转让事项告知其他股东，而且应该将相同事项告知公司。从而也会出现不同的意见反馈模式：第一种模式，分别通知其他股东和公司，由其他股东就股权对外转让事项单个向转让股东反馈意见，并且公司通过召开董事会形成董事会决议作为公司对股权向外转让事项的意见；第二种模式，只通知公司，由公司负责通知其他股东，由其他股东就股权对外转让事项单个向转让股东反馈意见，并且公司通过召开董事会形成董事会决议作为公司对股权向外转让事项的意见。两种通知模式所坚持的公司作为独立权利主体之理念保持一致。两种模式尽管有效率强弱之分，但不宜由法律规定强制转让股东必须采用哪种通知模式，可以交由公司章程自行选择，也即公司同意权问题既可由法律明确规定，也可由公司章程另行规定。就其他股东与公司的优先购买权之行使而言，公司章程可以设定明确的优先购买权行使期限，并可就是否可以部分行使优先购买权以及股权赠与场合能否行使优先购买权作出规定。就优先购买权的行使期限而言，公司章程可以自行规定一个明确的行使期限，也可以授权当事人就行使期限进行决定或者约定。公司与其他股东优先购买权之行使期限可统一规定，也可进行差异化规定。所谓统一是指将公司与其他股东行使优先购买权规定在一个时限内；所谓不同是指先规定其他股东行使优先购买权的时间，再规定公司行使优先购买权的时间。而且优先购买权主体作出是否行使优先购买权之意思表示的时间期限与签订股权转让协议的期限应该分别规定。所谓分别规定是指从接到股权转让通知到作出是否购买的意思表示的时限以及从作出意思表示到签订股权转让协议的时限单独规定。公司章程还可以就优先购买权主体未在要求的期限内行使优先购买权之后果作出规定，如当公司或者其他股东未在规定的时间里作出是否行使优先购买权的意思表示则视为他们放弃行使优先购买权，当公司与其他股东因为自身的原因未在规定的时间里与转让股东签订股权转让协议，转让人可以要求优先购买权主体承担损害赔偿责任。股权转让是建立在协议基础之上的，而协议建立的基础便是平等自愿，所以，如果在协议双方或者涉及股权转让的多方能就股权转让达成一致意见，部分行使优先购买权也自然可能包含在这种自愿达成的协议中。基于公司法上的利益平衡理念，优先购买权可以适用于赠与等股权无偿转让场合。

另外，公司章程也可设定指定购买规则。指定购买也被称为指定受让，意指当公司抑或其他股东反对股东将股权转让给公司外部的第三人时，可由其他股东抑或公司指定包括公司在内的特定主体受让拟转让的股权。[①]

为限制有限公司股权随意对外转让，许多国家公司法均设置了同意权规则，但是单独的同意权规则并不能确保不被看好的第三人入主公司。因为如果股东对外转让股权未能取得其他股东抑或公司同意，虽然反对股东愿意受让股权，但是倘若不能满足同等条件之要求，也只能听凭股权对外流转。因此同意权规则在制约股权任意对外转让时仍然体现出一定程度的缺憾。而指定购买规则就具有弥补前述同意权规则自身缺陷的效用，其与同意权规则共同构筑股东随意对外转让股权之制约体系。赋予公司或者其他股东指定第三人购买的权利，可以有效解决股东彼此之间的利益冲突，指定购买规则既保证了股东股权转让的自由，又确保其他股东无力购买该

[①] 参见柏高原、宋芳《我国有限责任公司股权对外转让制度的反思与重构》，《天津法学》2012年第1期，第79页。

股权时能够选择其他股东信任或者熟悉的人员进入公司。①

日本、法国、比利时以及奥地利公司法中均设置了指定购买规则。日本《有限责任公司法》第 19 条规定，存在第 3 款指定请求之情形下，如若转让未被同意时，股东会须另行指定转让相对方。②《法国商事公司法》第 223—14 条规定："如果公司拒绝同意转让股份，那么其他股东应在自拒绝之日起的 3 个月内依照民法典第 1843—4 条规定确定之价格购买抑或指定主体购买这些股份。"③ 比利时公司法则规定，在公司不同意转让的情形下，转让人可以诉至法院。倘若拒绝无理，则其成员必须在法院要求的期限内以法院规定之价格寻找新的卖受方。奥地利公司法规定，如若公司无理拒绝同意，则法院有权批准股份的转让，除非公司能够以相同的条件提出另外的买受人。④

我国曾经有过将指定购买规则写进立法的尝试，只是基于各种原因指定购买规则最终并未为法律规定所吸入。⑤ 毕竟相比于我国现有的不同意则购买以及反对且不购买的视为同意之规定而言，指定购买规则稍显复杂。但是指定购买规则在维护有限责任公司人合性方面发挥的作用却不是同意规则以及优先购买规则完全可以涵盖的。即使公司半数以上其他股东不同意股权对外转让，但是没有人有能力受让股权且无人有能力行使优先购买权时，转让股东最终还是会将股权转让给公司与其他股东并不看好的投资者。而有了指定购买规则，则公司或者其他股东不同意股权转让给某

---

① 参见苏志甫《有限责任公司股权转让的法律适用》，《人民司法》2006 年第 6 期，第 62 页。

② 参见赵旭东主编《境外公司法专题概览》，人民法院出版社 2005 年版，第 450 页。

③ 参见罗结珍译《法国公司法典》，中国法制出版社 2007 年版，第 75—76 页。

④ 参见［英］迈恩哈特著《欧洲九国公司法》，赵旭东译，中国政法大学出版社 1988 年版，第 243 页，转引自吴建中《有限公司股权转让探析》，《山东大学学报》（哲学社会科学版）2000 年第 5 期，第 90 页。

⑤ 我国《最高人民法院关于审理公司纠纷案件若干问题的规定（一）（征求意见稿）》第 25 条规定："（指定受让）有限责任公司半数以上其他股东不同意向非股东转让股权的，公司应当在股东会议结束之日或者请求答复期限届满之日起 15 日内指定异议股东购买拟转让的股权。公司指定购买 30 日内，异议股东应当与拟转让股权的股东签订协议，其价格条件不能协商一致时，当事人主张以评估方式确定股权价值的，人民法院应予支持。有限责任公司半数以上其他股东不同意向非股东转让股权，但公司在股东会议结束之日或者请求答复期限届满之日起 15 日内未指定受让股权，或者被指定受让的股东在公司指定 30 日内不与拟转让股权的股东签订协议的，拟转让股权的股东可以向非股东转让股权。"

个特定主体时，可以指定公司外部有能力者进行购买。这其实是针对股东变动情形时有限责任公司人合性的维护。而前述我国的征求意见稿中恰恰没有将被指定的对象扩展到公司外部而是保持于公司其他股东之中，所以相对于目前同意规则以及优先购买权规则而言，指定购买规则实属没有必要规定。这或许也是指定购买规则最终没有写进立法的原因所在。但无论如何，作为一种自治方式，公司章程基于公司自身利益理应可以就指定购买规则进行相应的规定，以更好地维护公司的人合性，为公司经营发展提供更好的秩序环境。

（二）反面分析

因为公司章程限制股权转让条款效力之判断的复杂性以及一定程度上的不确定性，再加上我们在分析章程条款之效力时要坚守具体问题具体分析，所以对什么样的条款是有效条款作正面的、一劳永逸的界定几乎没有可能，但是我们却可以凭借上述的抽象以及具体层面的标准对无效的章程限制股权转让条款进行初步的判断，以实现对章程限制股权转让条款之效力的多视角解读。

在笔者看来，下列公司章程限制股权转让条款通常应该被认定为无效条款。

1. 内容不明确的股权转让限制条款

公司章程股权转让限制条款必须具有明确性，也即谁的股权转让权在什么样的情况下受到什么样的限制等内容要在公司章程里面有着准确、简洁、庄重的表达。[1] 在美国，公司章程限制股权转让条款也要求具有明确性。[2] 20 世纪初，美国联邦最高法院通过 International Havester Co. V. Kentucky 案首创了"不明确即无效"的理论。[3] 明确性尽管是现代立法的基本要求与重要目标，但是公司章程作为公司内部的自治宪章，它

---

[1] 参见张建军《立法语言的明确性》，《人大研究》2010 年第 6 期，第 36—37 页。

[2] See Restrictions upon the Transferability of Sharers of Stock, Harvard Law Review, Vol. 42, No. 4 (Feb., 1929), p. 557; F. Hodge O'Neal, Restrictions on Transfer of Stock in Closely Held Corporations: Planning and Drafting, Harvard Law Review, Vol. 65, No. 5 (Mar., 1952), p. 789; William A. Gregory, Stock Transfer Restriction in Close Corporations, Southern Illinois University Law Journal (1978), p. 482.

[3] 参见张建军《立法语言的明确性》，《人大研究》2010 年第 6 期，第 35 页。

对相关主体授予权利同时也对其苛以义务，对于公司相关主体来说，公司章程在一定程度上起着比公司法律更为重要的规范作用，所以为追求自由、安全与效率的法律价值，公司章程限制股权转让条款也应该具有明确性。认可模糊的章程限制股权转让条款之效力则使公司章程要么沦为大股东压制小股东的工具，要么成为政府实施专制的帮凶。

2. 没有时间限制的绝对禁止股权转让条款

很多学者认为不能禁止股权转让，或者有学者指出公司章程禁止股权转让条款生效要以特定股东的同意为前提。但从立法角度来看，在我国强调公司资合性由此决定公司股份极具流动性的股份有限公司尚且可以禁止一定时期内股份之转让，[①] 凸显人合性的有限责任公司严禁股权转让自然具备理论上的合理性。但是笔者以为时间在绝对禁止股权转让条款之效力问题上扮演着重要的角色。限制保持效力的时限即公司章程限制股东权转让规定自诞生到终止所经历的时间。如果较长时期禁止股权转让则必须为股东退出公司设定可行性通道，倘若较短时期内严禁股权转让则无须为股东退出公司设定可行性的通道。如果有类似"公司存续期间则股权不得转让"之章程条款，这种规定无论是针对同意其的股东抑或不同意的股东都不应该有当然的效力，因为这种规定从根本上是对股东股权转让权的剥夺。所谓没有时间限制的绝对禁止股权转让条款没有当然的效力是指在前述情况下，如果股东自愿受其约束并不提出异议，那关于该条款的效力探讨就没有意义，但是如果有股东意欲转让其股权，而其他股东以章程规定为由提出反对时，这种反对将因为其建立的依据不具有合法性与合理性而无效。

3. 抽象的强制股权转让条款

目前有关公司章程限制股权转让条款效力之争在司法实务上的主要体现就是强制股权转让，虽然有法院主张强制股权转让会对股东股权转让自由造成极大干涉，但有的法院已经意识到公司章程的自治地位而认可特定情况下章程强制股权转让条款的效力。股东有股东的转让股权之自由，公司也有公司的利益要维护，当特定转让股东的自由危及公司团体以及其他

---

① 我国《公司法》第141条规定："发起人持有的本公司股份，自公司成立之日起一年内不得转让。公司公开发行股份前已发行的股份，自公司股票在证券交易所上市交易之日起一年内不得转让。"

股东集体的利益时,笔者以为公司团体的利益与其他股东集体的利益应该优先获得考虑。所以股权是可以强制转让的,但是不预设任何条件的强制股权转让条款往往不应该得到认可。抽象规定股权可以强制转让事实上将会使股东股权始终处于一种不稳定的状态而引发公司稳定危机,进而妨碍公司之健康发展。

公司章程设限股权转让条款之效力乃事关有限责任公司股权转让限制之焦点话题,但我们也不得不面对这样一个事实:当我们试图以精确的语言对其效力作明确表述时,常常会发现语言的苍白无力。也许,正如一位学者所言,股份转让限制规则条款本身既非有效也非无效,于任何时候可以实施的股份转让限制在特定情形下具有强制力,而在其他情形下可能是无效的,所以股份转让限制的效力应该基于具体问题进行具体分析。[①]

综上所述,针对公司章程限制股权转让之司法和理论层面的困境展开的分析在一定程度上有助于司法适用问题上的答疑解惑以及理论探讨的深入,然而公司章程限制股权转让从理论走向实践却可能遭遇各种阻碍,尤其是当法律就另行规定之内容没有明确时,公司自治能力和理性认识将会在公司章程限制股权转让问题处理中遭受严峻的考验,这也正是目前我国《公司法》的症结所在。有学者认为,我国公司法关于有限公司股权转让限制的规定过于简单,缺乏具体的实施方案,尽管公司法规定公司章程可以就股权转让限制另行规定,但因为没有前例或示范现成的任意性规则供选择,迫使股东不得不花费大量时间制定更为详细的限制性规则,由此造成的高昂的谈判成本往往使公司股东对于谈判望而却步,并可能最终放弃制定更为详细的股权转让限制规则。加上公司设立之初对于公司未来充满美好期望的股东担心谈判会破坏友好的氛围而不愿通过谈判协商制定详细的限制规则,这反而会损害股东的契约自由。所以我国应该在公司契约理论的指导下,参照发达国家的规定,全面构建有限公司股权转让限制性规则,为公司自治提供充分的制度选择。[②] 笔者以为这种观点有一定的合理

---

① See William H. Painter, Stock Transfer Restrictions: Continuing Uncertainties and a Legislative Proposal, Villanova Law Review, Vol. 6, Iss. 1, Art. 2 (1960), p. 62.

② 参见王月、刘倚源《冲突与衡平:契约视角下股东不公平损害问题研究》,中国政法大学出版社2013年版,第193—194页。

性，但由《公司法》本身完成系列规则的创设会使公司法有关股权转让限制规定显得过于冗长，一定程度上损害立法本身的简洁性和威严性，况且稳定的法律条文始终难以应对公司发展之现实需要，所以笔者以为可以由最高人民法院以司法解释的方式完成公司章程限制股权转让之具体规则的创设，或者发挥判例在司法实务中的指导作用，由最高人民法院发布有关公司章程限制股权转让的典型案例以供各级法院在处理类似问题时进行参考和借鉴。

三 违反公司章程股权转让限制条款的法律后果

违反公司章程限制股权转让之有效条款会给股权转让造成什么样的影响，这是在澄清公司章程限制股权转让条款效力之后必然要进行追问的问题。

在郑某某诉张某某以及魏某股权转让纠纷案中，一审、二审法院均认可涉案公司章程关于股权对外转让的另行规定，并且据此认定《收购协议》无效。① 《江苏省高级人民法院关于审理适用公司法案件若干问题的意见（试行）》规定违反公司章程而签订的股权转让合同无效。② 浙江省高级人民法院民二庭则认为公司章程限制股权转让之条款应视为股东对股权转让约定了生效要件。③

上述司法界的态度显示其在违反公司章程限制股权转让条款之法律后

---

① 郑某某、张某某是扬州市某有限公司的股东，该公司章程第11条规定，"股东向股东以外的人转让其出资时，必须经全体股东一致同意"。2005年5月，张某某与魏某签订公司收购协议而未经股东郑某某的同意，于是郑某某于2005年6月以张某某以及魏某为被告向人民法院提出起诉，请求确认《收购协议》无效。一审、二审法院均支持原告的诉求。二审法院明确主张张某某将公司全部股权转让给魏某应当遵循公司章程的约定，即股东向股东以外的人转让其出资时必须经全体股东一致同意。参见艾妩、江南《同为公司股东 夫妻对簿公堂》，http://blog.chinacourt.org/wp-profile1.php? p=18608&author=529，访问时间：2015年11月25日。

② 《江苏省高级人民法院关于审理适用公司法案件若干问题的意见（试行）》第60条规定："公司股东违反章程规定与他人签订股权转让合同的，应认定合同无效，但存在下列情形的除外：（一）章程的该规定与法律规定相抵触的；（二）章程的该规定禁止股权转让的；（三）经股东会三分之二以上有表决权的股东同意的。"

③ 浙江省高级人民法院民二庭《关于公司法适用若干疑难问题的理解》第9条规定："公司章程在不与公司法抵触的情况下，若其限制或禁止股权转让，应视为股东对股权转让生效要件作了特别约定，股权转让合同应遵循章程的规定，否则其效力不应被确认。"

果问题上远未达成一致意见。违反章程限制股权转让规定的股权转让协议无效抑或股权转让缺乏生效要件而无效当属目前较为普遍的观点。正如笔者在第三章所言，股权转让协议与股权转让是两个密切相关但又彼此区别的问题，判断违反章程规定之股权转让协议的效力除了参照公司法律规定更要依据合同法律规定，而判断违反章程规定之股权转让的效力则以股权变动的要件为前提。就协议的效力而言，除非存在《合同法》规定的效力待定、可变更可撤销、无效情形以及当事人就协议生效约定了特别生效条件，协议成立且生效。而公司章程限制股权转让条款能否成为前述阻碍协议生效的因素呢？浙江省高院民二庭的意见似乎值得关注，然而，公司章程就股权转让设置限制条款只是代表公司股东的意思，并不能代表公司外部第三人的意思，公司股东的意思表示显然不能等同于合同当事人约定的生效要件，所以不存在《合同法》规定的效力待定、可变更可撤销以及无效情形，仅仅是违反公司章程限制股权转让条款，股权转让协议自成立且生效。也即违反公司章程限制股权转让条款对股权转让协议的效力一般没有影响。但是股权转让效果的达成则深受章程限制股权转让条款的影响。如笔者在第三章所言，股东身份的取得即意味着股权的取得，股东身份的变更即意味着股权的变更。而股东身份的取得需要满足两个要件，一是实际出资或承诺出资，二是取得公司以及其他股东之团队合意。那么就股权转让而言，股东身份是在什么情况下发生变更呢？股权转让协议生效即至少意味着受让人承诺向公司出资，此乃获得股东身份的第一个条件，而转让股东违背公司章程限制股权转让条款却往往会使受让方取得股权的第二个要件即团队合意难以形成。也即此时股权转让协议有效，但股权根本没有发生不变动，股权转让效果未能实现。

第五章

股东协议与公司细则：有限责任公司股权转让限制的另类载体

第一节 股东协议限制股权转让

在英国，几乎所有的股权转让限制都被认为是合同法问题。① 在美国，鉴于包含非传统限制的公司章程之批准容易遭到相关部门的拒绝，所以股东协议往往提供施加额外限制的可能。② 在土耳其，股权转让限制条款也被允许写进股东协议中。③ 而在我国，有的学者明确指出有限责任公司股东协议可以对股权转让作出限制。④ 有些学者在论及特定情形下公司章程限制股权转让时，要求公司章程相应条款获得全体股东的一致同意或者条款仅在同意的股东之间生效，而对不同意股东不生效的主张其实已暗含股东协议在股权转让限制中的作用甚至股东协议有着弥

---

① 参见陈彦晶、董惠江《有限责任公司章程中股权转让限制的效力》，《黑龙江社会科学》2011年第4期，第152页。
② See F. Hodge O'Neal, Restrictions on Transfer of Stock in Closely Held Corporations: Planning and Drafting, Harvard Law Review, Vol. 65, No. 5 (Mar., 1952), p. 787.
③ See Dilek NAZİKOGLU, Re-Buttle of Articles of Association and Shareholders Agreement and Share Transfer Restrictions under the New Turkish Commercial Code, Legal News Bulletin Turkey, 1 (2012), pp. 26 – 27.
④ 参见宁金成《有限责任公司设限股权转让效力研究》，《暨南学报》（哲学社会科学版）2012年第12期，第14页。

补公司章程缺陷的优势,①还有学者认为股东可以通过特别约定扩大优先购买权的适用范围。②实务中也出现以股东协议就股权转让限制作出约定的情形。③然而《公司法》几乎未提及股权转让限制之股东协议所留下的立法空白却往往让相关纠纷的处理无所适从。所以笔者接下来将围绕股东协议限制股权转让展开具体分析,以期为我国立法完善以及司法进步提供一种理论上的借鉴。

一 股东协议的性质:公司自治规则抑或合同

股东协议是指有限责任公司股东之间就公司权力的分配与行使、公司事务的经营与管理以及股东之间其他关系所形成的协议。④其中,股权转让事项经常是股东协议的内容之一。

股东协议,顾名思义应该是一种合同,但是基于国外实践以及我国的公司实务,这种名为合同的股东协议其实已经不仅仅是能够拘束股东的普通合同,而且是能够对公司产生法律约束力的公司自治规则。⑤主张股东协议的公司自治规则属性是对股东协议之股东共同行为的强调,同时也是对股东协议效力的一种扩大解读。

传统民法依据行为人人数之多寡将法律行为分为单方行为、双方行为以及共同行为。所谓共同行为,是指由两个以上的民事主体意思表示达成一致而成立的民事法律行为。⑥订立公司章程、签订合伙协议属于共

---

① 参见钱玉林《公司章程对股权转让限制的效力》,《法学》2012年第10期,第103页;闫志旻、李学泉《有限公司章程中强制转让条款的效力分析》,《人民司法·应用》2009年第21期,第81—83页。

② 参见郑彧《股东优先购买权"穿透效力"的适用与限制》,《中国法学》2015年第5期,第248页。

③ 某公司8名股东中的7名股东决定将他们持的占公司90%的股权进行出售,双方尽管没有形成书面协议,但一致决定相互放弃优先受让权,并出于个人恩怨和某种商业考虑共同决定不将股权出售事项告知另外一名股东。后来因为另外一名股东意欲行使优先购买权而与其他7名股东发生纠纷。参见陈群峰《认真对待公司法:基于股东间协议的司法实践的考察》,《中外法学》2013年第4期,第37页。

④ 参见张学文《股东协议制度初论》,《法商研究》2010年第6期,第111页。

⑤ 在国外,股东协议被作为公司宪章的组成部分;而在我国实务中,股东协议被解释为章程附件。参见李阳《股东协议效力研究》,《时代法学》2015年第1期,第48、49页;蒋大兴《公司自治与裁判宽容——新公司法视野下的裁判宽容》,《法学家》2006年第6期,第72页。

⑥ 参见王利明主编《民法》(第二版),中国人民大学出版社2006年版,第132、133页。

同行为。① 据此分析，股东订立协议应该属于典型的共同行为，然而笔者以为，同属于共同行为但不足以说明股东协议也是公司的一种自治规则。

在笔者看来，订立股东协议的行为是一种共同行为是从行为角度解读股东协议的订立，但这并不妨碍从合同角度解读股东协议的性质。笔者以为，股东协议无论从其形式还是论其实质都是合同，也即股东协议就是属于平等主体之间所签订的建立、改变抑或终止特定民事权利义务关系的协议。从形式上来看，股东协议是股东意思表示一致的结果；从实质上来看，股东协议的签订将会引发股东彼此之间权利、义务的设立、变更或者终止。尽管有人指出合同往往意味着利益关系的相对性而股东协议却总是显示出利益关系的共同性所以股东协议不能属于合同，② 但这是对合同的一种误解。在现代合同法理论以及合同立法中，利益关系的相对性抑或共同性并非合同的本质体现，合同的内核在于当事人意思表示一致，也即合同就是一种合意。③ 之所以在我国实务中出现将股东协议作为章程附件的情形，恰恰是因为对章程性质的误解同时也是因为我国立法不明确导致实务的一种混乱。公司章程体现公司自治，而股东协议体现股东自治。前者强调公司之于政府与股东而言的独立法律地位，④ 后者强调股东之于立法以及司法机关的免受随意干预性。⑤ 公司自治与股东自治在人格性、内容以及意思表达途径方面均存在较大差异。⑥ 尽管股东自治与公司自治在特定时段特定问题上体现出某种一致的治理方向，但这仿佛是两条并行的轨道偶尔出现的一种交叉，有交叉但绝不会重合。无论如何，股东彼此间一致的意思表示不可能制约公司、公司董事、监事以及高级管理人员，否则这将是对处分他人权利或者给他人施加义务之不合理行为的一种放纵。所

---

① 参见王利明、杨立新、王轶、程啸著《民法学》（第二版），法律出版社2008年版，第97页。

② 参见王文宇《闭锁公司之立法政策与建议》，《法令月刊》2003年第6期，转引自张学文《股东协议制度初论》，《法商研究》2010年第6期，第113页。

③ 参见张学文《股东协议制度初论》，《法商研究》2010年第6期，第114页。

④ 参见王怀勇《公司自治的思想渊源》，《宁夏大学学报》（人文社会科学版）2009年第4期，第119—122页。

⑤ 参见蒋大兴《公司法的观念与解释Ⅱ》，法律出版社2009年版，第14页。

⑥ 参见李阳《股东协议效力研究》，《时代法学》2015年第1期，第50页。

以股东协议的合同性质才是股东协议的本质。

遵循股东"一致同意"规则的股东协议所体现出的自由、平等、公平以及诚信等伦理价值追求是坚持"资本多数决"的公司章程难以媲美的，但有限责任公司人合性正好需要这样的伦理价值来进行调节。此乃于公司法以及公司章程之外应有股东协议一席之地的原因是也。[①]

二 股东协议限制股权转让之利弊分析——与公司章程比较

《公司法》明确授权公司章程可以就股权转让限制内容另行规定，而没有就股东协议的相应功能进行表态。或许股东协议限制股权转让有着某种超然的自由特质而使其缺乏一定的正式性进而不能获得相关主体的确认是股东协议限制股权转让的缺陷，然而事实上股东协议限制股权转让有公司章程限制股权转让不可比拟的优势，这也是在英美国家以及土耳其，股东协议在股权转让限制中获得重视的原因所在。

（一）股东协议限制股权转让的优势

1. 股东协议免受属性困扰

作为一种契约或者说一种合同，股东协议限制股权转让不会面临内容与形式无法融合的尴尬。也即股东之间将股权转让限制内容写进合约即通常意味着该约定达成即生效。然而就公司章程而言，因其时而被强调为自治规则时而被强调为契约的较为复杂的性质，使公司章程在股东转让限制规定上有些缩手缩脚。强调其是自治规则即意味着并非获得全体股东认可的股权转让限制条款但需要全体股东共同遵守，这似乎是对反对股权转让限制条款的股东的权益的漠视，尤其是涉及股权处分权时，这种漠视几乎让人无法容忍，所以有些学者提出股权处分权之限制需要全体股东一致同意，有学者则干脆提出股权转让限制只在同意股东之间生效而在不同意股东之间不生效的主张。强调其是契约即意味着公司章程有关股权转让限制条款除非获得全体股东一致同意，否则其并不能约束公司全体股东，因此一方面由于一致同意之缺乏公司章程限制股权转让条款不能约束全体股东，另一方面公司章程相关规定却约束根本未参与到章程制定中的公司董事、监事及高级管理人员。相同文件呈现出两种不同效力直接让人质疑公

---

① 参见李阳《股东协议效力研究》，《时代法学》2015年第1期，第48页。

司章程的威严所在。

然而笔者以为，纵然被"视为公司股东、董事及高层管理人员之间订立的合同"[①]之公司章程淋漓尽致地尊重当事人的意思自治，[②]但笔者还是坚持认为公司章程属于自治规则，公司章程在部分主体之间所体现出的契约属性只是我们对公司章程多视角的一种解读，并非公司章程性质的全部。韩国著名商法学者李哲松教授认为，章程不管公司成员意思如何都应该具有普遍的约束力，章程的修改得以股东之一般意思而进行，所以将公司章程视为自治法是正确的。[③] 将公司章程作为契约其实是对公司章程某种程度上的误解。公司章程主要在英美法系国家被作为契约看待。[④] 比如英国公司法就明确规定，注册登记的公司章程就如同每个成员在其上分别签名或盖章那样，构成公司以及每个成员都必须加以遵守的契约。[⑤] 然而，在英美法系国家，公司章程往往由两个文件组成，一份文件被称作章程大纲、组织大纲、设立章程抑或外部大纲，另一份文件则被称作章程细则、运作章程、内部细则或者内部章程。其中，只有章程细则以自治约定为主，才能被视为公司与股东、董事或者其他高层管理人员之间的一种协议。[⑥] 而在我国，目前立法并未对公司章程作外部大纲与内部细则之区分，笼统地认为公司章程属于契约的主张显然无法道出公司章程的真相。[⑦] 将公司章程作为自治规则或者自治法在强调公司自治的同时，一定程度上体现公司的意思自由，还兼顾公司章程的法规性质，公司各方利益

---

① See Paul L. Davies and D. D. Prentice, Gower's Principles of Modern Company Law, 6th ed. London Sweet Maxwell, 1997, pp. 120-122.

② 参见刘坤《意思自治视角下的公司章程法律制度解读》，中国法制出版社2010年版，第115页。

③ 参见李哲松《韩国公司法》，吴日焕译，中国政法大学出版社2000年版，第76页。

④ 参见赵箭冰、俞琳琼《有限责任公司章程设计的奥妙》，法律出版社2014年版，第3页。

⑤ 参见张民安《公司法上的利益平衡》，北京大学出版社2003年版，第66页。

⑥ 参见朱慈蕴《公司章程两分法论——公司章程自治与他治理念的融合》，《当代法学》2006年第5期，第9、14页。

⑦ See Robet W. Hamilton, The Law of Corporations, 4th Ed., West Publishing Co., 1996, p. 8.

由此获得一种较好的规范。① 将公司章程视为自治规则其实是彰显公司章程作为一种低于法律秩序的次级秩序的权威性。② 而这种权威性是公司自治得以健康运行的重要基础。所以从根本上讲，公司章程就是公司的自治规则。

而作为公司自治规则的公司章程在限制股权转让时难免遭遇漠视部分股东利益的质疑，全面约束公司、股东、董事、监事以及其他高级管理人员的公司章程本身并不能很好地化解这种质疑。另外，未能经过合法性抑或合理性标准删选的公司章程限制股权转让条款往往最终归于无效，而不支持偏离法定标准之章程条款的法院无论如何会将法律效力给予能达到同样目的的股权转让协议。③ 这就为股东协议入侵股权转让限制提供了某种借口，当然股权转让协议能够限制股权转让的根本原因在于其是股东自治的一种方式。

2. 股东协议修改简单

限制股权转让条款出现在公司章程或者股东协议中有可能只是针对公司经营发展的特定时期而言，或者当公司出现其他特定情形时，又会涉及股权转让的其他限制，而这些限制必须通过修改公司章程或者修改股东协议获得实现。而就章程修改与协议修改而言，后者显然更加快捷便利。

根据我国《公司法》的规定，公司章程的修改由作为公司权力机关的股东会进行，并且有限责任公司修改公司章程的决议需要经过代表2/3以上表决权的股东通过方才有效。只有在全体股东就公司章程修改问题以书面形式形成一致同意时，才不需要召开股东会而直接作出决定，且由全体股东在决定文件上签名、盖章。其他情形下公司章程修改必须经过股东会决议，而要应对公司局势的发展变化，只能通过召开临时股东会对修改公司章程股权转让限制条款作出决议。即便如此，会议的召开也是有程序限制的，会议决议的形成也并非能实现修改公司章程限制股权转让条款之

---

① 参见朱慈蕴《公司章程两分法论——公司章程自治与他治理念的融合》，《当代法学》2006年第5期，第11页。

② 参见温世扬、廖焕国《公司章程与意思自治》，载王保树主编《商事法论集》（第6卷），法律出版社2002年版，第8页。

③ See F. Hodge O'Neal, Restrictions on Transfer of Stock in Closely Held Corporations: Planning and Drafting, Harvard Law Review, Vol. 65, No. 5 (Mar., 1952), p. 787.

目标。而且按照我国《公司法》的规定，修改后的公司章程还需要进行变更登记。而要通过股东协议废除原有的股权转让限制或者添加新的限制在程序层面就比较简单。按照我国《合同法》的规定，当事人可通过协商一致变更合同内容实现股权转让限制条款的新旧更替，或者以前没有通过协议限制股权转让现在可以通过签订股权转让协议对股权转让实施限制，抑或解除股东之前限制股权转让的协议来还股权转让某些层面的自由。尽管按照《合同法》规则变更、生成或者废除相应的股权转让限制条款也不一定总是能顺利地实现目标，但是相比召开股东会形成相关决议而言，协商基础上问题的解决通常比每个主体独立自主就问题解决发表意见更加具有效率。

3. 股东协议更加具有可履行性

相比于公司章程而言，股东协议限制股权转让条款具有可履行性的比较优势。[①] 股东协议是全体股东在自愿平等基础上意思表示一致的结果，既然是股东自己的约定，股东的履行自然是理所应当、水到渠成。即使股东要反悔，那么其也会权衡违约造成的责任承担和自己接受约束带来的利益影响，从而决定是否遵从协议的约定。有限责任公司章程的制定者虽然是全体股东，然而后加入的股东同样会受到章程的约束，并未参与公司章程制定的新股东通常缺乏遵循公司章程的主动性。另外，公司章程的修改遵循的是资本多数决原则，未表示同意的股东同样要受到修改后公司章程的约束，但是其在遵从公司章程时的主观努力显然不如遵守股东协议的股东。

（二）股东协议限制股权转让的劣势

尽管通过股东协议限制股权转让拥有一定的比较优势，但股东协议限制股权转让的缺陷也是显而易见的。而其中公司利益容易被忽视以及对人效力有限是股东协议限制股权转让最具代表性的劣势所在。

1. 公司利益容易被忽视

股东协议顾名思义是股东彼此之间就股权转让限制作出的一种约定，公司不可能参与到股东协议的订立程序之中，然而就股权转让作出的限制

---

① See Reece Thomas and C. L. Ryan, The Law and Practice of Shareholders' Agreements, 3rd ed., New York: Lexis Nexus, 2009, pp. 12, 22.

无不跟公司利益相关。股东在协商确定相关内容时往往是从自身利益出发，尽管有时股东利益与公司利益趋同，但主体差异造就的利益区别使我们不得不认识到这一点，在成就的股东协议有关股权转让限制条款中，丧失话语权的公司的利益容易遭受漠视。但是正如笔者在前文所论述的那样，作为独立法人而言，公司有其主体利益，并且公司这种利益不一定与股东利益是相同的，公司作为市场主体其利益不应该遭受漠视。所以当选择以股东协议方式限制股权转让时，如何将公司利益融入股东协议之中是能否以股东协议限制股权转让从理论走向实践的重要考量。

2. 对人效力有限

协议的效力当然只限于签订协议的各方，那么当时没有签订协议的股东以及后来进入公司的新股东就不会受到限制。从合同角度来看，这种对人效力是合理的。然而从公司法的角度审视，有的股东股权转让受限制，有的股东股权转让却不受限制，则会面临差异性对待的正当性质疑。在现实中，有的股东可能因其身份的特殊性而致使其股权转让受到限制，其他没有特殊身份的股东不受这种限制。然而这种限制往往针对特定个人或者群体而言，其限制也是特定的。并且这些人员通常因为其具有投资者与经营者之双重身份，就其经营者身份而言设定特殊的股权转让限制规则，而就其投资者身份而言，同样涉及股东转让限制的一般规则。假设某有限责任公司共有股东 10 人，其中 8 人就股权转让对外转让签订了股东协议，另有两人不受该协议的约束。现在如果有签订协议的股东对外转让股权，按照股东协议的约定，签订股东协议的其他股东可以就股权转让行使同意权抑或优先购买权，那么另外两名股东是否就与此无关？如果答案是肯定的，则股东协议如此限制股权转让之规定必然因"恶意串通损害第三人利益"而遭遇无效认定；如果答案是否定的，则另外两名股东之同意权以及优先购买权与签约股东的同类权利该如何行使？另外两名未签约股东的股权转让权受到的又是一种什么样的限制？或者说另外两名股东是否就可以自由转让股权？因对人效力之思索引出的上述问题，往往会让我们质疑股东协议限制股权转让的正当性以及可行性。

所以，尽管股东协议限制股权转让有比较优势，但如其弱点不被重视和克服则难以对股权转让形成有效限制。

三 股东协议约定股权转让限制的内容

股东协议可以就哪些内容进行约定从而实现其限制股权转让的目的，是股东们签订股东协议不得不考虑的问题。基于协议内容范围之边际的不确定，笔者以为，以股东协议限制股权转让时应该以目前的《公司法》为参照或者以公司章程相应条款为参照。

（一）《公司法》股权转让限制规定是股东协议内容的参照

《公司法》是公司章程就股权转让限制另行规定的蓝本，也是股东协议就股权转让限制进行内容确定的参照。股东通过协议限制股权转让时可以直接照搬《公司法》的同意规则以及优先购买规则。当然如果是照搬《公司法》相应规定的话，股东协议就失去其存在的意义，因为没有股东协议，《公司法》股权转让限制规定依然可发挥相应的作用。股东协议的存在并不是《公司法》股权转让限制条款发生法律约束力的催化剂。所以股东协议往往会针对《公司法》股权转让限制条款作出一些变通约定，这些变通可以是针对法定程序的一种修改，可以是针对概括内容的具体化，可以排除公司法的相关规定或者通过协议写进《公司法》未曾规定的内容。

然而，当股东协议可以就《公司法》相关股权转让限制条款进行或具体，或排除，或补充的另行约定后，这种约定与原公司法规定之间的关系却是我们不得不加以澄清的问题。鉴于我国《公司法》只是关注公司法规定与公司章程关系的架构而基本没有涉及公司法规定与股东协议之间的关系，所以当股东协议就股权转让限制作出约定后，解决约定与法律规定的适用问题就刻不容缓。笔者以为就股权转让限制条款而言，《公司法》也应该可以允许股东另行约定。

（二）股东协议可以涵盖公司章程得以规定的所有股权转让限制条款

如果说公司章程是一种低于法律秩序的次级秩序决定了公司章程在很多条款制定上必须保持谨慎的话，那么作为私法领域自治精灵的协议似乎可以针对大量事项形成私人间的约定。所以就股权转让限制的内容而言，凡是能够写进公司章程并能产生相应法律约束力的内容都可以写进股东协议并产生相应合同效力。

而且某些公司章程不能吸收的内容或者吸收之后其效力备受质疑的内

容也能写进股东协议并产生合同效力。以强制股权转让为例,目前无论是实务上还是学理上针对公司章程强制股权转让之效力的争议最为激烈。但是如果强制股权转让是出现在股东协议里,该条款的效力可能就不会再引发热议,毕竟绝大多数私权利都是允许权利人自己做出处分的。同意强制股权转让实为权利人对自己权利的一种处分。

就股权转让限制而言允许股东协议针对公司法规定作出变通规定甚至股东协议的内容可能比公司章程的内容更丰富,这不免落入学者指出的"协议替代治理"的中国式现象中。笔者却以为,目前所探讨的股东协议的内容仅是针对股权转让限制而言,而非公司法规定的其他事项,股东协议针对股权转让限制内容约定的广泛性不可能一概适用于公司法规定其他事项。而且写进股东协议的股权转让限制内容必须接受堪比公司章程更加严格的效力审查。所以,允许股东协议可以就股权转让限制内容进行宽泛的约定并非认可"协议替代治理",而是具体问题具体分析的结果。

四 股东协议限制股权转让条款的效力

(一) 股东协议限制股权转让条款的效力

1. 股东协议限制股权转让条款生效的认定标准

协议的自由特性决定其内容的丰富性,但是股权转让限制涉及多方主体利益的现实决定协议内容效力的非绝对性,即使将某些限制性条款写进股东协议,但是这些条款同样需要结合具体现实经受效力审查。而且就股东协议限制股权转让条款而言,其要经受《合同法》以及《公司法》的双重效力审查。

当针对股东协议股权转让限制条款之法律效力产生争议时,股东协议作为一种股东间的合同要经受住《合同法》与《公司法》的效力考验,也即股东协议限制股权转让的内容符合《公司法》的规定,但是其如果存在效力待定情形、无效情形或者可变更可撤销情形,则股东协议限制股权转让条款也不能顺利产生法律约束力,此时要遵循《合同法》的相关规定,股东协议限制股权转让条款要么无效,要么通过一定的法律途径对其效力采取补救措施。反之,虽然不存在《合同法》所规定的合同效力之瑕疵,但是违反《公司法》股权转让限制之合法与合理性要求,股东协议限制股权转让条款同样不能产生相应的法律约束力。既然公司章程限制股权转让条款要接受合法性与合理性审查,股东协议限制股权转让条款自然没有理由径自生效,其作为股权转让限制的一种自治方法同样要接受前述合法性与合理性标准之审查。从这个角度而言,比起公司章程股权转让限制的边界确定,股东协议效力判断之复杂程度有过之而无不及。

2. 股东协议限制股权转让内容之对象效力

股东协议必然只能约束到签约人,当全体股东共同签订协议则协议约束全体股东,当部分股东签订协议则协议只能约束部分股东。当协议只约束部分股东,被约束的股东行使协议约定的权利与不被约束的股东行使法定权利会否产生冲突?产生冲突又该如何解决呢?比如,公司共有10位股东,其中8名股东就特定情形下的股权提出了强制转让要求,且股权强制转让的受让对象是8名签约股东。后来发生协议约定的股权强制转让情形,签约股东自然可根据股东协议进行股权受让。此时另外2名股东可否主张受让权呢?因其未签约,所以我们只能按照法定条款判定另外2名股东主张之合法与否。由于《公司法》第71条第1款未规定股权内部转让时其他股东拥有同意权抑或优先购买权,所以另外2名股东的主张显然缺乏法律依据。但如果公司总共有10位股东,其中8名股东就签约股东对外转让股权时行使优先购买权的比例进行约定。后来1位签约股东欲将股权对外转让,按照股东协议的约定以及《公司法》的规定,剩余的9名股东都可以行使优先购买权,如果这9名股东对受让比例无法达成一致协议,则按出资比例受让,然而股东协议约定的受让比例又非出资比例,那么此时9名股东的购买比例如何确定?笔者以为,2名未签约的股东按照持股比例受让,拟转让股权的剩余部分再在7名签约股东之间按照股东协议的约定进行受让。因为协议内容无论如何不能侵犯未签约方的固有法定权利。

(二) 违反股东协议限制股权转让条款的法律后果

就股权转让而言,如果股权转让协议本身不存在效力瑕疵,只是违反股东协议股权转让限制条款,则转让股东以及受让方将要面临的法律后果往往是股权转让无效。此时导致股权转让无效的原因在于跳过股东协议的股权转让无法获得其他股东认可受让人股东身份的一种合意,股权的身份附随性制约了股权转让目标的实现。

而就涉及股权转让限制条款之股东协议而言,则违反协议之限制条款进行股权转让的股东还需要向其他股东承担违约责任。具体违约责任的承担应该依据股东协议的约定或者依据《合同法》相关规定来处理。

总之，我国公司法应当在一般意义上承认股东协议制度，以使股东协议相关问题解决有明确的公司法依据，这也是公司治理的内在要求所决定的。但是无论如何，股东协议不应该成为架空公司法律制度的方式，否则这将是对我国公司立法的莫大嘲弄。[①] 公司法律规定是设定股权转让限制规则的蓝本，公司章程则是细化抑或多样化股权转让限制的主要平台，股东协议只是一种针对特定问题的便利选择。当一些或者全体股东愿意采用协议方式并且协议相关内容不会涉及公司以及其他股东利益之损害时，股东协议当然也能够作为公司章程限制股权转让的一种替代方式。

第二节　公司细则限制股权转让

在某建筑设计有限公司诉股东谢某一案中，涉案公司的股东会表决通过《股权管理办法》，[②] 后因该《股权管理办法》引发的诉讼中，一审法院认为《公司章程》及《股权管理办法》中所规定的股权价值确定办法违反我国《公司法》的基本原则，不利于股东权益的法律保护，故没有支持原告的诉求。二审法院则认为公司基于自身需要可以设计出个性化的公司章程，并且其公司章程对股权转让所作出的约定不违反法律的禁止性规定，所以是合法有效的，故二审法院支持了原告的诉求。这个案子引发

[①] 参见陈群峰《认真对待公司法：基于股东间协议的司法实践的考察》，《中外法学》2013年第4期，第33—34页。

[②] 2005年3月某市建筑设计院有限责任公司，股东会表决通过了《股权管理办法》，该《股权管理办法》第9条规定："公司初始股值每股面值人民币一元，每年依据审计后的股值而变动。"第16条规定："股份一经认购不得随意退股，但有下列情况之一的，股东所持有的股份必须转让：1. 股东被辞退，开除或死亡、服刑、失去民事行为能力的，其股份必须全部转让；2. 股东调离等其他原因的，其股份必须全部转让。"第25条规定："股份转、受让价格按以下方式确定：因辞职、辞退、受刑事处罚或其他事项离职而转让股权的，如内部转让或在离职后30天内没有确定受让人的，由公司回购股权，按公司上一年度末账面净资产结合股权比例确定股本受让价格，但不高于股本原始价格。"2008年12月谢某辞职，之后设计院向谢某通知其转让股权，遭到谢某拒绝。2010年11月，谢某与第三人邓某签订股权转让协议，设计院对该股权转让不予认可并向法院提出起诉，要求判决谢某依照公司章程以9万元的价格向设计院转让股权。参见徐志新主编《公司设立与股权纠纷》，中国民主法制出版社2014年版，第251—253页。

我们思考的不是法院对待相应限制规定的态度,而是案例中股东会表决通过的《股权管理办法》之法律属性,一审法院将其与《公司章程》并列,二审法院则只提《公司章程》而丝毫不提及《股权管理办法》,这让我们对《股权管理办法》在股权转让限制中所发挥的作用更加充满疑惑。经过对国内外相关论述的梳理比对,笔者以为在这里有必要为股权转让限制条款引入另外一个载体——公司细则。我国公司立法规定尽管未涉及公司细则问题,但在美国公司细则被普遍当成股份转让限制的合法承载。[①]

什么是公司细则?公司细则与前述公司章程以及股东协议之间存在什么关联?公司细则限制股权转让的效力如何判定?这一系列问题显然是本书回应现实必须作出的解答。

一 公司细则的含义及其在我国的表现形式

(一) 公司细则的含义

在我国,细则通常是实施细则,也即细则往往是针对法律、法规、规章等的具体解释和补充以使法律制度能得到更好的实施。从这个角度而言,细则具有一种从属性,没有作为主体制度的法律、法规、规章等也就没有作为从属文件的细则。那么公司细则是一种独立的公司文件抑或某种公司法律制度或规则的附属文件吗?这是解释公司细则的含义必须加以澄清的问题。探讨股权转让限制条款之细则问题,可以肯定的一点是公司细则绝不是有权机关针对某部法律制度的实施专门颁布的文件。

从目前国内外学者对公司细则的探讨而言,公司细则从三个层面体现着其丰富的内涵。第一个层面,公司细则是有关公司经营管理问题的细则,是公司董事或者官员执行公司事务的一种指引,所以公司细则可以重

[①] See Jesse A. Finkelstein, Stock Transfer Restrictions Upon Alien Ownership Under Section 202 of the DelawareGeneral Corporation Law, The Business Lawyer, Vol. 38, (Feb., 1983), p. 574; Carrie A. Plant, The Right of FirstRefusal in Involuntary Sales and Transfers By Operation of Law, Baylor Law Review, Vol. 48 (1996), p. 1199; Edwin J. Bradley, Stock Transfer Restrictions and Buy-Sell Agreement, Close Corporation, No. 2 (1969), p. 150; Dennis P. Coater, Share Transfer and Transmission Restrictions in the Close Corporation, U. B. C. Law Review, Vol. 3, No. 3 (1969), p. 113; Michael A. Macchiaroli, Corporations-Stock Restriction-Agreement among Members of Close family Corporation to Restrict Sale of Stock Is Not Valid Merely because of Divergence between Option Price and Actual Value of Stock, Villanova Law Review, Vol. 9, Iss. 2, Art. 13 (1964), p. 334.

现公司章程以及股东协议所涉及股权转让限制内容，以便使公司董事或者官员知悉公司股权转让限制信息。① 第二个层面，认为公司细则乃公司内部细则，但同时主张公司内部细则为公司章程的从属文件，所以公司内部细则应该与公司章程内容保持一致。② 从第二个层面的含义来看，此时的公司细则被认为是公司章程的细则。第三个层面，基于英美等国家将公司章程分为总则和细则的做法，主张公司细则其实就是作为公司章程组成部分的细则，此时的细则被作为公司章程细则。③

在针对公司细则的多种解释中，哪种主张是对公司细则的正解呢？恐怕我们并不能武断地给出一个结论，在缺乏法律明确规定时，现实中所出现的细则是我们解读细则含义的关键要素。所以我们必须审视细则在我国的表现形式，以期现实能对理论归纳总结有所裨益。

（二）公司细则在我国的表现形式

鉴于我国公司法没有明确规定公司细则相关内容，所以实务中承载有关股权转让限制的文件也通常不是以细则之名出现，但是基于公司章程以及股东协议有其专用名称，所以笔者以为实务中凡是不以公司章程或股东协议命名的股权转让限制文件一般均为公司细则，本书将在此基础上针对公司细则在实务中的运用进行实证分析。

在我国，除了公司法、公司章程以及股东协议限制股权转让外，由股东会决议通过的一些文件往往也是法院裁判股权转让限制纠纷的依据。比如江苏省某进出口股份公司就通过《内部职工招股实施细则》设置了该公司股权对外转让的限制性规定。④ 再比如在前述某市建筑设计院有限公司股权转让纠纷案例中，公司股东会表决通过《股权转让管理办法》就对股权转让进行了一系列限制性规定，二审法院在处理该建筑设计院有限公司股权转让纠纷时同时引用了该有限责任公司的《公司章程》以及

---

① See F. Hodge O'Neal, Restrictions on Transfer of Stock in Closely Held Corporations: Planning and Drafting, Harvard Law Review, Vol. 65, No. 5 (Mar., 1952), p. 788.
② 参见王晓玫《浅议公司章程的基本内容》，《新疆经济管理干部学院学报》2000 年第 6 期，第 28 页。
③ 参见杨狄《股东会与董事会职权分野的管制与自治》，《财经理论与实践》2013 年第 6 期，第 116 页。
④ 参见吴建斌、赵屹《公司设限股权转让效力新解——基于江苏公司纠纷案件裁判的法律经济学分析》，《南京大学法律评论》（2009 年春季卷），第 106 页。

《股权转让管理办法》。① 笔者以为，上述的《内部职工招股实施细则》以及《股权转让管理办法》均可以看作公司细则。另外，根据统计，《股权转让细则》往往也是部分国有企业进行改制所必需的配套措施。② 有学者探讨农村信用合作社股权转让时也呼吁出台股权转让细则从而规范农村信用合作社的股权转让行为，其原因在于银监会出台的《关于规范农村合作金融机构入股的若干意见》操作性不强而影响股权的实际转让处理。③ 可以预见，在不久的将来，相关企业可能会陆续出台股权转让细则来实现对股权转让的规范管理，这也在一定程度上说明探讨股权转让细则的重要意义所在。从上述我国实务中所出现的股权转让细则以及将来可能出现的细则而言，它们有一个共同特点，即有其特定的适用范围，只是针对股权转让而言，无意就公司其他事务进行规定。从这个层面而言，在股权转让限制语境下探讨公司细则，此时的公司细则往往指的是股权转让细则，也即对公司股权转让相关问题进行具体化规定的公司内部文件。由公司股权转让细则对股权转让问题作出限制性规定往往能就该问题进行更加系统而又具体的规定。

理论探讨也好，实际表现形式也罢，仿佛上述的每一种观点都有其合理之处，似乎存在的股权转让细则也是对公司细则的合理演绎，然而上述不同主张同时也释放出杂乱无章的信号。所以综上所述，笔者以为应该从广义与狭义的角度探讨公司细则的含义，广义上的公司细则是指公司所制定的在公司内部运转的所有细则的总称，包括以公司细则命名和不以公司细则命名但实为公司细则的各种公司细则，此处的公司细则也许是公司章程的细则，也可能是与公司章程甚或股东协议并列独行的规定公司经营管理实务的文件；狭义上的公司细则仅指以公司细则之名屹立于公司的规定公司经营管理事务的细则，此时的公司细则仅仅指称与公司章程或者股东协议并行的规范公司经营管理的公司内部文件。无论如何，公司细则不应

---

① 参见徐志新主编《公司设立与股权纠纷》，中国民主法制出版社2014年版，第251—253页。

② 参见兰德咨询《企业风格与企业家性格（上篇）》，《科技智囊》2010年第9期，第85页。

③ 参见牛晓卓、王凤丽、张印宏《新形势下巩固农村信用社改革成果的策略思考》，《河北金融》2009年第11期，第39页。

该是股东协议的细则,如果股东之间已经通过股东协议就股权转让作出约定,大可不必出现一个专门解释股东协议的细则,协议条款有"容纳百川"之海的容量,附加一个细则徒添烦冗之困扰。

二 限制股权转让之公司细则的法律地位

从前述国内外学者的理论总结来看,公司细则往往作为附属品出现,此时的公司细则并不具有独立的法律地位;而从我国公司实务来看,有的公司细则分明以独立姿态出现在公司经营管理活动中。那么股权转让限制之公司细则的法律地位究竟应该如何定位呢?立法是否应该明确授权公司细则可以就股权转让另行规定?综合目前国内外学理界以及司法界的观点、判例来看,在我国,限制股权转让之公司细则的法律地位呈现出多重性,即时而是作为公司章程的附属文件出现,时而以相对独立的法律姿态穿行于公司。

较之于公司章程而言,公司细则是附属文件。公司章程是公司的自治规则,不可能在公司章程之外再出现一个自治规范,否则,自治本身的威严与稳定必然遭受破坏。按照我国公司法的安排,公司章程有其法定的记载内容,而股权转让限制只是落入权力机关认为需要规定的其他事项之列,也就是说,公司立法并没有专门罗列股权转让限制条款作为公司章程的内容,这是与股权转让限制条款的可选择性互相对应的。但这也同时说明,作为可记载的其他事项,股权转让限制条款在公司章程中不可能占据较大篇幅,而笔者在前述第四章的论述中已经论证,公司章程限制股权转让条款必须明确、具体,甚至有时候需要针对特别情况作详细陈述,否则限制条款本身的效力容易受到质疑,适用中也容易引发纠纷。相比于公司章程而言,公司细则的优点是专门性,也即可以专门对股权转让限制做详细具体的规定,这正好弥补了公司章程的不足。所以公司章程可以在对股权转让限制作一般性的规定后,授权公司章程的细则就该问题作具体规定。

公司细则也可以相对独立的姿态包含股权转让限制条款。公司细则以相对独立姿态出现是指此时限制股权转让之公司细则并非公司章程的细则,在名义上是与公司章程、股东协议并行的股权转让限制文件。所以在名义上是独立的,然而实质上并不独立。此时的公司细则尽管包含股权转让限制规定,但是如果不能产生相应的法律效力,则细则规定形同废纸。法院在面对公司细则有关股权转让限制规定时必然会查找相应的法律规定,而我国现行公司法律规定丝毫没有涉及公司细则相关规定。在这种情况下,法院往往只能比对公司规定对公司细则做出法律判断,其要么是公司章程的细则,要么作为股东间的协议。在美国,缺乏法律法规或者公司章程授权的细则不足以创建有效的股份转让限制,比如,第一选择权仅仅包含于细则规定而非包含于公司章程,则第一拒绝权之类的限制也是无效的。[1] 但是如果细则所涉内容本身是合理的,则该项限制将会在同意的股东之间产生合同效力。[2]

由此可见,在效力问题上,限制股权转让之公司细则并不能以公司细则之名产生相应的法律效力。所以纵使名义上公司细则是独立的,但是在效力产生问题上,公司细则远未实现其独立的地位。

限制股权转让条款之公司细则仅具有相对独立之地位,这是个几乎被国内外学者以及司法界所普遍接受的事实,然而从理论探讨之应然的角度来看,我们不免要继续追问,限制股权转让之公司细则是否该以绝对独立的姿态出现。解答这个问题需要阐明一个关键性的疑惑,即这样的公司细则是否不可替代,或者说目前的公司章程与股东协议能否替代绝对独立之后的公司细则,能够替代,公司细则自然无绝对独立之必要;不能够替代,则将来在修法时应该为独立的公司细则预留一席之地。作为公司自治规则,公司法律规定为公司章程包容股权转让限制条款预设了通道。尽管公司章程限制股权转让条款总是容易遭受有效或无效的司法质疑,并且这样的质疑往往没有明确的法律依据,也即,目前我国法院认定公司章程限制股权转让效力之有无基本属于"摸着石头过河"。然而,司法实务中就公司章程设限股权转让条款效力认定已呈现渐趋明朗的走向,加之学界就公司章程限制股权转让的深化讨论,我们没有理由否认作为公司自治宪章之公司章程在股权转让限制问题上所扮演的重要角色。股东协议则是股东

---

[1] See William H. Painter, Stock Transfer Restrictions: Continuing Uncertainties and a Legislative Proposal, Villanova Law Review, Vol. 6, Iss. 1, Art. 2 (1960), p. 56.

[2] See Bernard F. Cataldo, Stock Transfer Restriction and the Closed Corporation, Virbinia Law Review, Vol. 37, No. 2 (Feb., 1951), p. 236.

之间意思表示一致的结果，写入股东协议之股权转让限制条款最能获得签约股东的遵守。而且股东协议限制股权转让是股东在自愿平等的基础上意思表示一致的结果，不存在股东压制问题。另外，股东协议可以专门就股权转让限制事项作详细的规定。虽然公司立法并没有明确授权股东协议可以就股权转让另行规定，但是合同法为其约定股权转让事项提供法律依据。所以，股东协议可以作为与公司章程并行的独立的股权转让限制之载体。公司细则的最大优点在于其可以对股权转让限制问题进行专门规定，而这个优点并非其独有，股东协议也可实现这个目标。另外公司细则有着不可弥补的缺憾，即其效力来源。如果要赋予其绝对独立的法律地位，即意味着公司法律要在公司章程之外设定一份新的法律文件。已经有公司章程这样的公司自治宪章，不可能借助新的法律文件给公司再建一方独立的自治空间；股东协议是股东自治的完美展现，所以也无须通过新的法律文件再为股东提供一个自治的平台。简言之，目前的公司法律其实不需要再创设一个独立于公司章程且与股东协议并行不悖的名为公司细则的法律文件。股权转让限制之公司细则不具有不可替代性。

当我们从理论角度论证公司细则的非独立性时，却不得不面对现实中出现的各种各样的公司细则。在笔者看来，这种现象是公司经营管理者法治理念欠缺的一种表现，是公司章程作为自治规则于公司实务中没有获得应有重视的表现。公司立法没有必要认可公司细则的绝对独立地位，现实中的公司细则应该以公司章程之细则的身份出现。

三 公司细则限制股权转让条款的效力

（一）公司细则限制股权转让条款效力的判断标准

既然国外公司实务中普遍将公司细则作为股份转让限制的载体之一，我国也有公司将股权转让限制条款置于名义上非公司细则而实质上就是公司细则的公司文件之中，那么此时我们应该关注的就应该是容纳股权转让限制条款的公司细则所拥有的法律效力。正如笔者在前面所论述的那样，公司细则应该以公司章程之细则的身份出现在公司经营运转中，则公司细则限制股权转让条款要产生预期的法律效力同样要经过前述合法性以及合理性标准之审查，只有符合合法性以及合理性标准的公司细则限制股权转让条款才能产生相应的法律约束力，违背前述标准的细则条款将会被无效认定。这是由公司细则作为公司章程附属文件所决定的。

但是因为我国公司法没有明确规定公司细则的法律效力问题,实务中公司细则又呈现多样化特点,所以我们要厘清公司细则的效力就必须坚持具体问题具体分析。当有限责任公司公司章程就股权转让限制作出专门规定,公司章程同时授权公司细则可以就股权转让限制问题作进一步规定之时,我们要依据合法性以及合理性判断标准就公司章程以及公司细则相关规定作出效力认定,通常情况下,公司章程限制股权转让条款有效,公司细则相应规定也就有效,但不排除违反公司章程股权转让限制规定之公司细则相应条款之无效情形的存在;当公司章程限制股权转让条款被认定为无效条款,那么公司细则相应规定也往往无效。倘若某有限责任公司章程没有就股权转让限制作出规定,也不存在限制股权转让的股东协议,此时却有公司细则就股权转让限制问题进行规定,此时的公司细则要么在符合相应条件的前提下会被作为股东协议来对待,要么作为孤立的公司文件接受司法裁判的认定。基于商事司法裁判不轻易使成就的交易归于无效的裁判原则,[①] 尽管没有公司章程的授权,作为孤立的公司文件,公司细则限制股权转让条款当在接受前述合法性与合理性审查标准之基础上被作出有效抑或无效的判断。当然,如果将来公司法明确将公司细则作为公司章程的细则,也即公司章程相应规定是公司细则条款效力的来源,则缺失公司章程支撑的公司细则条款应该被认定为无效规定。倘若公司细则被作为股东协议对待,则此时公司细则限制股权转让条款的效力认定应该接受公司法与合同法的双重审查。当有限责任公司章程没有就股权转让限制进行专门规定,却存在有关限制股权转让的股东协议,此时当股东协议限制股权转让条款与公司细则限制股权转让条款产生冲突时应该援引什么文件作为解决纠纷之裁判依据呢?笔者以为此时不宜直接主张股东协议优先或者公司细则优先。首先,我们应该借助合同法以及公司法的规定对股东协议与公司细则相关条款分别进行效力认定。无论是股东协议限制股权转让条款还是公司细则限制股权转让条款被认定为无效条款,关于股东协议与公司细则之冲突均可迎刃而解。但是如果股东协议以及公司细则相应条款均被

---

① 参见肖海军《论商事裁判的基本原则——以股权转让协议效力的认定与裁判为视角》,《中国商法年刊(2013)》,法律出版社 2013 年版,第 271—272 页。

认定为有效条款，则需要就有效规定之冲突条款进行下一步分析和认定。而此时针对公司细则的定位对于冲突条款之效力冲突的解决尤为关键。如果此时的公司细则限制股权转让条款的形成得益于全体股东的同意，则此时的公司细则可以作为股东协议来对待，既然均为股东协议，则应以成立生效之后的合同内容覆盖成立生效在前的合同内容，最后形成整合完毕的股权转让限制条款。如果此时的公司细则限制股权转让条款并未获得全体股东之同意，而是基于公司机关的决议，那么基于公司自治的规定与股东自治的约定产生冲突之时，应以何者为解决问题的依据？这个问题的回答远非寥寥数语可以应付，但是笔者坚信作为社会实体的公司利益应该优先获得关照，[①] 也即在分析判断哪种规定更有利于公司利益实现之基础上确定公司细则抑或股东协议相应条款的效力。所以纵使存在多个文件且都对股权转让限制进行规定时，只要牢牢掌握公司章程与公司细则及股东协议相互之间的关系，运用相应的效力判断标准对文件规定进行法律判断，再复杂的冲突都可以获得解决。但无论如何，公司章程、公司细则以及股东协议关于股权转让限制的效力不会因为文件本身而有所区别，[②] 我们不能仅仅凭借文件的名字而对文件所设股权转让限制条款之效力进行排序，而只能交由裁判者综合运用各种具体的法律理念进行最终的裁决。

（二）公司细则限制股权转让条款之对象效力

公司章程因其作为公司自治规则的本性而具有广泛的对象效力，股东协议则仅能在签订协议的股东之间产生法律约束力而不能对未签订股东协议的股东以及其他主体产生效力，那么公司细则的对象效力如何呢？在法律未明确规定公司细则法律地位之时，笔者以为这要针对具体的公司细则进行区分。

如果公司细则实为公司章程的细则，则此时作为从属文件的公司细则应该与主导文件之公司章程产生相同的对象效力。具体来说，此时的公司细则理应约束公司所有股东、公司本身、公司董事与监事以及公司高级管

[①] 参见尹德先《以公司利益为主：公司治理应有的价值取向》，《特区经济》2009年第3期，第303页。

[②] See F. Hodge O'Neal, Restrictions on Transfer of Stock in Closely Held Corporations: Planning and Drafting, Harvard Law Review, Vol. 65, No. 5 (Mar., 1952), p. 779.

理人员。① 如果公司细则被认定为股东之间的协议，则此时的公司细则仅能约束签约股东，而不能约束未签约股东。

尽管我国公司立法没有就公司细则限制股权转让问题作出规定，但是实务中公司细则的法律效力其实已经得到法院的支持。公司细则就股权转让限制作出详细规定的优势至少是涵盖问题广泛的公司章程不可比拟的。所以我国公司立法应该就公司细则限制股权转让作出一般规定，以免缺失法律的明确规定致使现实中出现各种各样的细则带来司法裁判的困难。

股东协议以及公司细则都是股权转让限制条款的载体，立法应该对每一种载体在实际中的应用作出指导性规定，从而推动公司实现真正法治化的运转。公司与股东则可以结合公司的具体情形就限制股权转让模式作出选择，但是无论采用股东协议还是公司细则，股权转让限制条款都必须接受合法性或合理性审查，不合法不合理的股权转让限制条款必然无法产生相应的法律约束力。实务中出现股权转让限制纠纷时，法院应该尽量尊重公司自治以及股东自治，但是无论如何，公司自治以及股东自治不能架空公司法律规定。

---

① 在美国俄亥俄州的一个案例中，股东 Byer 在结束自己与公司的雇佣关系时，意欲将其手中持有的股份以每股 60 美元的价格进行转让，但是公司依据细则条款通知 Byer 以每股 5.39 美元的账面价格进行回购。在 Byre 与该公司之间的诉讼中，法院认为 Byre 未就公司细则条款提出抗议和反对，并进一步指出即使 Byre 是不同意细则条款的股东也应该受细则条款的约束。可见股东是否为公司内部细则的赞成者与其是否受公司细则的约束并无必然的因果关系。See William Rands, Closely Held Corporations: Restrictions on Stock Transfers, Commercial Law Journal, No. 12 (Dec., 1979), p. 461.

第六章

我国有限责任公司股权转让限制之体系化建构

有限责任公司股权转让限制有其深厚的理论根基，这为公司实务中对有限责任公司股权转让实施限制提供了正当性。在自由与利益平衡价值的引领下，我们可以对现实中多种多样的有限责任公司股权转让的限制规定进行清晰的解读。但我们要在某个时间节点上追求该问题的完美解答，则必然要对相关问题进行体系化建构，只有如此，我们的研究才可能完整而周延，完整而周延的研究也才能真正推动立法完善与司法进步。所以，以体系化的视角审视现行公司立法关于有限责任公司股权转让限制所存在的理念偏差与制度缺陷，在此基础上提出有限责任公司股权转让体系建构的总体思路与具体框架，是研究有限责任公司股权转让限制不得回避的问题。

第一节 有限责任公司股权转让限制立法之理念偏差与制度缺陷

一 有限责任公司股权转让限制立法之理念偏差

作为法律信仰、目标、理论、手段、规则等元素的有机综合体，[1] 法律理念如同法律的精髓和灵魂牵制立法活动，架构法的基本制度和体系，并主导着法律制度与体系的变化发展。有限责任公司股权转让限制规则的

---

[1] 参见李双元、蒋新苗、沈红宇《法律理念的内涵与功能初探》，《湖南师范大学社会科学学报》1997年第4期，第53页。

建立也必须建立于一定的法律理念基础之上,权利的绝对性与相对性、有限责任公司的人合性、股权的财产属性与其身份附随性、公司的独立法律地位、自由以及利益平衡的价值取向等都是有限责任公司股权转让限制规则得以建立的法律理念。所秉持的法律理念不同必然带来法律制度设置与具体规则理解适用的不同,所以笔者以为,我们有必要强调有限责任公司股权转让限制的上述法律理念,审视现行立法的法律理念之偏差,以期为有限责任公司股权转让限制体系之建构奠定清晰而又稳固的理念基础。

(一) 公司的独立法律地位未获凸显

公司是什么?公司是盈利的工具,公司是一种组织,公司是现代经济生活的缔造者……从不同的角度看公司会看出不一样的答案。在法学界,这一看似简单但却困扰公司法学研究者数百年的基础性问题如今依然不乏坚韧而又热烈的探究者。为探寻公司的本质,法学界出现过三种有代表性的学说"法人拟制说""法人实在说""法人否认说"。"法人拟制说"指出公司是因为法律上之目的而被赋予人格,强调源自法律构造之公司主体与社会现实主体之间存在差异。"法人实在说"强调公司乃客观存在于社会的独立主体,作为组织体的公司最大的特点就是在意志和利益上区别于其成员个体。[①]"法人否认说"主张自然人乃法律上唯一主体,公司根本不具有独立人格,公司的意义仅在于个人与财产的结合。尽管不同学科各种学派针对公司的本质问题众说纷纭,但是由"法人实在说"阐释的公司独立人格理论终究成了主流理论。我国公司立法也确立了"法人实在说"的基本观念。

尽管在我国公司真正确立其独立法律地位历尽艰辛,但是拥有独立的名称,可以独立地进行意思表示,具备独立的财产,可以独立地承担责任等特征铸就了公司的独立法律地位。公司既然是独立的法律主体,其理所当然应该拥有属于自己的利益即公司的利益。遗憾的是,我国公司立法以及司法实务尽管认可了公司的独立主体地位,却基本忽视了公司利益的存在。将股东利益等同于公司利益,僵化地认为公司财产就是公司利益进而

---

① 参见王月、刘倚源《冲突与衡平——契约视角下股东不公平损害问题研究》,中国政法大学出版社2013年版,第4—8页。

忽视公司的预期利益，公司利益就这样被无情且明目张胆地忽视。[1] 有学者甚至断言，在我国的法律实践中存在着债权人利益优于股东利益且股东利益优于管理者利益而公司利益无从辨识的逻辑。[2] 我们关注公司的各种利益者，股东、债权人、职工、消费者甚至社区等各方利益被公司利益相关者理论所覆盖时，公司的利益却往往迷失在我国以国有企业改革为主导的强化股东利益之公司法理念中。

就股权转让限制而言，公司利益在限制规则的设置中同样成为被遗忘的角落。股权对内转让坚守自由原则，丝毫未考虑到股权内部自由转让引致大股东出现进而大股东只顾自身利益操控公司而置公司利益于不顾的法律后果。股权对外转让时仅征求其他股东的意见而未曾考虑公司的意见，无论其是对公司利益的一种完全忽视抑或意识到公司利益但将公司利益等同于股东利益，如此设限股权转让规则，公司利益未获兼顾的事实一目了然。尽管公司立法赋予公司章程以一定的自治空间，但由于目前学界对公司章程自治边界远未达成共识，司法实务中就公司章程限制股权转让又多采取谨慎态度，故公司自治纵然存在但公司利益依然遭受漠视。公司是独立的法人，能够凭借其独立的意思表示机关进行意思表示，公司尽管由股东投资设立，但是一经设立，公司即成为与股东分立的法律主体，现代公司进化演变史就是投资者与公司相分离的变迁史，所以股东的利益与公司的利益是隶属于不同主体的利益，股东利益被照顾并不意味着公司的利益被眷顾。

所以在完善有限责任公司股权转让限制规则中，凸显公司独立法律地位进而加强公司利益保护是必须确立的法律理念。在这一法律理念引领下，无论是股权内部转让还是对外转让规则的设置，公司的利益都应该被考虑，应该正视公司的独立法律主体地位，赋予公司在股权转让问题上以一定的话语权。

（二）股权的财产属性被强化，身份附随性被弱化

股权是商事领域备受关注但又始终定位不明的一个概念、一种权利。

---

[1] 参见甘培忠、周游《公司利益保护的裁判现实与理性反思》，《法学杂志》2014 年第 3 期，第 72 页。

[2] 参见邓峰《公司利益缺失下的利益冲突规则——基于法律文本和实践的反思》，《法学家》2009 年第 4 期，第 86 页。

正如笔者在本书第一章所论述的那样，"股权就是股权"，"股权是一种新型的私法权利"，① 股权就是一种商事权利，我们无须绞尽脑汁为股权在民法体系中寻找栖息之地。尽管作为商事权利的股权在权利特征上无限接近特定民事权利的特征，但只是接近，并不雷同，亦如民法主体制度、所有权制度、债权制度为商事主体资格的确定以及商事交易的进行提供一种基础规定。② 尽管商法基础理论研究薄弱，鲜有学者对商事权利、商事基本权利以及商事具体权利展开论述，③ 但也有学者已经意识到这种缺憾，并提出应以商事权利类型体系构建商事权利理论体系。④ 纵使困难重重，确认股权乃商事权利的本质应该是对股权的最恰当解读。

而作为商事权利之股权明显具有两个特性，其一财产属性，其二身份附随性。股权是给予投资者的一种投资对价，投资者凭借股权可以行使红利分配请求权，对于股权的财产属性几乎无人否定，但是作为具有人合性的有限责任公司来说，有限责任公司股权还具有身份附随性，而正是这种身份附随性容易被漠视。拥有股权的主体一定是股东，只有股东基于其必须获得其他股东以及公司认可并接受的股东身份才能拥有股权。股权的身份附随性其实是从股权主体的角度对股权属性的解读。

强调股权的财产属性，必然引出的是财产权利主体自由处分其财产的立法倾向，在此基础上就必须为设置股权转让限制寻找理论正当性，或者即使探寻到限制之理论正当性，对股权转让进行限制也被当作对股权转让自由权的一种压制而无法获得一种释放般的存续与发展。强调股权的身份附随性，则在一定程度上接受股权对外转让之天生受限性的理念。股东身份的取得离不开出资以及团体合意的形成，这就决定了股权转让引发新股东的加入需要获得公司以及其他股东的认可与接受，故有限责任公司股权对外转让受限制是有限责任公司股权身份附随的应有之义。

---

① 参见王平《也论股权》，《法学评论》2000年第4期，第76页。
② 参见覃有土主编《商法学》（第三版），高等教育出版社2012年版，第25—26页。
③ 目前通用教材中，王保树先生在其主编的《商法》里谈到商人之实现营利的请求权，具体包括利益分配请求权、报酬请求权、利息请求权。参见王保树主编《商法》，北京大学出版社2011年版，第88—100页。
④ 参见李建华、麻锐《论商事权利理论体系的构建》，《吉林大学社会科学学报》2014年第5期，第14页。

目前我国学界以及实务界针对有限责任公司股权转让限制所体现出的谨慎态度，说明立法所透露出的强化股权财产属性而弱化甚至漠视有限责任公司股权身份附随性的理念。这种理念亟待变革。我们应该全面对待股权的财产属性及其身份附随性，从而为有限责任公司股权转让限制寻找到科学的理论切入点。在美国，传统观念上股份被界定为股东的私有财产，所以股份应该自由转让，法院认为这是一项永不消失的法律政策。① 美国早期的法院判例据此基本都会认定股份转让限制无效。② 后来，"公司股份不仅仅是一种财产，它也创造了一种技术角度可类比于合作伙伴的个人关系"的观点逐渐成为学者们论述股份转让限制的起点。③ 认为公司股份乃私人财产进而以此观念评价股份转让限制效力的趋势逐渐被合理的股份转让限制乃有效的观念所调和。④

可见，变革目前有关公司股权转让限制之强化股权财产属性而弱化甚至漠视有限责任公司股权之身份附随性的法律理念乃大势所趋。在发展完善有限责任公司股权转让限制规则过程中，应该兼顾股权的财产属性与身份附随性，夯实有限责任公司股权转让限制规则的理论基础，从而为股权转让限制规则的适用预留应有的空间。

（三）股东自治不被重视

自治理念被认为是《公司法》的基本理念，2005年《公司法》的修订极大地体现公司立法对自治理念的融合。通过自治，为特定主体划出一个较为广泛的空间，允许其根据自己的意愿，去形塑与其他主体之间的法律关系。作为私法自治理念在公司领域的延伸，股东自治在公司领域的突

---

① See Dutyies of Controlling Shareholders in Transferring Their shares, Harvard La Review, Vol. 54, No. 4（Feb., 1941），p. 648.

② See F. Hodge O'Neal, Restrictions on Transfer of Stock in Closely Held Corporations: Planning and Drafting, Harvard Law Review, Vol. 65, No. 5（Mar., 1952），pp. 777.

③ See Edwin J. Bradley, Stock Transfer Restrictions and Buy-Sell Agreement, Close Corporation, No. 2（1969），p. 145; William H. Painter, Stock Transfer Restrictions: Continuing Uncertainties and a Legislative Proposal, Villanova Law Review, Vol. 6, Iss. 1, Art. 2（1960），p. 3; Dennis P. Coater, Share Transfer and Transmission Restrictions in the Close Corporation, U. B. C. Law Review, Vol. 3, No. 3（1969），p. 100.

④ See Edwin J. Bradley, Stock Transfer Restrictions and Buy-Sell Agreement, Close Corporation, No. 2（1969），p. 143.

出表现为股东可以通过契约就特定事项在相关主体之间缔造某种法律关系。

股东自治不同于公司自治。传统公司理念上，公司自治往往被简单地等同于股东自治，这与公司独立法律地位不受重视、公司实际上被作为股东甚至极个别大股东的公司、公司仅仅是股东营利的工具等一系列传统公司观念紧密结合。① 随着现代公司对经济生活的影响愈演愈烈，除国家机关以外，公司成为经济生活的重要主体，公司主体地位愈来愈受重视，公司自治不再只是股东甚或公司本身的事情，公司作为社会主体之社会性使公司作为营利工具的客体属性备受批评。社会发展现实使我们清醒地意识到，公司自治不能简单等同于股东自治。以近现代公司法理论为视角，将公司自治等同于股东自治缺乏相应的理论基础。首先，众所周知，主体自治体现为主体行为的自由，主体行为的自由建立在主体意思自由的基础之上，而意思自由又以主体拥有意思能力为前提。② 正如我们前面分析的那样，建立在"法人实在说"基础之上的公司拥有自己的意思能力，具备形成意思的机关，且能独立地作出自己的意思表示。公司意思独立于股东意思，公司意思绝非全体股东意思的简单相加。所以公司自治是属于公司的自治，在一定程度上依赖股东行为的公司自治绝非股东自治。其次，公司以自己的意思做出相应的法律行为从而与外界建立起一定的权利义务关系并对自己行为的后果承担相应的公司责任，立法的表述是"公司以其全部资产对公司债务承担责任"，公司的这种责任事实上是一种无限责任，而股东仅以其出资额或认购的股份为限承担有限责任。承担责任的基础不同，公司自治又何以能够等同于股东自治。再次，虽然我们确认公司、股东是现代社会生活中重要的法律主体，但是我们也不得不承认一个事实，作为私法主体之公司自治愈来愈脱离个人本位而朝着社会本位靠近，公司自治不仅仅要考虑公司利益、股东利益，还要考虑债权人以及更为广泛的社会主体的利益，所以在"私法公法化"变革中，商法领域尤以公司法为甚，这是以股东利益为中心的股东自治

---

① 参见常建《股东自治的基础、价值及其实现》，《法学家》2009年第6期，第50—51页。
② 参见王红一《论公司自治的实质》，《中山大学学报》（社会科学版）2002年第5期，第102页。

显然不能达到的效果。最后，随着公司资合性的凸显，公司以资本多数决为其自治的基础，所以公司自治尽管依赖股东会的决议，但实质上公司自治的基础乃资本意志，也即公司的命运实际上往往由掌握多数公司资本的人决定。所以事实上，公司自治与股东自治是相互区别、相互分离的。

强调公司自治与股东自治的分离，无意比较公司自治与股东自治孰轻孰重，而是希望实现一种拨乱反正。认为公司自治就是股东自治的观念置公司地位与利益于不顾，此种观念支配下的公司自治走得越远对公司的伤害将越严重。公司的健康发展必须建立在公司自治的基础之上，保障公司健康发展的公司自治必须建立在确认公司独立社会主体角色以及公司利益保障的基础之上。将股东自治掩盖在公司自治的烟幕之下事实上是对股东自治的抹杀。从一定层面上看，正是由于公司自治所存在的以资本为基础从而形成大股东操控公司压制中小股东的情形客观需要真正能代表大多数股东意见的股东自治的出现。所以强调公司自治乃股东自治的实质是其既非认可支持公司自治同时也否认股东自治的存在。只有清晰认识到公司自治与股东自治的区别并将其分离，公司自治才是名副其实的公司自治，股东自治也才能拨开云雾见天日。

我国公司立法赋予公司自治以广阔的空间，也在一定程度上给予股东自治的机会，但就股权转让限制而言，股东自治是缺失的。正如笔者在第五章所论述的那样，股东协议有着公司章程无可比拟的优势，其作为一种设置股权转让限制规则的途径抑或载体能弥补公司章程限制股权转让所存缺陷。所以在将来完善有限责任公司股权转让限制制度时，应明确股东协议作为股权转让限制规则载体的法律地位。

二　有限责任公司股权转让限制立法的制度缺陷

（一）法律规定有遗漏

1. 没有赋予公司在股权转让问题上以话语权

正如笔者在上文所论述的那样，公司利益是我们在建构、解释并适应股权转让限制规则过程中所必须考虑的因素，公司利益是否被兼顾是我们判断有限责任公司股权转让限制规则是否具有合理性的标准之一。而公司利益绝对不等同于股东利益，公司依赖股东投资创建，但一经成立，公司就成为主体而非客体，公司作为独立的法人与股东在主体身份上截然分离。在股权转让限制规则中，股东行使其同意权与优先购买权并不意味着公司在行使其同意权与优先购买权，不赋予公司以话语权的股权转让限制规则通常会忽视公司利益。所以在有限责任公司股权转让限制规则的设置完善中，公司在股权转让限制中的法律地位应该获得关注。具体来说，同意权以及优先购买权的主体包括其他股东以及公司本身。其中公司是否同意股权转让以及是否行使优先购买权的意思来自董事会决议，公司意思的表达者可以是公司董事会或者公司法定代表人。

2. 没有明确有限责任公司股权的身份附随性

有限责任公司股权的身份附随性源于有限责任公司的人合性，正是因为有限责任公司具有人合性，所以要取得有限责任公司股东资格，除出资之外还必须取得一种团体合意，而作为股东享有的权利——股权自然就拥有了一种身份上的附随性。明确了股权的身份附随性，实际上就理解了有限责任公司股权转让受限必然性的股权属性之理论基础。这是美国实务界目前已经逐渐形成的一种主流观念，在此观念下封闭公司股权转让限制的司法认定不会如从前将股权仅仅看作私人财产那样缩手缩脚。而且在我国股权身份附随性实际上与有限责任公司股东资格的取得条件密切相关，正是因为取得有限责任公司股东资格需要满足一定的团体合意，所以有限责任公司股权也便具有了一种身份附随性。从这个角度来看，明确有限责任公司股权的身份附随性其实有助于厘清股权变动的法律效果。而同意规则与优先购买规则对股权转让的影响必须基于股权变动的条件进行探讨。所以，股权身份附随性事关有限责任公司股权转让限制具体规则的法律效力之确定。遗憾的是，我国现行公司法律规定并未明晰有限责任公司股权的身份附随性。

3. 没有允许股东另行约定的规定

笔者在前面已经论证，股东自治不同于公司自治，既不能漠视公司利益以股东自治替代公司自治，也不能回避公司自治的缺陷以公司自治覆盖股东自治。公司自治与股东自治在各自的权限范围内自治地运行，方构成市场经济领域商业主体自治的完整图景。公司章程是公司自治的平台与途径，而作为股东自治的最佳途径，股东协议是当仁不让的选择，允许股东通过协议的方式就有限责任公司股权转让设置相应的限制规则，是将股东自治融入有限责任公司股权转让限制制度的应然选择。但是目前就有限责任公司股权转让限制而言，没有允许股东另行约定的规定。

（二）法律规定不明确

1. 股权转让限制规则的适用范围

（1）同意规则是否适用于股权内部转让

就同意规则是否适用于股权内部转让而言，出现三种不同的观点：①否定论，该主张认为同意规则不能适用于股权内部转让，因为股权内部转让尽管会带来股东出资比例的变化，但与有限责任公司的闭锁性并不冲突。[①] ②肯定论，该主张认为同意规则应该抑或可以适用于股权内部转让。持"应该"观点者强调股权内部转让会造就控股股东，控股股东容易形成对股东以及公司的损害，所以应该以强制法干预股权内部转让。持"可以"观点者主张允许公司章程就同意规则是否适用于股权内部转让作出规定。[②] ③折中论，该主张认为可任由股东约定股权内部转让规则，但鉴于我国自治传统的缺乏，应由《公司法》对股权内部转让限制进行明确的规定。[③]

尽管股权内部转让不会影响到有限责任公司的人合性，也不受股权身份附随性制约，但是股权转让限制之理论基础还包括权利的相对性以及有限责任公司法律地位之独立性，权利的相对性注定权利的行使总会受到这样或者那样的限制，而凸显公司利益之有限责任公司独立法律地位则客观上要求股权内部转让不能遵循不受任何限制的自由原则，所以公司股权内部转让应该受到一定限制。但股权内部转让并非必然造成一股独大从而特定股东控制公司且损害公司以及股东利益的局面，所以笔者不太赞同以公

[①] 参见周友苏《公司法通论》，四川人民出版社2002年版，第300、516、668页；王泰铨著《公司法新论》，台北三民书局1998年版，第208—209页；柯芳枝《公司法论》，中国政法大学出版社2004年版，第552—553页；[法]伊夫·居荣《法国商法》（第1卷），罗结珍、赵海峰译，法律出版社2004年版第557页。

[②] 参见赵旭东主编《公司法学》，高等教育出版社2003年版，第301页；段威《有限责任公司股权转让时"其他股东同意权"制度研究》，《法律科学（西北政法大学学报）》2013年第3期，第115页。

[③] 参见甘培忠、吴涛《有限责任公司股权转让探析——兼论我国〈公司法〉相关制度之完善》，《南京大学学报》（哲学·人文科学·社会科学版）2015年第1期，第35页。

司法之强行法规范对股权内部转让施加限制的做法，毕竟公司自治是当今公司发展的趋势所在。① 笔者比较认同折中论的做法，即《公司法》可以就股权内部转让设置具有选择性的规则，然后任由公司章程或者股东协议或者公司细则将同意规则安排为股权内部转让的限制性规则。

（2）优先购买规则是否适用于股权内部转让

就优先购买权能否适用股权内部转让场合而言，学界的赞成与实务界的反对形成鲜明的对比。有些学者主张有限责任公司股东之间完全可以通过公司章程或者协议的方式对股权的内部转让进行限制性的规定主要基于两点考虑：一是形成股东期盼的利益格局；二是方便股东的退出。② 实务界并不赞成学界的上述观点，如上海市高级人民法院 2008 年颁布的《沪高法关于审理涉及有限责任公司股东优先购买权案件若干问题的意见》在其第 1 条明确规定，股权内部转让，其他股东不得主张行使优先购买权。而在一则有关股权内部转让的案例纠纷中，公司股东请求针对拟转让股权行使优先购买权之诉求被法院驳回。③ 实务界之所以坚持股权内部转让不适用优先购买权规则是对股权内部自由转让原则的坚决贯彻。

但正如笔者在前面所论述的那样，即便是股权内部转让，也会造成业已形成的股东已然接受的公司持股格局的变化，维持原有持股格局或者按照自己期待的结果发生改变使优先购买权适用于股权内部转让成为需要。④ 但无论如何，公司内部股东彼此之间无法针对拟转让股权显现出受让顺序之优劣，某些股东比较其他股东拥有优先权利难以寻找普适性的合理基础，所以股权内部转让之优先购买权的行使除非是基于公司利益的整体考虑，否则公司以及公司内部任何主体不得主张行使优先购买权。所以总体来看，优先购买权以适用于股权外部转让场合为一般原则，以适用于股权内部转让场合为例外。

---

① 参见王怀勇《公司自治的思想渊源》，《宁夏大学学报》（人文社会科学版）2009 年第 4 期，第 122 页。
② 参见赵万一、吴民许《论有限责任公司出资转让的条件》，《法学论坛》2004 年第 5 期，第 37—38 页。
③ 参见王振民、吴革主编《公司股权指导案例与审判依据》，法律出版社 2011 年版，第 133—134 页。
④ See William Rands, Closely Held Corporations: Restrictions on Stock Transfers, Commercial Law Journal, No. 12 (Dec., 1979), p. 466.

值得注意的是，因为同意规则与优先购买规则都可以适用于股权内部转让场合，所以在以公司章程、股东协议或者公司细则就股权内部转让适用同意规则或者优先购买规则作出规定或者约定时要注意两者的衔接。

（3）优先购买规则是否适用于股权无偿转让

就优先购买规则能否适用于股权无偿转让而言，有赞成与反对两种不同的观点。赞成者认为基于文义解释的指引可以将优先购买权适用于股权赠与场合，并且赠与股东将其获得的股权转让对价赠与受赠人也不会影响到受赠方的利益。[1] 反对者认为，优先购买权是针对有偿转让甚至股权买卖而言的，那么在因赠与、遗赠、继承、夫妻财产分割、强制执行等非因买卖而转移标的物时，优先购买权自不得行使，否则将构成对转让股东权利的过分干预。[2] 股权无偿转让场合丧失优先购买权行使之基础——同等条件，所以在股权无偿转让中，其他股东优先购买权无用武之地。[3]

笔者以为股权转让能够适用于股权无偿赠与场合。首先，文义解释可以是该观点的依据之一。其次，无偿转让并非不存在优先购买权行使基础之同等条件，此时作为同等之参照的主要转让条件为零转让金额，相应地不存在特别的支付方式以及支付期限问题，所以此时要判断的是优先购买权主体行使优先购买权的同等条件到底是什么，或者面对无偿转让之参照，优先购买权主体提出有偿受让能否属于无偿转让的同等条件。从转让股东的利益、公司的利益以及其他股东的利益以及受赠人的利益平衡来看，有偿受让构成无偿转让的同等条件，所以优先购买权主体可以在股权无偿赠与场合行使优先购买权。最后，在美国，股权转让限制被认为可以适用于包括销售、赠与、抵押、自愿和非自愿转让等所有股权转让场合。[4]

---

[1] 参见刘俊海《论有限责任公司股权转让合同的效力》，《法学家》2007 年第 6 期，第 78 页。

[2] 参见徐琼《论有限责任公司股东的同意权与优先购买权》，《河北法学》2004 年第 10 期，第 69 页。

[3] 参见郭丽红、纪金标《论有限责任公司股权的无偿转让》，《天平洋学报》2008 年第 6 期，第 69 页。

[4] See William A. Gregory, Stock Transfer Restriction in Close Corporations, Southern Illinois University Law Journal, (1978: 477), p. 493.

2. 股权转让限制规则之具体适用

（1）同意规则的适用

关于通知的方式，有口头与书面通知之争，[①] 笔者以为公司法律规定无意就书面通知或者口头通知作出强制要求，但是采用口头通知将会在产生纠纷时陷特定主体于不利境地的情形会使当事人慎用口头方式。

关于通知的次数，有学者认为应该进行两次通知。[②] 笔者同意这个观点。通过两次通知，可以尽量避免转让股东出现违约的情形，而且两次通知所蕴含的有限责任公司人合性、独立性观念以及给予公司以及剩余股东的利益保护是一次通知无法涵盖的。但两次通知所可能造成的效率低下之后果也是显而易见的。所以两次通知有其合理性，股权转让中的一次通知又未尝不可。

关于通知的内容。通知的内容与通知的次数密切相关。如果是一次通知，则通知的内容包括股权转让的对象、股权转让的数量及占公司的比例、股权转让的对价及对价的支付等。如果是两次通知，通知内容就需分层。转让股东第一次通知只需要就拟转让股权的数量及占公司股权的比例等事项告知公司以及其他股东；第二次通知的内容则应该包含拟转让股权的数量及占公司股权的比例、受让人身份以及转让价格、支付方式等事项，其中转让价格与支付方式是第二次通知内容的重点，因为这些内容直接决定公司以及其他股东是否会行使优先购买权。

（2）优先购买规则的适用

关于优先购买权的行使期限。优先购买权的行使期限是指针对转让股东的通知而作出行使优先购买权的意思表示且与转让股东签订股权转让协议的期限，具体来说这个期限其实包括两个层面的期限，一个层面的期限为转让股东征询公司以及其他股东是否行使优先购买权的时点到公司以及其他股东表达行使优先购买之意思的期间；另一个层面的期限为公司以及

[①] 参见叶林《公司在股权转让中的法律地位》，《当代法学》2013年第2期，第74页；刘俊海《论有限责任公司股权转让合同的效力》，《法学家》2007年第6期，第77页；朱建军《我国有限责任公司股份转让法定规则的立法技术分析》，《政治与法律》2014年第7期，第90页。

[②] 参见杜军《公司法第七十二条蕴含的商业逻辑及其展开》，《人民司法·应用》2013年第11期，第96页。

其他股东表示行使优先购买权的时点到与转让股东签订股权转让协议的时限。学界以及实务界针对公司立法在优先购买权行使之时限问题上的缺陷提出了弥补的意见和建议。① 笔者认为，从优先购买权行使期限的立法模式来看，可以采用授权当事人进行决定或者约定相结合的模式，而且优先购买权主体作出意思表示的期限与签订股权转让协议的期限应该分别规定。所谓分别规定是指从接到股权转让通知到作出是否购买的意思表示的时限以及从作出意思表示到签订股权转让协议的时限单独规定，如果将两个时间合并规定，则意味着从接到股权转让通知之日起到签订股权转让协议之日的总体时间，总体上规定的弊端是如果其他股东作出不购买的意思表示，则将覆盖作出是否购买之意思表示到签订股权转让协议的时间之总体时间就会显得冗长而没有实际意义。另外，优先购买权的行使时限不宜过长，否则无法体现时间在商事交易迅捷中所发挥的作用，结合我国《公司法》作出是否行使优先购买权之时限规定加上学者们的建议，② 以及参考我国《澳门商法典》的时间规定，笔者以为以总体时间不超过60日为宜。

关于优先购买权的行使条件。优先购买权的行使条件即《公司法》所规定的"同等条件"是目前学界讨论最多的问题。学者们从动态以及静态角度对同等条件的含义以及形成提出了各种不同的观点。通过对学者观点的解读以及对优先购买权所涉及利益复杂性之考虑，笔者以为，我们无法给出关于条件绝对相同或者绝对不同的千篇一律的答案，但是确定一些基础性内容并遵循一些原则性的或者底线性的规律或许会

---

① 参见陈敦《论股东优先购买权的行使》，《法律适用》2007年第8期，第47页；赵青《论有限责任公司股东的优先购买权》，《人民司法·应用》2008年第21期，第88页；周海博《有限责任公司股东优先购买权制度重构》，《东岳论丛》2010年第6期，第147页；胡晓静《公司法专题研究：文本·判例·问题》，华中科技大学出版社2013年版，第174—175页；《最高人民法院关于适用〈中华人民共和国公司法〉若干问题的规定（二）》（征求意见稿）中，关于在其第23条增加第2款的内容的意见：股东对外转让股权未依法履行优先购买程序，但股东名册修改记载超过一定期限，其他股东起诉主张购买的，不予支持，例如规定3个月、6个月甚至是1年；夏泽志《先买权新论——从先买权的性质和行使谈我国先买权立法的完善》，《当代法学》2007年第2期，第129—130页。

② 有的学者认为自其他股东作出行使优先购买权意思表示之日起30日内应该与转让股东签订股权转让协议。参见周海博《有限责任公司股东优先购买权制度重构》，《东岳论丛》2010年第6期，第148页。

让我们面临相关问题时有较为清晰的解决思路。第一，就与股权转让有关的条件而言，与转让股东利益密切相关的条件，诸如转让标的、转让价格、支付方式、支付期限等作为主要条件，与公司及其他主体相关的条件，诸如增加公司投资、提升职工福利应该作为附加条件，主要条件是否同等的主要考虑在于条件之间的客观比较，而附加条件是否同等在于不同主体之间利益的博弈。第二，在同等条件的形成与判断上，法律不宜作出强制性规定，而是以补充性规范就相关问题作出参考性规定，或者由人民法院就具体纠纷的解决给出具有指导性的参考意见。第三，同等条件的确定应该根据具体问题具体分析，对于影响股权转让的条件综合评定其价值，以最终确定同等条件是否形成。① 第四，在确定同等条件是否形成时，相关股权转让协议是否实现利益关系主体利益上的一种平衡以及是否构成对相关主体自由权利的侵害可以是"试金石"，即只有在有关条件既可实现利益关系人之利益平衡且尊重相关主体自由权利的时候，这种形式上不同的条件也便可以作同等条件之认定。第五，纠纷出现各方基于自身立场争执不下时，转让标的、转让对价之形式、转让价格、价款支付时间以及价款支付方法等某项或者某几项条件的不同都不足以让我们否定优先购买权主体对优先购买权的行使。如果事先确定的条件不涉及增加投资、提升职工福利等附加条件，并且事先确定的条件是合理的，此时转让股东认为公司或者公司其他股东所提供的条件不及第三方提供的条件优越，那么法院可以就相关条件作一一比较，从而认可一定程度上的低价格等构成同等条件。如果事先确定的条件涉及增加投资、提升职工福利、经营战略等附加条件，并且事先确定的主要条件合理且附加条件有利于公司及其他利益相关者利益的提升，此时除非公司或者其他股东所提供的条件与转让股东和第三方事先约定的条件基本一致或者更加优越，则法院不宜认定同等条件之形成。

关于优先购买权能否部分行使。能否部分行使优先购买权系指当股东欲对外转让股权时，剩余股东提出以除转让股权数量之外的同等条件购买部分拟转让股权的权利。学者们针对这一问题形成赞成、反对及折中三种

---

① 参见古锡麟、李洪堂《股权转让若干审判实务问题》，《法律适用》2007年第3期，第51页。

不同观点。赞成者认为,《公司法》并未禁止股东部分行使优先购买权。所以,部分行使优先购买权包含在立法本意中,[1] 并且优先购买权人还可以通过诉讼途径以人民法院强制执行程序来保障其部分行使优先购买权的实现。[2] 反对者认为,部分行使优先购买权会造成拟转让股权的严重贬值,[3] 是对股权转让限制之外的第二次限制,股权转让之部分受让不能看成股权转让之全部受让的同等条件。[4] 折中者主张,股份数量属于股权转让协议的实质内容,股权数量被包含在同等条件之中,允许股份部分转让对转让股东以及拟受让人的收益均会产生不利影响,所以部分行使优先购买权原则上不应得到支持。[5] 然而,能否部分行使优先购买权问题涉及的是私人之间的利益分配,法律没有必要完全否定部分转让而是可以将该问题交由有优先购买权的股东自行行使。[6] 笔者同意第三种观点,股权转让数量属于主要转让条件,是条件是否同等的影响因素之一,所以不考虑各方主体的意愿,股权转让数量不可在行使优先购买权时减少,否则,优先购买权将会被拒绝。但无论如何,股权转让是建立在协议基础之上的,而协议建立的基础便是平等自愿,所以,如果在协议双方或者涉及股权转让的多方能就股权转让达成一致意见,部分行使优先购买权也自然可能包含在这种自愿达成的协议中。

---

[1] 参见赵旭东主编《公司法学》,高等教育出版社2006年版,第302页。
[2] 参见周友苏著《新公司法论》,法律出版社2006年版,第289页。
[3] 参见刘俊海《论有限责任公司股权转让合同的效力》,《法学家》2007年第6期,第78—79页;杜军《公司法第七十二条蕴含的商业逻辑及其展开》,《人民司法·应用》2013年第11期,第97页。
[4] 参见蔡峰华《股东部分行使优先购买权问题探究——兼论有限责任公司股权转让限制的立法价值取向》,《北京市政法管理干部学院学报》2003年第1期,第24页。
[5] 参见胡晓静著《公司法专题研究:文本·判例·问题》,华中科技大学出版社2013年版,第175页;古锡麟、李洪堂《股权转让若干审判实务问题》,《法律适用》2007年第3期,第52页;廖宏、黄文亮《有限责任公司股权转让法律问题研究》,《南昌大学学报》(人文社会科学版)2010年第41卷专辑,第19页;时建中主编《公司法原理精解、案例与运用》(第二版),中国法制出版社2012年版,第226页。
[6] 参见时建中主编《公司法原理精解、案例与运用》(第二版),中国法制出版社2012年版,第226页;胡晓静《公司法专题研究:文本·判例·问题》,华中科技大学出版社2013年版,第175页;古锡麟、李洪堂《股权转让若干审判实务问题》,《法律适用》2007年第3期,第52页;廖宏、黄文亮《有限责任公司股权转让法律问题研究》,《南昌大学学报》(人文社会科学版)2010年第41卷专辑,第19页。

3. 股权转让限制规则对股权转让的法律效力

学界以及实务界就股权转让限制规则对股权转让的法律效力产生激烈争论主要原因在于陷入三个误区：一是对股权转让协议与股权转让不加区分而笼统地谈论限制规则对股权转让的效力；二是抛开《合同法》规定探讨限制规则对股权转让的效力；三是不以股权取得的要件为前提而单纯探讨限制规则对股权转让的效力。

正如笔者在第三章所论述的那样，股权转让协议与股权转让是两个不同的事物，股权转让协议的实质就是一份有关股权转让的合同，而股权转让是从动态角度描述股权的流转。股权转让协议效力的判断依据在于《合同法》的相应规定，而股权转让的效力与股权转让协议有关，判断股权转让效力的主要依据在于《公司法》的相关规定。如此一来，股权转让限制规则对于股权转让协议的效力通常没有法律影响，但是股权转让的效力受股权转让限制的影响。基于股权取得之出资与团队合意之要件，同意权人之同意与优先购买权主体整体不行使优先购买权共同构成受让人成为公司股东的完整合意。所以如果优先购买权主体放弃对经过同意权人同意转让的股权行使优先购买权，且股权转让协议也有效，则股权转让生效；如果优先购买权主体并未放弃对经过同意权人同意转让的股权行使优先购买权，则即使股权转让协议生效，但股权转让并未生效。在优先购买权对股权转让的法律影响问题上，实务中的做法具有一定的合理性。据有关工商部门的经验，若无其他股东放弃优先购买权的书面声明，转让双方将无法在工商管理机关完成股权的移转。①

第二节 有限责任公司股权转让限制体系化建构的总体思路与具体框架

一 有限责任公司股权转让限制体系化建构的总体思路

（一）成文法与判例法相结合

《公司法》第 71 条关于有限责任公司股权转让限制规定之理念偏差、

---

① 参见赵青《论有限责任公司股东的优先购买权》，《人民司法·应用》2008 年第 21 期，第 87 页。

具体规则之遗漏或者模糊并非说明该立法条文的恶劣或者失败，笔者通过分析该条文所存在的问题也无意对该条文进行批评指责，相反，笔者以为，正是成文法自身的局限性造就具体法条在理念传达以及理解与适用上的两难。

理性主义至上是成文法存在局限的思想原因。欧洲文艺复兴、宗教改革以及资本主义经济的兴起孕育了对整个社会科学领域产生深远影响的理性主义思潮。① 在理性主义者看来，宇宙世界的一切事物包括物质的以及精神世界并非高深莫测，而是可以借助特定的公理经由一定的推理而准确获知。法学同其他的自然科学一样属于必然真理。法律包含于理性主义者所建构的绝对知识体系之中。受理性主义影响，立法者认为"法典是书写的理性"，②"法典没有缺漏，它包含有解决所有法律问题的规范"，③法学家们只要经过理性层面的努力就能创造出一部具有最高立法智慧并且由法官机械进行运用的完美无瑕的法典。④ 在理性主义引领下，立法权应该由立法机关完全掌控，世界上所存在的唯一法律渊源便是制定法，法官绝不允许进行任何与立法有关的行为，其仅能做的就是根据事实选择法律并加以适用。正是这种盲目相信自身抽象概括能力的理性主义可知论构成了法典法的认识论基础。⑤ 基于这种认识论基础，法典化运动席卷了18—19世纪的整个欧洲。而新中国成立后引入了深受大陆法系影响的苏联法律模式，加之我国自秦以来所形成的成文法传统，所以我国的立法深深打上法典化的烙印。但是理性主义有其自身的局限。正如有学者指出的那样，理性不啻理性者的精神鸦片，当理性主义者希冀掌握绝对与永恒其实他们已然超越人的某种本分，而且理性主义者"滥用"理性会造成对自

---

① 所谓理性主义是指，人运用思维和才智，借助清晰的概念和严密的逻辑推理，并依靠观察、实验、分析、比较等方法去认识、理解、把握自然和人类社会规律以及人自身的思维活动的哲学思潮。参见何勤华主编《西方法律思想史》，复旦大学出版社2007年版，第72页。
② 参见陈金钊著《法律解释的哲理》，山东人民出版社1999年版，第169页。
③ 参见潘念之主编《法学总论》，上海社会科学院法学研究所译，知识出版社1981年版，第55页。
④ 参见［美］罗斯科·庞德《法律史解释》，曹玉堂等译，华夏出版社1989年版，第13页。
⑤ 参见封丽霞《法典法、判例法抑或"混合法"：一个认识论的立场》，《环球法律评论》2003年秋季号，第322页。

由的压制以至最终使个人丧失自由。① 理性主义者信奉永远确定的知识，一切存在不确定因素的事物将会被理性主义者统统抛掉，凡是不能通过明确的前提推导出来的东西均不能被视作真实。所以尽管理性主义者对于社会有着看似严密的改造计划，但是这些计划并不是针对社会现实缺陷制订，理性的计划提出者总是对那些他们无知的事实视而不见，用虚构来代替现实并且希望现实服从于幻想的实施方式。这种对理性的"不谦逊的信仰"② 无异于故步自封。③ 理性主义者忽视自然科学与社会科学所存在的天壤之别而将整个社会的建构类比为实施某些工程技术，事实上即使是科学技术本身也存在无法帮助我们探知一切事实的缺陷。理性主义者希望人们放弃自由而服从于他们所虚构的更为高远目标所客观要求的更为严苛的条件，服从便成为人们拥有的唯一自由。所以尽管是理性主义者，但是因为理性的局限造就理性主义者认识上的局限，所以理性主义者的理性并不是严谨的，如此理性的立法者所制定的成文法自然具有不可避免的局限性。因为人的认识能力的有限，所以理性的立法者所制定出的法律也必然无法涵盖丰富多彩的社会生活的方方面面，立法漏洞抑或空白不可回避，而且因为理性主义者理性至上之追求使得理性的立法者无视社会现实中不确定的一些问题，加之社会生活的复杂多面，制定法注定不能与客观现实生活一一对应。此外，以理性名义构筑的严密制定法体系有其抽象性，这也往往会给法官适用造成一定困难，理念不同造成对立法条文理解之差异，现实中出现类似案件不同裁决就不足为奇，这绝对是对正义的侵扰。

　　社会经济发展是成文法存在局限之现实原因。法乃生产力及社会经济关系发展到特定历史时期的产物，法必定根源于特定的经济基础，经济基础是法的出发点，也是法的归宿。这正如马克思所指出的那样，任何特定的法权关系以及统治形式均由生产形式所孕育，④ 不管是政治层面的立法

---

　　① 参见张爱军、韩影《理性主义的误区》，《自然辩证法研究》2008年第12期，第97—99页。
　　② 参见［英］卡尔·波普尔《开放社会及其敌人》（第二卷），郑一明等译，中国社会科学出版社1999版，第345页。
　　③ 参见张爱军、韩影《理性主义的误区》，《自然辩证法研究》2008年第12期，第97页。
　　④ 参见《马克思恩格斯选集》（第二卷），人民出版社1972年版，第91页。

还是市民层面的立法，均只是阐明和反映经济关系的需求而已。① 什么样的经济关系决定什么样的法律，当经济关系发生改变，法律规定自然也应随之改变。作为规范人们社会生活的手段，调整人与人之间权利义务关系的准绳，解决社会现实中各种各样纠纷的途径，法唯有与社会发展保持一致的步调，立法的目的与宗旨才能得以实现。社会处在变化中，法律规定也应该于变化中求完善。然而，法律一旦制定出来就不可轻易修改或改变。法是由国家制定并由国家强制力保障实施的行为规范，这赋予法律权威性和严肃性，而这种权威性与严肃性是制定法必须具备和保持的。众所周知，法是一把尺子、一种标准，借助法，人们可以对自己或者他人的行为进行正确、错误、邪恶、善良、糊涂抑或明智的评价和衡量。通过这种评价或者衡量，人们逐渐形成合法或非法的意识或者观念，进而在法律的指引下对自己的行为做出预测，所以法律规定具有非常重要的评价、指引与预测的作用。而只有稳定的法律规定才能发挥这种作用，朝令夕改的法律不可能在人们心中建立起一种稳定且明确的法律评价标准，法律的预测与指引作用也就无法发挥。在频繁的修改中，法律之权威性将会荡然无存。成文法的生成经由立法人员基于现实生活中具体个案之分析、总结归纳而成，而最终面世的法律规定则要经历提案者的提案、相关部门的审议、修改抑或完善、公布等漫长的过程，成文法在生成上的过程性一方面说明立法成本之高昂，同时也隐含成文法难以与时俱进的天生缺陷。这正如萨维尼所说的那样："法律自制定公布之时起，即逐渐与时代脱节。"② 相比于法的稳定性，现实生活并非一成不变而是多姿多彩、充满变幻的，当时代的列车呼啸着奔向将来，法律的丰碑还立在遥远的过去时，法与现实的落差就会愈来愈大，法的滞后性甚至保守性将会展露无遗。比如，颁布于1986年的我国《民法通则》很多规定已不能适应于现实生活的需要，而颁布于1993年并踩着市场经济发展的命脉而诞生的我国《公司法》则为了紧跟时代步伐已分别经历1999年、2004年、2005年以及2013年共计四次修正。当法与现实生活脱节不能应对现实生活

---

① 参见《马克思恩格斯选集》（第二卷），人民出版社1972年版，第122页。
② 转引自徐国栋《民法基本原则解释——成文法局限性之克服》，中国政法大学出版社1992年版，第150页。

的问题，法就如同一纸空文，修改完善是静止的法跟上社会发展节奏的最佳方式，然而法的修改频率会直接造成法的权威性的损害，权威性遭受损害的法比内容落后的法在一定程度上会给社会带来更大危害，因为权威性的破坏最终殃及的是人们对法的信仰，而内容的暂时落后只是造成适用上的无助。我们崇尚法的稳定性与权威性，我们也希望法具有进步性。

如果说成文法的局限性是其固有的缺陷，则在商事领域这种局限性可能更加明显，因为较之于民事活动以及刑事问题而言，商事活动的变化更新尤为迅速，正是因此，商法被人们称为整个私法的开路先锋。[①] 所以一味坚守成文法之法的唯一渊源显然无法真正实现有法可依的目标，无法应对社会发展所带来的新问题。所以笔者以为在我国有必要真正建立判例法制度，进而形成以成文法为主、以普通法中的判例法为辅的法治体系。[②] 只有在这样的法律体系中，面对纷繁复杂的有限责任公司股权转让纠纷，司法人员才不至于无所适从。

判例法是根据以往审判机关对特定案件所进行的判决形成某种在特定情形下必须加以遵循或者适用的法律原则抑或规则。[③] 判例法能弥补我国制定法滞后且适用过于抽象的缺陷。成文法以其严密的逻辑形成一个较为封闭的体系，成文法的实施遵循的是从一般到个别的演绎模式，如果一般规定不涉及个案之具体情形则会出现无法可依的局面，而判例法则天生具有一种开放性，判例法往往遵循的是从个别到一般再到个别的生成路径，当针对某种特定情形之成文法缺失或者出现明显不合理情形时，法官可以根据已有的法律原则、自然正义之基本观念以及人之常理进行判决，这是一个解释法，同时更是创造法的过程，所以在判例法下，不存在无法可依的局面，面对新的问题，法官可以发挥自身的主观能动性，探索出应对新问题的新的解决办法，所以判例法较之制定法更加具体且更具有针对性。

---

① 参见［德］拉德布鲁赫《法学导论》，米健等译，中国大百科全书出版社1997年版，第75—76页。

② 有学者指出，在美国法律中，判例法包含普通法中的判例法以及阐释制定法的判例法。参见余高能、代水平《美国判例法的运作机制》，《西安电子科技大学学报》（社会科学版）2007年第4期，第104页。

③ 参见杨仁寿著《法学方法论》，中国政法大学出版社1999年版，第215页。

正是因此,有学者指出,判例法最鲜明的优点便是实现自我之有机成长,所以能应对新问题。[1] 判例法在适用过程中或采取演绎推理或采取类比推理之方法,[2] 当遇到与先例中类似的情形时,法官往往从个案到个案进行类比推理从而实现相似案件相似判决的司法目标。相似案件相似审判是形式正义的必然要求,是司法正义的构成要素。[3]

作为建立于怀疑主义不可知论基础之上的一种独特的法律体系,判例法发端于英国且为英美法系所普遍采用。然而,任何法系并非某种特定法律体系的独裁,英美法系仅仅说明判例法占据主导地位而并非指称判例法是唯一法律渊源,大陆法系也并不意味着制定法乃绝无仅有的法律渊源,判例法在大陆法系也应有一席之地。随着哲学理性主义与怀疑主义不可知论的批判与融合,于法律实践中,大陆法系和英美法系在保持各自传统法律渊源之核心地位的基础之上开始相互借鉴取长补短,判例法与制定法出现融合,从而出现学者所说的"混合法"之法律渊源。[4] 以制定法为主、以判例法为辅,信赖制定的法律规则同时又赋予法官以自由裁量之"二元"法律体制与我们所坚持的辩证唯物主义认识论立场是相吻合的。[5] 所以从认识论角度来看,在我国实施判例法制度有其正当的马克思主义哲学基础。20世纪以来,采用判例法的国家也着手制定成文法,比如公司法的成文特性就在两大法系获得非常明显的展现,仅仅以我国主要沿袭大陆法系法律制度为理由而拒绝判例法的形成显然已不合时宜。

而且我国有着形成并适用判例法的传统。据考证,早在公元前16世纪的殷商时期就有参照同类罪行进行断案的先例。[6] 在西周时期,名曰

---

[1] 参见沈宗灵《当代中国的判例——一个比较法研究》,《中国法学》1992年第1期,第35页。
[2] 参见余高能、代水平《美国判例法的运作机制》,《西安电子科技大学学报》(社会科学版)2007年第4期,第106—109页。
[3] 参见张骐《论类似案件应当类似审判》,《环球法律评论》2014年第3期,第21页。
[4] 参见封丽霞《法典法、判例法抑或"混合法":一个认识论的立场》,《环球法律评论》2003年秋季号,第327页。
[5] 参见封丽霞《法典法、判例法抑或"混合法":一个认识论的立场》,《环球法律评论》2003年秋季号,第328页。
[6] 参见陈春龙《中国司法解释的地位与功能》,《中国法学》2003年第1期,第31页。

"事"的判例用于审案,"君子以作事谋始"所传达的精神即是遵循先例。① 战国时期,判例法被称为"类"——指称案例以及案例所展现出的审判原则。荀子有云:"有法者以法行,无法者以类举。"(《荀子·王制》)说的就是作为"类"的判例在"听断"中所发挥的作用。在秦朝,判例则被称为"行事"或者"廷行事",1975 年湖北云梦睡虎地所发掘的《睡虎地秦墓竹简》对秦朝时期适用"行事"或者"廷行事"断案的事实进行了较为详尽的记载。② 汉朝,判例又被称作"比"或者"决事比",《奏谳书》中有汉高祖十年"阑"案引用先例"清"案的记载。③《唐律疏议》所确定的"举重以明轻"以及"举轻以明重"的司法原则就是建立在类似案例之类比基础之上。宋朝时,更名为"断例"的判例在审判实践中广泛使用。在元代,《通制条格》和《至正条格》明确将判例记载为法律,其中《至正条格》记载有 1059 条"断例",可见判例在当时司法实践中所发挥的举足轻重的作用。④ 在明朝,《读律琐言》明确指出应该按照"先年裁决事例"进行断案,《问刑条例》则明确记载成文法的局限及事例在应对复杂现实问题时所应有的作用,"刑书所载有限,天下之情无穷。故有情轻罪重,变有情重罪轻,往往取自上裁,斟酌损益,著为事例"。⑤ 清朝《大清律例》则对 1892 个判例进行了汇编,以作为断案的依据。⑥ 近代以后的北洋政府时期以及国民政府时期都非常重视判例在司法审判中的关键作用。尽管近代以后国人在寻求救国救民之根本办法时抓住了德国的思辨哲学而丢弃了自己的经验哲学从而造成判例法在

---

① 参见黄震《商周之际的法律思潮与社会变革——对〈周易·讼卦〉的一种法律文化解读》,《法制与社会发展》2000 年第 2 期,第 94 页。

② 参见宋云明《荀子"类举"法律思想刍议》,http://rmfyb.chinacourt.org/paper/html/2014-07/04/content_84214.htm?div=-1,访问时间:2015 年 12 月 8 日。

③ 参见胡兴东《判例法传统与中华法系》,《法学杂志》2012 年第 5 期,第 36 页。

④ 参见阮防、邵培樟、李唐《试论建立我国的判例法制度》,《法学评论》2005 年第 4 期,第 87 页。

⑤ 参见《明孝宗实录》卷六十五,"弘治五年七月壬午条",转引自胡兴东《中国古代判例法模式研究》,《北方法学》2010 年第 1 期,第 116 页。

⑥ 参见阮防、邵培樟、李唐《试论建立我国的判例法制度》,《法学评论》2005 年第 4 期,第 87 页。

我国的没落,[①] 但是自 1985 年以来,最高人民法院通过《公报》形式公布经典案例以供广大司法工作者参阅的做法,无疑为我国建立判例法制度奠定坚实的现实基础。

综上所述,我国应该正视两大法系的融合,建立以制定法为主、以普通法中的判例法为辅的法治体系,有限责任公司股权转让限制制度则应该在这样一种具有混合特色的法律体系中寻找完善的路径。

(二) 通过司法解释明确相关公司立法的含义及其适用

有法律就必然有解释,法律与解释是无法分开的,法律的发达往往意味着法律解释的发达,法律在解释中谋求发展,只有在解释中法律才能获得真正的理解与适用。[②] 在美国的判例法体系中,对制定法的解释被认为是判例法的构成部分。所以在有限责任公司股权转让限制法律体系建构中,正当的司法解释是除立法者所制定的成文法、判例法之外的重要组成部分。

我国法律解释制度由来已久,现已形成立法解释、司法解释、行政解释所构成的官方解释与学理解释、任意解释构成的民间解释之双重解释架构。[③] 但是由于立法工作任务的繁重、立法解释程序的不科学以及立法机关立法解释功能被架空等因素的存在,立法解释在我国并没发挥预期的作用。[④] 行政解释则是专指行政机关针对行政法规、部门规章以及地方性规章按照法定权限和程序所进行的仅在解释权主体行政管辖范围具有约束力的阐释,行政解释是一种准法律规范。[⑤] 来自当事人或非当事人的民间解释不具有任何法律效力,仅能就具体问题造成一定的舆论影响。就目前有限责任公司股权转让限制法律体系之建构而言,我们期待立法解释发挥其应有的功能,但立法解释的抽象性往往并不能更好地解决立法不明确难以操作的问题。对公司法的解释并不属于行政解释,而民间解释是不能作为

---

① 参见谢晖《经验哲学之兴衰与中国判例法的命运》,《法律科学》2000 年第 4 期,第 29 页。
② 参见陈兴良《法的解释与解释的法》,《法律科学》1997 年第 4 期,第 26 页。
③ 参见陈春龙《中国司法解释的地位与功能》,《中国法学》2003 年第 1 期,第 24—25 页。
④ 参见刘桂新、江国华《中国立法解释制度的困境与出路》,《学习与实践》2015 年第 5 期,第 56 页。
⑤ 参见邵长策《行政解释的概念探究》,《法学杂志》2008 年第 3 期,第 151 页。

裁判依据的一种解释。所以作为有限责任公司股权转让限制法律体系组成部分的就应该是法律解释之司法解释。在我国，司法解释是由国家最高权力机关授权司法机关对法律条文所作的解释，即最高人民法院以及最高人民检察院属于司法解释的有权机关，但是由于最高人民检察院的司法解释权是针对检察业务，与公司法的司法解释几乎没有关联，所以本书中所称有限责任公司股权转让限制体系之组成部分的司法解释专指最高人民法院的司法解释。但是最高人民法院的司法解释又包含法院的规范解释以及法官的裁量解释。前者就是我们所见的诸如最高人民法院发布的关于适用《中华人民共和国公司法》若干问题的规定（一）、（二）、（三）等，后者是法官在处理纠纷时针对适用的立法规定与法院规范解释而进行的解释，这种解释是连接法律渊源与法律事实的桥梁，事关法官的主观能动性问题，但鉴于这种解释的动态性以及非体系性，所以本书所指称的司法解释专指法院规范解释。①

在我国，司法解释在应对改革开放引发社会关系的急剧变化方面所发挥的作用确实不容小觑，以至于有学者认为在民商领域，最高人民法院的司法解释与民商事立法形成了中国司法进程的两条脉络。② 但是过于频繁的司法解释一方面使立法权威有所削弱，另一方面则容易引发大家对于司法机关的误解。以《公司法》为例，2005年《公司法》在被大刀阔斧地进行修改后，最高人们民法院便于2006年、2008年以及2011年颁布了有关公司法的三个司法解释，并于2014年对《公司法司法解释三》进行了修正。立法条文修改后如此快速地进行相应的司法解释，我们不禁要问，难道立法者所制定的成文法是如此不能适应快速发展的现实生活需要以至于要马上颁布相应的司法解释才能使法律实施落到实处？果真如此，则立法者的立法前瞻能力、明确法律内容的能力以及法律体系的建构能力就显得太过于脆弱和不堪一击，不值得托付和期待的立法者所制定的立法条文又如何能在民众心中建立起应有的权威

---

① 参见陈春龙《中国司法解释的地位与功能》，《中国法学》2003年第1期，第26—27页。

② 参见柳经纬《当代中国司法进程中的民商司法解释》，《法学家》2012年第2期，第85页。

呢？或许原本并非立法者的立法如此经不起岁月的考验，而是司法机关的司法解释走向了异化的歧途。在我国，法院针对立法条文进行抽象的司法解释有着深厚的历史原因。1949年，新中国成立之初，旧的法律被废除，新的法律还未颁布，但社会生活中各种各样的纠纷不会等待法律的出现再发生，于是为了审判工作的开展，最高人民法院颁布了系列规范性文件以指导各地法院的司法工作。改革开放后，我国驶入立法的快车道，立法工作在全国如火如荼开展之时不可避免地会造成立法的粗糙。立法的缺失以及立法的粗糙在一定程度上使法院的司法解释成为一种客观需要，即使"司法立法"的奇异局面业已形成。也正是因此，1979年《人民法院组织法》明确规定最高人民法院针对具体法律法令的应用可以进行解释。1981年6月全国人大常委会颁布《关于加强法律解释工作的决议》，对最高人民法院在审判过程中解释法律法令的问题进行确认。我国最高人民法院的司法解释从此走向繁荣发展时代。不可否认，司法解释在明确法律制度的适用方面起到关键作用，但是随着我国立法工作日臻进步、立法日臻完善，我们还坚持以司法解释创设立法未曾包含的规范，我们依然信奉以一份抽象的文件去解释另一份抽象的文件，以司法者的司法智慧去覆盖立法者的立法智慧，法院司法解释已然偏离了明确法律适用的本分。立法与司法权限职责不明损害的不仅仅是立法的权威，还有司法的尊严。司法工作的本质是判断，被动与中立是司法机关应有的角色定位。[①] 当立法条文含义不明时，法官可以发挥其自由裁量权对含义不明的法律做出解释，并在解释的基础上进行适用，这是法官主观能动性的体现，也是任何抽象的文字在具体适用中不可避免要经历的环节，但这属于法官的裁量解释，而非法院的规范解释。法院异化的抽象司法解释并非法院自由裁量权的体现，而是法院司法权的扩张。各级法院普遍、惯常、依赖性地遵循最高人民法院的司法解释固然能够实现全国范围内司法功能的统一，可是这种对司法解释之僵化的遵循使司法机关已然出现严重行政化倾向。无解释似乎无法可依，有解释即死板地遵从，"解释依赖症"在法官群体中蔓延，这种症

[①] 参见胡岩《司法解释的前生后世》，《政法论坛》2015年第3期，第47页。

候既损害司法独立，同时削弱法官自由裁量权。① 所以在社会主义法治发展的今天，我们唯有明确司法解释的出发点与归宿，方能将司法解释拽回正常的发展路径。

司法解释的出法点在于具体问题的解决以及现行的法律规定。我们为什么需要司法解释，或许是因为法律规定出现漏洞，或许是法律规定出现模糊点。漏洞也好，模糊点也好，这是以文字为载体的法律条文不可避免的缺陷。有漏洞则意味着新的问题面临无法可依，规定模糊则意味着问题的解决出现或彼或此的选择。漏洞无法通过解释弥补，漏洞需要创制来完善，以解释来填补漏洞是假解释之名行创制之实。只有在我国建立判例法制度，法院方能通过经验创设新的法律规定；在未曾确定判例法制度之前以解释之名创设新的法律规定则是对立法权的僭越。而模糊则正需要解释以明晰立法之意，使立法规定能应用到具体的解决中。只有遇到具体问题之解决我们才能才应发现立法规定模糊之处，也只有立法规定在应对新的问题出现模糊时，我们才需要对立法规定进行解释，所以司法解释的出发点应该基于法院在解决具体问题过程中遭遇模糊的法律规定。然而我国现行司法解释的启动绝非基于个案的解决以及模糊的法律规定。最高人民法院《关于司法解释工作的规定》（2007）第 11 条明确规定："最高人民法院审判委员会要求制定司法解释的，由研究室直接立项。对其他制定司法解释的立项来源，由研究室审查是否立项。"而其他立项来源则包括最高人民法院审判业务部门的建议、各高级人民法院以及军事法院的请示、全国人大代表或政协委员的提案或者议案、有关国家机关或者社会组织或者公民的建议等。② 前述法律规定告诉我们，我国的司法解释以立项方式进行启动，以项目调研的途径来实施，以项目研究的成果作为司法解释的依

---

① 参见胡岩《司法解释的前生后世》，《政法论坛》2015 年第 3 期，第 42 页。
② 我国《最高人民法院关于司法解释工作的规定》（2007）第 10 条规定："最高人民法院制定司法解释的立项来源：（一）最高人民法院审判委员会提出制定司法解释的要求；（二）最高人民法院各审判业务部门提出制定司法解释的建议；（三）各高级人民法院、解放军军事法院提出制定司法解释的建议或者对法律应用问题的请示；（四）全国人大代表、全国政协委员提出制定司法解释的议案、提案；（五）有关国家机关、社会团体或者其他组织以及公民提出制定司法解释的建议；（六）最高人民法院认为需要制定司法解释的其他情形。基层人民法院和中级人民法院认为需要制定司法解释的，应当层报高级人民法院，由高级人民法院审查决定是否向最高人民法院提出制定司法解释的建议或者对法律应用问题进行请示。"

据。当然，决定立项之前就现行法律规定的应用性作出判断是是否立项的理论基础，但这种判断往往是建立在法律文本分析的基础之上，而非司法审判实践。① 我们姑且不论这种判断的科学性以及司法机关进行决断的正当性，仅就项目调研方式本身而言，就可发现司法解释工作的基础和依托有着不可忽视的弊端。学者、法官、律师组成的调研团队固然考虑各方的视角差异、利益博弈以及现实的需要，但调研团队短期内的调研成果作为司法解释的依据其实是对经过长期立法过程所形成的立法条文的一种严重嘲弄。立法规定通过之后短时间内就颁布相关的司法解释显然是对司法机关制度建构能力与司法经验的张扬，而且司法经验的欠缺可能造成司法解释本身出现漏洞，当经验不足以支撑起整个司法解释的基础时，司法解释往往采用假设、推理之方法，当司法解释假定的情形越多，其背离立法的原意可能就会越远。况且当司法解释也运用假定方法建构法律体系时，立法权与司法权的界限也愈加模糊。② 所以我国以建立在文本分析基础之上的司法解释项目调研形成的司法解释背离司法机关的权限，背离司法解释的本意，应予以纠正。司法解释应基于经验启动而非推理启动，只有个案的处理面对的是不明确的立法规定时，司法解释才有必要，只有针对类似纠纷适用不明确的法律规定积累充足的经验时，司法解释才可行。

司法解释的归宿在于明晰法律规定、解决具体问题。司法解释源于问题的解决以及模糊的法律规定，司法解释的归宿即在于将模糊的法律规定清晰化以适用于具体问题的解决。所以针对问题的解决对模糊的法律规定做出清晰的解释是司法解释的界限。由于我国司法解释并非针对个案之适用而进行，个中弊端显而易见，所以笔者接下来仅就我国现有司法解释的文字尺度进行分析。以《最高人民法院关于适用〈中华人民共和国公司法〉若干问题的规定（三）》（以下简称《公司法司法解释三》）为例，我们不难发现，司法解释的功能早已超越解释的本分而出现创设功能。《公司法司法解释三》全文共计28条，主要涉及六个方面的主要问题：公司成立之前债务的责任主体、非货币出资不到位的判断及其救济方式、

---

① 参见陈甦《司法解释的建构理念分析——以商事司法解释为例》，《法学研究》2012年第2期，第4页。

② 同上书，第7页。

非自有财产出资的效力、违反出资义务和抽逃出资的认定以及诉讼救济方式和相应的民事责任承担、股东权利的规范以及名义股东和隐名股东之间的利益关系等。其中，公司成立之前债务的责任承担问题以及名义股东、隐名股东问题相对《公司法》规定而言是全新的问题，而其他问题尽管与《公司法》规定有一定的关联，但《公司法司法解释三》的相应规定显然已经超越了《公司法》本身的规定。所以在我国司法解释绝非止于明确模糊的法律规定。"法律必须经由解释，始能适用"，[①]"法律是一种阐释性概念"，[②] 但是这绝不意味着随处可见的司法解释就有其存在的正当性。当司法机关超越自身司法权限对法律规定进行一种全方位的解释时，司法机关就早已走向司法独立的反面。而司法不独立，则法治失权威。在我国影响司法机关独立性的因素比较复杂，但是从司法界的角度来看，司法机关只有将对法律的解释之触动机制定位于个案的解决以及模糊的法律规定并将法律解释的归宿置于明晰法律规定，司法机关的司法解释才是回归自己的本分。在我国，全面的司法解释以及通过司法解释创设法律制度之现象的出现与我国判例法制度的缺失以及立法解释的欠缺不无关系。法律规定除了因语言本身局限性而需要解释，社会关系的复杂多变也决定法律规定必然存在这样或那样的不足，但是明确法律规定的含义是司法解释的功能，而创设新的审判原则抑或规则则应交由立法之修正抑或完善的判例法制度去解决。而前者会使制定法因修改频繁而逐渐丧失其权威性。无论如何，立法规定之缺陷都不应一股脑交给膨胀的司法解释去弥补。法院的司法解释与通过个案建立创设新的审判原则、审判规则之判例法律制度应该严格区分。尽管司法解释在于明确模糊法律规定之含义，判例法制度则往往由于无法可依时形成对法律原则或者规则的创设，但是两者有个共同点，即都是在解决具体纠纷过程中发现法律规定的缺憾或者模糊而创设或者解释。针对具体问题之解决而法律解释规定或创设新的原则或者规则，才是司法机关完善法律规定之正当出发点。我国之所以出现全面的司法解释，与立法解释的缺失不无关联，但这绝不能成为任由司法解

[①] 参见梁慧星《民法解释学》，中国政法大学出版社1995年版，第194页。
[②] 参见［美］德沃金《法律帝国》，李常青译，中国大百科全书出版社1996年版，第364页。

释扩张的理由。立法者之于立法的权威以及司法者之于司法的尊严从来都不应该被任何一方权力的扩张所破坏。"司法解释生长于文本",[①] 司法解释应该以尊重法律为第一要务。[②] 享有独立审判权的司法机关只有将司法解释的归宿定位在明确法律规定并解决具体问题之上,我国的司法机关才能在法治的将来建立起应有的威严。让立法归于立法,让司法回归司法,是我国在建立完善法律体系过程中应有的理念。

二 有限责任公司股权转让限制体系化建构的具体框架

尽管目前《公司法》有关股权转让限制的规定在适用中存在各种争议,但是这不会影响到立法规定在有限责任公司股权转让限制法律体系中的重要地位,因为立法规定永远是法治的基石。但是因为法律规定受限于语言的模糊性,司法机关在解决相应纠纷时难免涉及对法律规定的解释。同时,由于制定法所存在的不可避免的缺陷,所以判例法也应该在有限责任公司股权转让限制体系中占据一席之地。如此,有限责任公司股权转让限制体系应该是由《公司法》第71条之立法规定、针对前述立法规定的司法解释以及有限责任公司股权转让限制相关判例法组成的三层体系,其中,现行公司法律规定是该体系的主要构成,而司法解释和判例法作为现行立法之重要补充是该体系的不可或缺的构成部分。

(一) 公司法律规定:有限责任公司股权转让限制体系的主要构成

现行公司法律规定即是有权机关根据自身权限和一定程序制定出来的公司法律规范的总和。就有限责任公司股权转让限制而言,主要是指《公司法》第71条以及其他相关公司法律规定。因为其他相关规定的零散性,所以笔者针对现有法律条文作分析时主要指向《公司法》第71条。也即,有关股权转让限制之制定法——我国《公司法》第71条是处理有限责任公司股权转让限制纠纷的基本依据。《公司法》第71条基于理性主义考虑,着眼于人类行为的共性而非个性,照顾社会生活之总的条

[①] 参见陈甦《司法解释的建构理念分析——以商事司法解释为例》,《法学研究》2012年第2期,第3页。

[②] 参见胡玉鸿《尊重法律:司法解释的首要原则》,《华东政法大学学报》2010年第1期,第106页。

件而非具体情形，其从复杂社会关系的抽象总结中走出，最终形成对复杂社会关系进行统一规范的具有普适性特征的规则。所以现行公司立法关于有限责任公司股权转让限制的法律规定能更加全面地反映社会发展之总体趋势，更具有一种宏观层面的意义。抽象正义得到法律支持，具体正义才有望成为社会现实。① 只有高扬抽象正义，法律至上的信仰才能确立。② 而让法律成为一种信仰无疑会使法治道路愈走愈加宽广。所以，渗透着理性主义且注重抽象正义的制定法理所当然在整个法律体系中占据基础地位。尽管实务中有限责任公司股权转让限制之具体情形种类繁多，但基本是围绕同意规则和优先购买规则进行具体程序之设计，我国制定法这种在民众心中根深蒂固的标尺地位历史悠远不容抹杀。当然我们赞美制定法的优点并支持制定法的基础地位与制定法本身的内容密切相关。先不论其他相关法律规定，《公司法》第71条总共4款规定，第一款涉及股权内部转让，第二款与第三款规定涉及股权对外转让中的同意规则与优先购买规则，第四款规定则是赋予公司章程自治权限，如果说制定法存在以牺牲具体之个人正义而谋求社会抽象正义之嫌，上述第71条显然不存在这个缺陷，因为第71条第四款规定赋予法官自由裁量权，允许法官在一定范围内考虑具体因素而就具体问题做出变通解决，其实在一定程度上可以消解制定法因其高度概括性而只能顾及抽象正义而不能兑现所有具体正义的弊端。只是法官的自由裁量权之行使一定要综合考虑各种利益，否则将是自由裁量权的滥用。

我们强调公司法律规定是有限责任公司股权转让限制法律体系之基础地位，其实是意味着有限责任公司股权转让限制之制定法是法院规范性司法解释以及判例法展开的基础。综观我国有关有限责任公司股权转让限制的现行公司立法，尽管对条文的理解存在这样或那样的争议，适用中也面临无所适从的局面，但是基于语言的局限性以及社会现实关系的复杂性，立法规定之缺憾抑或模糊，我们都应该可以理解，然而法律规定毕竟要适用，只有适用，条文才能从纸上走向实践，法律规定也才

---

① 参见王咸、饶艾《论制定法之正义》，《中共四川省委省级机关党校学报》2010年第2期，第66页。

② 参见李静《抽象正义与具体正义的冲突与选择》，《当代法学》1999年第5期，第16页。

能鲜活起来，所以很多时候我们要依赖司法解释来对模糊的法律规定进行明确化，但是基于制定法的基础地位，司法解释只能缘于对具体问题适用中的法律理解模糊问题，其功能即在于将抽象的法律规定具体化。必要的时候还需要通过判例，就现行制定法的空白进行完善，但是判例法同样必须针对具体纠纷解决中的法律空白问题，其功能往往在于填补法律规定的漏洞。

谈及《公司法》第 71 条之于整个有限责任公司股权转让限制体系之基础地位，就不得不探讨立法缺陷的完善方式——法的修正。经过前面对法定具体规则的分析，《公司法》第 71 条目前是否有通过修正进行完善的必要呢？法治发展的内在要求即保持法律规定的稳定性，这其中包括法律结构的稳定、法律内容的稳定以及配套法律制度的稳定。法的稳定性告诉我们，"如果没有充足的理由就不要更改法律"，[①] "倘若轻易地对法律规定经常做出这样抑或那样的修改或者废除，民众遵守法律的习惯必定消失，则法律之威信也随之被削弱了"[②]。但是社会现实的发展变化又客观地要求对法律进行修改以实现法律规定的与时俱进。社会的变化发展告诉我们，法律需要变动以应对社会现实的需要。面对这种充满矛盾的两难境地，我们必须思考两个问题，第一，是否有修改现行法律规定的必要；第二，能否有其他替代方法既可以保持立法规定的稳定性，同时又赋予法律适应性。

目前尽管针对《公司法》第 71 条的争议不绝于耳，但是在笔者看来，有必要且有可能在公司法律规定里面进行补充规定的是三个方面的问题：其一是基于公司独立地位之公司利益；其二是股权的身份附随性；其三是股东自治。前述三个问题是我们探讨股权转让限制的基础理论问题，是有关股权转让限制之法律理念问题，涉及公司在股权转让限制问题上的话语权，涉及同意权以及优先购买权对股权转让的法律效力之判断，涉及有限责任公司股权转让限制载体的合法性问题。而且这三个问题不仅仅在探讨股权转让限制时必然提及，也是我们分析公司主体之法律地位、所有

[①] 参见 [法] 孟德斯鸠著《论法的精神》（下册），张雁深译，商务印书馆 1961 年版，第 298 页。

[②] 参见 [古希腊] 亚里士多德《政治学》，吴寿彭译，商务印书馆 1965 年版，第 81 页。

股权相关话题以及公司治理时不可绕开和回避的问题。它们不会于某个个案中出现或者表现突出而在其他案例中没有涉及或地位暗淡,作为事关全局的法律理念,公司利益、股权身份附随性以及股东自治问题属于公司制定法必须明确规定的重大基础性问题。

《公司法》在 2005 年修正时确认了公司的法人财产权,也由此进一步形塑了公司法人人格制度,立法规定似乎从财产和精神两个层面确立了公司的独立主体地位。但公司法人财产权到底是一种什么样的权利不甚清晰,值得我们关注的公司人格问题在理论上和实务上总是有意无意地被漠视,所以当我们探讨公司利益冲突,探讨利益相关者理论时,公司利益缺失的事实要么被单独的财产权利所掩盖,要么被人为屏蔽。而且在我国公司理论和实务上,无论从哪个角度来看,股权的概念似乎都比法人财产权的概念更受重视。如此一来,股东的意志自由、财产权保护以及对公司事务的批准代替了公司对公平交易的判断。① 利益是社会主体之需要在特定条件下的转化形式,它强调主体对客体的一种主动关系。② 主体为满足生存和发展而对客体所提出的各种客观需求构成利益的全部。③ 尽管利益所涵盖内容的复杂性致使我们暂时无法对公司利益的外延有较为清晰的界定,但是这并不影响我们从法律理念的角度确定公司利益在有限责任公司股权转让限制及整个公司法律体系中的地位。只有从根本上确立公司利益理念,抛弃仅从"权利"角度界定公司利益的路径,明确公司的主体地位,公司作为一个永久存续预设下的不断将人力资本和物质资本进行结合从而对社会效率做出贡献的 Common Pool 机制的价值才能实现。④ 具体来说,笔者以为在将来修订《公司法》时宜在总则部分设置公司利益条款。相应地,在现行《公司法》第 71 条将公司补充规定为同意权和优先购买权的主体。具体来说,即将第 71 条第 2 款修改为:"股东向股东以外的人转让股权,应当经过公司及其他股东过半数同意。股东应就其股权转让事

---

① 参见邓峰《公司利益缺失下的利益冲突规则——基于法律文本和实践的反思》,《法学家》2009 年第 4 期,第 88 页。
② 参见张文显主编《法理学》,高等教育出版社、北京大学出版社 1999 年版,第 215 页。
③ 参见赵震江《法律社会学》,北京大学出版社 2000 年版,第 243—248 页。
④ 参见邓峰《公司利益缺失下的利益冲突规则——基于法律文本和实践的反思》,《法学家》2009 年第 4 期,第 88 页。

项书面通知公司及其他股东征求意见,公司及其他股东自接到书面通知之日起满三十日未答复的,视为同意转让。公司及其他股东过半数不同意转让的,公司或者不同意的股东应当购买该转让的股权;不购买的,视为同意转让。"将第71条第3款修改为:"经公司及股东同意转让的股权,在同等条件下,公司及其他股东有优先购买权。其中,其他股东的优先购买权优于公司优先购买权的行使。两个以上股东主张行使优先购买权的……"

股东、股权是公司法律规定中的重要术语,贯穿于公司法律条文的始终,但立法从未明确一个主体在满足什么条件下才能成为股东,而且在民事权利体系下对股权性质的探讨又莫衷一是,所以股权的属性也就自然无法明了。就股权身份附随性这个事关有限责任公司股权转让限制之法律理念而言,笔者自然希望在将来出台《商事通则》时能在商事权利体系下界定有限责任公司股权的身份附随性,但在我国《民法典》迟迟未出台,而商法作为民法特别法之理念又根深蒂固的情形下,前述希望有可能会变成一种奢望,但是这并非表明有限责任公司股权之身份附随性不能写入公司立法。有限责任公司股权之身份附随性实际上是讨论股东资格取得的条件,正是取得有限责任公司股东身份需要满足出资以及取得一种合意的前提条件赋予有限责任公司股权以身份附随性,所以笔者以为要么在有限责任公司篇针对股东资格的取得条件进行明确规定,要么在《公司法》总则笼统规定取得公司股东身份必须以出资为前提条件,同时特别指出取得有限责任公司股东身份还以获得团体合意为必要条件。这是有限责任公司之人合性与股份有限责任公司之开放性必然决定的差异性法律规定。

就股东自治而言,公司法律规定并非完全缺失,有条款涉及允许股东另行约定,但就有限责任公司股权转让限制而言却没有这样的规定,这容易让人形成股东自治在有限责任公司股权转让限制问题上缺乏用武之地的认识,此外,作为合同在公司领域的一种延伸,股东协议约定限制股权转让并不必然就没有合法性与正当性。笔者以为,这是法律规定之间的衔接问题,也是股东自治理念不受重视的问题。就前者而言,法律规定之间缺乏照应事关一国法律体系之优劣。理想化的法律体系要求各法律部门内部形成一个相互联系相互协调的完备结构。然而,普遍联系之哲学视野的缺乏，学术之各有专攻的特点，立法者各司其职之分工……上述因素在一定程度上造成了我国现有法律体系内部各法律规定之间衔接性与整体性的欠缺。当然，公司立法不将股东另有约定进行规定也许并非简单的法律衔接问题，立法者可能意识到股东协议的存在而有意不规定从而否认股东自治在有限责任公司股权转让限制问题上的切入点。这种否认是应该获得纠正还是应该持续呢？笔者以为应该纠正。作为有限责任公司股权转让限制之载体的股东协议是合同在公司领域的一种演绎，我们完全可以根据《合同法》相关规定来判断约定有限责任公司股权转让限制条款之股东协议的效力，符合《合同法》有效要件的股东协议仅仅因为《公司法》没有允许股东另行约定的规定而无效，此种结论的法理基础何在？如果这个结论得到维持，则支持该结论的依据要么为股东协议是无名合同，要么为公司法生硬地否认股东在有限责任公司股权转让限制问题上的自治权。我国《合同法》在分则部分列举了各种合同的类型，其中并不包含股东所签订的协议，所以就合同类型来说，股东协议是一种无名合同。但是无名合同的效力就必定被否认么？社会生活充满变化，人们的利益诉求也是千变万化，无论多么理性且高明的合同立法都不能涵盖在任何时代和历史条件下都能满足各种人需要的合同类型。社会关系在变，人们的利益需求在变，合同的类型也会随之发生改变，所以在有名合同之外存在并认可无名合同是社会发展的客观要求。无名合同是市场经济发展的产物，是奉行契约自由原则的结果。在各种社会关系中尤以商事关系变化最为快速，而股东自治又是公司立法应该要确立的一种法律理念，所以在公司法领域，我们不应轻易地否认作为无名合同之股东协议的效力。事实上，司法实务中已有案例承认了股东协议的效力所在，而且公司法本身也有允许股东另行规定股利分配方案的条款。所以尽管是无名合同，但是作为有名合同的原动力，股东协议限制股权转让应该得到法律承认。在我国，公司自治与股东自治不加区分以致公司自治和股东自治在公司治理中不能发挥应有的作用，尤其存在以股东自治替代公司自治，将公司自治视为股东自治，反过来却不承认股东自治的客观现实。作为彼此存在差异且相互独立的主体，股东的利益和公司利益并非永远是一致的，股东损害公司利益以满足自身利益需求的现象时有发生，所以我们必须以维护公司利益的名义确认公司自治是公司的自我管理而非股东的控制抑或管理。股东自治不同于公司自治，既不能漠视公司利益以股东自治替代公司自治，也不能回避公司自治的缺陷以公司自治覆盖股东自治。而作为股东自治的最佳途径，股东协议是当仁不让的选择，允许股东通过协议的方式就有限责任公司股权转让设置相应的限制规则，是将股东自治融入有限责任公司股权转让限制制度的应然选择。况且笔者在第五章论述过，股东协议在属性、修改以及履行层面有公司章程不可比拟的优势。所以基于一种自治理念，将来修改《公司法》时宜在现行《公司法》第71条补充第五款规定："股东协议对股权转让另有约定的从其约定。"

（二）司法解释：深化对公司法律规定的理解

综观笔者在前面的论述，有限责任公司股权转让限制之立法规定所存在的制度缺陷颇复杂，但笔者并不以为这些缺陷都需要通过修正公司法来进行明确规定。就同意规则以及优先购买规则而言，公司立法已经提供了一种比较明确却又粗放的规定，说其明确是因为规定了同意权和优先购买权，说其粗放是因为同意权的具体行使以及优先购买权的具体行使都不甚明确。正是因为立法的粗放，所以《公司法》在第71条第4款明确赋予公司通过公司章程实现自治的空间。公司章程另行规定条款其实也是一种笼统的规定，因为立法未曾告诉我们公司章程可以就哪些问题另行规定。针对同意权与优先购买权的粗放规定也好，针对公司自治空间的弹性条款也罢，都体现出立法者的一种智慧。因为法律从来都不会也不能就某个事物的所有层面都加以规定，失去概括性的法律本就不能称为法律。① 公司法允许公司章程或者股东协议另行规定或者约定，其实一方面显示现实中的股权转让限制问题纷繁多样，抽象的立法条文无法涵盖所有的情形，另一方面聪明的立法者其实有意将这些问题交由司法裁判者去衡量。尽管到目前为止，还没有就有限责任公司股权转让限制规则作具体规定之司法解释，但是随着此类案例经验的积累，将来在针对个案做出新的司法解释时应该为股权转让限制问题预留一席之地。所以笔者以为股权转让限制中具体问题可以经由司法机关经过长期的案例经验积累进行明确或者创设。也即针对公司章程或者股东协议

---

① 参见武飞《法律解释：服从抑或创造》，北京大学出版社2010年版，第5页。

另行规定抑或约定，最终要么形成的是司法解释，要么形成的是判例法。而形成司法解释或者判例法则取决于法律条文本身规定的具体情形。笔者坚持司法解释针对的是法律的模糊性规定，而判例法的功能在于填补制定法的漏洞。从总体上来看，公司章程另行规定或者股东协议另有约定均属于模糊性的规定，所以法院在解决公司章程规定股权转让限制问题或者股东协议约定股权转让限制问题时，都是对该章程或者股东协议之模糊条款的解释。从这个角度来看，司法解释在有限责任公司股权转让限制问题上发挥着举足轻重的作用。然而，因为公司章程之另行规定条款极具弹性，法官或者法院在裁判时常常综合考量章程规定之合法与合理性从而就具体问题进行解决。该过程中对法的解释包括法院规范性司法解释也包括法官裁量解释，前者会以法律渊源的形式出现在我们面前，而后者的效力则表现在生效的判决书、裁定书等法律文书和执行后产生的社会效果上。[①] 尽管法官裁量解释在司法裁判中具有不可争辩的效力，但笔者所言有限责任公司股权转让限制法律体系之组成部分的是法院规范性司法解释而非法官裁量解释。但是我们必须承认法官裁量解释是判例法最终得以形成的必经之路，法官裁量解释与法院规范解释密切相关。但我们在此也必须解决一个问题，即对法的什么样的解释成果应以规范性司法解释的面貌出现，什么样的解释成果又只能暗含于生效的判决书、裁定书等法律文书之中。

笔者以为，最终到底是否需要形成抽象的规范性司法解释要考量三个方面的问题：一是将要确定下来的规则在问题解决中是否具有普适性；二是司法实务中就该问题所引发的纠纷是否具有频繁性；三是法院针对特定问题所形成的该解决方案是否为经历一定时间的经验积累。所谓规则的普适性，在此是指某项特定规则比较普遍地适用于同类问题的性质。普适性与针对性相对应，它考察的是规则本身的特质。如果该项规则只能应用于此时此地的此问题，则这种规则没有必要以抽象的规范性司法解释固定下来。当然既可以是彼也可以是此的规则同样没有必要以抽象的规范性司法解释固定下来。所谓频繁性，在此是指该类问题非

[①] 参见陈春龙《中国司法解释的地位与功能》，《中国法学》2003年第1期，第27页。

偶然发生,它的出现在过去以及将来可能是经常性的。只有该种问题在过去且将来会频繁发生,适用于解决该问题的规则才有必要以抽象的规范司法解释确定下来。而法院在解决该项问题或纠纷过程中所形成的经验决定着司法解释的可靠性,审判经验在一定程度上可以纠正欠缺经验之归纳推理在个案解决中所可能造成的对个案的虚假判读。[1] 普适性、频繁性以及经验积累彼此之间是紧密相连的,只有规则具有普适性才能被反复适用,而只有同类或类似问题频繁发生才有可能产生该规则被普遍适用的土壤,反过来这种适用能检验确认规则之普适性的有无。而只有将同一规则反复应用于司法实践中,法院才能拥有以该规则解决该问题的经验,这种经验是抽象性司法解释得以形成的不可或缺的要件。如果某项规则由于各种因素以后适用的可能性非常微小,则完全可以通过法官的裁量解释将该问题进行消化。

如此一来,司法机关以及法官的司法解释就会涉及两个层面。当公司章程另有规定或者股东协议另有约定时,司法解释主体是就公司章程以及股东协议之另有规定或者约定进行解释。尽管此时的解释会综合运用到文义解释、逻辑解释、整体解释、历史解释等多种解释方法。但笔者在第四、第五章所探讨的标准应该在司法机关或者法官所形成的对于公司章程或者股东协议之另行规定或者另有约定之有效或无效的判断中发挥重要作用。而且鉴于另有规定或者另行约定所覆盖的内容非常广泛,所以就另行规定或者另行约定所包含的内容没必要也没可能进行抽象性司法解释,而应该交由法官在审案中通过法官裁量解释来把握具体内容之范围。当公司章程没有另行规定且股东协议也没有另行约定时,司法解释的对象将是《公司法》前3款规定。在这3款规定中,笔者以为应该为抽象性司法解释所涵盖的内容包括三项内容:一为优先购买权的行使期限;二为不同意股东行使购买权的时间期限;三为优先购买权的行使条件。其中前两个问题涉及的都是权利行使期限,所以笔者接下来将这两个问题合并论述。具有双面性的同意规则与优先购买规则的适用范围、通知的形式、通知的次数与内容、优先购买权的部分行使等问题可以交由法官在审理具体案例时

---

[1] 参见陈甦《司法解释的建构理念分析——以商事司法解释为例》,《法学研究》2012年第2期,第8页。

就个案结合相关的标准进行解决。

权利的行使必须有时间上的限定,有时间限定,权利人行使权利才不至于怠慢。正如古希腊谚语所言,法律不保护躺在权利上睡觉的人。如果说购买权以及优先购买权是对公司以及公司剩余股东利益的保障的话,那么没有时间期限的权利容易引发购买权主体或者优先购买权主体行使权利之怠慢,而这将会对转让股东利益构成严重的损害。商事交易机会稍纵即逝。而且商事交易以追求效率为第一要务,短期时效是对商事交易之效益要求的有力支撑。如果说赋予特定主体购买权或者优先购买权意在实现一种公平的目标,那么不加时间限制的权利则在保障公平时忘却了商事交易之效率的基本要求。我们尽管需要公平,但我们不需要完全不考虑效率的公平,所以购买权以及优先购买权应该有一个时间的限定。何况,只是顾及一方主体之公平而置相对方公平于不顾则构成不公平。尽管法律规定不能保证所有主体享有没有差别的公平,但我们至少能制定出尽量减少不公平的法律规则。笔者以为,购买权以及优先购买权的期限就是这样一种规则。它在尽量保障相关主体之公平对待时,还能满足商事交易之效率要求。所以权利的行使期限属于一项普适性的规则,而且谈及有限责任公司股权转让限制则必然言及购买权以及优先购买权问题,如此,则购买权或优先购买权行使引发的相关纠纷具有频繁性。所以唯一可能妨碍通过抽象性司法解释规定购买权行使期限以及优先购买权行使期限的便是法院的审判经验。笔者尽管通过中国裁判文书网以及北大法宝案例库搜集到一些相关案例,但以一个理论学习者的视野,笔者不敢妄言司法机关已经积累了足够的经验,所以笔者只是从应然的角度主张对购买权以及优先购买权的行使期限以抽象性司法解释固定下来。优先购买权的行使期限具体包括两个层面的内容:一个层面的期限为转让股东征询公司以及其他股东是否行使优先购买权的时点到公司以及其他股东表达行使优先购买权之意思的期间;另一个层面的时限为公司以及其他股东表示行使优先购买权的时点到与转让股东签订股权转让协议的时限。从优先购买权行使期限的立法模式来看,可以采用司法解释明确规定以及授权当事人进行决定或者约定相结合的模式,而且优先购买权主体传达愿意购买之意思的时间期限与签订股权转让协议的期限应该分别规定。结合我国《公司法》作出是否行使优先购买权之时限规定加上学者们的建议,① 以及参考我国《澳门商法典》的时间规定,笔者以为总体时间不超过 60 日为宜。其中优先购买权主体传达愿意购买之意思的期限宜限定为 20 日左右,而签订股权转让协议的时间宜限定在 40 日左右。购买权的行使期限则只涉及签订股权转让协议的问题。因为不同意股权对外转让时,权利主体应该购买,所以此时做出或者不做出购买的意思表示已经不重要,权利主体与转让股东签订股权转让协议才是关键,所以此时的期限应该是自权利主体做出不同意之意思表示到其与转让股东签订股权转让协议的时间,这个期限不应该超过 50 日。相比于优先购买权主体与转让股东股权转让时间,购买权人与转让股东签订股权转让的期限稍长的原因在于此时不存在一个可以参照的转让合同,买卖双方就股权转让还需进行具体磋商。当然无论是优先购买权的期限还是购买权的期限都不会给特定权利主体带去违反后遭受不利的法律后果,期限设置的目的都在于对权利人行使权利进行一定程度的催促,给予权利主体一种交易过时不候的警醒,以避免转让股东处于一种长时间结果不确定的等待中。所以正如笔者在前文所言,上述的期限保障的是转让股东的权益。

优先购买权的行使条件即《公司法》所规定的"同等条件"是目前学界实务界关注、讨论最多的问题。从应然角度来看,涉及优先购买权的行使必然要明晰优先购买权的行使条件,尽管学者们从动态以及静态角度对同等条件的含义以及形成所提出的各种不同观点尽显该问题的复杂性和多样性,但这并非说明"同等条件"之稳定的成文规定会被淹没在变幻无穷的社会现实中,焦点般的关注恰恰说明这个问题亟待进行明确规定。我们应该通过一种较为稳定的形式给予该问题一个相对明晰的定位,完全没有任何指引的"同等条件"会使特定主体在遇到该问题时茫然不知所措,这在直接弱化法律规定预期性以及指引性功能的同时严重降低法律规定在民众心目中的至上地位。只是此时关于"同等条件"之抽象司法解释不可能像上述购买权抑或优先购买权之行使期限那样具体明确,它需要

---

① 有的学者认为自其他股东作出行使优先购买权意思表示之日起 30 日内应该与转让股东签订股权转让协议。参见周海博《有限责任公司股东优先购买权制度重构》,《东岳论丛》2010 年第 6 期,第 148 页。

一种具有弹性的规定，原则性的规定加例外性的规定是"同等条件"之抽象司法解释的最好模式，以应对实践的复杂性。而且弹性规定本身可以使该规则具有一种普适性。通过对学者观点的解读以及对优先购买权所涉及利益复杂性之考虑，笔者以为，就优先购买权的行使条件而言，抽象司法解释应该包含如下内容：第一，与转让股东利益密切相关的转让标的、转让标的之对价、转让价格、支付方式、支付期限等是主要条件，与公司及其他主体相关的诸如增加公司投资、提升职工福利应该作为附加条件。第二，正常情形下，主要条件之转让标的、转让标的之对价应该相同，优先购买权主体提出的转让价格应该等于或者高于转让股东与第三方协定的价格，支付方式、支付期限与协定方式、协定期限应该相同或者更有利于转让股东利益的实现。此时的正常情形要排除的是转让股东与第三方存在恶意协商的可能，一旦有证据证明恶意存在的话，则必须在厘清转让股东与第三方真实协议内容的基础上进行比较。第三，增加投资、提升职工福利、经营战略等附加条件不宜一一作比较，而应基于附加条件所指向利益主体之利益提升度作比较，也即哪怕是不同的附加条件也有可能被认定为属于同等条件。

（三）判例法：填补公司法律规定的空白

判例法缘于个案解决，功能在于填补公司制定法之空白，具体就目前有限责任公司股权转让限制制度所存在的缺憾而言，需要以判例法填补空白的应该是公司细则问题。公司法律规定目前没有任何有关规定涉及公司细则之股权转让限制载体问题，也即在法律规定层面，公司细则的法律规定是空白的。而实务中已有公司细则作为有限责任公司股权转让限制载体出现，尽管此时的公司细则可能作为协议来认定从而援引《合同法》相关规定解决实际问题，但很多时候的公司细则是公司以公司名义发布的，它并非部分主体协商的结果，并且其被颁布的目的也不在于约束部分主体，而是希望公司相关人员都能受到约束。那么此时的公司细则属性如何，公司是否有权利发布这样一种文件，公司应该在满足什么样程序的基础上发布的细则才能产生预期的法律效果，这些问题显然不应该轻易遭到忽视。法律规定的空白以及司法现实客观需要对公司细则进行明确规定。尽管公司细则作为一个术语不曾出现在目前任何一部规范性法律文件中，作为一个较为新颖的事物，法律规定有必要进行确认，但这并非意味着就应该将公司细则写进《公司法》修正案中。因为现实中尽管有公司细则就股权转让限制问题进行规定，但是这种现象并非常见，而只是出现在个案中，结合个案进行补充立法正是判例法律制度应有的功能。并且公司细则在一定程度上是公司管理层无视法律关于公司章程另行规定条款从而在法律问题上过于自由的一种表现。目前公司立法所赋予公司以及股东的自治权限并未得到公司淋漓尽致的使用，也即通过公司章程或者股东协议完全可以就股权转让限制问题另行规定。所以，立法修正没有必要特意增加公司细则作为股权转让限制规定之载体。而通过个案衍生出新的法律规定已然超越司法解释的出发点和归宿，所以就公司细则限制股权转让问题做出司法解释的前提基础并不存在。也即前述立法修正案以及抽象司法解释都不能解决公司细则法律问题。然而，当现实中出现公司细则规定股权转让限制问题时，我们如果仅仅以公司细则非合法载体而完全否认公司细则的相关规定，则是对形式主义的非理性推崇。毕竟，公司细则有聚焦于某个重点问题从而能进行具体规定的优点不容我们忽视。所以笔者以为就公司细则规定股权转让限制问题产生纠纷进行解决时，法院除可以就公司细则做出合同之定性认定外，还通过判例创设新的审判原则或者审判规则，从而确认公司细则作为股权转让限制之合法载体的法律地位。具体来说，笔者以为，公司细则应该视作一种公司自治规则，但是已有公司章程作为公司之根深蒂固的自治规则之外不可能存在一个与公司章程截然独立的自治规则，否则是法律规定自找困扰。所以在我国，公司细则应该作为公司章程的细则，也即公司章程可以就公司经营管理事项做全方位规定，但鉴于特定事项容易淹没在海量信息中之考虑，可允许公司细则就公司章程粗线条规定的问题作进一步具体规定。此时公司细则对某个问题的规定其实来自公司章程的授权，既然是对公司章程某个问题的细化规定，则公司细则的制定程序自然应该与公司章程保持一致。

我国目前尽管有最高人民法院发布指导性案例，但这与判例法并不等同，判例法是建立在个案基础上的法律规范，而并非一个个案例本身，所以在我国引进判例法制度其实是对我国司法机关制作司法判例质量提出更高的要求。一份成熟的判例法历经动态的司法审判，需要一份极富推理性的高质量的审判文书，需要特定机关的最终定夺，需要科学且体系化的判例法披露制度。所以我国有建立判例法制度的必要，但事实上在我国建立判例法制度还任重道远。如此则提醒着相关主体，缺失法律规定的公司细则必须慎用。

综上所述，在有限责任公司股权转让限制法律体系建构中，《公司法》相关立法规定是整个体系的支点，但是因为法律理念之偏差以及具体制度之缺陷，这个支点需要将来通过公司法修正案获得更为强大的支撑力量。针对特定问题的抽象性司法解释和公司判例法是整个体系的重要组成，也是对制定法的一种补充，与制定法一起形成对有限责任公司股权转让限制问题的周密规制。在有限责任公司股权转让限制体系之中，公司法律条文是限制规则的基本载体，公司章程是限制规则的重要载体，股东协议与公司细则则是限制规则载体之重要补充。

结　语

权利是私法领域的关键词，权利是主体个人谋求生存与发展的依托，但是现代社会对主体权利之尊重并非意味着主体权利之膨胀，因为相对性是权利的本质所在，相对性决定任何权利的行使并非为所欲为，且会受到这样或那样的限制。而就股权转让而言，有限责任公司自诞生之日起就被赋予的人合性决定公司股权流动尤其是向公司外部流动的非自由性，有限责任公司人合性所衍生的股权身份附随性更是决定股权流动的非随意性，如果说公司人合性以及股权身份附随性因为公司股东的不作为事实上没有限制到股权转让的话，那么不能被股东放弃的有限责任公司主体地位之独立性无论如何都会限制到股权转让，正是有限责任公司主体地位之独立性决定我国公司法有关股权转让限制性规定不仅仅存在法解释的问题，而且存在立法条款本身有缺陷需要进行完善的问题。

针对股权转让限制条款进行解释也好，或者就立法所存在的问题进行完善也罢，最终形成的限制都不能过度，否则将会造成股东行使股权之困扰。价值指引无疑在限制程度层面起着度量的作用。一方面要给予相关主体进出公司的自由，另一方面也要顾及其他主体保持公司稳定性、维护公司秩序的自由，只有相关主体就相同问题能各行其是且各得其所时，此时法律就自由的赋予与限制才是恰如其分的。如果说自由本就是权利行使与权利限制中应有且必须加以澄清的问题，那么股权转让限制所涉及主体之数量决定这种限制一定要谋求利益平衡之实现。这种利益平衡体现在法律规定上就是公司、股东、受让方等各相关主体能行使属于自己的权利且承担自己应该履行的义务。

有了价值指引,有限责任公司股权转让限制规则的设定才不会偏离正道。面对学界以及司法实务界在同意权以及优先购买权的存废、同意权以及优先购买权的行使、同意权以及优先购买权的效力、同意权以及优先购买权的适用范围、优先购买权的性质等焦点问题上所存在的争议和理解上的偏差,我们要做的就是坚守股权转让限制理论基础,遵循股权转让限制价值底蕴,并以有限责任公司股权转让限制法律体系化的视野实现对相关法律问题的完善。

允许公司章程就股权转让限制另行规定是立法对公司自治的尊重,而这种尊重要化为具体的行为则需要从理论层面探索一种针对公司章程另行规定之切实可行的评价方案,只有合法且合理的公司章程另行规定才能得到法院的支持。当然,立法尊重公司自治,也应该在区分公司自治与股东自治的基础之上尊重股东自治,给予股东协议限制股权转让一席之地。实务中出现的另外一种股权转让限制之载体——公司细则也不应该被立法所漠视。

规定模糊抑或规定缺乏都会给现实问题之处理造成困扰,没有法律的明确指引,公司自治抑或股东自治也都容易陷入一种混乱。面对各种股权转让限制纠纷,公司法律规定不应该选择沉默而是要作出正面回应。以修正案完善的公司制定法为支点,以针对模糊立法规定和个案解决的司法解释与就个案解决形成的判例法制度为重要构成,从而形成有限责任公司股权转让限制之法律体系,这就是公司法律规定对现实的应有回应。

假设把股权转让限制问题比作一棵大树,那么股权转让限制之理论基础是股权转让限制问题的根,根夯实股权转让限制问题的基础;股权转让限制之价值底蕴则是股权转让限制规则的养分,养分决定股权转让限制的长势;股权转让限制之具体规则无疑就是这棵大树粗壮的枝干与繁茂的树叶。有根基、有价值指引、有具体规则,且具体规则建立在理论基础之上并在特定价值的指引下成长,这是每一棵法律规则之树应有的生成与发展体系。笔者期望通过本书能为有限责任公司股权转让限制这棵树的茁壮生长贡献一己之力。尽管囿于学识,这种贡献是微薄的,但是笔者为法律规则之树的生长作贡献的理想永远不会消逝。

  我是一个习法者，法律学习是我的兴趣所在；我是一个法律学人，尽我绵薄之力推动我国法治进程是我的责任所在。

参 考 文 献

一　中文参考文献

（一）编著类

赵旭东主编：《境外公司法专题概览》，人民法院出版社2005年版。

贾明军、韩璐主编：《法院审理股权转让案件观点集成》，中国法制出版社2012年版。

钱玉林：《公司法实施问题研究》，法律出版社2014年版。

胡晓静：《公司法专题研究：文本·判例·问题》，华中科技大学出版社2013年版。

周友苏：《新公司法论》，法律出版社2006年版。

赵旭东主编：《新公司法案例解读》，人民法院出版社2005年版。

王保树主编：《商法》，北京大学出版社2011年版，第155页。

李建伟：《公司法学》（第三版），中国人民大学出版社2014年版。

王东光：《股东退出法律制度研究》，北京大学出版社2010年版。

周友苏：《公司法通论》，四川人民出版社2002年版。

王泰铨：《公司法新论》，台北三民书局1998年版。

江平、李国光主编：《最新公司法理解与适用》，人民法院出版社2006年版。

钱卫清：《公司诉讼——公司司法救济方式新论》，人民法院出版社2004年版。

雷兴虎主编：《公司法学》，北京大学出版社2006年版。

赵旭东主编：《公司法学》，高等教育出版社2006年版。

时建中主编：《公司法原理精解、案例与运用》（第二版），中国法制出版社 2012 年版。

奚晓明、潘福仁主编：《股权转让纠纷》，法律出版社 2007 年版。

徐志新主编：《公司设立与股权纠纷》，中国民主法制出版社 2014 年版。

丁巧仁主编：《公司法案例判解研究》，人民法院出版社 2003 年版

张文显主编：《法理学》，高等教育出版社、北京大学出版社 1999 年版。

何勤华主编：《西方法律思想史》，复旦大学出版社 2007 年版。

《马克思恩格斯全集》（第 1 卷），人民出版社 1956 年版。

《马克思恩格斯选集》（第 1 卷），人民出版社 1972 年版。

《马克思恩格斯选集》（第 2 卷），人民出版社 1972 年版。

覃有土主编：《商法学》（第三版），高等教育出版社 2004 年版。

范健主编：《商法》（第三版），高等教育出版社、北京大学出版社 2012 年版。

陈本寒主编：《商法新论》，武汉大学出版社 2009 年版。

施天涛著：《商法学》（第三版），法律出版社 2006 年版。

范健、王建文：《商法学》（第二版），法律出版社 2009 年版。

赵旭东主编：《新公司法讲义》，人民法院出版社 2005 年版。

刘俊海：《公司法学》，北京大学出版社 2008 年版。

甘培忠：《企业与公司法学》（第七版），北京大学出版社 2014 年版。

马小红、姜晓敏：《中国法律思想史》，中国人民大学出版社 2010 年版。

曾宪义主编：《中国法制史》（第二版），北京大学出版社、高等教育出版社 2009 年版。

赵万一主编：《商法》（第四版），中国人民大学出版社 2013 年版。

叶林：《中国公司法》，中国审计出版社 1997 年版。

范健主编：《商法教学案例》，法律出版社 2004 年版。

魏振瀛主编：《民法》，北京大学出版社、高等教育出版社 1999 年版。

张学文：《有限责任公司股东压制问题研究》，法律出版社 2011 年版。

罗培新：《公司法的合同解释》，北京大学出版社2004年版。

张民安：《公司法上的利益平衡》，北京大学出版社2003年版。

江平主编：《新编公司法教程》，法律出版社1994年版。

陈小君主编：《合同法学》，中国政法大学出版社1999年版。

王旭光主编：《有限责任公司股权纠纷司法实务精解》，中国法制出版社2013年版。

王泰铨：《公司法新论》，台北三民书局1998年版。

柯芳枝：《公司法论》，中国政法大学出版社2004年版。

王泽鉴：《民法学说与判例研究》（第1册），北京大学出版社2009年版。

马俊驹、余延满：《民法原论》，法律出版社2007年版。

王振民、吴革主编：《公司股权指导案例与审判依据》，法律出版社2011年版。

王月、刘倚源：《冲突与衡平：契约视角下股东不公平损害问题研究》，中国政法大学出版社2013年版。

王利明主编：《民法》（第二版），中国人民大学出版社2006年版。

王利明、杨立新、王轶、程啸：《民法学》（第二版），法律出版社2008年版。

蒋大兴：《公司法的观念与解释Ⅱ》，法律出版社2009年版。

刘坤：《意思自治视角下的公司章程法律制度解读》，中国法制出版社2010年版。

李哲松：《韩国公司法》，吴日焕译，中国政法大学出版社2000年版。

赵箭冰、俞琳琼：《有限责任公司章程设计的奥妙》，法律出版社2014年版。

王保树主编：《商事法论集》（第6卷），法律出版社2002年版。

陈金钊：《法律解释的哲理》，山东人民出版社1999年版。

潘念之主编：《法学总论》，知识出版社1981年版。

徐国栋：《民法基本原则解释——成文法局限性之克服》，中国政法大学出版社1992年版。

杨仁寿：《法学方法论》，中国政法大学出版社1999年版。

梁慧星：《民法解释学》，中国政法大学出版社 1995 年版。

赵震江：《法律社会学》，北京大学出版社 2000 年版。

武飞：《法律解释：服从抑或创造》，北京大学出版社 2010 年版。

李建伟：《公司法学》，中国人民大学出版社 2011 年版。

顾功耘主编：《公司法律评论》（2010 年卷），上海人民出版社 2010 年版。

［德］托马斯·莱塞尔、吕迪格·法伊尔：《德国资合公司法》，高旭军等译，法律出版社 2005 年版。

［法］伊夫·居荣：《法国商法》（第 1 卷），罗结珍、赵海峰译，法律出版社 2004 年版。

［美］本杰明·N. 卡多佐：《法律的成长》，董炯译，中国法制出版社 2002 年版。

［德］康德：《法的形而上学原理》，沈叔平译，商务印书馆 1997 年版。

［法］莱昂·狄骥：《公法的变迁，法律与国家》，郑戈、冷静译，辽海出版社、春风文艺出版社 1999 年版。

［法］卢梭：《论人类不平等的起源和基础》，李常山译，商务印书馆 1962 年版。

［法］孟德斯鸠：《论法的精神》，张雁深译，商务印书馆 1976 年版。

［美］弗朗西斯·福山：《信任：社会道德与繁荣的创造》，李宛蓉译，远方出版社 1998 年版。

［英］约翰·米克勒斯维特、阿德里安·伍尔德里奇：《公司的历史》，夏荷立译，安徽人民出版社 2012 年版。

［德］卡尔·拉伦茨：《法学方法论》，陈爱娥译，商务印书馆 2003 年版。

［英］迈恩哈特：《欧洲九国公司法》，赵旭东译，中国政法大学出版社 1988 年版。

［美］罗斯科·庞德：《法律史解释》，曹玉堂等译，华夏出版社 1989 年版。

［英］卡尔·波普尔：《开放社会及其敌人》（第二卷），郑一明等译，中国社会科学出版社 1999 版。

[德]拉德布鲁赫：《法学导论》，米健等译，中国大百科全书出版社1997年版。

[美]德沃金：《法律帝国》，李常青译，中国大百科全书出版社1996年版。

[古希腊]亚里士多德：《政治学》，吴寿彭译，商务印书馆1965年版。

(二) 期刊论文类

王建文：《有限责任公司股权转让限制的自治边界及司法适用》，《社会科学家》2014年第1期。

侯东德：《封闭公司股权转让的契约解释》，《西南民族大学学报》（人文社会科学版）2009年第8期。

宋良刚：《有限责任公司股权转让限制制度的完善》，《人民司法》2005年第4期。

甘培忠、吴涛：《有限责任公司股权转让探析——兼论我国〈公司法〉相关制度之完善》，《南京大学学报》（哲学·人文科学·社会科学版）2005年第1期。

钱玉林：《公司章程对股权转让限制的效力》，《法学》2012年第10期。

郑彧：《股东优先购买权"穿透效力"的适用与限制》，《中国法学》2015年第5期。

胡忠惠：《强制股东转让股权效力探析》，《经济问题探索》2008年第5期。

段威：《有限责任公司股权转让时"其他股东同意权"制度研究》，《法律科学（西北政法大学学报）》2013年第3期。

赵莉：《公司章程限制股权转让的合理性审查》，《法学杂志》2012年第9期。

陈敦：《论股东优先购买权的行使》，《法律适用》2007年第8期。

古锡麟、李洪堂：《股权转让若干审判实务问题》，《法律适用》2007年第3期。

郭召军：《股权转让的条件和效力》，《法律适用》2005年第6期。

赵万一、吴民许：《论有限责任公司出资转让的条件》，《法学论坛》

2004 年第 5 期。

王艳丽：《对有限责任公司股权转让制度的再认识——兼评我国新〈公司法〉相关规定之进步与不足》，《法学》2006 年第 11 期。

范黎红：《公司章程"侵权条款"的司法认定及救济——以"强制离职股东转让股权"之章程条款为例》，《法律适用》2009 年第 1 期。

奚庆、王艳丽：《论公司章程对有限责任公司股权转让限制性规定的效力》，《南京社会科学》2009 年第 12 期。

闫志旻、李学泉：《有限责任公司章程中强制转让条款的效力分析》，《人民司法·应用》2009 年第 21 期。

雷桂森：《公司章程越权条款研究——以强制股东转让股权条款为样本》，《人民司法·应用》2012 年第 1 期。

陈彦晶、董惠江：《论有限责任公司中股权转让的效力》，《黑龙江社会科学》2011 年第 4 期。

吴伟央、郑谷晨：《有限责任公司股权转让的章程限制及其边界分析》，《理论月刊》2010 年第 9 期。

宁金成：《有限责任公司设限股权转让效力研究》，《暨南学报》（哲学社会科学版）2012 年第 12 期。

王子正：《有限责任公司出资转让若干法律问题探析》，《当代法学》2002 年第 6 期。

叶金强：《有限责任公司股权转让初探——兼论〈公司法〉第 35 条之修正》，《河北法学》2005 年第 6 期。

徐琼：《论有限责任公司股东的同意权与优先购买权》，《河北法学》2004 年第 10 期。

刘俊海：《论有限责任公司股权转让合同的效力》，《法学家》2007 年第 6 期。

叶林：《公司在股权转让中的法律地位》，《当代法学》2013 年第 2 期。

朱建军：《我国有限责任公司股份转让法定规则的立法技术分析》，《政治与法律》2014 年第 7 期。

萧伯符、易江波：《略论中国赠与法律传统及其现代转型》，《法商研究》2007 年第 2 期。

柏高原、宋芳：《我国有限责任公司股权对外转让制度的反思与重构》，《天津法学》2012年第1期。

黄月华：《有限责任公司股权转让制度之重构》，《西南政法大学学报》2005年第1期。

王亚明：《有限责任公司股权转让研究》，《长江论坛》2006年第1期。

肖龙、孙小平、王忠：《从个案谈有限责任公司股权转让的若干问题》，《法律适用》2003年第9期。

樊涛：《刍论有限责任公司股权对外转让合同的效力》，《理论导刊》2011年第5期。

冉崇高、陈璐：《侵犯股东同意权及优先购买权的股权转让协议的效力》，《人民司法》2011年第14期。

万玲：《未经全体股东过半数同意的股权转让行为效力辨析》，《法律适用》2004年第5期。

汪涛：《论公司法中股权转让限制对股权转让协议效力的影响》，《产业与科技论坛》2006年第6期。

杨瑞峰：《股权转让合同的生效与股权变动》，《法律适用》2007年第10期。

刘阅春：《出资转让的成立与生效》，《法学》2004年第3期。

许中缘：《浅析有限责任公司股东出资转让的规定》，《山东法学》1999年第1期。

赵旭东：《股东优先购买权的性质和效力》，《当代法学》2013年第5期。

赵兰明：《股东优先购买权的适用与保护》，《理论学刊》2003年第2期。

蒋大兴：《股东优先购买权行使中被忽略的价格形成机制》，《法学》2012年第6期。

杜军：《公司法第七十二条蕴含的商业逻辑及其展开》，《人民司法·应用》2013年第11期。

于华江：《有限责任公司股东优先购买权问题研究》，《政法论坛（中国政法大学学报）》2003年第4期。

胡大武、张莹：《我国有限责任公司股东优先购买权研究——兼论我国公司法的完善》，《学术论坛》2007年第5期。

夏志泽：《先买权新论——从先买权的性质和行使谈我国先买权立法的完善》，《当代法学》2007年第2期。

魏玮：《论现有股东优先购买权诉讼模式的局限及其完善——以〈公司法〉第72条第3款的制度目的为视角》，《法律适用》2012年第4期。

赵青：《论有限责任公司股东的优先购买权》，《人民司法·应用》2008年第21期。

周海博：《有限责任公司股东优先购买权制度重构》，《东岳论丛》2010年第6期。

雷新勇：《有限责任公司股权转让疑难问题探析》，《法律适用》2013年第5期。

苏志甫：《有限责任公司股权转让的法律适用——兼评新旧公司法之相关规定》，《人民司法》2006年第6期。

宋良刚：《股权转让优先权制度分析》，《中国工商管理研究》2005年第5期。

蔡峰华：《股东部分行使优先购买权问题探究——兼论有限责任公司股权转让限制的立法价值取向》，《北京市政法管理干部学院学报》2003年第1期。

廖宏、黄文亮：《有限责任公司股权转让法律问题研究》，《南昌大学学报》（人文社会科学版）2010年第41卷专辑。

郭丽红、纪金标：《论有限责任公司股权的无偿转让》，《天平洋学报》2008年第6期。

赵艳秋、王乃晶：《特殊情况下有限责任公司股权转让合同的效力》，《学术交流》2010年第4期。

张钧、吴钦松：《论未经其他股东放弃优先购买权的股权转让合同之效力》，《河北法学》2008年第11期。

蔡元庆：《股权二分论下的有限责任公司股权转让》，《北方法学》2014年第1期。

郭锋：《股份制企业所有权问题的探讨》，《中国法学》1988年第3期。

李开国:《国营企业财产权性质探讨》,《法学研究》1982年第2期。

王利明:《论股份制企业所有权的二重结构——与郭锋同志商榷》,《中国法学》1989年第1期。

任先行:《股权的性质和特点》,《山西财经学院学报》1992年第3期。

周力:《论股权的法律属性》,《山东大学学报》(哲社版)1993年第2期。

马长山:《论股权的性质》,《求是学刊》1995年第4期。

杨紫烜:《论公司财产权和股东财产权的性质》,《中国法学》1996年第2期。

魏民:《论股权和法人财产权的性质》,《求实》2000年第3期。

梁慧星:《论企业法人与企业法人所有权》,《法学研究》1981年第1期。

储育明:《论股权性质及其对我国企业产权理论的影响》,《安徽大学学报》(哲学社会科学版)1989年第3期。

康德琯:《股权性质论辩》,《政法论坛(中国政法大学学报)》1994年第1期。

石少侠:《股权问题研析》,《吉林大学社会科学学报》1994年第4期。

段庆华:《社会主体股权浅析》,《现代法学》1988年第4期。

柳经纬:《股权辨析》,《福建法学》1995年第1期。

江平、孔祥俊:《论股权》,《中国法学》1994年第1期。

雷兴虎、冯果:《论股东的股权与公司的法人财产权》,《法学评论》1997年第2期。

王平:《也论股权》,《法学评论》2000年第4期。

钱明星:《论公司财产与公司财产权所有权、股东股权》,《中国人民大学学报》1998年第2期。

张嵩:《股权性质新论》,《江汉论坛》1997年第6期。

漆多俊:《论股权》,《现代法学》1994年第4期。

范进学:《权利概念论》,《中国法学》2003年第2期。

张康之、张乾友:《探寻权利观念发生的历史轨迹》,《教学与研究》

2009 年第 10 期。

丁文：《权利限制论之疏解》，《法商研究》2007 年第 2 期。

黄俊辉：《论相对性是权利的基本特征》，《社科纵横》2008 年第 10 期。

刘作翔：《权利相对性理论及其争论——以法国若斯兰的"权利滥用"理论为引据》，《清华法学》2013 年第 6 期。

尹奎杰：《马克思权利观的两次转变及其理论意义》，《重庆工学院学报》（社会科学版）2009 年第 7 期。

胡玉鸿：《个人社会性的理性分析》，《法制与社会发展》2008 年第 1 期。

余常德：《关于人的本质的几个问题》，《西南师范大学学报》（哲学社会科学版）1998 年第 1 期。

黄俊辉：《论权利的社会性本质》，《资治文摘》（管理版）2009 年第 3 期。

韦绍英：《"权利义务一致性"评析》，《法学评论》1988 年第 5 期。

唐明：《试论赠与合同的立法及司法实践》，《中国法学》1999 年第 5 期。

张红：《肖像权保护中的利益平衡》，《中国法学》2014 年第 1 期。

毕吾辛、郭占红：《股权对外转让规则的思考——以有限责任公司人合性为中心》，《学习与探索》2012 年第 7 期。

黄睿、唐英玲、黄乐定：《有限责任公司股权转让的法律分析》，《企业经济》2012 年第 6 期。

刘向林：《有限责任公司人合性与股权继承的法律分析》，《经济师》2006 年第 10 期。

王义松：《论有限责任公司人合性的理性回归》，《政法论丛》2006 年第 1 期。

高永周：《论有限责任公司的人合性》，《北京科技大学学报》（社会科学版）2008 年第 4 期。

李劲华：《有限责任公司的人合性及其对公司治理的影响》，《山东大学学报》（哲学社会科学版）2007 年第 4 期。

吴重庆：《从熟人社会到"无主体熟人社会"》，《读书》2011 年第

1 期。

张晓兰：《熟人社会和陌生人社会的信任———一种人际关系的视角》，《和田师范专科学校学报》2011 年第 4 期。

张康之：《有关信任话题的几点新思考》，《学术研究》2006 年第 1 期。

朱虹：《信任：心理、社会与文化的三重视角》，《社会科学》2009 年第 11 期。

肖峰：《论股权》，《内蒙古社会科学》（汉文版）2003 年第 3 期。

李建华、麻锐：《论商事权利理论体系的构建》，《吉林大学社会科学学报》2014 年第 5 期。

税斌：《在表象与事实之间：股东资格确定的模式选择》，《法学杂志》2010 年第 1 期。

郭富青：《论股权善意取得的依据与法律适用》，《甘肃政法学院学报》2013 年第 4 期。

姚明斌：《有限公司股权善意取得的法律构成》，《政治与法律》2012 年第 8 期。

马强：《有限责任公司股东资格认定及相关纠纷处理》，《法律适用》2010 年第 12 期。

王成勇、陈广秀：《隐名股东资格认定若干问题探析》，《法律适用》2004 年第 7 期。

胡晓静：《有限责任公司股东资格确认标准的思考》，《国家检察官学院学报》2012 年第 3 期。

叶林：《公司股东出资义务研究》，《河南社会科学》2008 年第 4 期。

佚名：《世界上最早的股份公司》，《中国农业会计》1994 年第 11 期。

周友苏、张虹：《反思与超越：公司社会责任诠释》，《政法论坛》2009 年第 1 期。

吴越：《公司人格本质与社会责任的三种维度》，《政法论坛》2007 年第 6 期。

傅穹：《公司社会责任的法律迷思与规制路径》，《社会科学战线》2010 年第 1 期。

张义忠:《政企不分对国有企业独立法人人格塑造的负面影响》,《河北法学》2003 年第 3 期。

王建文、范健:《论公司独立人格的内在依据与制度需求》,《当代法学》2006 年第 5 期。

宋才发:《法人主体资格认定的法律探讨》,《华中师范大学学报》(人文社会科学版) 1998 年第 4 期。

王建文、范健:《论公司财产独立的价值及其法律维护》,《南京大学学报》(哲学·人文科学·社会科学版) 2006 年第 5 期。

石纪虎:《法人意思表示的区分、本质及其瑕疵》,《重庆社会科学》2008 年第 9 期。

江春:《产权改革、市场主体与市场规则》,《经济评论》1999 年第 4 期。

虞政平:《法人独立责任质疑》,《中国法学》2001 年第 1 期。

秦芳华、王新:《公司独立责任制度研究》,《河南省政法管理干部学院学报》2000 年第 5 期。

吴建斌、赵屹:《公司设限股权转让效力新解——基于江苏公司纠纷案件裁判的法律经济学分析》,《南京大学法律评论》(2009 年春季卷)。

杨昌宇:《自由:法治的核心价值》,《北方论丛》2004 年第 5 期。

陈俊香:《法的自由价值之体现》,《河北法学》2005 年第 9 期。

施天涛:《公司法的自由主义及其法律政策——简论我国〈公司法〉的修改》,《环球法律评论》2005 年第 1 期。

黄建武:《试论法律对自由的确认与调整》,《中山大学学报》(社会科学版) 2000 年第 1 期。

吴飞飞:《公司章程"排除"公司法:立法表达与司法检视》,《北方法学》2014 年第 4 期。

王保树:《从法条的公司法到实践的公司法》,《法学研究》2006 年第 6 期。

易军:《"法不禁止皆自由"的私法精义》,《中国社会科学》2014 年第 4 期。

罗培新:《公司法强制性与任意性边界之厘定:一个法理分析框架》,《中国法学》2007 年第 4 期。

李心合：《公司价值取向及其演进趋势》，《财经研究》2004 年第 10 期。

蒋大兴：《私法自治与国家强制——闭锁性股权收购中的定价困境》，《法制与社会发展》2005 年第 2 期。

王艳、吕波：《有限责任公司股权转让的法律问题》，《攀登》2008 年第 4 期。

潘勇锋：《论股东优先购买权在司法拍卖中的实现》，《法律适用》2012 年第 5 期。

吴志忠：《论出卖人的权利瑕疵担保责任》，《中南财经政法大学学报》2006 年第 3 期。

李明辉：《论财务会计信息在公司治理中的作用》，《审计研究》2008 年第 4 期。

范愉：《法律信仰批判》，《现代法学》2008 年第 1 期。

王建国：《关注社会现实：法律发展不可或缺的主题——解读卡多佐的社会学法学思想》，《法学评论》2008 年第 5 期。

叶林：《股东会会议决议形成制度》，《法学杂志》2011 年第 10 期。

崔建远：《不得盲目扩张〈合同法〉第 44 条第 2 款的适用范围》，《中外法学》2013 年第 6 期。

邹双卫：《论以批准作为生效条件的合同》，《行政与法》2010 年第 9 期。

朱庆：《股权变动模式的再梳理》，《法学杂志》2009 年第 12 期。

李建伟：《有限责任公司股权变动模式研究——以公司受通知与认可的程序构建为中心》，《暨南学报》（哲学社会科学版）2012 年第 12 期。

郑艳丽：《论有限责任公司股权转让效力与相关文件记载的关系——新公司法视角下的理论与实践分析》，《当代法学》2009 年第 1 期。

张平：《股权转让效力层次论》，《法学》2003 年第 12 期。

严桂珍：《论我国有限责任公司出资转让制度之完善》，《政治与法律》2002 年第 4 期。

韩素珍、曲冬梅：《有限责任公司股东股权转让的效力研究》，《山东师范大学学报》（人文社会科学版）2006 年第 1 期。

李江涛：《论可变更可撤销合同的适用效力》，《湖北广播电视大学学报》2014 年第 1 期。

向明华：《合同欺诈法律问题研究》，《广西政法管理干部学院学报》2009 年第 4 期。

李玫：《论合同法中胁迫的构成要件》，《暨南学报》（哲学社会科学版）2010 年第 5 期。

王礼伟：《乘人之危行为的构成与效力辨——兼评〈合同法〉对〈民法通则〉相关条款的修正》，《河北法学》2003 年第 3 期。

楼晓：《未成年人股东资格之商法检讨》，《法学》2008 年第 10 期。

梁开银：《论公司股权之共有权》，《法律科学（西北政法大学学报）》2010 年第 2 期。

姜福东：《扩张解释与限缩解释的反思》，《浙江社会科学》2010 年第 7 期。

杨永清：《批准生效合同若干问题探讨》，《中国法学》2013 年的 6 期。

王怀勇：《公司自治的思想渊源》，《宁夏大学学报》（人文社会科学版）2009 年第 4 期。

袁锦秀、段方群：《股权优先购买权研究——交易成本视角》，《时代法学》2005 年第 3 期。

徐国栋：《诚信原则理论之反思》，《清华法学》2012 年第 4 期。

刘志洪：《论人之局限性的演变与规律》，《兰州学刊》2015 年第 4 期。

刘祥超：《权利的性质探析——基于利益、社会和规范的反思》，《桂海论丛》2013 年第 2 期。

薛生全：《公司目标二元论——兼论我国现代公司的社会责任》，《法学杂志》2010 年第 12 期。

李虎、张新：《主从给付义务关系可以产生后履行抗辩权》，《法学》2007 年第 8 期。

杨光：《系列性权利组合：有限责任公司股东优先购买权性质探析》，《北京科技大学学报》（社会科学版）2014 年第 2 期。

郭奕：《论公司章程自治的界限》，《浙江社会科学》2008 年第 4 期。

钱玉林：《作为裁判法源的公司章程：立法表达与司法实践》，《法商研究》2011 年第 1 期。

张榕：《司法克制下的司法能动》，《现代法学》2008 年第 2 期。

杨建军：《重访司法能动主义》，《比较法研究》2015 年第 2 期。

徐衍修：《有限责任公司章程强制或限制股权转让效力的实证分析》，《法治研究》2008 年第 7 期。

南秋萍、李阳：《有限责任公司章程对股权转让的效力》，《中国律师》2014 年第 9 期。

常健：《论公司章程的功能及其发展趋势》，《法学家》2011 年第 2 期。

刘康复：《论有限责任公司章程对股权转让的限制——〈公司法〉第 72 条之理解和适用》，《湖南社会科学》2009 年第 4 期。

范黎红：《公司章程"侵权条款"的司法认定及救济——以"强制离职股东转让股权"之章程条款为例》，《法律适用》2009 年第 1 期。

宋亚辉：《公共政策如何进入裁判过程——以最高人民法院的司法解释为例》，《法商研究》2009 年第 6 期。

陈福胜、秦军：《合法性的理论辨析》，《学术交流》2007 年第 9 期。

刘杨：《正当性与合法性概念辨析》，《法制与社会发展》2008 年第 3 期。

孙鹏：《论违反强制性规定行为之效力——兼析〈中华人民共和国合同法〉第 52 条第 5 项的理解与适用》，《法商研究》2006 年第 5 期。

周龙杰：《公司目的的现代修正——利益相关者理论评价》，《当代法学》2005 年第 4 期。

蒋建湘：《企业社会责任的法律化》，《中国法学》2010 年第 5 期。

张刚、董冬冬：《论法律的模糊性及其确定性追求》，《山东省青年管理干部学院学报》2006 年第 1 期。

张建军：《立法语言的明确性》，《人大研究》2010 年第 6 期。

陈群峰：《认真对待公司法：基于股东间协议的司法实践的考察》，《中外法学》2013 年第 4 期。

张学文：《股东协议制度初论》，《法商研究》2010 年第 6 期。

李阳：《股东协议效力研究》，《时代法学》2015 年第 1 期。

蒋大兴：《公司自治与裁判宽容——新公司法视野下的裁判宽容》，

《法学家》2006 年第 6 期。

王文宇：《闭锁公司之立法政策与建议》，《法令月刊》2003 年第 6 期。

朱慈蕴：《公司章程两分法论——公司章程自治与他治理念的融合》，《当代法学》2006 年第 5 期。

王晓玫：《浅议公司章程的基本内容》，《新疆经济管理干部学院学报》2000 年第 6 期。

杨狄：《股东会与董事会职权分野的管制与自治》，《财经理论与实践》2013 年第 6 期。

兰德咨询：《企业风格与企业家性格》（上篇），《科技智囊》2010 年第 9 期。

牛晓卓、王凤丽、张印宏：《新形势下巩固农村信用社改革成果的策略思考》，《河北金融》2009 年第 11 期。

李双元、蒋新苗、沈红宇：《法律理念的内涵与功能初探》，《湖南师范大学社会科学学报》1997 年第 4 期。

甘培忠、周游：《公司利益保护的裁判现实与理性反思》，《法学杂志》2014 年第 3 期。

邓峰：《公司利益缺失下的利益冲突规则——基于法律文本和实践的反思》，《法学家》2009 年第 4 期。

王红一：《论公司自治的实质》，《中山大学学报》（社会科学版）2002 年第 5 期。

封丽霞：《法典法、判例法抑或"混合法"：一个认识论的立场》，《环球法律评论》2003 年秋季号。

张爱军、韩影：《理性主义的误区》，《自然辩证法研究》2008 年第 12 期。

余高能、代水平：《美国判例法的运作机制》，《西安电子科技大学学报》（社会科学版）2007 年第 4 期。

沈宗灵：《当代中国的判例——一个比较法研究》，《中国法学》1992 年第 1 期。

张祺：《论类似案件应当类似审判》，《环球法律评论》2014 年第 3 期。

陈春龙：《中国司法解释的地位与功能》，《中国法学》2003 年第 1 期。

黄震：《商周之际的法律思潮与社会变革——对〈周易·讼卦〉的一种法律文化解读》，《法制与社会发展》2000 年第 2 期。

胡兴东：《判例法传统与中华法系》，《法学杂志》2012 年第 5 期。

阮防、邵培樟、李唐：《试论建立我国的判例法制度》，《法学评论》2005 年第 4 期。

胡兴东：《中国古代判例法模式研究》，《北方法学》2010 年第 1 期。

谢晖：《经验哲学之兴衰与中国判例法的命运》，《法律科学》2000 年第 4 期。

陈兴良：《法的解释与解释的法》，《法律科学》1997 年第 4 期。

刘桂新、江国华：《中国立法解释制度的困境与出路》，《学习与实践》2015 年第 5 期。

郏长策：《行政解释的概念探究》，《法学杂志》2008 年第 3 期。

柳经纬：《当代中国司法进程中的民商司法解释》，《法学家》2012 年第 2 期。

胡岩：《司法解释的前生后世》，《政法论坛》2015 年第 3 期。

陈甦：《司法解释的建构理念分析——以商事司法解释为例》，《法学研究》2012 年第 2 期。

胡玉鸿：《尊重法律：司法解释的首要原则》，《华东政法大学学报》2010 年第 1 期。

王彧、饶艾：《论制定法之正义》，《中共四川省委省级机关党校学报》2010 年第 2 期。

李静：《抽象正义与具体正义的冲突与选择》，《当代法学》1999 年第 5 期。

徐强胜：《股权转让限制规定的效力——〈公司法〉第 71 条的功能分析》，《环球法律评论》2015 年第 1 期。

尹德先：《以公司利益为主：公司治理应有的价值取向》，《特区经济》2009 年第 3 期，第 303 页。

肖海军：《论商事裁判的基本原则——以股权转让协议效力的认定与裁判为视角》，《中国商法年刊》（2013），法律出版社 2013 年版，第

271—272 页。

（三）学位论文

周海博：《股权转让论——以有限责任公司为视角》，博士学位论文，吉林大学，2009 年。

（四）网络类

中国裁判文书网，http：//www.court.gov.cn/extension/simpleSearch.htm? keyword =% E8% 82% A1% E6% 9D% 83% BD% AC% E8% AE% A9% E7% BA% A0% E7% BA% B7&caseCode = &beginDate = 2014 - 01 - 01&endDate = 2015 - 01 - 01&adv = 1&orderby = &order = &page = 3，访问时间：2015 年 3 月 25 日。

叶林、辛汀芷：《关于股权优先购买权的案例评述——北京新奥特集团等诉华融公司股权转让合同纠纷案》，http：//service.law-star.com/cac-new/200707/40011507.htm，访问时间：2015 年 3 月 17 日。

司法库，http：//sifaku.com/falvanjian/6/zaz5bc9edaa5.html，访问时间：2015 年 4 月 2 日。

宋云明：《荀子"类举"法律思想刍议》http：//rmfyb.chinacourt.org/paper/html/2014 - 07/04/content_ 84214.htm? div = -1，访问时间：2015 年 12 月 8 日。

李金伟：《论有限公司股东优先购买权的性质及其行使》，中外民商裁判网，http：//www.zwmscp.com/a/minshangfazonglun/gongsiyuzhongzu/2010/0709/7653.html，访问时间：2015 年 3 月 18 日。

法制网，http：//www.legaldaily.com.cn/bm/content/2007 - 05/27/content_ 624772.htm? node = 194，访问时间：2015 年 4 月 28 日。

中国裁判文书网，http：//www.court.gov.cn/zgcpwsw/jiangsu/jssnjszjrmfy/ms/201409/t20140914_ 2929908.htm，访问时间：2015 年 11 月 25 日。

中国裁判文书网，http：//www.court.gov.cn/zgcpwsw/sd/sdsytszjrmfy/zscq/201412/t20141219 _ 5263254.htm，访问时间：2015 年 11 月 24 日。

北大法宝，http：//www.pkulaw.cn/Case/? Keywords =% u80A1% u6743% u8F6C% u8BA9，访问时间：2015 年 11 月 22 日。

北大法宝，http：//www.pkulaw.cn/Case/pfnl_117486079.html，访问时间：2016年1月30日。

北大法宝，http：//www.pkulaw.cn/case/pfnl_117446809.html，访问时间：2016年1月30日。

中国裁判文书网，http：//www.court.gov.cn/zgcpwsw/hub/hbswhszjrmfy/ms/201504/t20150421_7517547.htm，访问时间：2015年4月28日。

艾妩、江南：《同为公司股东 夫妻对簿公堂》，http：//blog.chinacourt.org/wp-profile1.php?p=18608&author=529，访问时间：2015年11月25日。

云南法院网，http：//www.gy.yn.gov.cn/Article/cpws/msws/201011/20799.html，访问时间：2015年4月21日。

二 外文文献

Duties of Controlling Shareholders in Transferring Their shares, Harvard Law Review, Vol. 54, No. 4 (Feb., 1941).

Edwin J. Bradley, Stock Transfer Restrictions and Buy-Sell Agreement, Close Corporation, No. 2 (1969).

F. Hodge O'Neal, Restrictions on Transfer of Stock in Closely Held Corporations: Planning and Drafting, Harvard Law Review, Vol. 65, No. 5 (Mar., 1952).

Restrictions upon the Transferability of Sharers of Stock, Harvard Law Review, Vol. 42, No. 4 (Feb., 1929).

William Rands, Closely Held Corporations: Restrictions on Stock Transfers, Commercial Law Journal (Dec., 1979).

Thomas J. Andre, Restrictions on the Transfer of Shares: A Search for a Public Policy, Tulane Law Review (Apr., 1979).

Carrie A. Plant, The Right of First Refusal in Involuntary Sales and Transfers by Operation of Law, Bayor Law Review (Fall, 1996).

William H. Painter, Stock Transfer Restrictions: Continuing Uncertainties and a Legislative Proposal, Villanova Law Review, Vol. 6, Iss. 1, Art. 2

(1960).

Gower, Some Contrasts Between British and American Corporation Law, Harvard Law Review (1956).

Dennis P. Coater, Share Transfer and Transmission Restrictions in the Close Corporation, U. B. C. Law Review, Vol. 3, No. 3 (1969).

Dennis J. Barron, Arrangements-Validity and Enforcement of Restrictions on Share Transfer and Buy-Out Various Types of Restriction in Ohio, University of Cincinnati Law Review, Vol. 31 (1962).

William A. Gregory, Stock Transfer Restriction in Close Corporations, Southern Illinois University Law Journal (1978).

B. G. Pettet, Share Transfer and Pre-Emption Provisions, The Modern Law Review, Vol. 48, No. 2 (1985).

Jesse A. Finkelstein, Stock Transfer Restrictions Upon Alien Ownership Under Section 202 of the Delaware General Corporation Law, The Business Lawyer, Vol. 38 (Feb., 1983).

Stock Transfer Restriction in Close Corporations, Southern Illinois University Law Journal (1978).

Dilek NAZÌKOGLU, Re-Buttle of Articles of Association and Shareholders Agreement and Share Transfer Restrictions under the New Turkish Commercial Code, Legal News Bulletin Turkey, No. 1 (2012).

Bernard F. Cataldo, Stock Transfer Restriction and the Closed Corporation, Virbinia Law Review, Vol. 37, No. 2 (Feb., 1951).

Michael A. Macchiaroli, Corporations-Stock Restriction-Agreement among Members of Close family Corporation to Restrict Sale of Stock Is Not Valid Merely because of Divergence between Option Price and Actual Value of Stock, Villanova Law Review, Vol. 9, Iss. 2, Art. 13 (1964).

Robert C. Clark, Corporate Law. Boston, Little Brown and Company (1986).

E. Blythe Stason, Jr, Corporations: Shares of Stock: Reasonableness of Restriction on Transfer of Shares, Michigan Law Review, Vol. 48, No. 1 (Nov., 1949).

Joel FeinBerg, The Nature and Values of Rights, Journal of Value Inquiry, 4 (1970).

J. Dean, Directing Public Companies: Company Law & the Stakeholder Society, Cavendish Ltd., 2001.

Marcel Kahan, Shmuel Leshem, Rangarajan K. Sundaram, First-Purchase Rights: Rights of First Refusal and Rights of First Offer, American Law and Economics Review, Vol. 14, No. 2 (2012).

Robert W. Hamilton, The Law of Corporations, 4th Ed. West Publishing Co. 1996.

Reece Thomas and C. L. Ryan, The Law and Practice of Shareholders' Agreements, 3rd ed. New York: Lexis Nexus, 2009.